Dominik A. Becker

Sein in der Begegnung

Ethik im theologischen Diskurs
Ethics in Theological Discourse (EThD)

herausgegeben von

Marianne Heimbach-Steins (Münster)
Hans G. Ulrich (Erlangen)
Bernd Wannenwetsch (Oxford)

In Zusammenarbeit mit
Svend Andersen (Aarhus), Christof Gestrich (Berlin),
Stanley Hauerwas (Durham, N.C.), Reinhard Hütter (Durham, N.C.),
Oliver O'Donovan (Edinburgh), Hans S. Reinders (Amsterdam),
Herbert Schlögel (Regensburg), Wolfgang Schoberth (Erlangen)

Band 19

LIT

Dominik A. Becker

Sein in der Begegnung

Menschen mit (Alzheimer-)Demenz
als Herausforderung
theologischer Anthropologie und Ethik

Überarbeitet und herausgegeben von
Georg Plasger

LIT

Bibliografische Information der Deutschen Nationalbibliothek
Die Deutsche Nationalbibliothek verzeichnet diese Publikation in der
Deutschen Nationalbibliografie; detaillierte bibliografische Daten sind
im Internet über http://dnb.d-nb.de abrufbar.

ISBN 978-3-643-10074-0

©LIT VERLAG Dr. W. Hopf Berlin 2010
Verlagskontakt:
Fresnostr. 2   D-48159 Münster
Tel. +49 (0) 2 51-620 320   Fax +49 (0) 2 51-922 60 99
e-Mail: lit@lit-verlag.de   http://www.lit-verlag.de

Auslieferung:
Deutschland: LIT Verlag Fresnostr. 2, D-48159 Münster
Tel. +49 (0) 2 51-620 32 22, Fax +49 (0) 2 51-922 60 99, e-Mail: vertrieb@lit-verlag.de
Österreich: Medienlogistik Pichler-ÖBZ, e-Mail: mlo@medien-logistik.at
Schweiz: B + M Buch- und Medienvertrieb, e-Mail: order@buch-medien.ch

INHALT

ZUM GELEIT 9

A) EINLEITUNG 11

  1. (Alzheimer-)Demenz als Herausforderung
theologischer Anthropologie 11
    1.1. (Alzheimer-)Demenz als multiperspektivisches Problemfeld 11
    1.2. (Alzheimer-)Demenz aus der Perspektive
der theologischen Anthropologie 14

  2. Aufbau und Methode der Arbeit 19

B) GRUNDLEGUNG I: ANALYSE DES GEGENWÄRTIGEN GESELLSCHAFTLICHEN
DEMENZ-KONZEPTES 27

  1. Einleitung und methodische Vorüberlegungen 27
  2. Medizin und das gegenwärtige gesellschaftliche Demenz-Konzept ... 29
    2.1. Alzheimer-Demenz: Einführung in den Stand
medizinischer Forschung 29
      2.1.1. Häufigkeit des Vorkommens – Epidemiologie
der Alzheimer-Demenz 30
      2.1.2. Ursachen bzw. Entstehungsbedingungen – Ätiologie der
Alzheimer-Demenz 34
      2.1.3. Symptomatik und Verlauf 36
      2.1.4. Diagnostik und Differentialdiagnostik 39
      2.1.5. Medikamentöse Therapie 43
        2.1.5.1. Gegenwärtige Therapiestrategien 43
        2.1.5.2. Zukünftige Therapiestrategien 44
      2.1.6. Fazit: Medizinische Kriterien der Alzheimer-Demenz 44
    2.2. Alzheimer-Demenz und Krankheit 45
      2.2.1. Dimensionen des Krankheitsbegriffs 46
        2.2.1.1. Krankheit und Natur 46
        2.2.1.2 Krankheit und Gesellschaft 50
        2.2.1.3. Krankheit und Subjekt 54
      Fazit 56
      2.2.2. Alzheimer-Demenz als Krankheit 57
        2.2.2.1. (Problem-)Geschichte der Demenz bis zu
Alois Alzheimers Entdeckung 59
        2.2.2.2. Alois Alzheimer und die „eigenartige Erkrankung der
Hirnrinde" 63

      2.2.2.3. Problemgeschichte der Alzheimer-Demenz seit
      Alois Alzheimer 69
   2.2.3. Fazit und Überleitung 78
2.3. Alzheimer-Demenz und Kognition – Zur Scharnierstellung der
    Kognition zwischen medizinischem und gesellschaftlichem
    Demenz-Konzept 80

3. Sozio-kulturelle Einflussfaktoren auf das gesellschaftliche Konzept. . . 83
   3.1. Philosophisch-anthropologische Korrelate der gesellschaftlichen
      Leitvorstellungen................................... 84
      3.1.1. Zum Personbegriff: Geschichtliche Aspekte............ 84
      3.1.2. Peter Singer – Kriterien des Personseins 86
         3.1.2.1. Praktische Ethik 86
         3.1.2.2. Exkurs: Anfragen an Singers Konzeption 89
   3.2. Gesellschaftliche Leitvorstellungen 91
   3.3. Stigmatisierung und Ausgrenzung....................... 102
   3.4. Fazit: Sozio-kulturelle Einflussfaktoren auf das gesellschaftliche
      Demenz-Konzept 104

4. Nichtmedikamentöse Therapie-, Betreuungs- und Pflegekonzepte als
   Leerstelle im gegenwärtigen gesellschaftlichen Demenz-Konzept . . . 105
   4.1. Ausgewählte Betreuungs-, Therapie- und Pflegekonzepte...... 106
      4.1.1. Validation..................................... 106
      4.1.2. Selbsterhaltungstherapie 109
      4.1.3. Person-zentrierter Ansatz......................... 112
   4.2. Fazit: Grundeinsichten therapeutischer und kommunikativer
      Konzepte 114

5. Zusammenfassung und Überleitung......................... 115

C) GRUNDLEGUNG II: WER IST DER MENSCH – ERKENNTNISWEG UND
AUSSAGEN DER THEOLOGISCHEN ANTHROPOLOGIE KARL BARTHS . 117

1. Einleitung und methodische Vorüberlegungen 117

2. Das Proprium einer christologisch fundierten Anthropologie 120

3. Zum Verhältnis von theologischer und nicht-theologischer
   Anthropologie... 125

4. Die relationale Konstitution des Menschen.................... 128
   4.1. Einleitung und methodische Vorüberlegungen............. 128
   4.2. Jesus, der Mensch für Gott – die Relation zwischen Schöpfer
      und Geschöpf 130

4.3. Jesus, der Mensch für den anderen Menschen –
Mitmenschlichkeit als Grundform des Menschseins. 144
4.4. Jesus, der ganze Mensch – der Mensch als Seele seines Leibes . . 167
4.5. Jesus, der Herr der Zeit – Zeitlichkeit als Signatur
menschlichen Daseins 177
5. Ethische Implikationen. 187
6. Fazit: Die ontologische Relationalität des Menschen 194

D) STANDORTBESTIMMUNG: SEIN IN DER BEGEGNUNG – EIN BEITRAG
THEOLOGISCHER ANTHROPOLOGIE ZUR (ALZHEIMER-)DEMENZ . . . 197
1. Einleitung und methodische Vorbemerkungen 197
2. Relationale Identität und Würde (der Mensch für Gott). 198
   2.1 Einleitung und methodische Vorbemerkungen 198
   2.2 Relationale Identität. 199
      2.2.1 Von Gott konstituierte Identität. 200
      2.2.2 Von Gott erhaltene Identität 207
      2.2.3 Identität als Gestaltungsauftrag. 213
   2.3 Relationale Würde. 217
      2.3.1 Die Ehre des Menschen als Reflex der Ehre Gottes –
      Das christologisch begründete Würdeverständnis Karl Barths . . . 218
      2.3.2 Würde als Gestaltungsauftrag. 226
      2.3.3 Fazit: Relationale Menschenwürde
      aus christologischer Sicht 231
   2.4 Fazit und Überleitung: Identität und Würde –
   von der Wirklichkeit zur Möglichkeit 233
3. Sein in der Begegnung – Konsequenzen für die Begegnung
mit Menschen mit Demenz (der Mensch für den Menschen) 234
   3.1 Einleitung und methodische Vorbemerkungen 234
   3.2 Sein in der Begegnung 234
   3.3 Zur Konstitution und Explikation von Identität im Sein in der
   Begegnung 242
      3.3.1 Begegnung als Raum der relationalen Identität. 242
         3.3.1.1 Identität in der vor und jenseits der Sprache
         stattfindenden Begegnung 243
         3.3.1.2 Narrative Identität. 248
         3.3.1.3 Relationale Identität als Beziehungsgeschehen 254

3.3.2 Implikationen des Seins in der Begegnung
für die Identität von Menschen mit Demenz 258
    3.3.2.1 Sein in der Begegnung mit Menschen mit Demenz . . 258
    3.3.2.2 Relationale Identität und Demenz 267
3.4 Fazit: Relationale Identität 273

4. Zusammenfassung und Überleitung 275

E) Implikationen: Demenz als ethische, wissenschaftliche und gesellschaftliche Herausforderung – Auf dem Weg zu einer integrativen Demenz-Ethik 277

1. Einleitung und methodische Vorüberlegungen 277

2. Demenz als ethische Herausforderung 278
    2.1 Einleitung und methodische Vorüberlegungen 278
    2.2 Christologische Ethik im Anschluss an Karl Barth 278
    2.3 Relationale Autonomie und Fürsorge 282
    2.4 Konkretionen der relationalen Autonomie/Fürsorge 294
        2.4.1 Zur Frage des „problematischen" Verhaltens 294
        2.4.2 Zur Frage der Nahrungsverweigerung und künstlichen
        Ernährung 298
        2.4.3 Zur Frage nach Sterbehilfe und Sterbebegleitung 304

3. Demenz als wissenschaftliche Herausforderung 312

4. Demenz als gesellschaftliche Herausforderung 322

5. Fazit: Skizze eines integrativen Demenz-Konzeptes 330

F) Zusammenfassende Thesen 333

G) Literatur- und Abkürzungsverzeichnis 337

1. Häufig verwendete Abkürzungen 337

2. Literaturverzeichnis 337

Zum Geleit

Für Menschen mit Demenz gelten vielfach andere Zeitmaßstäbe als die üblichen. Sich in ihre Zeit einzufinden, ihnen nahe zu sein und ihnen dadurch zum Partner und Helfer zu werden war das Anliegen von Dominik Becker. Er hat das in dieser Arbeit programmatisch theologisch vorgestellt, und er hat das in seiner Arbeit im Altenwohnzentrum in Norden auch gelebt und gelehrt.
Vor der endgültigen Fertigstellung der als Dissertation geplanten Arbeit ist Dominik Becker zusammen mit seiner Frau am 31. August 2007 bei einem Verkehrsunfall tragisch ums Leben gekommen.

„Sein in der Begegnung" ist der von Dominik Becker der Arbeit selbst gegebener Titel. Er ist mehrdeutig zu verstehen. Einerseits ist es Gott, der den Menschen, allen Menschen, in Jesus Christus nahegekommen ist und so eine Beziehung zu ihnen geschaffen hat: Der menschenfreundliche Gott ist ohne Beziehung zum Menschen nicht zu denken, aber ebenso ist auch der Mensch, jeder Mensch, nicht ohne diese Gottesbeziehung denkbar – unabhängig davon, ob der einzelne Mensch diese subjektiv lebt. Andererseits ist die Gabe dieser Beziehung auch als Aufgabe zu sehen, die im Alltag ständig nach neuer Gestaltung fragt; nur in der Beziehung gewinnt und behält der Mensch Identität. Insbesondere stellt sich diese Gestaltungsaufgabe bei den Menschen, die nicht oder nicht mehr in der Lage sind, diese Beziehung nach üblichen Maßstäben zu gestalten. Menschen mit (Alzheimer-)Demenz sind solche Menschen, die Christen und Kirchen in besonderer Weise herausfordern, hier Wege zu bahnen. Dieser Herausforderung stellt sich die Arbeit und entwickelt ein integratives Demenz-Konzept.

Diesen insgesamt unüblichen, aber in meinen Augen wegweisenden Schritt bei der Erfüllung dieser Aufgabe leistet die vorliegende Arbeit. Zunächst entwickelt sie in zwei Grundlegungen sowohl das gesellschaftliche Demenz-Konzept in medizinischer und soziokultureller Hinsicht als auch eine theologische Anthropologie, die im Gespräch mit Karl Barth entwickelt wird. Der Hauptteil der Arbeit besteht dann darin, beide nur selten zusammen gedachte Perspektiven aufeinander zu beziehen und daraus einen Weg zu entwickeln, wie die häufig einander widerstreitenden Vorstellungen von Autonomie und Fürsorge in ein gelebtes Miteinander kommen können. Dies nennt Dominik Becker „relationale Autonomie und Fürsorge", weil sich in Beziehungen Menschen (z.B. Pflegende und Angehörige) für die Autonomie des Gegenübers mitverantwortlich wissen.

Dieses in diesem Werk theoretisch ausgearbeitete theologische Konzept war für Dominik Becker mehr als eine Schreibtischarbeit. Seine Doppelqualifikation in Theologie wie Sozialer Arbeit war ihm immer wichtig – und oft noch sehe ich in Gedanken seine leuchtenden und begeisterten Augen, wenn er von den Erfolgen seiner Tätigkeit im Altenwohnzentrum in Norden sprach: „Das Konzept funktioniert!" Es waren dann die kleinen und doch großen Begegnungen, von denen er erzählte.

Nun kann Dominik Becker die Fertigstellung seines Werkes nicht mehr erleben. Im Vorfeld hatte er im Blick auf die medizinischen Hintergründe ausführlichen Rat von Prof. Dr. Hans Förstl / München erhalten; ihm danke ich. Für die Fertigstellung der Arbeit haben sich Ludger Roth und Tabea Brandenberg, beide Mitarbeitende an meinem Lehrstuhl in Siegen, sehr verdient gemacht – ihnen danke ich sehr herzlich.

Gott hat uns nicht gegeben den Geist der Verzagtheit, sondern des Mutes, der Liebe und der Besonnenheit. (2 Tim 1,7)

Im Juni 2009   Georg Plasger

A) Einleitung

Alles wirkliche Leben ist Begegnung.
(M. Buber[1])

Dass der wirkliche Mensch von Gott zum Leben mit Gott bestimmt ist, hat seine unangreifbare Entsprechung darin, dass sein geschöpfliches Sein ein Sein in der Begegnung ist [...]
In dieser Begegnung ist es menschlich,
und in dieser seiner Menschlichkeit ist es das Gleichnis seines Schöpfers und ein Sein in der Hoffnung auf ihn.
(K. Barth[2])

1. (Alzheimer-)Demenz als Herausforderung theologischer Anthropologie

1.1. (Alzheimer-)Demenz als multiperspektivisches Problemfeld

1906 – vor nunmehr 100 Jahren – publizierte Alois Alzheimer den Fall der 51-jährigen Patientin Auguste D., bei der „sich eine rasch zunehmende Gedächtnisschwäche bemerkbar [machte], sie fand sich in ihrer Wohnung nicht mehr zurecht, schleppte die Gegenstände hin und her, versteckte sie, zuweilen glaubte sie, man wolle sie umbringen und begann laut zu schreien. In der Anstalt trug ihr ganzes Gebaren den Stempel völliger Ratlosigkeit. Sie ist zeitlich und örtlich gänzlich desorientiert [...] Ihre Merkfähigkeit ist aufs schwerste gestört [...] Den Gebrauch einzelner Gegenstände scheint sie nicht mehr zu wissen"[3]. Als Auguste D. nach viereinhalb Jahren verstirbt, stellt Alzheimer „sehr merkwürdige Veränderungen der Neurofibrillen" und „die Einlagerung eines noch nicht näher erforschten Stoffwechselproduktes in die Ganglienzelle" fest.[4] Aufgrund dieser Befunde kommt Alzheimer zu dem Schluss: „Alles in allem genommen haben wir hier offenbar einen eigenartigen Krankheitsprozeß vor uns. Solche eigenartigen Krankheitsprozesse haben sich in den letzten Jahren in größerer Anzahl feststellen lassen. Diese Beobachtung wird uns nahe legen müssen, dass wir uns nicht damit zufrieden geben sollen, irgend einen klinisch unklaren Krankheitsfall in eine der uns

---

[1] BUBER, Ich und Du, 12.
[2] BARTH, KD III/2, 242 (Leitsatz).
[3] ALZHEIMER, Erkrankung, 147.
[4] ALZHEIMER, Erkrankung, 147f.

bekannten Krankheitsgruppen unter Aufwendung von allerlei Mühe unterzubringen."[5]

Alois Alzheimers ‚eigenartiger Krankheitsprozeß' ist – obwohl dieser selbst Bedenken hatte – über Kraepelins Lehrbuch der Psychiatrie[6] als ‚Alzheimersche Krankheit' in den medizinischen Diskurs eingegangen.

Trotz der enormen Forschungsbemühungen in den letzten 100 Jahren ist bisher keine kausale Therapie absehbar. Noch immer haben wir es mit Menschen zu tun, die Auguste D.s Symptomatik zeigen – und ihre Anzahl steigt: Heute ist die Alzheimer-Demenz die häufigste Demenzform, von der zur Zeit allein in Deutschland ca. 600.000 Menschen betroffen sind; zusammen mit den übrigen Demenzformen sind es ca. 1 Million Menschen in Deutschland.[7] Laut Alzheimer's Disease International sind es weltweit ca. 24 Millionen Menschen.[8]

Angesichts enorm steigender Inzidenzraten der Demenz,[9] also einer zunehmenden Anzahl derer, die von einer Demenz betroffen sind – und deren Angehörigen –, wird die (Alzheimer-) Demenz und ihre Folgen zu einer der großen Herausforderungen des 21. Jahrhunderts.[10]

Eine älter werdende Gesellschaft[11] wird sich angesichts der Verdoppelung[12] der Betroffenen von derzeit einer Million auf zwei Millionen in den nächsten 25 Jahren – und einer weltweiten Vervierfachung bis 2040[13] – einem komplexen Phänomen stellen müssen, dessen Hauptrisikofaktor das Alter[14] ist.

Der Zusammenhang von Demenz und Alter stellt diese aus dem lange Zeit vorwiegend durch den histopathologischen und neurologischen Diskurs bestimmten Bereich der Medizin in einen größeren Rahmen, der ihrer Komplexität als medizi-

---

[5] ALZHEIMER, Erkrankung, 148.
[6] Vgl. KRAEPELIN, Lehrbuch, 627.
[7] BMFSFJ, Vierter Bericht zur Lage der älteren Generation, 153.
[8] Vgl. Alzheimer's Disease International, Statistics.
[9] Die Inzidenzrate ist ein epidemiologisches Maß und beschreibt die Anzahl derer, die im Verlauf eines Jahres erkranken.
[10] Vgl. das Motto des anlässlich der 100jährigen Entdeckung Alois Alzheimers in Deutschland im Jahr 2006 stattgefundenen 22. Kongress von Alzheimer's Disease International: „Demenz – eine Herausforderung für das 21. Jahrhundert".
[11] So geht die Vorausberechnung des statistischen Bundesamtes davon aus, dass es „mehr ältere Menschen geben [wird], die zudem noch länger leben"; Statistisches Bundesamt, Pressemitteilung. 2030 beträgt „der Anteil an allen 65-jährigen und Älteren [...] nicht mehr ein knappes Viertel, sondern gut 40%"; Statistisches Bundesamt, Bevölkerung Deutschlands, 23.
[12] Vgl. DIEHL/FÖRSTL/KURZ, Alzheimer-Krankheit, 5.
[13] So werden bis 2040 ca. 81 Millionen Menschen von einer Demenz betroffen sein; vgl. Alzheimer's Disease International, Statistics.
[14] Vgl. DIEHL/FÖRSTL/KURZ, Alzheimer-Krankheit, 7.

nisches, gerontologisches und gesellschaftliches Problemfeld, zu dem es unterschiedliche Zugangsweisen gibt, sachadäquat(er) ist. Dies dürfte auch den zunehmenden Zweifeln am Status der (Alzheimer-) Demenz als Krankheit *sui generis* Rechnung tragen.[15]

Angesichts der Komplexität des Phänomens Demenz verengt eine rein medizinische ebenso wie eine rein soziologische Betrachtungsweise den Blickwinkel, während ein transdisziplinärer Diskurs es vermag, das den Menschen betreffende Phänomen (Alzheimer-)Demenz in all seinen Aspekten und Implikation zu erfassen: Die Demenz erfordert also eine Betrachtungsweise, die die genannten Dimensionen inkludierend übersteigt. Ziel ist eine ganzheitliche Sicht auf den Menschen (mit Demenz), die aufgrund der Beteiligung einer Vielzahl von Disziplinen *dem Menschen* gerecht wird.

Grundthese dieser Arbeit ist, dass die Demenz ein den Menschen in seiner ontologischen Relationalität, d.h. in seinem grundlegenden Geschaffensein als Beziehungswesen, betreffendes Ereignis ist. Dieses Ereignis ist komplexer Natur, es betrifft sowohl histopathologische, soziologische, psychologische wie neurologische Aspekte seines Seins, aber eben damit auch sein relationales Sein als Mensch, der gleichsam ontologisch in einen relationalen Kontext eingebunden ist.
Das Verständnis von Demenz und ihrer Implikationen hat sich in den letzten Jahren mehr und mehr dahin gewandelt, dass den sozialpsychologischen Aspekten der Demenz, insbesondere in Betreuungskonzepten, mehr Aufmerksamkeit geschenkt wird und hier – trotz bestehendem, weiteren Forschungsbedarf – enorme Fortschritte erzielt worden sind. Die Grundeinsichten der Betreuungskonzepte haben ihren gemeinsamen Kern in der Einsicht, dass das In-Beziehung-Sein und die Gestaltung der Beziehung eine wesentliche Bedeutung für das Leben mit Demenz haben. So geht es in allen Betreuungskonzepten – freilich unterschiedlich akzentuiert – um den Erhalt und die Stärkung des Personseins in Beziehungen zwischen Betroffenen und Angehörigen bzw. Pflegenden.

Allerdings scheint diese Beziehungsmöglichkeit – wie überhaupt die Kommunikationsfähigkeit von Menschen mit Demenz – keinen Eingang in den gesellschaftlichen Diskurs über Demenz gefunden zu haben. Die Ausgrenzung und Stigmatisierung von Menschen mit Demenz, Angst vor dem ‚Tod im eigenen Körper', davor,

---

[15] Vgl. FÖRSTL, Contributions, der auf A. Alzheimers eigene Bedenken hinsichtlich des Status der Demenz als Krankheit aufmerksam macht; vgl. DERS, Interview; vgl. ferner die Arbeiten von P.J. Whitehouse und S.G. Post.

‚verrückt' zu werden, ist noch immer gesellschaftliches Stereotyp:[16] „Auf dem Hintergrund einer Gesellschaft, die Intelligenz, Souveränität und Autonomie und damit Selbständigkeit allerhöchste Priorität beimisst, ist es verständlich, dass Demenz zur Projektionsfläche tiefgehender Ängste wird."[17] Wert und Würde von Menschen werden gemeinhin nämlich an *solchen* kognitiven Fähigkeiten festgemacht, die Menschen mit Demenz mehr und mehr verlieren. Vor dem, was an diese Stelle zu treten vermag, fürchten sich viele Zeitgenossen und möchten ‚lieber tot als dement' sein. Niemanden ‚zur Last fallen' und im ‚Vollbesitz seiner geistigen Kräfte' zu sterben, scheint immer noch gesellschaftliches Zerrbild eines Todes zu sein, den allerdings die wenigsten Menschen wirklich so sterben. Solche, als reduktionistisch zu qualifizierenden, gesellschaftlichen Leitvorstellungen, die Gefahren für Menschen mit Demenz sowie überhaupt für Menschen, die nicht in derartige Schemata passen, bedeuten, nimmt die theologische Anthropologie kritisch in den Blick, und interveniert hier, indem sie auf die Grundkonstitution des Menschen als Beziehungswesen verweist.

1.2. (Alzheimer-)Demenz aus der Perspektive der theologischen Anthropologie

Die theologische Anthropologie hat aufgrund ihrer besonderen Perspektive auf den Menschen an dieser Stelle ein Wissen um Wert und Würde von Menschen (mit Demenz) in den Diskurs einzubringen, das dessen empirisch aufweisbaren Fähigkeiten transzendierend übersteigt: Wert und Würde von Menschen sind nämlich nicht empirisch – etwa an bestimmten (kognitiven) Fähigkeiten aufweisbar, sondern liegen außerhalb des menschlichen Verfügungsbereiches; sie sind dem Menschen also entzogen, aber gleichsam als Gestaltungsauftrag aufgegeben. Theologisch ist es die *Bestimmung* des Menschen als Mensch *für* den Mitmenschen, welche ein ‚Sein in der Begegnung' (Barth) mit Menschen mit Demenz erschließt, die diesen nicht als ‚Kranken', sondern als notwendiges Gegenüber, mit M. Buber gesprochen, als „Du meines Ich"[18] versteht. Damit kommt Menschen mit Demenz eine Bedeutung als Gegenüber zu, die ihre Etikettierung als „hilfsbedürftige Kranke" in Frage stellend übersteigt. Das in der Arbeit zu entwickelnde Paradigma des ‚Sein in der Begegnung' hat also Auswirkungen auf das Verständnis von Identität und Autonomie, die es als relationale Größen versteht.
Freilich hat die theologische Anthropologie derartige Aussagen zunächst für sich aufzuarbeiten und erst dann so in den Diskurs einzubringen, dass die anderen Diskursteilnehmer dies nachvollziehen können.

---

[16] Vgl. POST, Concept; vgl. DERS., Moral Challenge.
[17] Vgl. MÜLLER-HERGL, Demenz, 251.
[18] Vgl. BUBER, Ich und Du.

An dieser Stelle ist die Frage nach dem Transfer theologischer Erkenntnisse in den nicht-theologischen Bereich zu stellen. Um eine (reine) Übersetzung theologischer Sachverhalte in säkulare kann es dabei allerdings nicht gehen, weil ein solches Vorgehen die „semantische Differenz" (Habermas) eskamotieren würde, was zur Folge hat, dass ein Gewichtsverlust hinsichtlich der Begründung und Bedeutung eintritt. Deutlich wird das Gemeinte in Abgrenzung zu E. Jüngels Forderung, man müsse jeden theologischen Satz „so umformulieren können, dass er auch, ohne *Gott* zu nennen, verständlich und einleuchtend ist"[19]. Jüngel übersieht, dass hierbei mit dem Verlust des Begründungszusammenhangs auch ein Wirklichkeitsverlust eintritt – hier dahingehend, dass der mit der Perspektive der Theologie auf den Menschen implizierte Anspruch auf Wirklichkeit (bzw. Wirklichkeitsdeutung) in einer Übersetzung verloren geht. Die dem Gegenstand der theologischen Anthropologie – der Mensch im Lichte des Wortes Gottes – entsprechende Hermeneutik impliziert eine Semantik, die sich nur in dem Gegenstand angemessenen Sprachvollzügen vollständig erschließt.

Die Theologie bedarf also einer eigenen Sprache und Hermeneutik, um ihrem Gegenstand, dem Worte Gottes, in seiner Fülle gerecht zu werden; und dies um so mehr, als selbst diese, der Theologie eigene Sprache immer nur ein Nachbuchstabieren, ein Nachsprechen dessen sein kann, was ihr in der Fülle des Wortes Gottes erschlossen ist.
Einer Übersetzung theologischer Erkenntnisse in säkulare Sprache sind daher – bei aller unbestreitbaren und zurecht geforderten Notwendigkeit dieser – Grenzen gesetzt: Der Gegenstand der Theologie, der schon in theologischen Sprachvollzügen nicht vollständig aufgeht, kann also bei allen gebotenen Anstrengungen nicht in säkularer Sprache aufgehen, ebenso wenig wie sich die theologische Perspektive auf den Menschen – wie sich zeigen wird – weltimmanent erschließen lässt.
In dieser Hinsicht ist von Seiten der Theologie Jürgen Habermas Recht zu geben, wenn er die Grenzbestimmung von Glaube und Wissen als „kooperative Aufgabe", die „von *beiden* Seiten fordert, auch die Perspektive der jeweils anderen einzunehmen", versteht.[20] Eine bloße Übersetzung würde die säkulare Gesellschaft – so auch Habermas – „von wichtigen Ressourcen der Sinnstiftung abschneiden"; es kommt ihm also darauf an, dass „sich auch die säkulare Seite einen Sinn für die Artikulationskraft religiöser Sprachen bewahrt"[21]. Gerade die anthropologische Frage – und die mit ihr verknüpften ethischen Fragen – bedürfen der theologi-

---

[19] JÜNGEL, Mensch, 292 (kursiv im Original).
[20] HABERMAS, Glaube und Wissen, 22 (kursiv im Original).
[21] HABERMAS, Glaube und Wissen, 22.

schen Semantik und Begründungsstruktur, um Wert und Würde des Beziehungswesens Mensch in postsäkularen Gesellschaften zu begründen. Denn die „Begründung" dieser Werte mit universaler Evidenz erweist sich „als Überforderung unserer heutigen wissenschaftlichen Rationalität"[22]. Aufgrund der Einsicht in die Geschichtlichkeit der Vernunft kann diese, die im Argumentationsgang unverzichtbar ist, keine rational zwingende Letztbegründung in anthropologisch-ethischen Fragen bringen. Dies sieht auch Habermas richtig, wenn er feststellt: „Der szientistische Glaube an eine Wissenschaft, die eines Tages das personale Selbstverständnis durch eine objektivierende Selbstbeschreibung nicht nur ergänzt, sondern *ablöst*, ist nicht Wissenschaft, sondern schlechte Philosophie."[23]

In der hier in der Einleitung gebotenen Kürze mag das Programm formal hinsichtlich der Stellung der Theologie und inhaltlich bezüglich seines Verständnisses von Demenz besonders im Kontext der gegenwärtigen gesellschaftlichen Wahrnehmung dieser hochgesteckt anmuten, aber im anthropologischen Diskurs finden sich durchaus entsprechende Positionen, die in erfreulicher Nachbarschaft zur theologischen Anthropologie stehen, auch wenn sie aus anderen Quellen trinken.[24] Neben dem anthropologischen Beitrag ist der aus der konstitutiven Zusammengehörigkeit von Sein und Aufgabe sich ergebende ethische Grundzug der Anthropologie hier stark zu machen. Das Barthsche Programm einer christologischen Anthropologie und Ethik ist gerade für den Demenz-Diskurs fruchtbar und – entgegen der oft an es herangetragenen binnentheologischen Vorurteile – für die Praxis im höchsten Grade relevant und plausibel. Denn gerade für die Theologie Barths gilt, dass sie sich durch nichttheologische Fragen ansprechen lässt, auf die sie nicht mit dogmatischen Wahrheiten antwortet, sondern aus ihrem Zentrum heraus nach dialogischen Antwortperspektiven sucht. In diesem Sinne versteht sich die vorliegende Arbeit nicht bloß als Rezeption Barthscher Theologie für die Frage nach der Demenz, sondern als fokussierende Interpretation: „Interpretierende Theologie verzichtet grundsätzlich aufs bloße Tradieren und wird zum kritischen Gespräch, zum Faktor der Unruhe, zum Aufbruch nach vorn."[25] Damit wahrt sie einerseits die Einsicht in die Tiefe und das Wesen einer Theologie des Wortes Gottes, und andererseits entspricht ihre Interpretation jenem dialogisch-dynamischen Wesenszug, der das Barthsche Denken durchzieht.

---

[22] TÖDT, Ethik, 17. Vgl. zum Verhältnis theologischer und nicht-theologischer Anthropologie unten, C 3.
[23] HABERMAS, Glaube und Wissen, 20 (kursiv im Original).
[24] Vgl. KD III/2, 333ff.
[25] DANTINE/LÜTHI, Einleitung, 7.

1. (Alzheimer-)Demenz als Herausforderung theologischer Anthropologie

Insbesondere im Bereich der Anthropologie, also der Lehre vom Menschen, erschließt sich Barths Theologie als eine hermeneutische Bewegung, die mit Blick auf den wahren Menschen das „Sein" des Menschen als grundlegend relational zu erweisen vermag, indem sie die Anthropologie der Christologie und so schließlich der Gotteslehre, im Sein Gottes als ewigem Gegenüber von Vater und Sohn, selbst angliedert. Dieser relationale Grundzug findet seine Entsprechung in der Begegnung von Mensch und Mitmensch als ‚Sein in der Begegnung'.

Gerade für die Begegnung mit Menschen mit Demenz ist dieses ‚Sein in der Begegnung' fruchtbar zu machen; ausgehend von dieser Grundstruktur – und der ihr entsprechenden leib-seelischen Konstitution – lässt sich ein relationales Konzept von Würde, Identität und Autonomie/Fürsorge entwickeln, welches entscheidende Einsichten zum wissenschaftlichen und gesellschaftlichen Diskurs über (Alzheimer-)Demenz einbringen kann.

An dieser Stelle ist auf eine notwendige Differenzierung hinzuweisen, die erklärt, warum die Arbeit sich nicht *nur* auf die Alzheimer-Demenz bezieht; gleichwohl hat sie diese besonders im Fokus, was auch die Schreibweise „(Alzheimer-)"Demenz symbolisiert: ‚Demenz' ist der Oberbegriff für eine Reihe von Syndromen, die einen kognitiven Abbau beschreiben. Mit ca. 64 bzw. 72% ist die Demenz vom Typ Alzheimer die häufigste Demenzform; vaskuläre Demenzen mit einem Anteil von 16-19% stellen die zweithäufigsten Demenzformen dar.[26] Vaskuläre Demenzen unterscheiden sich von der Alzheimer-Demenz dadurch, dass sie durch zerebrale Durchblutungsstörungen hervorgerufen werden, was in der Regel nicht mit einem progredienten, also fortschreitenden Verlauf wie bei der Demenz vom Typ Alzheimer einhergeht. Die Störungen der Gedächtnisfunktion spielen bei vaskulären und anderen Demenzen – im Gegensatz zur Demenz vom Typ Alzheimer – „eine bestenfalls variable (z.B. bei vaskulär bedingten Demenzen) bzw. eine regelhaft untergeordnete Rolle (z.B. bei frontotemporalen Demenzformen)"[27]. Die Betroffenen und ihre Angehörigen werden von vaskulären Demenzen etwa in Folge eines Apoplex (Schlaganfalls) „plötzlich" getroffen und haben mitunter sofort gravierende Ausfallerscheinungen wie Aphasie oder Lähmungen. Für die in dieser Arbeit anzustellenden anthropologischen Grundeinsichten ist die Differenzierung in Demenzen vom Alzheimer-Typ und vaskuläre Demenzen nicht entscheidend, für die Art der Begegnung mit Betroffen bzw. ihren Angehörigen hingegen schon. Da Demenzen vom Alzheimer-Typ die häufigste Form darstellen, soll sich die vorliegende Arbeit vor allem auf diese Demenz-Form ausrichten; wo allerdings für vaskuläre und andere Demenzen aus anthropologischer, ethischer oder pflegewis-

---

[26] Vgl. BICKEL, Epidemiologie, 37.
[27] SCHAUB/FREIBERGER, Diagnostik und Klassifikation, 61.

senschaftlicher Sicht die gleichen Einsichten – und dies ist häufig der Fall – gelten, wird dies durch die Form der Einklammerung des Präfixes „Alzheimer" deutlich gemacht: (Alzheimer-)Demenz. Es geht in der Anthropologie wie in der Ethik nicht um Quantität der Phänomene, aber auf diesem Gebiet, das jedenfalls für die Theologie noch immer den Charakter der „Grundlagenforschung" hat, soll sich an dieser Stelle aus einer möglichst breit beforschten und die grundsätzliche Relevanz der weiteren Forschung, gerade auch für den Bereich der Theologie, aufzeigenden Bereich der Alzheimer-Demenz genähert werden – freilich immer schon mit dem Blick auf die angrenzenden Felder (neben den vaskulären Demenzen gibt es eine ganze Anzahl weiterer Demenzformen, für die die anthropologischen und ethischen Grundeinsichten grundsätzlich gelten.)
Hinter diesen Überlegungen steht die Grundthese der vorliegenden Arbeit, dass (Alzheimer-) Demenz keine Sonderform des Menschseins evoziert, sondern besondere Kommunikationsbedingungen erfordert. Die Einsichten der Anthropologie müssen also für Menschen mit Demenz in gleichem Maße gelten wie für solche, die nicht – oder noch nicht – von einer solchen betroffen sind. Im Folgenden wird daher keine „Bereichsanthropologie" entwickelt, die die Barthsche Theologie (ohnehin) konzeptionell ausschließt: Insofern nämlich Barth die Lebensalter im Bereich der Ethik abhandelt, macht er deutlich, dass das jeweilige Lebensalter – das *je* Jetzt – „Ort seiner Verantwortung"[28] ist, denn der Anspruch Gottes geht den Menschen „auf jeder Stufe in ganz besonderer Weise an[...]"[29]. Damit erübrigen sich altersspezifische Anthropologie- und Ethikkonzeptionen. Aus dieser Sicht wirken Ergebnisse, die eine Akzentuierung der Anthropologie auf die besonderen Fragen der Demenz bringen, in den anthropologischen Diskurs zurück und können diesen verändern. (Alzheimer-)Demenz ist in dieser Linie nicht eine deviante Form des Menschseins, sondern eine besonders akzentuierte Form, bei der das Grundkonstitutivum des Menschseins, seine Relationalität, besonders beeinflusst wird, worauf speziell zu reagieren ist; allerdings wird dieses ontologisch zu nennende Grundkonstitutivum nicht beschädigt oder gar vernichtet.
Demenz wird so als ein anthropologisches Phänomen betrachtet, welches unser *Menschsein* betrifft. Epidemiologisch gesehen kann es ohnehin jeden von uns betreffen, worauf Hans Förstl hinweist: „Wir müssen uns aber klar machen, dass jeder Mensch an Alzheimer erkrankt, vorausgesetzt, er wird alt genug, um das zu erleben. Die Wahrscheinlichkeit, bis zum Alter von 100 Jahren eine Demenz zu entwickeln, beträgt fast 100 Prozent. Es stellt sich also die Frage, ob es sich nicht

---

[28] KD III/4, 697.
[29] KD III/4, 700; vgl. dazu FANGMEIER, Erziehung, 553f.

um den natürlichen Alterungsprozess des Menschen handelt."³⁰ Als *den* Menschen – und zukünftig immer mehr Menschen – betreffendes Ereignis rückt die (Alzheimer-)Demenz damit *auch* in den Fokus theologischer Anthropologie und Ethik, die den Menschen aufgrund der Außenperspektive des Wortes Gottes als ontologisch relational versteht.

Die folgende Arbeit soll entsprechend dieser Grundeinsicht einen Beitrag dazu leisten, dass (Alzheimer-)Demenz sich nicht in der mit ihr (gesellschaftlich) gemeinhin verbunden Wahrnehmung der Demenz als tragisches Geschehen erschließt, sondern dass es „innerhalb der Tragödie [...] Kontakt, Kommunikation, Begegnung und Beziehung [gibt]"³¹.

2. Aufbau und Methode der Arbeit

Dass die (Alzheimer-)Demenz als Herausforderung theologischer Anthropologie zu verstehen ist, als ein Problem, welches die Theologie in ihrem Wirklichkeitsverständnis ‚unbedingt angeht' (Tillich), liegt neben der grundlegenden Einsicht, dass sich „Probleme, die sich mit dem Phänomen des Alters und Alterns [...] verbinden [...] transdisziplinäre Problemlagen dar[stellen], die insofern auch transdisziplinäre Forschungsstrategien und Forschungsorganisationen erforderlich machen"³² – was ja als solches noch keine „Betroffenheit" (Tödt) seitens der Theologie auslösen müsste –, vor allem darin begründet, dass die (Alzheimer-)Demenz *den Menschen* (in seiner ontologischen Relationalität) betrifft. Aus theologischer Perspektive erschließen sich (Alzheimer-) Demenzen und deren Folgen als „Beziehungsgeschehen"³³; sie betreffen *den Menschen* in seiner wesensmäßigen Konstitution. Damit stehen Demenzen und deren Folgen im Gegenstandsbereich der theologischen Anthropologie, deren Gegenstand *der Mensch* – im Lichte des Wortes Gottes – ist.

Grundsätzlich nämlich – so Tödt – ist die Wahrnehmung eines Problems immer von dem „*Horizont* abhängig, den das Wirklichkeitsverständnis" des Wahrnehmenden vorgibt „und von der Bereitschaft, von dem Willen, das betreffende Problem in diesem Horizont zu sehen und zu bedenken".³⁴ Und die theologische Anthropologie versteht den Menschen auf der Grundlage des Wortes Gottes wie es in Jesus Christus erschlossen ist.

---

[30] FÖRSTL, Interview.
[31] VAN DER KOOIJ, Demenzpflege, 62.
[32] MITTELSTRAß et. al., Wissenschaft und Altern, 697.
[33] Vgl. SCHOCKENHOFF/WETZSTEIN, Anthropologie, 262.
[34] TÖDT, Perspektiven, 30 (kursiv im Original).

A) Einleitung

Somit geht in diese Wahrnehmung und die mit ihr einhergehende Betroffenheit vom Thema schon immer die besondere Perspektive dessen, der sich betreffen lässt – hier also die der Theologie – mit ein.[35] H.E. Tödt verwendet in diesem Zusammenhang den Terminus „Sich-verhalten-Zu", bei dem es „um ein relationales Geschehen" geht, in dem der Sich-Verhaltende – in diesem Fall die theologische Anthropologie und Ethik – sich selbst in den Prozess des Sich-Verhaltens-Zu und dessen Ergebnis „einbezogen sieht".[36] Auf die Überlegungen zum Aufbau und zur Darstellung bezogen bedeutet dies, dass die theologische Anthropologie und Ethik, die sich durch das Phänomen (Alzheimer-) Demenz herausfordern lässt, ihre Hermeneutik genauso wie ihre Perspektive auf das Problem in ihre Wahrnehmung einbringt.

Im Wissen um diese Perspektivität (der Wahrnehmung),[37] der ja auch jegliche Wissenschaft und Forschung unterliegt, und der Notwendigkeit eines multiperspektiven Zugangs zum Menschen, wird in der „Grundlegung I: Analyse des gegenwärtigen gesellschaftlichen Demenz-Konzeptes" (B) die medizinische Sicht auf die (Alzheimer-)Demenz nicht für sich in einem gesonderten Kapitel dargestellt, sondern die medizinische Sicht auf die Demenz wird im Zusammenhang des gesellschaftlichen Demenz-Konzeptes wahrgenommen als *eine* notwendige Perspektive auf die Demenz (B 2.1.). Hinter diesen Überlegungen steht nicht zuletzt die Einsicht, dass „Krankheit" – und gemeinhin gilt die (Alzheimer-)Demenz (noch) als solche – immer auch subjektive und gesellschaftliche Dimensionen umfasst und nicht allein in medizinisch-naturwissenschaftlichen Kategorien – wie etwa der Anzahl der Eiweiß-Ablagerungen im Gehirn – hinreichend zu erfassen ist.[38] (B 2.2.). Mithilfe einer medizinhistorischen Reflexion der Konzepte von (Alzheimer-)Demenz erhärtet sich an dieser Stelle der Verdacht, dass eine Wechselwirkung zwischen bestimmten gesellschaftlich-kulturellen Vorstellungen von Kognition(sfähigkeit) und dem medizinischen Konzept „(Alzheimer-)Demenz" vorliegt (B 2.3.), weswegen im Anschluss hieran diejenigen sozio-kulturellen Leitvorstellungen näher in den Blick zu nehmen sind, die sich auf das Demenz-Konzept unmittelbar auszuwirken scheinen (B 3.). An dieser Stelle wird sich zeigen, dass die Situation

---

[35] Vgl. trotz inhaltlicher Schwierigkeiten und Differenzen FISCHER, Ethik, 240.
[36] TÖDT, Perspektiven, 54.
[37] Vgl. FISCHER, Wahrnehmung, 106-118, der darauf hinweist, dass die Wahrnehmung eines (ethischen) Problems von bestimmten Prämissen geprägt ist, die es zu reflektieren gilt. Geschieht dies nicht, „würde die Normativität des Faktischen in Gestalt der jeweils sich durchsetzenden bzw. gesellschaftlich durchgesetzten Wahrnehmung der Wirklichkeit zum eigentlichen ethischen Prinzip" (a.a.O., 106).
[38] Vgl. zum Krankheitsbegriff grundlegend: LANZERATH, Krankheit.

von Menschen mit Demenz aufgrund bestimmter gesellschaftlicher Leitvorstellungen durch Stigmatisierung und Ausgrenzung geprägt ist; diese Leitvorstellungen verweisen zum einen auf bestimmte Kognitionsleistungen, die der Mensch zu erbringen habe, um überhaupt ‚Mensch' zu sein – solchen gesellschaftlichen Vorstellungen wiederum korrelieren philosophische Schulen wie etwa der Präferenzutilitarismus Peter Singers, der den Lebensschutz von Menschen überhaupt erst an bestimmten kognitiven Fähigkeiten festmacht – und zum anderen auf eine (oft diffuse) Angst vor Demenz, eben weil Menschen mit Demenz diesen Leitvorstellungen nicht entsprechen: Würde und Wert von Menschen mit (Alzheimer-)Demenz sind in dieser Sicht fraglich geworden. (Alzheimer-)Demenz erscheint als die Würde des Menschen zerstörendes Schicksal, dass es gerade auch mit Blick auf die Hilfsbedürftigkeit zu vermeiden gilt. Ein gemeinhin befürchteter Identitätsverlust verstärkt diese Tendenzen noch: „Auf dem Hintergrund einer Gesellschaft, die Intelligenz, Souveränität und Autonomie und damit Selbständigkeit allerhöchste Priorität beimisst, ist es verständlich, dass Demenz zur Projektionsfläche tiefgehender Ängste wird."[39]

Außen vor bleiben bei diesen gesellschaftlichen Vorstellungen über die (Alzheimer-)Demenz die Einsichten und Erfolge derer, die mit Menschen mit Demenz leben und arbeiten (B 4.); diese – in Betreuungs- und Pflegekonzepten sich niederschlagenden Erkenntnisse und deren anthropologische Grundannahmen hinsichtlich der Kommunikations- und Beziehungsfähigkeit – scheinen nicht in den gesellschaftlichen Diskurs über (Alzheimer-) Demenz zu gelangen – ich bezeichne sie als „Leerstelle" im gegenwärtigen gesellschaftlichen Demenz-Konzept. Gerade aber diese Einsichten könnten Vorurteile und Ängste abbauen helfen und damit einerseits zu einer Verbesserung der Lebenssituation von Menschen mit Demenz beitragen und andererseits zu einer Akzeptanz der Würde und des Wertes dieser Menschen als wertvolle Gegenüber für unser Menschsein.

Naturgemäß impliziert bereits diese Situationsanalyse den Blick auf einen möglichen Lösungsbeitrag. Damit, dass eine – im Fachdiskurs schon gefüllte (!), aber im gesellschaftlichen Diskurs noch zu füllende – Leerstelle aufgemacht ist, wird deutlich, dass die Überlegungen dieser Arbeit auf eben jene Leerstelle im gesellschaftlichen Diskurs hinauslaufen und nach formalen und inhaltlichen Möglichkeiten ihrer Füllung zu suchen ist.
Hermeneutisch ist es an dieser Stelle allerdings geboten, zunächst das theologische Proprium der Fragen anzugehen, die die Demenz aufwirft, d.h. Grundeinsichten

---

[39] MÜLLER-HERGL, Demenz, 251.

A) Einleitung

in das relationale Wesen des Menschen mit einem Fokus auf Würde, Identität und Autonomie/Fürsorge. Erst danach kann in der Linie der ‚Einladenden Ethik' (Plasger) auf der Grundlage des kommunitaristischen Modells A. Etzionis nach konkreten Wegen der (wissenschaftlichen und gesellschaftlichen) Umsetzung der theologischen Einsichten gefragt werden.

Dies führt zu einer doppelten hermeneutischen Bewegung: Die Theologie nimmt die Probleme, die sich durch die Demenz ergeben, als Herausforderung wahr und geht zunächst auf ihren eigenen Kern, ihre Perspektive auf den Menschen *im Lichte des Wortes Gottes*, zurück, um sich selbst ihrem Gegenstand entsprechend zu klären. Dies kennzeichnet den dialogischen Grundzug dieser Untersuchung, denn die Theologie begibt sich in eine Begegnung und antwortet aus dieser Begegnung heraus. Entsprechend fragt zunächst Kapitel C als „Grundlegung II: Wer ist der Mensch – Erkenntnisweg und Aussagen der theologischen Anthropologie Karl Barths" nach dem – aufgrund der Perspektive der theologischen Anthropologie Karl Barths[40] sich erschließenden – Proprium des Menschen im Lichte des Wortes Gottes. Grundlegend wird sich hier die Christologie als Quelltext der Anthropologie erweisen, was zunächst einer besonderen Begründung bedarf (C 2.). Die Anthropologie in einen solch engen Rahmen zur Christologie zu bringen, macht freilich eine Verhältnisbestimmung von theologischer und nicht-theologischer Anthropologie nötig – gerade auch mit Blick auf die Möglichkeiten und Notwendigkeiten der Zusammenarbeit (C 3.) Erst nach diesen Überlegungen kann die materiale theologische Anthropologie entfaltet werden, als deren Proprium sich mit Blick auf Jesus Christus als den „wahren" Menschen die ontologische Relationalität des Menschen erweist (C 4.). Mit Blick auf den „wahren" Menschen Jesus Christus erschließt sich des Menschen Sein als Bestimmung des Menschen als Mensch *für* Gott (C 4.1.) und Mensch *für* den Mitmenschen (C 4.2.). Entsprechend dieser Bestimmung des Menschen ist dann die leib-seelische Konstitution des Menschen als Geschöpf Gottes zu beschreiben (C 4.3.-4.). Da für Barths Anthropologie Sein

---

[40] Karl Barths Anthropologie erweist sich aufgrund ihres relational-dynamischen Grundzuges als adäquater Zugang zum Verständnis von Menschen mit Demenz. Aufgrund ihres dialogischen Charakters eignet sie sich für das Gespräch mit anderen Disziplinen, wie beispielsweise Price, Anthropology, zeigt, der Barths Theologie in ein fruchtbares Gespräch mit der Psychologie bringt. Pannenbergs Anthropologie erweist sich trotz ihres interdisziplinären Grundzuges aus mehreren Gründen hier als ungeeignet: Bereits Pannenbergs Zugang zur Anthropologie, der bei der „Weltoffenheit" des Menschen ansetzt, muss sich den Verdacht einer kognitivistischen Zuspitzung gefallen lassen, zumal er seine Anthropologie über weite Strecken in Abgrenzung zum Tier entwickelt. Pannenberg generiert seine Anthropologie explizit aus dem Gespräch mit anderen Disziplinen, allerdings fehlt ihm – und das ist der theologische Einwand – letztlich ein Kriterium, welches seine Anthropologie als theologische ausweist. Vgl. PANNENBERG, Anthropologie; DERS., Mensch. Vgl. zur Diskussion mit Barth unten C 2.

2. Aufbau und Methode der Arbeit

und Aufgabe aufs Engste zusammengehören – Tödt spricht in diesem Zusammenhang treffend von *„reziproker Implikation"*[41] –, sind die anthropologischen Überlegungen ohne ethische Implikationen unvollständig (C 5.).

Nach dieser Reflexion über die Perspektive der theologischen Anthropologie (und Ethik) auf den Menschen erfolgt im Rahmen der „Standortbestimmung: Sein in der Begegnung – ein Beitrag theologischer Anthropologie zur (Alzheimer-)Demenz" in Kapitel D die (relational-)dialogische Applikation der Erkenntnisse der theologischen Anthropologie auf das Feld der Demenz. Damit ist wiederum die oben angekündigte hermeneutische Bewegung „nach außen" vollzogen. Aufgrund der sich durch die Demenz stellenden Fragen hatte sich die Theologie zunächst selbst zu klären, aber ihre Erkenntnisse dann wieder – freilich didaktisch aufgearbeitet und mit Blick auf die anderen beteiligten Wissenschaften – in diese Begegnung einzubringen. ‚Sein in der Begegnung' ist somit nicht nur auf das ‚Sein in der Begegnung' mit Menschen mit Demenz zu beziehen, sondern auch – wie sich in Kapitel E noch zeigen wird – auf den wissenschaftlichen und gesellschaftlichen Diskurs. Die Antwort auf die Herausforderungen der Demenz wird aufgrund ihrer Komplexität in einen anthropologischen Schwerpunkt (Kapitel D) und einen ethischen Schwerpunkt (Kapitel E) unterteilt.[42]

Dem Menschsein *für* Gott entsprechen dann – mit Blick auf die Herausforderungen, die das gesellschaftliche Demenz-Konzept mit seinen Anfragen an (die Begründbarkeit[43] von) Würde, Wert und Identität mit sich bringt – Überlegungen

---

[41] TÖDT, Perspektiven, 15 (kursiv im Original), u.ö.

[42] Kapitel D wird dabei mit der in Kapitel C erschlossenen Grundstruktur Mensch *für* Gott – Mensch *für* den Mitmenschen arbeiten und den Stoff entsprechend systematisieren.

[43] So stellt sich gerade auch angesichts des gesellschaftlichen Wertepluralismus die Frage nach einer Begründung der Menschenwürde mit universaler Evidenz. Hierbei zeigt sich, dass mit der Hoffnung auf Objektivität verbundene „rein vernunftphilosophische Begründungsansätze als verfehlt und gescheitert" (WETZ, Würde, 98) betrachtet werden müssen – ebenso wie auch das christliche Würdeverständnis nicht mehr von der Mehrheit der säkularen Gesellschaft geteilt wird.

Angesichts der Tatsache aber, dass Menschen mit Demenz ihre Würde und sogar ihr Recht auf Leben abgesprochen wird, weil ihnen bestimmte (kognitive) Fähigkeiten verloren gehen (vgl. SINGER, Ethik), gilt es hier Einspruch zu erheben. Dan Brock bringt sein *Werturteil* über Menschen mit Demenz so zum Ausdruck: „I believe that severly demented, while of course remaining members of the human species, approach more closely the condition of animals than normal adult humans in their psychological capacities. In some respects the severely demented are even worse off than animals such as dogs and horses, who have a capacity for integrated and goal directed behaviour that the severely demented substantially lack." (BROCK, Justice, 87).

In eine ähnliche Richtung geht auch das Votum Hans Küngs; vgl. BAHNEN, Todesstachel, 61.

A) Einleitung

hinsichtlich eines relationalen Konzeptes von Würde und Identität von Menschen mit Demenz (D 2.). Es ist hier insofern auch sachgemäß, Würde und Identität in einer gewissen inhaltlichen Nähe zu behandeln, als beiden die Dimension des *Zukommens* und des *Gestaltungsauftrages* inhäriert. Identität *und* Würde kommen dem Menschen – so die grundlegende These – von Gott zu und sind seinem Zugriff damit gleichsam entzogen; aber im Modus dieses Zukommens inhäriert beiden ein Gestaltungsauftrag, nämlich für Verhältnisse zu sorgen, in denen Menschen mit und ohne Demenz würdevoll leben können, indem sie ihre relationale Identität entfalten können. Gerade für die Frage nach der Identität und Würde von Menschen mit Demenz erweist sich der dialogisch-relationale Grundzug der anzustellenden Überlegungen als fruchtbar, da diese trotz einer anderen Wahrnehmung im gesellschaftlichen Demenz-Konzept *Wirklichkeit* sind, indem sie relational in der Begegnung verortet sind.

Entsprechend der erwähnten Grundstruktur ist sodann das Menschsein *für* den Mitmenschen als ‚Sein in der Begegnung' für Menschen mit Demenz aufzuarbeiten (D 3.). In einer solchen Begegnung konstituiert sich Identität des Menschen relational – und (selbstverständlich) auch die Identität von Menschen mit Demenz. Die Möglichkeit (und Wirklichkeit) einer reziproken Beziehung, die die Asymmetrien wahrnehmend reflektiert, ist entgegen der gesellschaftlichen Leitvorstellungen vom ‚Tod, der den Körper zurücklässt' auch mit Menschen mit Demenz gegeben. Menschen mit Demenz sind aus dieser Sicht keine ‚hilfsbedürftigen Kranken', sondern notwendige Gegenüber zur Konstitution der Identität *beider* Sich-Begegnender.

Als grundlegende Einsicht, die für den gesellschaftlichen Diskurs aufzuarbeiten ist, zeigt sich, dass entsprechend der Bestimmung des Menschen als Mensch *für* den Mitmenschen jeder Mensch schöpfungsmäßig – als von Gott konstituierte Seele seines Leibes – dazu in der Lage ist, Menschen mit Demenz so zu begegnen, dass sie ihre Identität und Würde auch in ihrer Demenz erhalten, entfalten oder sogar entwickeln können. Entsprechend dieser Einsicht ist die Begegnung als der Raum, in dem sich dies vollzieht, zu gestalten. Dies zu tun, ist gleichsam Vollzug des Gestaltungsauftrages der Würde des Menschen.

Nach diesen eher anthropologisch orientierten Überlegungen geht Kapitel E „Implikationen: Demenz als ethische, wissenschaftliche und gesellschaftliche Herausforderung – Auf dem Weg zu einem integrativen Demenz-Konzept" die ethischen Implikationen dieser Überlegungen an. Auf Grundlage der anthropologischen Einsichten wird ein relationaler Autonomie- und Fürsorgebegriff (E 2.2.-2.3.) entwickelt, mit dessen Hilfe sodann exemplarisch konkrete, aus der alltäglichen

Praxis sich stellende ethische Fragen nach „problematischem Verhalten", Nahrungsverweigerung und künstlicher Ernährung sowie Sterbehilfe exemplarisch angegangen werden sollen (E 2.4.).

Der folgende Abschnitt (E 3.), Demenz als wissenschaftliche Herausforderung, fragt nach den Möglichkeiten wissenschaftlicher Zusammenarbeit im Rahmen transdisziplinärer Forschung. Eine gewisse ausweitende Entsprechung erhalten diese Aspekte im darauf folgenden Abschnitt über die Demenz als gesellschaftliche Herausforderung (E 4.): Hier werden mithilfe der kommunitaristischen Einsichten A. Etzionis Möglichkeiten gesellschaftlicher Koalitionsbildungen reflektiert, aufgrund derer es möglich ist, die gewonnen Einsichten in den gesellschaftlichen Diskurs einzubringen. Damit wird der Bogen zurück zu Kapitel B geschlagen und eine Skizze eines integrativen Demenz-Konzeptes (E 5.) als eine aus den Einsichten der theologischen Anthropologie kommende Antwortperspektive geboten.

Die Arbeit schließt mit zusammenfassenden Thesen (F).

B) GRUNDLEGUNG I: ANALYSE DES GEGENWÄRTIGEN GESELLSCHAFTLICHEN DEMENZ-KONZEPTES

1. Einleitung und methodische Vorüberlegungen

Das folgende Kapitel analysiert das gegenwärtige gesellschaftliche Demenz-Konzept; dabei geht es von der Annahme aus, dass bestimmte Einflussfaktoren auszumachen sind, die dieses konstituieren.

Das gegenwärtige gesellschaftliche Bild der (Alzheimer-)Demenz speist sich aus einer Vielzahl von Quellen: Neben den gesellschaftlich vorherrschenden (Leit-)Vorstellungen hinsichtlich von Autonomie und Leistung, denen ein kognitivistischer Reduktionismus inhäriert, ist es vor allem die oft einseitige und unreflektierte Übernahme (bestimmter) medizinischer Kategorien, Begriffe und Diagnoseschemata – die freilich selbst wiederum in Interdependenz mit den gesellschaftlichen Leitvorstellungen stehen –, die das gegenwärtige gesellschaftliche Demenz-Konzept beeinflussen. Außen vor bleiben in diesem Zusammenhang oft diejenigen Erfahrungen und Forschungsergebnisse, die zu einem erweiterten, positiveren Bild von Menschen mit (Alzheimer-)Demenz führen (würden), nämlich die Einsichten aus der Pflegepraxis – jedenfalls die aus einer guten Pflegepraxis – und die dahinter stehenden Theoriekonzepte. Letztere sind hier also vor allem wegen ihres Nicht-Einflusses auf das gesellschaftliche Demenz-Konzept vorzustellen, weil diese Leerstelle eben auch ein Produkt bestimmter Leitvorstellungen darstellt.

Das folgende Kapitel wird sich zunächst mit der medizinischen Sicht auf die (Alzheimer-) Demenz beschäftigen (2.). Dabei kann es nicht darum gehen, bis ins kleinste Detail in die medizinische Forschung einzuführen – schon deshalb nicht, weil der Verfasser kein Mediziner ist. Außerdem liegt zu diesen Fragen aufgrund des Fortgangs und der Intensivierung medizinischer Forschung stets aktualisierte Literatur vor, so dass eine zu spezialisierte Wiedergabe des gegenwärtigen Forschungsstandes ohnehin nur allzu schnell veralten würde. Worum es aber hier gehen kann und soll, ist eine knappe Einführung in die Grundlagen des gegenwärtigen Forschungsstands. Methodisch genügt dies auch insofern, als die theologisch-anthropologische Sicht auf die (Alzheimer-)Demenz eine andere Perspektive als die Medizin hat. Von theologisch-anthropologischer Seite sind die Ergebnisse der Medizin sehr wohl ernst zu nehmen, aber eben nur als ein Teil der Wahrheit. Eine integrative Sicht auf die Alzheimer-Demenz ist mit der alleinigen Wahrnehmung der medizinischen Forschungsergebnisse also nicht zu gewinnen. Dieser Einsicht wird hermeneutisch hier dadurch Rechnung getragen, dass der medizinischen Sicht auf die Alzheimer-Demenz auch kein eigenes Kapitel reserviert wird, sondern diese soll bereits in einem Zusammenhang, konkret: im Zusammenhang des gegenwärtigen gesellschaftlichen Demenz-Konzeptes, wahrgenommen werden. Ein solches Vorgehen steht hier und da in der Gefahr von Engführungen – denn für eine einseitige Rezeption ihrer Ergebnisse ist eine Wissenschaft zunächst einmal nicht verantwortlich zu machen, deshalb ist hier ein differenzierter Blick vonnöten, der methodisch sauber die Ergebnisse und Einsichten der Wissenschaft von ihrer interdisziplinären und von ihrer gesellschaftlichen Rezeption trennt. Daher soll zunächst in den Stand der Forschung eingeführt und die Alzheimer-Demenz in ihrer medizinischen Dimension als diagnostizierbare Krankheit beschrieben werden (2.1.). Sodann soll der Krankheitsbegriff auf seine Dimensionen hin untersucht und die Frage nach dem Zusammenhang von Alzheimer-Demenz und Krankheit behandelt werden (2.2). Im Hintergrund dieser Überlegungen steht die These, dass bestimmte gesellschaftliche und wissenschaftliche Paradigmen auf den Status der (Alzheimer-)Demenz Einfluss nehmen, so dass die (Alzheimer-)Demenz von einer „normalen", zum Alter gehörenden Erscheinung zu einer distinkten, diagnostizierbaren Krankheit wurde. In diesem Prozess sind es vor allem Vorstellungen hinsichtlich der Kognitionsfähigkeit, die sich dominant auf das Demenz-Konzept auswirken. Diesen Vorstellungen kommt gleichsam eine Scharnierstellung zwischen medizinischem und gesellschaftlichem Demenz-Konzept zu (2.3.).

Im dritten Abschnitt des Kapitels sollen dann die sozio-kulturellen Einflussfaktoren auf das gesellschaftliche Demenz-Konzept untersucht werden. Ziel des Abschnittes ist es, diejenigen sozio-kulturellen Leitvorstellungen zu extrapolieren, die zu einer Stigmatisierung und Ausgrenzung von Menschen, die unter einer Demenz leiden, führen. In Anlehnung an Goffman werden dazu zunächst die Identitätsnormen der Gesellschaft, die für die Demenz relevant sind, erarbeitet. Es wird sich zeigen, dass diese Vorstellungen auf enormen kognitiv-intellektuellen Ansprüchen beruhen, die von bestimmten gesellschaftlichen Personengruppen – wie Menschen, die von einer Demenz betroffen sind – nicht oder nur teilweise erfüllt werden können. Auffällig ist, dass diesen Vorstellungen bestimmte philosophisch-anthropologische Positionen korrelieren. Solche Positionen – wie hier beispielhaft die Peters Singers – sollen vorgestellt und auf ihre Konvergenz und Implikationen hin befragt werden (3.1). Die Analyse von Singer wird ergeben, dass er einem reduktionistischen Menschenbild mit einem bestimmten Fokus auf kognitiv-intellektuellen Ressourcen verhaftet ist, welches sich auch in den „gesellschaftlichen" Leitvorstellungen findet. Als solche Leitvorstellungen sollen sodann vor allem Leistung und Autonomie näher untersucht und auf ihre Kernmomente hin befragt werden (3.2.). Es wird sich zeigen, dass der (drohende) Verlust intellektueller und kognitiver Fähigkeiten angesichts des gesellschaftlichen Leitbildes als Schreckensvision und Angstauslöser angesehen wird, was zu einem stigmatisierenden Umgang mit Menschen, die unter Demenz leiden, führen kann (3.3.).

Außen vor bleiben aber in einem solchen Bild der Demenz die Einsichten der Betreuungskonzepte und deren handlungsleitender Intentionen und Grundannahmen, die hier als Leerstelle im gegenwärtigen gesellschaftlichen Demenz-Konzept beschrieben werden sollen (4.). Gegen das Vor-Urteil vom vollkommenen Verlust der Persönlichkeit und der Kommunikations- und Beziehungsfähigkeit sind die Erfahrungen aus der Umsetzung und der Theorie der Pflege- und Betreuungskonzepte zu stellen.

Den Abschluss des ersten Kapitels bildet eine Skizze des gegenwärtigen gesellschaftlichen Demenz-Konzeptes (5.).

2. Medizin und das gegenwärtige gesellschaftliche Demenz-Konzept

2.1. Alzheimer-Demenz: Einführung in den Stand medizinischer Forschung

Die Alzheimer-Krankheit verdankt ihren Namen dem Nervenarzt Alois Alzheimer, der 1906 in seinem Artikel „Über eine eigenartige Erkrankung der Hirnrinde" eine 51-jährige Patientin, Auguste D., beschrieb, die unter einer hochgradigen Gedächtnisschwäche litt. Nach deren Tod stellte Alzheimer bei einer Untersuchung des Gehirns den Untergang von Nervenzellen sowie intrazelluläre Neurofibrillen-Bündel und extrazelluläre Ablagerungen von amyloiden Plaques fest.[1] Bis heute sind – trotz deutlichem Erkenntniszuwachs in einigen Punkten – die „Ursachen für die Neurodegeneration, die Entwicklung der amyloiden Plaques[2] und der Neurofibrillen[3] […] letztlich nicht klar."[4]

---

[1] Vgl. zu Alois Alzheimers Entdeckung unten, 2.2.2.2.
[2] „Plaques (,senile Drusen') bestehen zum großen Teil aus extrazellulär aggregiertem β-Amyloid sowie Apolipoprotein E, Präsenilin, Ubiquitin und anderen Bausteinen. Sie sind als diffuse Ablagerungen bereits Jahrzehnte vor Eintreten einer Demenz in der Großhirnrinde nachzuweisen […] Im Verlauf des degenerativen Krankheitsprozesses finden sich in den Plaques vermehrt dystrophe Neuriten, also Ausläufer degenerativ veränderter Neuronen. Volumen und Dichte der Plaques nehmen zu. Der Randbereich neuritischer Plaques besteht aus aktivierter Mikroglia und Astrozyten sowie molekularen Entzündungsindikatoren […] Amyloid lagert sich nicht ausschließlich in Form der Plaques ab, sondern bei fast allen Patienten mit AD [Alzheimer-Demenz, D.B.] auch perivaskulär." (FÖRSTL u.a., Alzheimer-Demenz, 53f.).
[3] „Neurofibrillen stellen sich elektronenmikroskopisch als paarige, helikale Strukturen dar […] und bestehen v.a. aus dem hyperphosphorylierten Tau-Protein, einem pathologisch veränderten, mikrotubulären Transporteiweiß. Neurofibrillen treten sowohl bei der AD als auch bei zerebrovaskulären Erkrankungen […] auf." (FÖRSTL u.a., Alzheimer-Demenz, 55).
[4] DIEHL / FÖRSTL / KURZ, Alzheimer-Krankheit, 5.

B) Grundlegung I: Analyse des gegenwärtigen gesellschaftlichen Demenz-Konzeptes

Als empirisch gesichert kann aber gelten, dass die Alzheimer-Krankheit die häufigste Ursache der Altersdemenzen und damit die häufigste Demenzform darstellt.[5] Daher soll hier zunächst eine breite Definition gegeben werden, um eine Basis für das weitere Vorgehen zu schaffen: „Die Alzheimer-Demenz (AD) ist relativ und absolut die bei weitem häufigste Demenzerkrankung. Sie stellt den Orientierungspunkt für Diagnostik und Therapie geistiger Leistungsstörungen dar. Ausnahmsweise kann sie bereits in der dritten Dekade auftreten, ist jedoch insofern eine typische Alterskrankheit, als dass ihre Indizenz und Prävalenz mit dem Lebensalter stark ansteigen. Die AD tritt in allen Rassen und Völkern auf."[6] Näherhin ist die Alzheimer-Demenz „eine Erkrankung der höheren assoziativen Hinrindenareale. Ihre Kernspymptome sind kortikale Werkzeugstörungen, welche bestimmten Hirnrindenarealen zuzuordnen sind:
Gedächtnis (Hippokampus, entorhinaler Kortex)
visuell-räumliches Denken (Parietellappen)
Sprache (Umfeld der Wernicke-Area)"[7]
Zunächst ist auf Grundlage dieser recht weiten Definition nach der deskriptiven Epidemiologie, die sich mit der Häufigkeit des Auftretens der Alzheimer-Demenz beschäftigt, zu fragen (2.1.1.). Hieran angeschlossen ist nach der Ätiologie, also nach Ursachen bzw. Entstehungsbedingungen der Alzheimer-Demenz zu fragen (2.1.2.). Danach sollen Symptomatik und der Verlauf beschrieben werden (2.1.3.). Sodann soll die Diagnostik und Differentialdiagnostik skizziert werden (2.1.4.), um schließlich die medizinischen Therapieverfahren vorzustellen (2.1.5.).

2.1.1. Häufigkeit des Vorkommens – Epidemiologie der Alzheimer-Demenz

Der bedeutendste Risikofaktor für das Entstehen einer Alzheimer-Demenz ist das Alter, denn „die Wahrscheinlichkeit zu erkranken steigt mit zunehmenden Alter exponentiell"[8]. Deshalb ist der demographische Wandel unserer Gesellschaft auch für eine deskriptive Epidemiologie der Alzheimer-Demenz von Belang. Der derzeitige Anteil alter und hochaltriger Menschen an der Gesamtbevölkerung liegt bei über 23%; laut BMFSFJ ist bis 2020 mit einem Anstieg auf 28,5% und bis 2050 auf 38,5% zu rechnen.[9] Die Zahl der höchstaltrigen Menschen über 90 Jahren wird sich in diesem Zeitraum mehr als verdreifachen, ebenso auch die Zahl der

---

[5] Vgl. BICKEL, Epidemiologie, 37.
[6] SCHMIDTKE /HÜLL, Alzheimer-Demenz, 152.
[7] SCHMIDTKE / HÜLl, Alzheimer-Demenz, 157 (im Original zum Teil kursiv und Fettdruck).
[8] DIEHL / FÖRSTL / KURZ, Alzheimer-Krankheit, 7.
[9] Vgl. BMFSFJ, Vierter Bericht zur Lage der älteren Generation, 55, Tabelle 1-1; das BMFSFJ setzt hier den Beginn des Alters mit 60 Jahren an.

über 80-jährigen.[10] Somit wird die Anzahl der Menschen, die den Demenz-Risiko-Faktor „Alter" haben, in den nächsten Jahren drastisch steigen.

Im Blick auf die Epidemiologie der Demenz unterscheidet man Prävalenz und Indizenz.

„Die Prävalenz ist ein statistischer Kennwert, der darüber informiert, wie viele Personen in einer definierten Gruppe eine bestimmte Krankheit aufweisen. Die Indizenz dagegen gibt an, wie viele Menschen in einem bestimmten Zeitraum diese Krankheit neu erwerben."[11]

Eindeutige Zahlen über die Prävalenz lassen sich allerdings schwer ermitteln, da die verschiedenen durchgeführten Feldstudien aus methodischen Gründen nicht unmittelbar miteinander vergleichbar sind.[12] „Nach den aus den großen Feldstudien und Metaanalysen stammenden Daten erhöht sich die Prävalenz von weniger als 2% in der Altersgruppe der 65-69-Jährigen auf 10-17% unter den 80-84-jährigen und erreicht über 30% hinausgehende Werte unter den über 90-jährigen."[13]

---

[10] BMFSFJ, Vierter Bericht zur Lage der älteren Generation, 55, Tabelle 1-1.
[11] GUTZMANN / ZANK, Demenzielle Erkrankungen, 27.
[12] Denn aufgrund der unterschiedlichen zugrunde gelegten Diagnosekriterien und Schweregradbestimmungen und Stichprobengrößen sind die entsprechenden Studien nicht unmittelbar vergleichbar. Vgl. Bickel, Epidemiologie, 35f.; vgl. weiter Schaub / Freyberger, Diagnostik und Klassifikation, 59-67.
[13] BICKEL, Epidemiologie psychischer Störungen im Alter, 16.

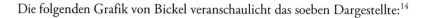

Die folgenden Grafik von Bickel veranschaulicht das soeben Dargestellte:[14]

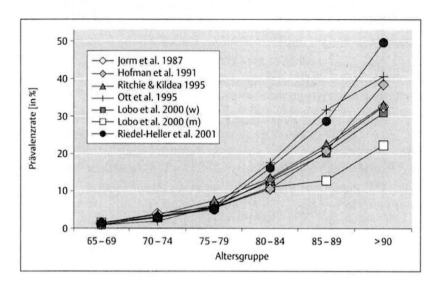

Auf die Gesamtbevölkerungszahl von Deutschland übertragen, ergibt sich derzeit eine geschätzte Krankenzahl von ca. 1 Million Menschen. Mehr als 50% hiervon leiden unter einer Demenz vom Typ Alzheimer.[15] In Deutschland wird sich die Zahl der unter Demenz-Leidenden bis zum Jahre 2030 vermutlich verdoppeln.[16] Die Indizenzrate der Alzheimer-Demenz liegt für die Altenbevölkerung zwischen 0,9 und 1,2%:[17] „Für die AD beläuft sich die jährliche Neuerkrankungsrate der

---

[14] BICKEL, Epidemiologie psychischer Störungen im Alter, 17. Bickel hat in der Graphik verschiedene Studien zur Prävalenzrate aus verschiedenen Jahren zusammengetragen und graphisch übereinander gelegt, um aufzuweisen, dass die Prävalenzrate mit dem Alter steigt. Die unterschiedlichen Graphen ergeben sich aus den unterschiedlichen Anlagen, Parametern und Forschungssettings der durchgeführten Studien.

[15] BMFSFJ, Vierter Bericht zur Lage der älteren Generation, 153. BICKEL, Epidemiologie, 37f., gibt für die Demenz vom Typ Alzheimer Werte zwischen 50% und mehr als 80% an.

[16] DIEHL / FÖRSTL / KURZ, Alzheimer-Krankheit, 5. Interessant ist an dieser Stelle die Frage, „ob es sich bei der Demenz um einen physiologischen Alterungsprozess handelt, von dem alle Menschen betroffen sein können (wenn sie nur alt genug werden), oder ob ein spezifischer Krankheitsprozess zugrunde liegt, der nur einen Teil der Bevölkerung betrifft" (FÖRSTL / MAELICKE / WEICHEL, Demenz, 6). Förstl, Interview, geht von einem Alterungsprozess aus.

[17] Vgl. BICKEL, Epidemiologie und Gesundheitsökonomie, 6. „Die *Gesamtindizenzraten* für die Altenbevölkerung liegen vorwiegend in einem Bereich zwischen 1,4 und 2,4%" (a.a.O., 5 [kursiv im Original]).

über 65-Jährigen im Mittel auf etwa 1% bei einem Anstieg von weniger als 0,2% unter den 80-84-Jährigen und auf mehr als 5% unter den über 90-Jährigen."[18] Die folgende Graphik von Bickel veranschaulicht das Gesagte:[19]

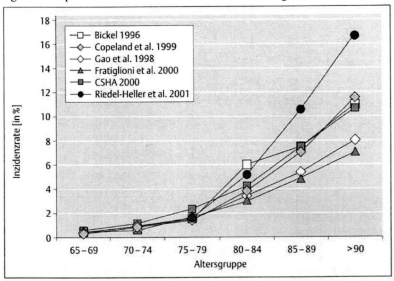

Auf die Altenbevölkerung übertragen ist somit für die Alzheimer-Demenz von einer jährlichen Neuerkrankung von 120.000 – 160.000 Menschen auszugehen; für alle Demenzformen zusammen ergibt sich ein Wert von 200.000 Neuerkrankungen pro Jahr.[20]

Das Morbiditätsrisiko steigt von etwa 2% bei unter 70-Jährigen auf etwa 12% bei 80-Jährigen und bis zum Alter von 90 Jahren auf 50%. „Für ein Alter von 95 Jahren belaufen sich die Schätzungen auf 60-80% und mit 100 Jahren schließlich hätte sich bei rund 99% eine Demenzerkrankung entwickelt. Diese Daten spre-

---

[18] BICKEL, Epidemiologie psychischer Störungen im Alter, 17.
[19] BICKEL, Epidemiologie psychischer Störungen im Alter, 18. Bickel hat, um zu verdeutlichen, dass und wie die Indizenzrate mit dem Alter steigt, verschiedene Studien zusammengetragen und graphisch übereinander gelegt. Die Abweichungen der Graphen sind auf immanente Faktoren der Studien zurückzuführen und für das, worauf es hier ankommt, nämlich den Anstieg der Indizenzrate, nicht so sehr von Belang.
[20] Vgl. GUTZMANN / ZANK, Demenzielle Erkrankungen, 28; vgl. ferner BICKEL, Epidemiologie und Gesundheitsökonomie, 6.

chen dafür, dass Demenzen wahrscheinlich alterungsbezogene Prozesse zugrunde liegen, die grundsätzlich jeden betreffen können."[21]

2.1.2. Ursachen bzw. Entstehungsbedingungen – Ätiologie der Alzheimer-Demenz

Obwohl derzeit große Summen in die Erforschung der Ursachen der Alzheimer-Demenz investiert werden, ist eine eindeutige Ursache bis heute nicht ausgemacht worden.

Seit den 1960er Jahren werden verschiedene Ursachen für die Alzheimer-Demenz diskutiert:

In den 1960er Jahren ging man im Zuge der Umweltbewegung von toxischen Faktoren aus; vor allem eine erhöhte Aluminiumkonzentration in Tangles und Plaques erregte das Aufsehen der Forschung.[22] Aber auch andere Umwelteinflüsse wie Metalle, Spurenelemente oder Neurotoxine wurden untersucht.

Eine andere Vermutung ist die einer Slow-Virus-Infektion.[23]

Aufgrund von Amyloidablagerungen im Gehirn von Alzheimer-Patienten wird eine immunologische Hypothese diskutiert, nach der die Alzheimer-Demenz durch immunologische Mechanismen verursacht wird.[24]

Stoffwechseltheorien gehen von einer Anomalie am dopaminergen und cholingergen System aus; ähnlich auch die Glukosetheorie, die von einer Schädigung bei der Glukoseregulation, d.h. der Grundlage der zellulären Energieversorgung im Gehirn ausgeht. Die Glutamathypothese und die Kalziumhypothese nehmen jeweils einen Überschuss an Glutamat bzw. Kalzium an, der zu einer Schädigung von Neuronen führt. Im Zusammenhang der Stoffwechseltheorien ist schließlich noch die Radikalhypothese zu nennen, die von einer Schädigung der Zellmembranen durch freie Sauerstoffradikale ausgeht.[25]

Genetische Hypothesen sehen vor allem drei Gene mit der Verursachung einer Alzheimer-Demenz in Zusammenhang stehend: Das auf Chromosom 21 lokalisierte Amyloid Precursor Protein (APP); das auf Chromosom 14 lokalisierte Präsenilin-1-Gen (PS 1) und das auf Chromosom 1 lokalisierte Präsenilin-2-Gen (PS 2).[26]

---

[21] FÖRSTL / MAELICKE / WEICHEL, Demenz, 6; vgl. ferner FÖRSTL, Interview.
[22] Vgl. MAURER / IHL / FRÖLICH, Alzheimer, 71f.
[23] Vgl. MAURER / IHL / FRÖLICH, Alzheimer, 70.
[24] Vgl. MAURER / IHL / FRÖLICH, Alzheimer, 70.
[25] Vgl. MAURER / IHL / FRÖLICH, Alzheimer, 69f.
[26] Vgl. SANDBRICK / BEYREUTHER, Molekulargenetik und Molekularbiologie.

Gerade für die Alzheimer-Demenz wurde eine familiäre Häufung beobachtet. Allerdings ließ sich diese Beobachtung bisher nicht durch prospektive Studien sichern.[27]

Fest steht, eine Neurodegeneration ist empirisch auszumachen, aber „[d]ie Ursachen für die Neurodegeneration, die Entwicklung des amyloiden Plaques und der Neurofibrillen sind bis heute – trotz deutlichem Erkenntnis-Zuwachs in einigen Punkten – letztlich nicht klar."[28]

Klar scheint aber zu sein, dass die Veränderungen in der entorhinalen Rinde des Gehirns beginnen und sich von dort über Temporal- und Parietallappen über das gesamte Gehirn ausbreiten. Diehl/Förstl/Kurz beschreiben zwei pathologische Stoffwechselschritte, die zum Untergang von Nervenzellen führen:

„1. Aus dem Amyloid-Vorläuferprotein (APP, Gen auf Chromosom 21) wird durch die Enzyme beta- und gamma-Sekretase das beta-Amyloid-Fragment herausgeschnitten. Dieses Fragment lagert sich extrazellulär ab. 2. Durch das Ungleichgewicht von Phosphatasen und Kinasen wird das normale zytoskeletale Tau-Protein hyperphosphoryliert. Dadurch löst es sich von den Mikrotubuli ab, wird mit Ubiquitin versetzt und bildet die Neurofibrillen. Diese beiden vermutlich primären pathologischen Stoffwechselschritte ziehen sekundäre Veränderungen nach sich, die den Untergang von Nervenzellen begünstigen. Als Folge des Zellverlustes im Meynert-Basalkern, der ein weit verzweigtes Netz von Projektionsfasern zur Hirnrinde entsendet, entsteht ein Mangel an Acetylcholin. Dieser Neurotransmitter ist für Aufmerksamkeit und Gedächtnis besonders wichtig. In der Nachbarschaft der Amyloid-Ansammlungen kommt es zu einer lokalen entzündlichen Reaktion, zu einer Aktivierung von immunkompetenten Mikrogliazellen und zu einer vermehrten Entstehung von freien Sauerstoffradikalen. Aus den zugrunde gehenden Nervenzellen wird der Neurotransmitter Glutamat freigesetzt, der auf benachbarte Neurone toxisch wirkt."[29]

Als Hauptrisikofaktor für eine Alzheimer-Demenz wird in der Forschung das Alter angesehen.[30] An zweiter Stelle wird eine familiäre Belastung diskutiert.[31] Hock und

---

[27] Vgl. FÖRSTL / MAELICKE / WEICHEL, Demenz, 6.
[28] DIEHL / FÖRSTL / KURZ, Alzheimer-Krankheit, 5.
[29] DIEHL / FÖRSTL / KURZ, Alzheimer-Krankheit, 5.
[30] DIEHL / FÖRSTL / KURZ, Alzheimer-Krankheit, 7.
[31] Vgl. HOCK / MÜLLER-SPAHn, Risikofaktoren, 107f. „Vorsicht in der genetischen Interpretation familiärer Belastungszahlen scheint allerdings nicht zuletzt deswegen geboten zu sein, da Familienangehörige auch gemeinsam bestimmten Umweltnoxen ausgesetzt sein können. Die vorliegenden genetischen Daten legen nahe, dass es neben dem einzelgenbedingten familiären Typ der Alzheimer-Demenz mit autosomal dominatem Erbgang, einen polygenetisch bestimm-

Müller-Spahn nennen eine ganze Reihe weiterer Risikofaktoren, die vom Alter der Mutter bei der Geburt, über Depressionen, ein niedriges Bildungsniveau, vaskuläre Risiken bis hin zu psychosozialer Inaktivität und niedrigem Aktionsniveau reichen.[32]

Wie auch immer diese Risikofaktoren zu gewichten sind, nach dem derzeitigen Stand der Forschung kann lediglich von bestimmten Dispositionen gesprochen werden. Eine kausale Herleitung der Alzheimer-Demenz gibt es zur Zeit noch nicht – was die Schwierigkeit nach sich zieht, auch keine kausale Therapie zu haben.

2.1.3. Symptomatik und Verlauf

Alzheimer-Demenz stellt sich im Blick auf ihre Kernsymptome betrachtet als eine progrediente Verminderung kognitiver Funktionen (Gedächtnis, Sprache, logisches Denken) dar. Diese kognitiven Symptome sind klinisch gesehen als eine Folge des Untergangs und der Degeneration von Nervenzellen sowie des Verlustes synaptischer Verbindungen zu beschreiben.

Die folgende Darstellung von Symptomatik und Verlauf ist an der Stadienunterteilung des ICD-10, welcher in leichtgradig, mittelgradig und schwer unterteilt, ausgerichtet.

a) Beginn und leichtgradige Demenz

Die Alzheimer-Demenz beginnt langsam und äußert sich zunächst schwer fassbar und vieldeutig. „Der genaue Beginn der Erkrankung ist daher kaum festzulegen."[33] Vergesslichkeit ist die häufigste Frühmanifestation der Alzheimer-Demenz. Störungen der Merkfähigkeit, der Konzentration und des Denkvermögens und Schwierigkeiten beim Speichern von neuen Informationen stehen am Beginn einer Alzheimer-Demenz.[34] So vergessen die Betroffenen zunächst Namen oder Verabredungen, Gelesenes und Erzähltes. Wortfindungsstörungen und eine Einschränkung des Wortschatzes bleiben für Fremde jedoch häufig unbemerkt.

---

ten Typ mit schwacher familiärer Häufung und zum dritten einen echt sporadischen Typ gibt." (Ebd.). Im Zusammenhang einer positiven Familienanamnese wurde auf ein erhöhtes Risiko bei Parkinson-Krankheit und Down-Syndrom hingewiesen.

[32] Vgl. HOCK / MÜLLER-SPAHN, Risikofaktoren, 109-113.

[33] Förstl / Burns / Zerfass, Alzheimer-Demenz, 331.

[34] „Im Vergleich zum Neugedächtnis sind das Ultrakurzzeit-(Immediat-)gedächtnis, das Kurzzeitgedächtnis […] sowie sehr alte deklarative Gedächtnisinhalte und das implizite Gedächtnis weit weniger beeinträchtigt." (FÖRSTL u.a., Alzheimer-Demenz, 46).

Hinzu kommen Unsicherheiten der zeitlichen und örtlichen Orientierung, was sich beispielsweise im Uhrentest nachweisen lässt oder beim Autofahren bemerkbar macht. Komplexe Aufgaben wie z.B. das Ausfüllen der Steuererklärung werden zunehmend fehlerhafter und langsamer bewältigt.

Die Alltagsaktivitäten sind im leichten Stadium der Alzheimer-Demenz in der Regel mit leichten Einschränkungen zu bewältigen, so dass ein unabhängiges Leben weiterhin möglich ist.

b) Mittleres Demenzstadium
Etwa 3 Jahre nach der Diagnosestellung ist das Stadium einer mittelgradigen Demenz erreicht. Die Gedächtnisstörungen werden nun zunehmend gravierender: Das Neugedächtnis ist nun schwerwiegend beeinträchtigt, ebenso wie auch das Vermögen, logisch zu denken, zu planen und zu handeln. Autobiographisches Wissen geht mehr und mehr verloren, ebenso auch die Orientierung hinsichtlich von Zeit und Ort. Das Vermögen des sprachlichen Ausdrucks vermindert sich zusehends. Wortfindungsstörungen und Paraphrasien nehmen deutlich zu. „Die Patienten sind nicht in der Lage, grundlegende Informationen darüber, wo sie leben, was sie vor kurzem getan haben oder Namen vertrauter Personen zu erinnern."[35]

Die Patienten verlieren im mittleren Stadium der Demenz die Einsicht in ihre Störung. Die Abnahme kognitiver Leistungen ist soweit vorangeschritten, dass eine selbstständige Lebensführung unmöglich wird. „Als ideatorische Apraxie wird die unzureichende Fähigkeit bezeichnet, Handlungsabläufe zu organisieren und zu koordinieren (Bedienen von Haushaltsgeräten, Anziehen). Im Verlauf nimmt die Apraxie weiter zu; es sind nun auch Einzelbewegungen betroffen (ideomotorische Apraxie) [...] Später kommt es zur Blickapraxie (Unfähigkeit, einen Gegenstand zu fixieren) und zur optischen Apraxie (Unfähigkeit, einen sichtbaren Gegenstand zu ergreifen)."[36]

c) schwere Demenz
Das Stadium der schweren Demenz ist ca. 6 Jahre nach Diagnosestellung erreicht. Es ist gekennzeichnet durch eine „ausgeprägte[...] Beeinträchtigung aller kognitiver Funktionen"[37]. „Rudimentäre Äußerungen in simplen Phrasen, in einfachen Wör-

---

[35] FÖRSTL / BURNS / ZERFASS, Alzheimer-Demenz, 333.
[36] FÖRSTL / MAELICKE / WEICHEL, Demenz, 28.
[37] FÖRSTL u.a., Alzheimer-Demenz, 48.

tern, aber auch Echolalie, Logoklonie oder Mutismus sind häufig."[38] Die Betroffenen erkennen oft nicht einmal mehr nahe Angehörige.

Allerdings ist hier nachdrücklich darauf hinzuweisen, dass die emotionale Ansprechbarkeit trotz der Beeinträchtigung der kognitiven Fähigkeiten erhalten bleibt.[39] Förstl, Burns und Zerfass machen deutlich: „Niemals darf dieser äußere Eindruck [einer schweren Demenz, D.B.] dazu verleiten, den Patienten als unempfängliches, fast lebloses Objekt zu betrachten und entsprechend zu behandeln. Wir wissen grundsätzlich nicht sicher, was in anderen vorgeht, und sollten daher immer respektvoll davon ausgehen, dass unser Handeln und Reden wahrgenommen wird, wenn auch vielleicht auf eine recht elementare Weise."[40]

Neben die kognitive Defizite treten weitere „körperliche Symptome wie erhöhter Muskeltonus, kleinschrittiger Gang, Unfähigkeit zur Kontrolle der Körperhaltung, Schluckstörungen und Inkontinenz. Bei erhöhter Anfälligkeit für Infektionen ist die Lungenentzündung die häufigste Todesursache" [41]. So sterben etwa 60-70% der Betroffenen an einer Lungenentzündung, 15% an einen Myokardininfarkt oder anderen kardiozerebrovaskulären Ereignissen.

Die durchschnittliche Lebenserwartung nach Diagnosestellung ist im Mittel mit 5-8 Jahren anzugeben.[42]

Neben den oben beschriebenen, nach Stadien gegliederten eher kognitiven Beeinträchtigungen werden in jüngere Zeit immer mehr auch Störungen des Erlebens

---

[38] Förstl / Burns / Zerfass, Alzheimer-Demenz, 333.
[39] Vgl. MAGAI et.al., Emotional Expression. Vgl. grundlegend hierzu die unten, im Zusammenhang der Betreuungskonzepte angegebene pflegewissenschaftliche Literatur zum Thema. Insgesamt besteht an dieser Stelle, im Zusammenhang der Darstellung des *medizinischen* Demenz-Konzeptes die Schwierigkeit, explizit medizinische Literatur zur emotionalen Ansprechbarkeit anzugeben. Zum einen hängt dies damit zusammen, dass dies vorwiegend ein Thema der Pflegewissenschaft ist, zum anderen mit der grundsätzlichen Schwierigkeit, dass hier jeder Beobachter seiner eigenen *theory of mind* erliegt. Allerdings zeigen die Beobachtungen aus der Praxis und der Pflegewissenschaft – und auch Hans Förstl weist in Gesprächen nachdrücklich darauf hin –, dass die emotionale Ansprechbarkeit erhalten bleibt, ja, dass es so etwas wie ein „Beziehungsgedächtnis" gibt, dass es ein gefühlsmäßiges Erkennen des Angehörigen gibt, auch wenn dieser vermeintlich nicht mehr erkannt wird.
[40] FÖRSTL / BURNS / ZERFASS, Alzheimer-Demenz, 333.
[41] DIEHL / FÖRSTL / KURZ, Alzheimer-Krankheit, 7.
[42] Vgl. FÖRSTL / BURNS / ZERFASS, Alzheimer-Demenz, 342. Als Prädikatoren der Mortalität werden „lange Krankheitsdauer, schlechte kognitive Leistung und Alltagskompetenz, Aphasie, Apraxie, Halluzinationen, Aggressivität, Wandern, Stürze, verminderte Mobilität, Hypophagie, Inkontinenz, Alkoholismus, somatische Erkrankungen, männliches Geschlecht und Institutionalisierung" (ebd.) genannt.

und Verhaltens im Zusammenhang mit der Alzheimer-Demenz berücksichtigt.[43] Derartige Störungen sind nach Förstl, Burns und Zerfass unterteilt „in:
affektive und produktiv-psychotische Symptomatik mit Halluzinationen, meist unsystematischen Wahnvorstellungen und Missidentifikationen, die häufig zu Angst, Agitation und Aggressivität führen, durch eine antidementive und neuroleptische Pharmakotherapie aber erfolgreich beeinflusst werden können [...] Stereotypen wie Wandern, Sammeln, Schreien, die am ehesten durch situative Maßnahmen und Verhaltensmanagement behoben werden können"[44].
Zur Prophylaxe und Therapie dieser Störungen schlagen Förstl, Burns und Zerfass neben einer individuellen Betreuung und Zuwendung den Einsatz von Psychopharmka vor: „Neue atypische Neuroleptika, Carbamazepin und im Ausnahmefall die Gabe von Clomethiazol oder Benzodiazepinen sind zur Dämpfung hyperaktiver und aggressiver Zustände geeignet. Das Wandern kann gelegentlich mit Propranolol günstig beeinflusst werden."[45]

2.1.4. Diagnostik und Differentialdiagnostik

Die Diagnose Alzheimer-Demenz muss, da das Gehirn alter Menschen ohnehin von unterschiedlichen, sich zum Teil überlagernden neurodegenerativen, vaskulären oder anderen Veränderungen betroffen ist, äußerst sorgfältig gestellt werden. Außerdem sind die ersten Anzeichen einer Demenz vom Typ Alzheimer vieldeutig und schwer fassbar.
Diehl / Förstl / Kurz schlagen eine dreischrittige Diagnose vor:[46]
Stellt sich beim Arzt ein Patient mit Klagen über Gedächtnisstörungen vor, so ist dessen Aufgabe, zunächst festzustellen, ob tatsächlich objektivierbare Gedächtnisstörungen vorliegen – und wenn dem so ist, wie ausgeprägt diese sind.
Hinter diesen Beschwerden muss nun das Syndrom der Demenz erkannt werden.

Hiernach ist noch die der Demenz zugrunde liegenden Ursache zu identifizieren. Folgende klinische Kriterien machen die Diagnose einer Demenz vom Typ Alzheimer „wahrscheinlich:
- klinischer Nachweis einer Demenz, dokumentiert durch kognitiven Leistungstest
- fortschreitende Verschlechterung des Gedächtnisses und anderer kognitiver Funktionen

---

[43] Vgl. KURZ u.a., Erscheinungsbild.
[44] FÖRSTL / BURNS / ZERFASS, Alzheimer-Demenz, 336.
[45] FÖRSTL / BURNS / ZERFASS, Alzheimer-Demenz, 338.
[46] Vgl. DIEHL / FÖRSTL / KURZ, Alzheimer-Krankheit, 7.

- keine Bewusstseinstrübung
- Beginn zwischen 40 und 90 Jahren, meist > 65 Jahre
- Fehlen systemischer Erkrankungen oder anderer Hirnkrankheiten, die eine Demenz auslösen können"[47].

Die Kriterien, die zu einer Diagnostik einer Alzheimer-Demenz herangezogen werden, machen sich vor allem an einer fortschreitenden Verschlechterung spezifischer kognitiver Funktionen wie Gedächtnisleistung und anderer kognitiver Funktionen (Urteilsvermögen, Denkvermögen) fest. Diese kognitiven Störungen müssen seit mindestens 6 Monaten bestehen. Entscheidend ist das Fehlen einer Bewusstseinstrübung und die fortschreitende Verschlechterung.

Die folgende Grafik von Förstl, Maelicke und Weichel gibt die Syndromdefinition nach ICD-10 wieder und soll die grundsätzlichen Überlegungen zur Diagnostik bündeln:[48]

---

[47] FÖRSTL / MAELICKE / WEICHEL, Demenz, 26 (Hervorhebung im Original).
[48] FÖRSTL / MAELICKE / WEICHEL, Demenz, 27.

2. Medizin und das gegenwärtige gesellschaftliche Demenz-Konzept

Kriterium A: Nachweis aller folgenden Bedingungen

1 Eine **Abnahme des Gedächtnisses**, die am deutlichsten beim Lernen neuer Information und in besonders schweren Fällen auch bei der Erinnerung früher erlernter Informationen auffällt. Die Beeinträchtigung betrifft verbales und nonverbales Material. Die Abnahme sollte objektiv verifiziert werden durch eine Fremdanamnese sowie möglichst durch eine neuropsychologische Untersuchung oder quantifizierte kognitive Verfahren. Der Schweregrad sollte folgendermaßen abgeschätzt werden (die leichte Beeinträchtigung gilt dabei als „Schwellenwert" für die Diagnose):
  - Leichte Beeinträchtigung: ein Grad des Gedächtnisverlustes, der die täglichen Aktivitäten zwar beeinträchtigt, aber nicht so schwerwiegend ist, dass ein unabhängiges Leben unmöglich wird. In der Hauptsache ist das Lernen neuen Materials betroffen. Zum Beispiel haben die Betroffenen Schwierigkeiten bei der Aufnahme, dem Speichern und Wiedergeben von alltäglichen Dingen, z. B. wo etwas hingelegt wurde, soziale Verabredungen oder kürzlich von Familienmitgliedern mitgeteilte Informationen.
  - Mittelgradige Beeinträchtigung: ein Ausmaß an Gedächtnisstörung, das eine ernste Behinderung für ein unabhängiges Leben darstellt. Nur gut gelerntes oder sehr vertrautes Material wird behalten. Die Betroffenen sind nicht in der Lage, grundlegende Informationen darüber, wo sie leben, was sie vor kurzem getan haben oder sich an Namen vertrauter Personen zu erinnern.
  - Schwere Beeinträchtigung: schwerer Gedächtnisverlust mit vollständiger Unfähigkeit, neue Informationen zu behalten. Nur Fragmente von früher Gelerntem bleiben übrig. Die Betroffenen erkennen nicht einmal mehr enge Verwandte.

2 Eine **Abnahme anderer kognitiver Fähigkeiten,** charakterisiert durch eine Verminderung der Urteilsfähigkeit und des Denkvermögens, wie z. B. der Fähigkeit zu planen und zu organisieren und der Informationsverarbeitung. Dies ist, wenn möglich, durch eine Fremdanamnese sowie möglichst durch eine neuropsychologische Untersuchung oder durch quantifizierte objektive Verfahren nachzuweisen. Die Verminderung der früher höheren Leistungsfähigkeit sollte nachgewiesen werden. Der Schweregrad der intellektuellen Beeinträchtigung sollte folgendermaßen abgeschätzt werden (die leichte Beeinträchtigung gilt dabei als "Schwellenwert" für die Diagnose):
  - Leichte Beeinträchtigung: die Abnahme kognitiver Fähigkeiten beeinträchtigt die Leistungsfähigkeit im täglichen Leben, macht die Betroffenen aber nicht von anderen abhängig. Komplizierte tägliche Aufgaben oder Freizeitbeschäftigungen können nicht ausgeführt werden.
  - Mittelgradige Beeinträchtigung: die Abnahme der kognitiven Fähigkeiten führt dazu, dass die Betroffenen nicht ohne Hilfe im täglichen Leben, wie z. B. mit dem Einkaufen oder im Umgang mit Geld, zurechtkommen. Die Tätigkeiten werden zunehmend eingeschränkt und kaum durchgehalten. Schwere Beeinträchtigung: der kognitive Abbau ist durch das Fehlen nachvollziehbarer Gedankengänge charakterisiert.

Der Gesamtschweregrad der Demenz wird am besten bestimmt durch das Ausmaß der Gedächtnis- oder der anderen kognitiven Leistungseinbußen, je nachdem welche Beeinträchtigung schwerer wiegt.

Kriterium B

Um A eindeutig nachweisen zu können, muss die Wahrnehmung der Umgebung ausreichend lange erhalten geblieben sein (d. h. Fehlen einer Bewusstseinstrübung). Bestehen gleichzeitig delirante Episoden, sollte die Diagnose Demenz aufgeschoben werden.

Kriterium C

Die Verminderung der Affektkontrolle, des Antriebs oder des Sozialverhaltens manifestiert sich in mindestens einem der folgenden Merkmale:
- emotionale Labilität – Reizbarkeit,
- Apathie,
- Vergröberung des Sozialverhaltens.

Kriterium D

Für eine sichere klinische Diagnose sollte A mindestens 6 Monate vorhanden sein. Wenn der Verlauf seit dem manifesten Krankheitsbeginn kürzer ist, kann die Diagnose nur vorläufig gestellt werden.

Die Diagnostik bedient sich hierbei im Rahmen der Anamnese der Methode des Interviews des Betroffenen *und* der Angehörigen (Fremdanamnese). In einem solchen Interview werden vor allem Leistungen bzw. Defizite aus dem Alltag angesprochen.

Des Weiteren liegen verschiedene Screening-Tests vor, auf die der Arzt zurückgreifen kann. Der *Mini-Mental-Status-Test* (MMST)[49] und der *DemTect*[50] werden in der Praxis hierzu oft herangezogen.[51]

---

[49] Beim MMST werden Patienten hinsichtlich ihrer zeitlichen Orientierung (Datum, Wochentag, Jahr, Jahreszeit) örtlichen Orientierung (Bundesland, Land, Stadt, Klinik, Stockwerk der Klinik) Merkfähigkeit (Vorgabe einer Wortliste mit drei Wörtern) Aufmerksamkeit/Rechenfähigkeit (von 100 soll fünfmal 7 subtrahiert werden).

Neben den Screening-Verfahren ist eine körperliche und neurologische Untersuchung erforderlich:
Bluttest (Blutbild, Serumchemie, Elektrolyte, Leber- und Nierenwerte, Schilddrüsenhormone, Vitamin B, Folsäure und Borrelien- und Lues-Serologie),
Computer- bzw. Kernspintomographie zum Nachweis zereborvaskulärer Veränderungen und/oder Atrophien,
Liquoruntersuchung bei Verdacht auf Meningitis/Enzephalitis.

Diese diagnostischen Überlegungen gehen mit differentialdiagnostischen Überlegungen einher, die der Unterscheidung und dem Ausschluss von ähnlichen Krankheitsbildern dienen.

Grundsätzlich sollte immer von einer behandelbaren Krankheit, von einer reversiblen Demenz, ausgegangen werden. Bei der Differenzialdiagnostik der Alzheimer-Demenz sind am häufigsten folgende Erkrankungen auszuschließen:
Demenz mit Lewy-Körperchen[52]
Frontotemporale Demenz[53]
Delir[54]
leichte kognitive Störung[55]
multiple Infarkte der Hirnrinde
depressive Störungen. Letztere können sich bei älteren Menschen wie eine Alzheimer-Demenz äußern. So kann von „Pseudodemenz" bei Depression gesprochen werden: „Bei einer depressiven Störung sind die sprachlichen Fähigkeiten altersent-

---

Sprache (Benennen von Gegenständen, Nachsprechen und Schreiben eines Satzes, Ausführen einer schriftlichen und mündlichen Anweisung) konstruktiven Praxis (Nachzeichnen einer sich überschneidenden fünfeckigen Figur) befragt.
Insgesamt können beim MMST 30 Punkte erreicht werden, bei weniger als 26 sollte eine weitere Diagnostik eingeleitet werden.
[50] Beim *DemTect* ist eine Wortliste mit 10 Worten zu merken und im Laufe des Verfahrens wiederzugeben (verzögerte Wiedergabe). Hinzu kommen Zahlenreihen, die rückwärts wiederholt werden müssen. Der DemTect kann in relativ geringer Zeit auch von geschulten Personal wie einer Arzthelferin vorgenommen werden.
[51] DIEHL, FÖRSTL und KURZ empfehlen die deutsche Version der CERAD, eine zeitaufwendigere, ausführlichere neuropsychologische Diagnostik, die allerdings in der Praxis des niedergelassenen Arztes kaum durchgeführt werden kann; vgl. DIEHL / FÖRSTL / KURZ, Alzheimer-Krankheit, 8.
[52] Vgl. RANSMAYR / MCKEITH, Demenzen mit Lewy-Körperchen. Vgl. ferner WEINDL, Demenzen.
[53] Vgl. GUSTAFSON / BRUN, Frontotemporale Demenz.
[54] Vgl. FISCHER / ASSEM-HILGER, Delir/Verwirrtheitszustand.
[55] Vgl. REISCHIES, Leichte kognitive Störung.

sprechend, es fehlen Störungen der praktischen Fähigkeiten und der visuellräumlichen Leistungen. Mit der sich unter antidepressiver Behandlung stabilisierenden affektiven Symptomatik bessern sich bei der ‚Pseudodemenz' schließlich auch die kognitiven Beeinträchtigungen."[56]

2.1.5. Medikamentöse Therapie

2.1.5.1. Gegenwärtige Therapiestrategien

Eine kausale Therapie der Alzheimer-Demenz liegt derzeit nicht vor. Medikamentöse Therapiestrategien setzen bei den Begleit- und Folgeerscheinungen der neurodegenerativen Prozesse an. Folgende Strategien finden derzeit Verwendung:
cholinerge Substitution: „Eine Verbesserung der cholinergen Neurotransmission lässt sich durch die Hemmung der Enzyme Acetylcholinesterase und/oder Butyrylcholinesterase erreichen, die den Transmitter Acetylcholin hydrolisieren und somit einen Anstieg der Aktivität von Acetylcholin erreichen. Drei Medikamente sind derzeit in Deutschland zur Behandlung zugelassen: Donepezil (Arizept®), ein selektiver Hemmer der Acetylcholinesterase, Galantamin (Reminyl®), ein Acetylcholinesterase-Hemmer, der gleichzeitig nikotinerge Acetylcholinrezeptoren stimuliert, und Rivastigmin (Exelon®), ein Hemmer der Acetyl- und Butyrylcholinesterase. Das Ansprechen auf eines dieser Antidementiva äußert sich entsprechend der Aussagen der Medikamentenstudien in einer Parallelverschiebung der Krankheitsprogression über mindestens ein Jahr bei einem großen Teil der Patienten."[57]
Modulation der glutamatergen Neurotransmission durch Memantine (Ebixa®, Axura®). „Memantin blockiert glutamaterge NMDA-Rezeptoren nichtkompetetiv mit niedriger Affinität, wodurch gegen toxische Glutamatwirkung geschützt werden soll und gleichzeitig die wichtigen glutamergen Eigenschaften bei den kognitiven Funktionen erhalten bleiben [...] Memantin wurde als erste Substanz mit nachgewiesener Wirksamkeit zur Behandlung schwerer Demenzen zugelassen."[58]
Für die Behandlung der nicht-kognitiven Symptome im Zusammenhang der Alzheimer-Demenz (Depression, Angst, Unruhe, wahnhafte Befürchtungen, Sinnestäuschungen und Schlafstörungen) werden neben Antidepressiva atypische Neuroleptika und Schlafmittel mit möglichst geringem „Hang-over-Effekt" eingesetzt, wobei die Dosierung so niedrig wie möglich zu halten ist.

---

[56] DIEHL / FÖRSTL / KURZ, Alzheimer-Krankheit, 9. Vgl. weiter NIKLEWSKI / BALDWIN, Depressive Erkrankungen, und ZIMMER / FÖRSTL, Depression und Dissoziation.
[57] DIEHL / FÖRSTL / KURZ, Alzheimer-Krankheit, 9.
[58] FÖRSTL / BURNS / ZERFASS, Alzheimer-Demenz, 335.

2.1.5.2. Zukünftige Therapiestrategien

Diehl, Förstl und Kurz machen mehrere Ansatzpunkte für eine zukünftige Intervention aus:[59]

Ein Einsatz von Sekretase-Blockern soll die Menge an produzierten beta-Amyloid-Peptid verhindern.

Eine Amyloid-Immunisierung im Sinne einer Impfung soll die körpereigene zelluläre Abwehr stimulieren. Das Problem hierbei sind aber autoimmunologische Reaktionen.

Insgesamt stellen sich die therapeutischen Maßnahmen als sehr schwierig dar, da „die zugrunde liegenden pathologischen Vorgänge bisher nur zum Teil entschlüsselt werden konnten"[60].

2.1.6. Fazit: Medizinische Kriterien der Alzheimer-Demenz

Nach dem bisher Dargelegten kann nun eine Definition der Alzheimer-Demenz anhand der ICD-10 Kriterien vorgelegt werden, die die Grundlage des medizinischen Demenzkonzeptes bilden. Für das Vorliegen einer Demenz sind dabei mnestische Störungen und zusätzliche kognitive Defizite ausschlaggebend:

Störung der Gedächtnisfunktion seit mindestens 6 Monaten

Verminderung anderer kognitiver Fähigkeiten, z.B. Urteilsfähigkeit, logisches Denken, Fähigkeit zu planen, visuokonstruktive Fähigkeiten, sprachliche Fähigkeiten, allgemeines Intelligenzniveau

Verminderung der Affektkontrolle, des Antriebs und des Sozialverhaltens

Diese Störungen führen zu einer deutlichen Beeinträchtigung der Alltagsaktivitäten

Es liegt keine Bewusstseinstrübung vor.

Der Verlauf der Alzheimer Demenz ist in der Regel durch den schleichend beginnenden Prozess einer progredienten Verschlechterung im mnestisch-kognitiven Bereich, dem Kernmerkmal, zu beschreiben. Dieser Prozess verläuft jedoch nicht linear, gelegentlich treten Plateauphasen auf, bei optimaler Behandlung kann sich die kognitive Leistung zeitweise sogar verbessern.[61]

---

[59] Vgl. zum Folgenden: DIEHL / FÖRSTL / KURZ, Alzheimer-Krankheit, 10.
[60] DIEHL / FÖRSTL / KURZ, Alzheimer-Krankheit, 10.
[61] FÖRSTL / BURNS / ZERFASS, Alzheimer-Demenz, 342.

Die folgende Graphik von Förstl, Burns und Zerfass veranschaulicht mögliche Verlaufsformen:[62]

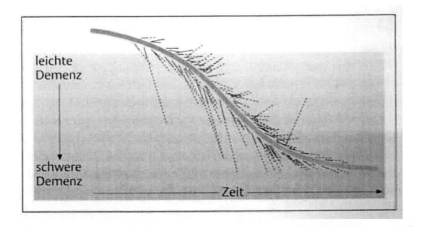

Eine Demenz vom Typ Alzheimer wird gegenwärtig von den meisten Medizinern als irreversible Erkrankung angesehen.

2.2. Alzheimer-Demenz und Krankheit

Nähert man sich dem Phänomen Alzheimer-Demenz von medizinischer Seite, ist das – so die These der Arbeit – *eine*, aber nicht die einzige Perspektive auf das Phänomen Alzheimer-Demenz, das aus medizinischer Sicht als *Krankheit* zu beschreiben ist.[63]

Der Begriff „Krankheit" ist dabei durchaus kein statischer, einheitlich gefüllter Begriff, sondern er birgt in seiner Verwendung eine Vielzahl von Axiomen, Konnotationen und Implikationen,[64] auf die hier zunächst einzugehen ist,

---

[62] FÖRSTL / BURNS / ZERFASS, Alzheimer-Demenz, 342. Die Graphik zeigt sehr eindrücklich, dass die Alzheimer-Demenz keinen gradlinig abwärts sich vollziehenden Verlauf nehmen muss, sondern dass sowohl Verschlechterungen als auch Verbesserungen im Prozess möglich sind.

[63] Unten wird sich zeigen, dass die theologische Perspektive auf das Phänomen Alzheimer-Demenz eine andere ist, die die medizinische wohl wahr- und ernst nimmt, aber eben das, was die medizinische Sicht primär als Krankheit ausmacht, als Beziehungsgeschehen versteht, vgl. unten, Kap. D.

[64] „Der Begriff [Krankheit, D.B.] ist offenbar unscharf, schwer abzugrenzen, und zu jenen Grundbegriffen gehörig, von denen I. Kant sagt, dass sie zwar schwer erörterbar oder beschreibbar, aber kaum definierbar seien."

um so zu einer vollständigeren Sicht des medizinischen Demenz-Konzeptes zu gelangen.

Im Rahmen der vorliegenden Arbeit kann nur eine knappe Diskussion des Krankheitsbegriffes, vor allem mit Hilfe von Dirk Lanzerath, der den Krankheitsbegriff durch drei Dimensionen – Natur, Gesellschaft, Subjekt – konstituiert sieht, erfolgen.[65] Es wird sich zeigen, dass die medizinische Sicht auf die Alzheimer-Demenz vor allem dem ersten Aspekt des Krankheitsbegriffes, Krankheit und Natur, verhaftet war und ist. Die beiden anderen Aspekte sollen unten dann noch einmal aufgegriffen werden, wo sie vor allem im Rahmen der gesellschaftlichen Leitvorstellungen (3.) und in der Darstellung der Genese des gegenwärtigen medizinischen Demenzkonzeptes behandelt werden.

Nach diesen eher allgemeinen Überlegungen zum Krankheitsbegriff (2.2.1.) sollen die Ergebnisse auf die Alzheimer-Demenz hin appliziert werden (2.2.2.).

2.2.1. Dimensionen des Krankheitsbegriffs

2.2.1.1. Krankheit und Natur

Der folgende Abschnitt wird sich mit der Frage beschäftigen, wie Krankheit und Natur (des Menschen) aufeinander bezogen sind. Hier stehen vor allem zwei Alternativen im Raum:
ein Naturalismus, der die Krankheiten als objektiv ablesbare Phänomene versteht
ein Relativismus, der den Krankheitsbegriff aufgrund bestimmter Konventionen bzw. kultureller Wertmuster versteht.
Eine Klassifizierung der Krankheiten in ein taxonomisches System spiegelt das Verständnis der Medizin als Naturwissenschaft, die in den Methoden der Naturwissenschaften eine objektive Herangehensweise an das Phänomen Krankheit findet, wider und „erweckt den Anschein, als handele es sich bei Krankheiten um *natürliche Entitäten*, die entsprechend zu *entdecken*, zu *beschreiben* und schließlich in Form von Arten und höheren Taxa zu *klassifizieren* seien wie Liliengewächse oder Wirbeltiere"[66]. Eine solche Hermeneutik bzw. Herangehensweise hat zur Folge, dass dem Erkrankten nur durch die (exakte) Abgrenzung und (naturwissenschaftliche) Bestimmung seiner Krankheit zu helfen ist.[67]

(LANZERATH, Krankheit, 15.) Vgl. ENGELHARDT, Health and Disease, 1057: „Health and disease suggest a variety of meanings from psychological, social, and spiritual perspectives." Vgl. ferner YOUNG, Health and Disease.
[65] Vgl. LANZERATH, Krankheit, 89-251.
[66] LANZERATH, Krankheit, 91f. (Hervorhebung im Original).
[67] Vgl. ENGELHARDT / WILDES, Health and Disease, 1076f.

Gegen ein solches Verständnis von Krankheit ist mit Lanzerath festzustellen, „dass Krankheiten keine distinkten Einzelwesen oder Einheiten sind, sondern empirisch schwer abgrenzbare akzidentielle Eigenschaften des Menschen, die in verschiedenen Formen auftreten"[68]. Eine entsprechende Bestimmung bzw. Abgrenzung kann nicht wie zwischen natürlichen Arten erfolgen, „sondern muss sich an der Praxis der Arzt-Patient-Beziehung und den damit verbundenen Zwecksetzungen orientieren. Diese Praxis bildet denjenigen Kontext, der es ermöglicht, innerhalb der Sprache Allgemeinbegriffe zu generieren, die eine ordnende Funktion haben und damit ein Klassifikationssystem bilden"[69]. Karl Jaspers verweist in diesem Zusammenhang darauf, dass der Mediziner sich darüber, „[w]as gesund und was krank im allgemeinen sei, [...] sich am wenigsten den Kopf [zerbricht]"[70]. Der Mediziner hat es also nicht mit unterschiedlichen Krankheiten *eo ipso* zu tun, sondern immer mit den *Menschen*, die unter diesen leiden. Damit ist die Abkehr von einem Verständnis von Medizin als reiner Naturwissenschaft notwendig, denn der Arzt handelt und interagiert mit Menschen, die unter einer Krankheit leiden und nicht primär mit einer objektiven Größe Krankheit. Freilich heißt dies nicht, dass Krankheiten keine objektiven Größen sind, sondern vielmehr, dass sie vermittelt durch einen Menschen und die Beziehung des Arztes zu diesem Menschen zu sehen sind: „Ist das therapeutische Handeln des Arztes an den Krankheitsbegriff gebunden, dann gehen in den Begriff der Krankheit zwar auch empirisch erhebbare Daten und Parameter mit ein, aber der Begriff der Krankheit kann dann nicht als rein naturwissenschaftlicher Begriff aufgefasst werden."[71]

Einen Krankheitsbegriff, der diese Dimension weniger im Blick hat und der insofern „als ein besonders prägnantes Beispiel für einen naturwissenschaftlichen *Funktionalismus* oder *Reduktionismus* hinsichtlich des Krankheitsverständnisses gelten"[72] kann, als er von der biologischen Funktionalität des Körpers einerseits und von der statistischen Norm andererseits ausgeht, hat C. Boorse entwickelt:[73] Für Boorse ist dasjenige normal bzw. natürlich, was sich empirisch als arttypisch aufweisen lässt.[74] Gesundheit ist dementsprechend als „normales Funktionieren" eines Organismus und Krankheit als Störung des normalen Funktionierens zu verstehen, als biologische Funktionsstörung: „A *disease* is a type of internal state which is either an impairment of normal functional ability, i.e. a reduction of one

---

[68] LANZERATH, Krankheit, 105.
[69] LANZERATH, Krankheit, 105.
[70] JASPERS, Allgemeine Psychopathologie, 652.
[71] LANZERATH, Krankheit, 105.
[72] LANZERATH, Krankheit, 117 (Kursiv im Original).
[73] Vgl. BOORSE, Health; vgl. DERS., Distinction.
[74] BOORSE, Health, 562, u.ö.

or more functional abilities below typical efficiency, or a limitation on functional ability caused by environmental agents [...] *Health* is the absence of disease."[75] Einem solchen Krankheitsbegriff, der von biologischen Dysfunktionen oder homoiostatischen Störungen, also von Funktionsstörungen des Körpers, ausgeht, inhäriert ein bestimmtes Verständnis vom Körper. Mit einer solchen Betrachtungsweise wird entweder „ganz reduktionistisch die ‚Körpermechanik' in moderner physiologischer, biochemischer und molekularbiologischer Terminologie dargestellt, unter deren Voraussetzungen der Arzt dann mit einem reparierenden ‚Körpermechaniker' gleichgestellt wird"[76]; oder aber Krankheit und Gesundheit werden als Stör- bzw. Regelgrößen eines Systems verstanden, in dem der „menschliche Organismus (zumindest heuristisch) als kybernetische Maschine dargestellt wird"[77].

Die hier beschriebenen, funktionalistischen Krankheitsbilder, die die Krankheit als Funktionsstörung eines Regelkreises oder als homoiostatische Störung auffassen, sind durch einen naturwissenschaftlichen Reduktionismus gekennzeichnet, der – mit ontologischen[78] Ansprüchen einhergehend – die Dynamik von Krankheit als „Lebensvorgang, der sich an einem Organismus vollzieht, der aber außerhalb des Organismus nicht selbständig existiert und sich nicht ohne den Kranken selbst interpretieren lässt"[79] übersieht.

Einem solchen naturwissenschaftlichen Reduktionismus stehen systemtheoretische Auffassungen von Krankheit und Gesundheit, wie sie von T. von Uexküll und W. Wesiack im Anschluss an L. Krehl, R. Siebeck und V. von Weizsäcker als psychosomatischen Medizintheoretikern entwickelt wurden, entgegen. In einem systemtheoretischen Verständnis wird nicht nur die Dichotomie krank-gesund überwunden, sondern der Patient wird zudem noch in seinem sozialen Umfeld wahrgenommen: „Nur dann, wenn der Mensch in einer solchen Einheit von *Bios*, *Psyche* und *sozialem Umfeld* interpretiert wird, kann er in seiner Einheit und Ganzheit begriffen werden."[80] In diesem als Regelkreis verstandenen Geflecht erscheinen Krankheit und Gesundheit als Größen in eben dieser Vernetzung. Allerdings wen-

---

[75] BOORSE, Health, 567.
[76] LANZERATH, Krankheit, 116f.
[77] LANZERATH, Krankheit, 117.
[78] „Sowohl ein Krankheitsbegriff, der sich auf Funktionsstörungen beruft, als auch ein Krankheitsbegriff, der Krankheiten als selbständige Entitäten auffaßt, hat einen starken ontologischen Anspruch, im einen Fall *prozeß- oder ereignisontologisch*, im anderen Fall *substanzontologisch*." (LANZERATH, Krankheit, 124 [Kursiv im Original]).
[79] LANZERATH, Krankheit, 125.
[80] LANZERATH / HONNEFELDER, Krankheitsbegriff, 57 (Hervorhebung im Original).

det Lanzerath zu Recht ein, dass auch dieses Krankheitsverständnis einer, nämlich der systemtheoretischen Form des Funktionalimus verhaftet bleibt, „der als ein systemtheoretischer Holismus – zumindest heuristisch – das kybernetische Maschinenverständnis zum Vorbild hat, obwohl er gerade das mechanistische Verständnis überwinden wollte"[81].

Als problematisch erweisen sich Krankheitskonzepte, die sich an einem bestimmten Verständnis von Normalität festmachen. Eine solche Herangehensweise setzt aber immer schon das voraus, was man mit dem Normgemäßen meint – oder erreichen will.[82] Das Normale erweist sich bei näherer Betrachtung als ein Werturteil.[83] Eine Anomalie kann so verstanden zur Krankheit werden, ist es aber noch nicht, solange eine Wertung als Krankheit seitens des Betroffenen aussteht. Deutlich wird diese Überlegung, wenn bedacht wird, dass beispielsweise aufgrund der genetischen Variabilität wohl kaum irgend jemand als gesund zu bezeichnen wäre.

Schließlich stellt sich vor dem Hintergrund des bisher Gesagten die Frage nach dem Naturverhältnis des Menschen. „Als Naturwesen ‚ist' der Mensch nicht nur diese Natur, sondern er ‚hat' sie auch: Er kann sich von ihr distanzieren, ohne die Identität mit ihr aufgeben zu können."[84] Die Natur ist dem Menschen als Naturwesen vorgegeben, und sie ist ihm als Kulturwesen aufgegeben. Plessner spricht in diesem Zusammenhang von der „natürlichen Künstlichkeit"[85]: „Als exzentrisch organisiertes Wesen muss er [der Mensch, D.B.] sich zu dem, was er *schon ist, erst machen.*"[86] Diese Einsicht bedeutet „für jede natürliche Dysfunktion, dass sie *weder ablesbar, noch reine Setzung* wäre, sondern sich als ein Interpretandum erweist. Eine funktionelle Analyse der menschlichen Natur, die selbst – wie gezeigt – nicht voraussetzungslos ist, trägt dann zwar zum Verständnis des Krankheitsbegriffes bei, dieser geht aber noch nicht in ihr auf. Haben Krankheiten phänomenal eine naturale Basis, so lassen sie sich jedoch nicht in der Natur ablesen"[87].

---

[81] LANZERATH, Krankheit, 129. Vgl. DERS. / HONNFELDER, Krankheitsbegriff, 59.
[82] Vgl. ENGELHARDT / WILDES, Health and Disease, 1078.
[83] Vgl. LANZERATH / HONNEFELDER, Krankheitsbegriff, 53. Vgl. JASPERS, Allgemeine Psychopathologie, 652.
[84] LANZERATH, Krankheit, 148.
[85] Vgl. PLESSNER, Stufen, 383-396.
[86] PLESSNER, Stufen, 383 (Hervorhebung im Original). Für PLESSNER bedeutet das, dass der Mensch das Leben, was er schon hat, führen muss. Leben ist dem Menschen also nicht nur vorgegeben, sondern auch aufgegeben.
[87] LANZERATH, Krankheit, 150.

Der kurze Durchgang hat gezeigt, dass Krankheiten keine Zustände sind, die in der Natur einfach ablesbar wären, sondern solche, die der Interpretation bedürfen. Die Natur ist dabei unter einer zweifachen Perspektive zu sehen: als Gegenüber und als Teil des Betrachtenden. „So stehen Krankheit und Gesundheit in einem Spannungsfeld von *naturaler Vorgabe* und *habitueller Aufgabe*, zwischen *Sein* und *Seinkönnen*."[88] Mit einem solchen Verständnis der Bezogenheit von Krankheit und Natur ist die eingangs genannte Alternative Naturalismus – Relativismus überwunden; es sind sowohl empirisch an der Natur aufweisbare Zustände (akzidentielle Eigenschaften) als auch deren Interpretation innerhalb eines soziokulturellen Kontextes, die den Krankheitsbegriff konstituieren.

2.2.1.2 Krankheit und Gesellschaft

In diesem Abschnitt wird die Relation der Begriffe Krankheit und Gesundheit zu sozialen und kulturellen Faktoren untersucht. Besonders die Einflüsse der Gesellschaft auf die Bewertung eines Zustandes als Krankheit stehen im Fokus des Interesses.

Talcott Parsons hat eine soziologische Theorie vorgelegt, die aufweist, dass die Erfahrung bzw. die Bestimmung dessen, was Krankheit bzw. Gesundheit sei, von gesellschaftlichen Faktoren bestimmt ist. Parsons versteht den Menschen als *sowohl* lebendigen und biologisch beschreibbaren Organismus *als auch* als sozial handelndes Wesen; deshalb können Aspekte von Gesundheit und Krankheit aus organischer *und* soziokultureller Perspektive beschrieben werden.[89] Der Mensch ist nach Parsons also ein soziales Wesen, welches biologisch konstituiert ist. Als ein solches ist er Mitglied in strukturierten sozialen Systemen, in denen er handelt und sich verhält. Dies gilt auch für den Kranken.

Gesundheit kann aus dieser Perspektive „as the teleonomic capacity of an individual living system" verstanden werden, d.h. „as the capacity of an organism, or its propensity, to undertake successful goal-oriented courses of functioning,

---

[88] LANZERATH, Krankheit, 167 (Hervorhebung im Original).
[89] „Just as man himself is both living organism and human actor, who is personality and social and cultural being at the same time, so health and illness are conceived, as human phenomena, to be both organic and sociocultural."(PARSONS, Health and Disease, 598.)

especially behavior"[90]. Das teleonomische Vermögen schließt die Fähigkeit ein, „to cope with disturbances in their health"[91].

Krankheit ist entsprechend „as an impairment of its [individuals, D.B.] telenomic capacity"[92] zu sehen. Auf den für Parsons zentralen Begriff der sozialen Rolle angewendet, bedeutet Krankheit einen Zustand, der die „üblicherweise vorhandene Fähigkeit zur Ausübung einer sozialen Rolle zerstört"[93]. Denn ein jedes Individuum ist in verschiedene soziale Rollen mit verschiedenen Aufgaben/Verpflichtungen und bestimmten, damit verbundenen Erwartungshaltungen eingebunden. „Aus dieser Rollenmatrix erwächst die Erwartungshaltung innerhalb der Gesellschaft, dass ein durchschnittliches Mitglied dieser Gesellschaft bestimmte variierende, aber grundsätzlich determinierbare Ebenen der Gesundheit im Sinne des beschreibbaren teleonomischen Vermögens aufweist."[94]

Allerdings sieht die gesellschaftliche Rollenmatrix – so Parsons – auch eine Rolle bzw. ein Rollenverständnis als Kranker („sick role") vor.
Für die „sick role" hat Parsons vier Aspekte herausgearbeitet:
1.) „[T]o be sick is to be in a state that is institutionally defined as not the sufferer's personal fault"[95].
2.) Eng mit dem Zustand der Krankheit verbunden ist, „that the impairment of teleonomic capacity and the risk of future impairments are held to justify exemption from some performance expectations which are normally applied to altogether healthy persons"[96]. Kranksein bedeutet also die Möglichkeit, *legitim abzuweichen.*[97]
3.) Allerdings hängt die Legitimierung davon ab, dass der Kranke seine Krankheit nicht als Wert ansieht und sich bemüht, „to recover a state of health or, in case of chronic illnesses or threats of illness, to accept regimens of management that will minimize the current impairment of teleonomic capacity"[98].
4.) Falls der Kranke nicht von sich aus gesund werden kann, wird erwartet, dass er sich kompetente ärztliche Hilfe sucht und am Heilungsprozess mitarbeitet.

---

[90] PARSONS, Health and Disease, 591.Wobei PARSONS, a.a.O., 593, die Gesundheit dabei im Rahmen seiner Handlungstheorie verortet: „[H]ealth should be considered to be a ‚generalized symbolic medium of interchange'".
[91] PARSONS, Health and Disease, 594.
[92] PARSONS, Health and Disease, 592.
[93] LANZERATH, Krankheit, 173.
[94] LANZERATH, Krankheit, 172.
[95] PARSONS, Health and Disease, 595.
[96] PARSONS, Health and Disease, 595.
[97] Vgl. FREIDSON, Ärztestand, 190.
[98] PARSONS, Health and Disease, 595.

Die Krankenrolle befreit nach Parsons einerseits von den Erwartungen der Gesellschaft und wehrt andererseits der Behauptung der Legitimität einer solchen: Der Kranke ist an den Arzt verwiesen, weil er den Wert der Gesundheit anerkennt und sich zum Ziel setzt, so weit es ihm möglich ist, gesund zu werden.[99]

Parsons Verdienst war es, die Bedeutung von sozialen Faktoren auf die Erfahrung und Wahrnehmung von Krankheit aufzuweisen. In der Folge wurde – in Anschluss und Abgrenzung zu Parsons – Krankheit als soziale Konstruktion beschrieben.

Etikettierungstheoretiker wie E. Goffman[100] gehen davon aus, dass eine Etikettierung dazu benutzt wird, bestimmte Interessen der etikettierenden Klasse zu schützen und die Unprivilegierten zu unterdrücken, um eine bestimmte, in der Regel die bestehende Hierarchie zu stabilisieren. Mit der Abdrängung in die Rolle eines Kranken geht – so Goffman – eine Stigmatisierung einher, dieser werde diskriminiert und ihm werde am Ende jede Lebenschance genommen.[101] Letztlich wird die Identität des Stigmatisierten beschädigt,[102] weil das Stigma – im Gegensatz zu anderen zugeschriebenen Eigenschaften – unauslöschlich und irreversibel ist: „Der geheilte geisteskranke Patient ist also nicht einfach ein anderer Mensch, sondern ein ehemaliger Geisteskranker [...] Seine Identität ist für immer beschädigt."[103]

Im Zusammenhang mit der Etikettierung wurde die Medikalisierung von sozialen Problemen zum Nachteil der Betroffenen erkannt. Insbesondere im Bereich der (geistigen) Behinderung und der psychischen Erkrankungen sind solche Vorgänge

---

[99] Labeling-theorists wie FREIDSON oder GOFFMAN gehen an dieser Stelle über PARSONS hinaus, indem sie die Ärzteschaft als „agents of social control" verstehen (BOSK, Health and Disease, 1067). „Labeling theorists contend that labelling is used by the dominant classes to protect their interests, suppress the less fortunate, an reinforce established hierarchies" (Ebd.). PARSONS hingegen sieht den Arzt primär als denjenigen, der dem in der ‚sick-role' Befindlichen wieder zu einer Rückkehr in eine produktive soziale Rolle verhilft.
[100] Vgl. unten, 3.3., Stigmatisierung und Ausgrenzung.
[101] Vgl. GOFFMAN, Stigma, 13f. „Die Haltungen, die wir Normalen einer Person mit einem Stigma gegenüber einnehmen, und die Art, in der wir ihr gegenüber agieren, sind wohlbekannt [...] Von der Definiton her glauben wir natürlich, dass eine Person mit einem Stigma nicht ganz menschlich ist. Unter dieser Voraussetzung üben wir eine Vielzahl von Diskriminationen aus, durch die wir ihre Lebenschancen wirksam, wenn auch oft gedankenlos, reduzieren."
[102] Vgl. den Untertitel von GOFFMANS Buch Stigma, a.a.O.: „Über Techniken der Bewältigung beschädigter Identität".
[103] FREIDSON, Ärztestand, 197. FREIDSON legt eine erweiterte Krankheitsklassifikation vor, in der er die Legitimität und die Stigmatisierung berücksichtigt; vgl. FREIDSON, a.a.O., 198-200.

zu beobachten, die die Frage aufwerfen, wer eigentlich die Definitions- und damit die Etikettierungsmacht hat.

Labeling-Theoretiker gehen davon aus, dass eine Allianz zwischen der Forschung und bestimmten Interessen unter Umständen dazu führen könne, Bemühungen um Ursachen bestimmter Krankheiten zu erforschen, zu verzögern oder zu erschweren: „Labels are used to depress the social chances of the disadvantaged and are also manipulated to aid the powerful. New categories of pathology emerge that create opportunities for healthcare professionals who use newly discovered syndromes to expand their power, while the social and structural conditions that generate problems remain, or become invisible."[104]

In der (geistig-)behinderten Pädagogik wird seit langen über psychische Krankheit bzw. Behinderung als „ein Zuschreibungsprozess sozialer Erwartungshaltungen"[105] (Bleidick) diskutiert. Der Behinderte bzw. der psychisch Kranke weicht in unerwünschter Weise von den Vorstellungen der Gesellschaft ab und wird mit dem Etikett behindert bzw. psychisch krank versehen, welches „Stigmatisierung, Typisierung und Zuweisung eines sozialen Status bedingt".[106] Mit einem solchen Etikett gehen einerseits gesellschaftliche Ausgrenzungsprozesse einher, andererseits führt eine solche Etikettierung zur Übernahme der zugeschriebenen Rolle, zu einem entsprechenden Identitätsempfinden beim Betroffenen.[107]

Solche Ausgrenzungsmechanismen können über die gegenwärtige Hospitalisierung und Institutionalisierung hinaus zu den gerade in Deutschland hinreichend bekannten Mechanismen der Diskriminierung und Eugenik führen. Eugenik ist „die gesellschaftliche Institutionalisierung von Diskriminierung und Stigmatisierung, die mit der utopischen Zielvorstellung verbunden ist, die angeborenen Eigenschaften einer menschlichen Population verbessern zu können"[108]. Die Gefahr besteht darin, dass das technisch Machbare das sozial Erwartbare wird.

Die hier dargestellten gesellschaftlich-kulturellen Einflüsse auf den Krankheitsbegriff verlagern eine Devianz des betroffenen Individuums in das Medium der gesellschaftlichen Interaktion und lösen diese so von dem Betroffenen selbst. „Je stärker der Krankheitsbegriff vom subjektiven Leiden des Betroffenen und seiner Krankheitsbewältigung aber abgelöst wird, desto eher gelten Krankheit oder auch

---

[104] BOSK, Health and Disease, 1068.
[105] BLEIDICK, Behindertenpädagogik, 72.
[106] BLEIDICK, Behindertenpädagogik, 72.
[107] Vgl. dazu unten, 3.3., Stigmatisierung und Ausgrenzung.
[108] LANZERATH, Krankheit, 185.

Behinderung als das objektiv ‚Vermeidbare' und deshalb zu ‚Verhindernde'."[109] Ein Krankheitsbegriff, der Krankheit primär als gesellschaftliches Konstrukt versteht, überlässt der Gesellschaft – statt dem Betroffenen – die Macht, über krank und gesund zu entscheiden, und nimmt dem Betroffenen das Individualurteil und somit die mit diesem verbundene Möglichkeit der Krankheitsbewältigung.

Mit der Selbstauslegung bzw. dem Individualurteil ist die dritte Dimension des Krankheitsbegriffes benannt, auf die nun näher eingegangen werden soll.

2.2.1.3. Krankheit und Subjekt

Im vorigen Abschnitt wurde deutlich, dass die Krankheit immer im Zusammenhang mit dem Subjekt gesehen werden muss, welches sie befällt. Dabei ist die „Unterscheidung zwischen dem ‚subjektiven' *Befinden* und dem ‚objektiv' erhebbaren *Befund* [...] gleichermaßen konstitutiv wie verhängnisvoll für den Krankheitsbegriff"[110]. Die Interpretation eines Zustandes als Krankheit seitens der betroffenen Person hat also neben dem naturwissenschaftlich aufweisbaren Befund eine entscheidende hermeneutische Funktion für die Beschreibung eben dieses Zustandes als Krankheit, worauf auch U. Wiesing hinweist: „Ohne ein Element der Selbsteinschätzung an zentraler Stelle einer allgemeinen Krankheitsdefinition zu berücksichtigen, wird man sehr schnell zu unerwünschten Konsequenzen gelangen."[111]

Insbesondere bei psychischen Störungen allerdings macht eine solche, auf dem Selbstempfinden des Betroffenen basierende Krankheits-Konstitution Schwierigkeiten, „denn bei vielen dieser sehr heterogenen Krankheitsformen fühlen sich die Betroffenen selbst nicht krank, sondern nur der Beobachter hält diese für krank"[112]. Dies wirft gerade im Bereich der Demenz, wo ab einem mittelgradigen Stadium die Selbstwahrnehmung des Zustandes mehr und mehr verloren geht, Fragen auf.

Eine Sicht auf die Krankheit, die subjektives Krankheitserleben mit einbezieht, muss aber auch Auskunft über ihr Verständnis des Verhältnisses von Ich und Organismus geben. Plessner wies darauf hin, dass das Ich wohl identisch mit dem

---

[109] LANZERATH, Krankheit, 188.
[110] LANZERATH, Krankheit, 196. Der deutsche Begriff „Krankheit" umfasst beide Dimensionen, die im englischen Sprachgebrauch durch „disease", d.h. den naturwissenschaftlichen Befund, und durch „illness", d.h. die subjektiv personale Seite des Phänomens, getrennt betrachtet werden können; vgl. ENGELHARDT, Health and Disease, 1057.
[111] WIESING, Gene, 82.
[112] LANZERATH, Krankheit, 210.

Organismus als Leib ist, aber zugleich diesem „exzentrisch" gegenübertritt; Plessner bezeichnet dies als „exzentrische Positionalität" des Menschen:[113] Der Mensch „ist Körper, im Körper (als Innenleben oder Seele) und außer dem Körper als Blickpunkt, von dem aus er beides ist"[114].

Plessner expliziert das Gemeinte: Dem Menschen „ist der Umschlag vom Sein innerhalb des eigenen Leibes zum Sein außerhalb des Leibes ein unaufhebbarer Doppelaspekt der Existenz, ein wirklicher Bruch seiner Natur. Er lebt diesseits und jenseits des Bruches, als Seele und Körper *und* als die psychophysisch neutrale Einheit dieser Sphären. Die Einheit überdeckt jedoch nicht den Doppelaspekt, sie lässt ihn nicht aus sich hervorgehen, sie ist nicht das den Gegensatz versöhnende Dritte, das in die entgegengesetzten Sphären überleitet, sie bildet keine selbständige Sphäre. *Sie* ist der Bruch, der Hiatus, das leere Hindurch der Vermittlung, die für den Lebendigen selber dem absoluten Doppelcharakter und Doppelaspekt von Körperleib und Seele gleichkommt, in der er ihn erlebt. Positional liegt ein Dreifaches vor: das Lebendige ist Körper, im Körper (als Innenleben oder Seele) und außer dem Körper als Blickpunkt, von dem er beides ist. Ein Individuum, welches positional derart dreifach charakterisiert ist, heißt *Person*."[115]

Es zeichnet – nach Plessner – den Menschen also (gegenüber dem Tier aus), dass er in der Lage ist, selbstreflexiv in Distanz zu sich zu sein: „Dem Tier fehlt demnach die reflexive Rückbezüglichkeit, das Wissen um die eigene Position, die die Zentrierung aufhebt und die menschliche exzentrische Position ausmacht. Oder anders gesagt: Die Identität zentrischer Lebensform ist keine mit sich vermittelte"[116].

Das bedeutet auf die Frage nach dem Begriff der Krankheit übertragen: „Werde ich krank, so wird mir mein Körper fremd, *er* ist es, der mich krank macht, gleichzeitig bin *ich* es, der krank ist und der sich nicht vom kranken Körper distanzieren kann."[117] Das heißt, dass sich einerseits infolge einer Krankheit das Verhältnis zum Körper ändert, der Körper wird fremd, andererseits besteht aber auch die Möglich-

---

[113] „Insoweit der Begriff der Positionalität ein Verhältnis des Körpers zu ihm selbst bezeichnet – in ihm hineingesetzt, von ihm abgehoben –, ein gelockertes, spielerisches Sein beschreibt, ist die exzentrische Positionalität ein doppeltes Spiel, ein Spiel zweiter Ordnung. Der Mensch hat wie alles Lebendige auch Spiel, er spielt in sich; aber er hat zudem nochmals ein Verhältnis zum Spiel – er spielt in und mit sich selbst." (HAUCKE / PLESSNER, 155.) Vgl. zur „exzentrischen Positionalität" a.a.O., 140-167, vgl. weiter, KÄMPF / PLESSNER, 59-80.
[114] PLESSNER, Stufen, 365.
[115] PLESSNER, Stufen, 365 (Hervorhebung im Original).
[116] KÄMPF / PLESSNER, 66.
[117] LANZERATH, Krankheit, 221 (Hervorhebung im Original).

keit, durch die explizite Körpererfahrung ein neues Verhältnis zum Körper zu gewinnen. Krankheit ist somit etwas, das Teil des Menschen ist und ihn zugleich von außen bedroht.

Auf die oben schon angesprochenen Dimensionen von Vorgegebenheit und Aufgegebenheit hin fokussiert bedeutet diese Identität und zugleich Nicht-Identität, dass der Zustand des Organismus wohl vorgegeben ist, aber zugleich eine Aufgabe unserer Interpretation in sich birgt: *„Erst die Art und Weise, in der wir einen vorgegebenen Zustand interpretieren und als praktische Aufgabe akzeptieren, wird er als Zustand der Gesundheit oder Krankheit erfahren."*[118]

Insgesamt kann also gesagt werden, dass sich aus dieser Perspektive die Beschreibung eines Zustandes als Krankheit an der Selbstauslegung des Betroffenen festmacht. Das gilt auch für den Begriff der Behinderung, auch wenn Behinderung im Gegensatz zur Krankheit kein transienter Zustand ist, obwohl die Grenzen zwischen chronischer Krankheit und Behinderung fließend sind.

Fazit

Es hat sich gezeigt, dass zur Konstitution des Krankheitsbegriffes notwendigerweise alle drei genannten Dimensionen: Natur – Gesellschaft – Subjekt gehören und dass eine einseitige Absolutsetzung dem Betroffenen bzw. dessen Zustand nicht gerecht wird.

Es sind die jeweiligen empirisch aufweisbaren Zustände, die vor dem Hintergrund der jeweiligen gesellschaftlichen Ansprüche und Erwartungen vom betroffenen Subjekt als Krankheit interpretiert werden. Karl Jaspers fasst diese Überlegungen in seiner Psychopathologie im Kapitel „Das Ganze des Menschenseins" treffend zusammen: „Was krank im allgemeinen sei, das hängt weniger vom Urteil der Ärzte, als vom Urteil der Patienten ab und von den herrschenden Auffassungen der jeweiligen Kulturkreise."[119]

Mit dem Begriff der Krankheit untrennbar verbunden ist der Wunsch nach Heilung. Ein solcher Wunsch verweist unmittelbar auf den Arzt und somit primär die Medizin als (naturwissenschaftlich orientierter) Handlungswissenschaft. Diesem Anspruch gerecht zu werden, ist Aufgabe und Grenze der Medizin.[120]

---

[118] LANZERATH, Krankheit, 223 (Kursiv im Original).
[119] JASPERS, Allgemeine Psychopathologie, 652.
[120] Auf das sich in diesem Zusammenhang stellende Problem von überhöhten soteriologischen Ansprüchen an die Medizin wird unten, Kap. E 3., eingegangen.

2.2.2. Alzheimer-Demenz als Krankheit

Dass die Alzheimer-Demenz als Krankheit anerkannt ist, birgt für den Betroffenen (und dessen Angehörige) zweifellos Vorteile: Anspruch auf Leistungen aus den Krankenkassen, pharmakologische Forschung und den gesellschaftlichen Status ‚krank', der wie oben gezeigt, im Sinne von Parsons' ‚sick role' Verhaltensweisen, die sonst nicht gesellschaftlich akzeptiert würden, und eine Befreiung von gesellschaftlichen Verpflichtungen ermöglicht.[121] Nicht zuletzt geht mit einer Klassifizierung eines Zustandes als Krankheit auch wissenschaftliche Forschung und Förderung, die bei einem ‚normalen' Alterungsprozess so nicht stattfinden würde, einher.[122]

Gleichzeitig birgt die Pathologisierung der Alzheimer-Demenz Schwierigkeiten; hier ist vor allem auf das reduktionistische Menschenbild der (modernen) Medizin, die Medikalisierung von *sozialen* Problemen und die primäre Verwiesenheit der Patienten an die Medizin als Leitwissenschaft zu denken. Auf der medizin-immanenten Ebene ist mit der Pathologisierung die Gefahr der Reifizierung verbunden, also das, was geisteswissenschaftlich als Ontologisierung von Hypothesen bezeichnet wird – mit allen Implikationen.

Dabei geht es nicht darum, den Status ‚Krankheit' oder die Zuständigkeit der Medizin abzulehnen oder deren zweifelsohne große Verdienste für die Betroffenen zu schmälern, sondern um eine Öffnung des Krankheitsbegriffes weg von einem systemimmanenten medizinischen Reduktionismus; eine solche Öffnung birgt für den Betroffenen Vorteile und ermöglicht auch eine Entlastung der Medizin – etwa hinsichtlich soteriologischer Ansprüche oder hinsichtlich ihrer alleinigen Zuständigkeit.

Im Folgenden soll daher die Perspektive, die in der medizinischen Sicht auf die Alzheimer-Demenz vorherrschend ist, das Verständnis der Alzheimer Demenz als Krankheit nachgezeichnet werden. Hierzu ist ein Blick auf die Geschichte vonnöten, denn „[i]t is ironic that the professional and popular discourses surrounding Alzheimer disease (AD), whose most dreaded feature is the obliteration of memory, proceed with little awareness of its past."[123] Keineswegs nämlich war und ist man sich in der seit 1906 bestehenden Geschichte der Alzheimer-Demenz über die Probleme, die mit der inhaltlichen Füllung und Verwendung des Begriffs

---

[121] Vgl. FREIDSON, Ärztestand, 196.
[122] Diesen Hinweis verdanke ich einem Gespräch mit Prof. Dr. Hans FÖRSTL am 06.03.06. Vgl. auch DILLMANN, Lessons from History, 147f.
[123] WHITHOUSE / MAURER / BALLENGER, Concepts, xi.

Alzheimer-Krankheit einerseits und dem Status der Alzheimer-Demenz andererseits einhergehen, einig.

Es sind vor allem drei Problemkreise, um die es geht:

1.) The mind-brain problem: „The first problem is the delineation of the biological process underlying a psychiatric disorder."[124]

2.) "Second, AD had to be distinguished from the process of aging."[125] Mit diesem Problem geht die – seit der Verwendung des Begriffs Alzheimer-Demenz für das von Alois Alzheimer entdeckte Phänomen – Frage nach dem Ob und Wie einer Unterscheidung von präseniler und seniler Demenz einher.

3.) „Third, AD encompasses, as do most diseases, an enormous number of empirical observations based on many different tools of observation. These tools range from 'simple' observations of the behavior of patients, to PET and MRI scans, to DNA-markers – and all that lies in between. How can all these findings be integrated into one plausible pathogenetic concept?"[126]

Eng verknüpft mit diesen drei Ebenen ist das Problem der Ontologisierung von Hypothesen, das Dillmann „the rationalist fallacy" nennt, also das Problem, „to take ideas for reality".[127] In einem engen Zusammenhang hiermit stehend ist die Verwendung des Begriffes „Alzheimer-Krankheit", der sicherlich einen heuristischen Wert gerade angesichts der Frage der großen Fülle verschiedener Zugangsweisen hat, der aber gerade als Begriff impliziert, „that disease exists as a natural entity"[128], worüber – wie sich zeigen wird – keineswegs Konsens besteht und was nach dem im vorigen Abschnitt zum Krankheitsbegriff Dargestellten lediglich *eine* Dimension ausmacht.

Bevor wir uns der eigentlichen Geschichte der (Alzheimer-)Demenz, die mit der Entdeckung A. Alzheimers begann, zuwenden, ist, um die Begriffsgeschichte und die mit diesem Begriff verbundenen Implikationen zu verstehen, ein kurzer Überblick über die Geschichte der Demenz bis zu Alois Alzheimer vonnöten (2.2.1.). Denn obwohl Störungen der Kognition die Menschen seit Jahrtausenden begleiten, ist deren Bewertung als Abweichung, Krankheit oder „normale" Varianz den gesellschaftlichen und wissenschaftlichen Paradigmen der jeweiligen Epoche un-

---

[124] DILLMANN, Lessons from History, 130.
[125] DILLMANN, Lessons from History, 130.
[126] DILLMANN, Lessons from History, 130.
[127] DILLMANN, Lessons from History, 130. DILLMANN, ebd., weist nachdrücklich darauf hin, dass dies in der Geschichte der AD eine große Rolle gespielt hat: „[W]hen Alzheimer was coloring his specimen to ‚show' the metabolic processes; when ‚focal symptoms' were considered to be pivotal in the clinical distinction; when AD was coined as a ‚cholinergic disease'."
[128] DILLMANN, Lessons from History, 131.

terworfen. Bis zur frühen Neuzeit wurde die Abnahme intellektueller Fähigkeiten vor allem mit dem Alter in Verbindung gebracht. Erst mit Alzheimers Entdeckung kommt ein Prozess in Gang, der – jedenfalls in einigen Interpretationszusammenhängen – eine Ausweitung bisher als altertypischer Erscheinungen geltender Phänomene (Altersblödsinn) auf das Präsenium hervorruft. Alois Alzheimer und seiner Entdeckung, vor allem aber der Bewertung dieser, kommt hierbei eine Schlüsselstellung zu, sie verdient damit eine genauere Analyse, da die Probleme, die die Alzheimer-Demenz bis heute aufwirft, hier ihren Ursprung haben (2.2.2). Danach soll im Rahmen einer Problemgeschichte die wechselvolle Geschichte der Alzheimer-Demenz seit Alzheimers Zeiten skizziert werden, wobei hier besonders auf Fragen nach der Differenzierung zwischen präseniler und seniler Demenz, der Alzheimer-Krankheit und dem Alterungsprozess und der Heuristik der konzeptionellen Annäherungen an das Phänomen eingegangen werden soll. (2.2.3.).

2.2.2.1. (Problem-)Geschichte der Demenz bis zu Alois Alzheimers Entdeckung

„Weder aus den frühen Hochkulturen noch aus griechisch-römischer Zeit ist auch nur eine einzige ärztliche Abhandlung überliefert, die sich ausschließlich oder vorwiegend mit der Frage progredienter kognitiver Einbußen befasst. In der gesamten medizinischen Literatur gibt es auch keinen in sich geschlossenen Abschnitt, der nur im entferntesten ein klinisches Zustandsbild ‚Demenz' zum Gegenstand hätte. Anders ausgedrückt: Für die antike Medizin bzw. für jenen Teil des Schrifttums aus klassischer Zeit, der erhalten ist, aber auch für die gesamte mittelalterliche und weite Teile der frühneuzeitlichen Heilkunde spielten demenzielle Prozesse höchstens am Rande eine Rolle. *Erklärungen für dieses historische Faktum sind vornehmlich in der Sozial- und Mentalitätsgeschichte zu suchen*"[129]. Denn zum einen wurden mit dem Alter einhergehende Verluste der intellektuellen Fähigkeiten erst in jüngerer Zeit als pathologische Prozesse verstanden, und zum anderen kamen aufgrund der niedrigen Lebenserwartungen recht wenige Menschen in ein so hohes Alter, in dem sie eine senile Demenz überhaupt hätten bekommen können. Schon deshalb stellten die Begleiterscheinungen des Seniums bis ins 19. Jahrhundert hinein ein eher marginales Problem dar.

Bereits aus dem 24. Jahrhundert vor Christi Geburt ist aus der altägyptischen Weisheitslehre eine Beschreibung von Altersbeschwerden überliefert, die für die Frage nach der Demenz Wichtiges enthält:

---

[129] KARENBERG / FÖRSTL, Geschichte, 6 (Hervorhebung von D.B.).

„Gebrechlichkeit ist mir beschieden, das Greisenalter ist eingetreten,
die Altersbeschwerden sind gekommen, und die Hilflosigkeit ist erneut da.
Die Kraft schwindet dahin für den mit ermattetem Herzen.
Der Mund schweigt, er kann nicht (mehr) sprechen,
die Augen sind schwach, die Ohren taub,
man liegt unbequem allezeit.
Das Herz ist vergesslich und kann sich an gestern nicht mehr erinnern,
die Knochen leiden durch das Alter […]
Was das Alter dem Menschen antut: Schlecht geht es (ihnen) in jeglicher Hinsicht!"[130]

Das Herz, das Personzentrum des altägyptischen (wie des alttestamentlichen) Menschen, ist vergesslich geworden. Der Mund und die Sprache lassen nach, bis hin zur Schweigsamkeit. Schäfer und Karenberg sehen in diesem Text beispielhaft zwei entscheidende Aspekte der frühen Wahrnehmung intellektueller Defizite im Rahmen der Beschreibung von Altersphänomenen: „Erstens wird deutlich, dass in der *longue durée* der europäischen Kultur- und Geistesgeschichte die Erkenntnis vorherrschte, der Alterungsprozess würde mehr oder weniger zwingend von einem Nachlassen der intellektuellen Kräfte begleitet. […] Zweitens erscheint durchgängig die *Hypomnesie* (Gedächtnisschwäche) als Frühsymptom geistigen Abbaus"[131].

In der griechischen wie in der römischen Antike gilt das Sprichwort, das Platon überliefert: „[D]er Greis wird also, wie es scheint, zum zweiten Mal zum Kinde"[132]. Dass also alte Menschen bisweilen wunderlich, senil und vergesslich erscheinen, gehört zum festen Überlieferungsbestand der Geschichte. Aber auch das Gegenteil, eine Akzeptanz und Respekt des Alters und der Alten als Träger der kollektiven Erinnerung ist vorfindlich.

Cicero (106-43 v. Chr.) beschreibt in seinem Werk „Cato der Ältere über das Greisenalter" die körperlichen und geistigen Folgen der Senilität, ohne diese allerdings als Krankheit zu bezeichnen: „[D]as Gedächtnis nimmt ab"[133]: „[N]icht allein dem Körper muss man zu Hilfe kommen, sondern noch um vieles mehr dem Geist und der Seele; denn auch diese erlöschen im Alter, wenn man nicht, wie bei einer Lampe, Öl zuträufelt"; ein Nachlassen der Geisteskräfte findet man – so Ci-

---

[130] Klage des Wesirs Ptahhotep, in: HORNUNG, Dichtung, 59 (Hervorhebung von D.B.).
[131] SCHÄFER / KARENBERG, Alter, 21 (Kursiv im Original). Vgl. ferner KARENBERG / FÖRSTL, Geschichte, 7.
[132] Vgl. PLATON, Gesetze, 646a. Weitere Belege für das Auftreten dieser Sentenz bis in Shakespeares Dramen finden sich bei KARENBERG / FÖRSTL, Geschichte, 10.
[133] CICERO, Cato, 13.

cero – dementsprechend nur bei „untätigen, trägen und schläfrigen" Greisen.[134]. Mit der Aussage „[a]n alles, was ihnen am Herzen liegt, denken sie [s.c. die Greise]" weist Cicero auf den Zusammenhang von affektiver Bedeutung des Gedächtnisinhaltes und dem Vergessensprozess hin: „Auch ich habe nie gehört, dass ein alter Mann den Ort vergessen habe, wo er seinen Schatz vergraben hatte"[135].

Der römische Enzyklopädist Celsus entwickelte um ca. 40 n. Chr. den Begriff *dementia* „für einen Zustand mit länger anhaltenden Sinnestäuschungen"[136] – ohne allerdings eine klar umrissene Vorstellung der inhaltlichen Füllung des Begriffs vorzulegen.

Aus dem zweiten nachchristlichen Jahrhundert ist eine Satire von Juvenal überliefert, die bissig das wiedergibt, was zu jener Zeit unter Demenz verstanden wurde: „Es umtanzten ihn [den Greis] im Schwarm Krankheiten jeglicher Art [...] Jener ist an der Schulter behindert, dieser an den Lenden, dieser an der Hüfte; beide Augen hat jener verloren und beneidet die Einäugigen; bei diesem empfangen die bleichen Lippen die Speise aus fremden Fingern [...] Doch schlimmer als jeder Schaden an den Gliedern ist der Schwachsinn [*dementia*], durch den er weder die Namen der Sklaven noch das Gesicht des Freundes erkennt, mit dem er in der vergangenen Nacht speiste, noch jene, die er zeugte, die er aufzog"[137].

Wie für Seneca waren auch für Galen (129-199) Gedächtnisschwäche und Vergesslichkeit die wichtigsten Kennzeichen des Greisenalters. Die Frage, ob es sich beim Alter um eine Krankheit handelt, lässt Galen offen: „Ob man nun das Greisenalter als Krankheit oder krankhaften Zustand, als Mittelding zwischen Krankheit und Gesundheit oder als Gesundheit in labilem Zustand bezeichnen soll, ist nebensächlich und interessiert nur Leute, die sich um derartige Fragen kümmern, die nur den Ausdruck betreffen; wissen muss man aber, dass der Zustand des Greisenkörpers, da er aus geringen Ursachen in Krankheit verfällt, ebenso wie der des Rekonvaleszenten, der im Begriff ist, die frühere Gesundheit wieder zu erlangen, einer sorgfältigen Regelung der Lebensführung bedarf."[138] Galens Lehre der Humoralpathologie[139] und ein damit verbundenes Konzept von Vergesslichkeit und körperlichen Beeinträchtigungen als *nicht-pathologische* Be-

---

[134] CICERO, Cato, 20.
[135] CICERO, Cato, 13.
[136] SCHÄFER / KARENBERG, Alter, 21.
[137] JUVENAL, Satiren, 217ff.
[138] BEINTKER / KAHLENBERG, Galenos, Buch 5, Kap. 4, V. 3 (Gesperrt im Original).
[139] Eine knappe Einführung in die Säftelehre, die Humoralpathologie, und die antiken Krankheitskonzepte liefern KARENBERG / FÖRSTL, Geschichte, 13-18. Vgl. ferner SCHÄFER / KARENBERG, Alter, bes. 14-18, die auch eine Übersicht über die Zusammenhänge dieser Krankheitskonzepte mit Alterskonzepten bis zur Gegenwart bieten.

gleiterscheinungen des Alters blieb in den folgenden Jahrhunderten in der Medizin und in der abendländischen Kulturgeschichte vorherrschend. Bis etwa 1780 entwickelte sich aber zunehmend ein „immerhin vage fassbares und von anderen psychischen Störungen halbwegs abgrenzbares Krankheitsbild"[140] der Demenz.

Erst Philippe Pinel (1745-1826), der Begründer der modernen Psychiatrie, vermochte sich von Galens Erbe zu lösen und eine Integration der Geisteskrankheiten in die medizinische Wissenschaft zu erreichen. Mit Pinel vollzog sich ein folgenschwerer Paradigmenwechsel, der allerdings erst seit dem Aufkommen der Antipsychiatriebewegung in den 1960er Jahren kritisch reflektiert wird:[141] „Mit dem Beitrag Pinels zur Entwicklung der Psychiatrie war künftig nicht nur jede Form abweichenden Verhaltens einem grundsätzlichen Krankheitsverdacht ausgesetzt. Die Weichen einer freilich erst wesentlich später ins öffentliche Bewusstsein durchgedrungenen Pathologisierung des Alters schlechthin waren auch gestellt."[142]

Einen expliziten Beitrag zur Demenz brachte Pinel in seinem 1801 veröffentlichten „Traité médico-philosophique sur l'aliénation mentale ou la manie" durch die Unterscheidung von vier Formen psychischer Störungen:

    1.) manische Störung
    2.) melancholische Störung
    3.) idiotische Störung
    4.) demente Störung.

Bereits 1798 hat er in „Nosographie Philosophique" das Thema Demenz behandelt und eine Unterform, die „démence sénile", unterschieden. Insgesamt aber blieb Pinels Interesse an diesem Krankheitsbild gering.[143] Bei seinem Schüler, Jean Étienne Dominique Esquirol (1772-1840), allerdings war dies nicht so. Esquirol klassifizierte die Demenz 1838 in seinem Hauptwerk „Über die Geisteskrankheiten" neben Melancholie, Monomanie, Manie und Blödsinn als eine der fünf Hauptformen der Geisteskrankheit: „Die Demenz ist eine chronische Gehirnaffection, gewöhnlich ohne Fieber, die sich durch Schwäche der Sensibilität, der Intelligenz und des Willens characterisiert. Unzusammenhang der Ideen, Mangel an intellectueller und moralischer Fähigkeit sind die Kennzeichen dieser Krankheit. Der Demente hat die Fähigkeit verloren, die Gegenstände und ihre Beziehung zueinander richtig aufzufassen, sie zu vergleichen, und die völlige Erinnerung an dieselben zu bewahren, woraus die Unmöglichkeit, richtig zu urteilen, entsteht

---

[140] KARENBERG / FÖRSTL, Geschichte, 28; vgl. a.a.O., 18-28.
[141] Vgl. SHORTER, Geschichte, 408-421.
[142] WETZSTEIN, Diagnose Alzheimer, 31.
[143] Vgl. KARENBERG / FÖRSTL, Geschichte, 29.

… Diese Kranken haben ein Gedächtnis wie Greise. Sie vergessen im Augenblick, was sie soeben gesehen, gehört, gesagt, gethan haben"[144]. Von Esquirol stammt auch der berühmteste Satz der Psychiatriegeschichte zur Demenz: „Der Demente ist der Güter beraubt, deren er sich sonst erfreute, er ist ein Armer, der früher reich war; der Idiot hat immer im Unglück und Elend gelebt. Der Zustand des Dementen kann sich ändern, der des Idioten bleibt immer derselbe."[145]

Die noch junge moderne Psychiatrie entwickelte fortan ein Instrumentarium histopathologischer Diagnostik, ging sie doch – wie die herkömmliche Pathologie – davon aus, dass ein Zusammenhang zwischen Symptom und histopathologischem Befund besteht. So wurde das Gehirn psychisch Kranker als Herd der Störungen ausgemacht und mittels histopathologischer Diagnostik untersucht. Eine Herangehensweise, die „den modernen genetischen und biologischen Sichtweisen der Neurowissenschaften den Weg [bereitete]"[146].

Die Verfeinerung der histopathologischen Diagnostik und Methoden erreichte Anfang des letzten Jahrhunderts (u.a. durch die Verwendung von bestimmten Färbetechniken wie der Silberimprägnationsmethode von Bielschowsky) einen Stand, der es Forschern wie Arnold Pick, Otto Binswanger und Alois Alzheimer ermöglichen sollte, enorme Fortschritte bei der Untersuchung von Hirnerkrankungen zu erreichen und eine Vielzahl von Veränderungen im Gehirn zu beschreiben. Das vorherrschende klinisch-pathologische Paradigma führte dabei zur Abgrenzung vieler wichtiger neuer Krankheitsgruppen, wobei mit den Veränderungen auf histopathologischer Ebene schwere kognitive Störungen assoziiert wurden.

2.2.2.2. Alois Alzheimer und die „eigenartige Erkrankung der Hirnrinde"

Alois Alzheimer, geboren am 14. Juni 1864 in Marktbreit/Franken, studierte Medizin in Berlin, Würzburg und Tübingen. „The young Alzheimer quite likely acquainted himself with the topical problems of microscopic construction of the nervous system and was involved in the neurohistologic discussion of that time."[147]

1888 ging er nach Frankfurt, um an der größten und angesehensten Klinik des Deutschen Reiches, der Anstalt für Irre und Epileptische, zu arbeiten. 1895 erfolgte der Umzug nach Heidelberg, wo er seine Habilitationsschrift bei Emil

---

[144] Zitiert nach KARENBERG / FÖRSTL, Geschichte, 30f.
[145] Zitiert nach KARENBERG / FÖRSTL, Geschichte, 31. Esquirol sah also die Demenz nicht als irreversiblen Zustand an!
[146] SHORTER, Geschichte, 148.
[147] MAURER / VOLK / GERBALDO, First Case, 6.

B) Grundlegung I: Analyse des gegenwärtigen gesellschaftlichen Demenz-Konzeptes

Kraepelin, einem der führenden Psychiater dieser Zeit, schrieb. (Kraepelin war es auch, der 1910 in seinem Lehrbuch der Psychiatrie den von Alzheimer entdeckten Veränderungen der Hirnrinde den Namen Alzheimer-Krankheit gab.) Als Kraepelin 1903 als Direktor der Nervenklinik nach München ging, wurde Alzheimer Leiter des dortigen neuroanatomischen Laboratoriums.

1912 bekommt Alzheimer den Lehrstuhl für Psychiatrie und die Leitung der dortigen psychiatrischen Universitätsklinik, den er als „the fulfillment of his scientific and academic aims" ansah. Auf dem Weg nach Breslau zog er sich eine schwere Endocarditis zu, von der er sich Zeit seines Lebens nicht mehr erholte. Am 19. Dezember 1915 starb er.

In Frankfurt untersuchte Alois Alzheimer im November 1901 Auguste D., die 51-jährige Frau eines Eisenbahnkanzlisten, deren Fall weltberühmt werden sollte – „Alzheimer's first case"[148].

Alzheimers erstes Gespräch mit Auguste D. vom 26. November 1901:[149]
    „Wie heißen Sie?"
    „Auguste."
    „Familienname?"
    „Auguste."
    „Wie heißt Ihr Mann?"
    „Ich glaube Auguste."
    „Ihr Mann?"
    „Ach so, mein Mann …"
    „Sind Sie verheiratet?"
    „Zu Auguste?"
    „Frau D.?"
    „Ja, zu Auguste D."

In solchen Gesprächen, die Alzheimer bis zum 30. November führte, wird Auguste D.s Zustand deutlich. Alzheimers Gesprächsprotokolle enden jeweils mit einer Gesamteinschätzung.

Alzheimer berichtet 1906 in der „Allgemeinen Zeitschrift für Psychiatrie und psychisch-gerichtliche Medizin" davon, dass Auguste D. zunächst als erste auffällige Krankheitserscheinungen Eifersüchteleien gegen ihren Mann zeigte. „Bald machte sich eine rasch zunehmende Gedächtnisschwäche bemerkbar, sie

---

[148] Vgl. MAURER / VOLK / GERBALDO, First Case.
[149] MAURER / MAURER, Alzheimer, 9.

fand sich in ihrer Wohnung nicht mehr zurecht, schleppte die Gegenstände hin und her, versteckte sie, zuweilen glaubte sie, man wolle sie umbringen und begann laut zu schreien."[150] Auguste D. zeigte sich in der Anstalt zeitlich und örtlich desorientiert. „Den Arzt begrüßt sie bald wie einen Besuch und entschuldigt sich, dass sie mit ihrer Arbeit nicht fertig sei, bald schreit sie laut, er wolle sie schneiden, oder sie weist ihn voller Entrüstung mit Redensarten weg, welche andeuten, dass sie von ihm etwas gegen ihre Frauenehre befürchtet."[151] Alzheimer berichtet, dass ihre „Merkfähigkeit [...] auf das schwerste gestört [ist]. Zeigt man ihr Gegenstände, so benennt sie dieselben meist richtig, gleich darauf aber hat sie alles wieder vergessen [...] Beim Sprechen gebraucht sie häufig Verlegenheitsphrasen, einzelne paraphrasische Ausdrücke (Milchgießer statt Tasse) [...] Den Gebrauch einzelner Gegen-stände scheint sie nicht mehr zu wissen."[152]

Auguste D. stirbt nach 4 ½ Jahren, nachdem „ihre allgemeine Verblödung Forschritte [gemacht hat] [...] Die Kranke war schließlich völlig stumpf, mit angezogenen Beinen zu Bett gelegen, hatte unter sich gehen lassen und trotz aller Pflege Dekubitus bekommen"[153].

Für das Verständnis dessen, was später von Kraepelin als „Alzheimer-Krankheit" bezeichnet wird, sind Alzheimers histopathologische Untersuchungsergebnisse von Auguste D.s Gehirn nach ihrem Tod von grundlegender Bedeutung: „Die Sektion ergab ein gleichmäßig atrophisches Gehirn ohne makrokopische Herde. Die größeren Hirngefäße sind arteriosklerotisch verändert. An Präparaten, die mit der Bielschowskyschen Silbermethode angefertigt sind, zeigen sich sehr merkwürdige Veränderungen der Neurofibrillen. Im Inneren einer der im übrigen noch normal erscheinenden Zelle treten zunächst eine oder einige Fibrillen durch ihre besondere Dicke und besondere Imprägnierbarkeit stark hervor. Im weiteren Verlauf zeigen sich dann viele nebeneinander verlaufende Fibrillen in der gleichen Weise verändert. Dann legen sie sich zu dichten Bündeln zusammen und treten allmählich an die Oberfläche der Zelle. Schließlich zerfällt der Kern und die Zelle, und nun ein aufgeknäueltes [sic!] Bündel von Fibrillen zeigt den Ort, an dem früher eine Ganglienzelle gelegen hat [...] Etwa ¼ bis ⅓ aller Ganglienzellen der Hirnrinde zeigt solche Veränderungen. Zahlreiche Ganglienzellen, besonders in den oberen Zellschichten, sind ganz verschwunden [...] Über die ganze Rinde zerstreut, besonders zahlreich in den oberen Schichten, findet man miliare Herdchen, welche durch Einlagerung eines eigenartigen Stoffes in die Hirnrinde

---

[150] ALZHEIMER, Erkrankung, 147.
[151] ALZHEIMER, Erkrankung, 147.
[152] ALZHEIMER, Erkrankung, 147.
[153] ALZHEIMER, Erkrankung, 147. Vgl. ferner ALZHEIMER, Krankheitsfälle, 356.

bedingt sind [...] Die Glia hat reichlich Fasern gebildet, daneben zeigen viele Gliazellen große Fettsäcke. Eine Infiltration der Gefäße fehlt völlig. Dagegen sieht man an den Endothelien Wucherungserscheinungen, stellenweise eine Gefäßneubildung."[154]

Besonders auffällig für Alzheimer war das relativ junge Lebensalter der Patientin, das in keiner Weise zu dem Befund, der sich sonst bei älteren Menschen findet, passte: Die histopathologischen Untersuchungsergebnisse wiesen nämlich auf eine senile Demenz, wofür die Patientin, die im Alter von 56 Jahren gestorben ist, zu jung war.[155]

Alzheimer selbst beschreibt das in Auguste D. Vorgefundene als „eigenartigen Krankheitsprozeß"[156]. Allerdings warnt er davor, „irgend einen klinisch unklaren Krankheitsfall in eine der uns bekannten Krankheitsgruppen unter Aufwendung aller Mühe unterzubringen"[157].

Hier werden bereits die Schwierigkeiten hinsichtlich der Beurteilung des Status der Alzheimer-Demenz deutlich. Bereits im 1911 veröffentlichen Aufsatz „Über eigenartige Krankheitsfälle des späten Alters" zeigt sich, dass „Alzheimer himself never claimed that AD was a disease in its own right and was well aware of the similarities to senile dementia"[158]. So ist also schon für Alois Alzheimer die Frage virulent, die oben als Grundfrage der Alzheimer-Demenz beschrieben wurde, nämlich, ob es sich bei dem von ihm diagnostizierten, vor dem Senium auftretenden ‚Altersblödsinn' um einen eigenen pathologischen Prozess oder um einen vorzeitig einsetzenden Prozess einer senilen Demenz handelt.[159] Durch die in den 1970er Jahren geschehene Aufhebung der Trennung zwischen präseniler und seniler Alzheimer-Demenz mögen die Unterschiede, die die Sicht Alois Alzheimers und die unserer Tage ausmacht, verwischen; Alois Alzheimer geht es bei dem von ihm beobachteten Phänomen zunächst um die Frage der präsenilen Demenz als Krankheit *sui generis* bzw. um deren Verhältnis zur senilen Demenz, dem ‚Altersblödsinn', der

---

[154] ALZHEIMER, Erkrankung, 147f.
[155] Vgl. ALZHEIMER, Krankheitsfälle, 356.
[156] ALZHEIMER, Erkrankung, 148. Wobei – wie VERENA WETZSTEIN, Diagnose Alzheimer, 33, Anmerkung 31, deutlich macht – der Bedeutungsgehalt von „eigenartig" seit der Zeit Alois Alzheimers einen tiefgreifenden Wandel durchgemacht hat. Heute im Sinne von „sonderbar" verwendet, bedeutete „eigenartig" um 1900 „von eigener Art", „eigentümlich", hatte also eine dem lateinischen „proprius" entsprechende Bedeutung. Vgl. auch GRIMM / GRIMM, Deutsches Wörterbuch, 96.
[157] ALZHEIMER, Erkrankung, 148.
[158] FÖRSTL, Contributions, 77. Vgl. ALZHEIMER, Krankheitsfälle, 378f.
[159] Vgl. ALZHEIMER, Krankheitsfälle, 357ff., wo ALZHEIMER eben diese Frage diskutiert.

damals noch nicht als Krankheit, sondern als ein normaler Alterungsprozess angesehen wurde.

Alois Alzheimers Beschreibung der präsenilen Demenz fand bereits 1910 Eingang in die achte Auflage von Kraepelins Psychiatrie-Lehrbuch[160]: Kraepelin, dessen Krankheitskonzept, durch eine Parallelisierung von Geist und Gehirn geprägt war[161], erschien Alzheimers Nachweis eines Zusammenhanges zwischen den schwerwiegenden klinischen Symptomen einerseits und den spezifischen Hirnveränderungen andererseits so bedeutungsvoll, dass er den von Alzheimer beschriebenen Zustand als „Alzheimersche Krankheit" in sein Lehrbuch der Psychiatrie aufnahm. Kraepelin verwendet dort im Zusammenhang der Neustrukturierung des Kapitels über senile Demenz den Begriff Alzheimersche-Krankheit für eine vor dem Senium einsetzende, pathologische Sonderform des Altersblödsinns.

„Eine eigentümliche Gruppe von Fällen mit sehr schweren Zellveränderungen hat Alzheimer beschrieben. Es handelt sich um die langsame Entwicklung eines ungemein schweren geistigen Siechtums mit den verwaschenen Erscheinungen einer organischen Hirnerkrankung. Die Kranken gehen im Laufe einiger Jahre allmählich geistig zurück, werden gedächtnisschwach, gedankenarm, verwirrt, unklar, finden sich nicht mehr zurecht, verkennen die Personen, verschenken ihre Sachen. Späterhin entwickelt sich eine gewisse Unruhe; die Kranken schwatzen viel, murmeln vor sich hin, singen und lachen, laufen herum, nesteln, reiben, zupfen, werden unreinlich. Andeutungen asymbolischer und apraktischer Störungen sind häufig; die Kranken verstehen keine Aufforderungen, keine Gebärden, erkennen Gegenstände und Bilder nicht, vollführen keine geordneten Handlungen, ahmen nicht nach, machen bei Bedrohungen keine Abwehrbewegungen [...] Sehr tiefgreifend sind vor allem die Störungen der Sprache [...]

Die klinische Deutung dieser Alzheimerschen Krankheit ist zurzeit noch unklar. Während der anatomische Befund die Annahme nahelegen würde, dass wir es mit einer besonders schweren Form des Altersblödsinns zu tun haben, spricht dagegen einigermaßen der Umstand, dass die Erkrankung bisweilen schon Ende der 40-er-Jahre beginnt. Man würde in solchen Fällen also mindestens ein ‚Senium praecox' anzunehmen haben, wenn es sich nicht doch vielleicht um einen vom Alter mehr oder weniger unabhängigen, eigenartigen Krankheitsvorgang handelt. Das klinische Bild mit der ungemein schweren Verblödung, der tiefgreifenden

---

[160] KRAEPELIN, Lehrbuch.
[161] Vgl. DILLMANN, Lessons from History, 134f.

Sprachstörung [...] weicht jedenfalls von der Presbyophrenie [...] in sehr entschiedener Weise ab."[162]

„Kraeplin schrieb die dualistische Klassifizierung der Alzheimer-Demenz als präsenile Sonderform einer senilen Demenz fest und legte damit die Grundlage für eine Forschungsdiskussion, die sich Jahrzehnte später mit der Frage auseinandersetzen sollte, ob auch senile Demenz-Formen dem Typus der Alzheimer-Demenz zuzuordnen seien."[163] Mit der Etablierung der „Alzheimer-Krankheit" als Krankheit *sui generis* vermeidet Kraepelin – worauf Dillmann nachdrücklich hinweist – „the question of whether senile dementia is a disease entity to be distinguished from aging [...] Thus, it is likely that the specific position of AD in Kraepelin's textbook was inspired by convenience"[164].

Eine weitere Schwierigkeit, neben der Frage nach der Unterscheidung zwischen Alterungsprozess und Krankheit, die sich bereits im Umfeld von Alzheimers Entdeckung stellt, ist die nach einem einheitlichen pathologischen Konzept angesichts der Vielzahl von Befunden bzw. Manifestationen im Zusammenhang mit der Untersuchung der Alzheimer-Demenz. Alois Alzheimers zweiter Fall, Johann F.[165], wies – im Gegensatz zu Auguste D., bei der senile Plaques *und* Neurofibrillenbündel gefunden wurden – nur senile Plaques auf, was Alzheimer selbst als „[r]echt bemerkenswert" beschreibt.[166] Trotzdem fasste Alois Alzheimer auch diesen Zustand unter die präsenile Demenz.

Neuere, lichtmikroskopische Untersuchungen von den einzig erhaltenen histologischen Materialien von Alois Alzheimer, den Präparaten von Johann F. und Auguste D., bringen Ergebnisse zutage, which „are in complete concordance with Alzheimer's results in this case [Johann F., D.B.] as well as the modern examination of the histologic sections of the first case (Auguste D.)."[167] Tatsächlich finden sich bei

---

[162] KRAEPELIN, Lehrbuch, 624ff. (gesperrt im Original; kursive Hervorhebung D.B.)
[163] WETZSTEIN, Diagnose Alzheimer, 36.
[164] DILLMANN, Lessons from History, 136f.
[165] Vgl. ALZHEIMER, Krankheitsfälle, 358ff., und vgl. dazu MÖLLER / GRAEBER, Johann F. Möller und Graeber untersuchen detailliert, welchen Einfluss der Fall Johann F. auf das Konzept der Alzheimer-Krankheit hat.
[166] Vgl. ALZHEIMER, Krankheitsfälle, 369.
[167] MÖLLER / GRAEBER, Johann F., 43f.

Auguste D. Neurofibrillen-Bündel und senile Plaques und bei Johann F. nur senile Plaques.[168]

Neuere Untersuchungen zeigen also Alzheimers hohen technischen Standard und die Exaktheit seiner Untersuchungen – am lebenden Patienten und bei der Beschreibung der von ihm gefundenen senilen Plaques und Neurofibrillen-Bündel. Besonders sein 1911 veröffentlichter Aufsatz „Über eigenartige Krankheitsfälle des späten Alters" „clearly establishes Alzheimer's central role and [...] fully justifies the attachment of his name to this intriguing disease"[169].

Den Fragen, die bis unsere Zeit hinein kontrovers diskutiert werden, musste sich auch schon Alois Alzheimer stellen. Die (senilen) Plaques, die Alzheimer fand, sind in jedem Gehirn – freilich bei jüngeren Menschen weniger – auffindbar. Gibt es also eine Grenze zwischen einem normalen Alterungsprozess und einem pathologischen Alterungsprozess? Ist die Alzheimer-Demenz nur ein pathologischer Prozess, wenn sie *vor* dem Senium auftritt – und wie sind die verschiedenen Erscheinungsformen (mit bzw. ohne Neurofibrillen-Bündel) in ein einheitliches Bild zu bringen?

Neben diesen neuropathologischen Fragen fällt Alois Alzheimers Beschreibung des Verhaltens und des Zustandes seiner Patienten auf. Seine genauen Anamnesen und seine Untersuchungsmethoden werden im Wesentlichen noch heute so angewendet – freilich erweitert; und seine diesbezüglichen Ergebnisse, d.h. das von Alzheimer beschriebene „klinische Bild mit der ungemein schweren Verblödung, der tiefgreifenden Sprachstörung"[170] sowie den „agnostische[n], aphasische[n] und apraktische[n] Störungen"[171] macht – freilich in anderer Nomenklatur und erweitert – noch heute das klinische Bild der Alzheimer-Demenz aus.

2.2.2.3. Problemgeschichte der Alzheimer-Demenz seit Alois Alzheimer

Eine Rekonstruktion der Geschichte der Alzheimer-Demenz nach Alois Alzheimer gestaltet sich aufgrund der wenigen Forschungsergebnisse und der zum Teil sehr verschiedenen Zugangsweisen zu dieser als äußerst schwierig; eine auch nur annähernd vollständige Darstellung kann diese Untersuchung daher nicht leisten. Im Rahmen einer *Problem*geschichte allerdings können bestimmte Konstellationen

---

[168] Für ALZHEIMER war – wie heute für moderne Neuropathologen – Johann F.s Fall bemerkenswert, es wurde neuerdings sogar vermutet, „that ‚plaque dementia' may comprise a seperate subgroup of the disorder" (vgl. MÖLLER / GRAEBER, Johann F., 44, Belege dort).
[169] FÖRSTL / LEVY, Diseases of old age, 72.
[170] ALZHEIMER, Krankheitsfälle, 357.
[171] ALZHEIMER, Krankheitsfälle, 361, vgl. für weitere Details ebd.

B) Grundlegung I: Analyse des gegenwärtigen gesellschaftlichen Demenz-Konzeptes

und Strömungen knapp verdeutlich werden. Sachlich fließen in diesen Teil auch die oben im Zusammenhang des Krankheitsbegriffes (2.2.1.) gewonnenen Einsichten mit ein.

Die Geschichte der Alzheimer-Demenz lässt sich grob in drei Perioden gliedern:
1.) „Klassische Periode". In dieser brachten Alois Alzheimer und seine Kollegen ihre Entdeckungen in den Gesichtskreis der Wissenschaft.
2.) Eine Zwischenperiode, in der psychosoziale Faktoren in der Ätiologie der Alzheimer-Demenz über neuropathologische dominieren.
3.) „Moderne Periode". Seit den 1970er Jahren herrscht im Zusammenhang mit technologischen und konzeptuellen Durchbrüchen und den Herausforderungen durch eine immer älter werdende Gesellschaft wieder ein größeres Interesse an der Alzheimer-Demenz. Enorme Fortschritte in der Forschung und in Umgangskonzepten sind auf dem Wege.
Diesen drei Perioden lassen sich drei Krankheitskonzepte der Alzheimer-Demenz zuordnen: „The first is the Kraepelinian concept of neuropsychiatric disease, which permeates the early concept of AD. The second is the syndromal concept, introduced in the 1970s and 1980s, in which psychiatric diagnosis tried to free itself from a narrow somatic interpretation of psychiatric disorders. The third is the concept of disease used within the context of the 'cholinergic hypothesis'."[172]

H. Förstl beschreibt in seinem Artikel „Contributions of German Neuroscience to the Concept of Alzheimer Disease" die Entwicklung der „Alzheimer-Krankheit" von Kreapelins Lehrbuch der Psychiatrie bis in die frühen 1930er Jahre und kommt zu dem Schluss, dass A. Alzheimer bezüglich des Status der „Alzheimerschen Krankheit" als Krankheit eigener Art sehr zurückhaltend war und sich der Nähe zur senilen Demenz durchaus bewusst;[173] und so stellt er lakonisch fest: „Kraepelin was too shrewd[174] and Alzheimer too ponderous to take a clear position."[175]

---

[172] DILLMANN, Lessons from History, 130.
[173] Vgl. ALZHEIMER, Krankheitsfälle, 378. Eine ganze Anzahl Studien kam zu demselben Ergebnis, „which could have led to the extinction of AD – the younger brother swallowed by the much more prevalent senile form of plaque and tangle dementia" (FÖRSTL, Contributions, 77; zu den Studien aus dieser Zeit vgl. a.a.O., 77f.).
[174] Nicht zu vernachlässigen ist Rivalität zwischen Kraepelins Forschungseinrichtung in München und der von Pick in Prag „and Kraepelin's desire for prestige for his Munich laboratory" (MAURER / VOLK / GERBALDO, Auguste D., 26).
[175] FÖRSTL, Contributions, 74.

2. Medizin und das gegenwärtige gesellschaftliche Demenz-Konzept

Trotz dieser Unklarheiten wurde Kraepelins Beschreibung der Alzheimerschen Krankheit „a household term that made its way through the small-print paragraphs of textbooks into the canon of neuropsychiatric handbook knowledge"[176]. Der gemeinsame Nenner der Beschreibung der Alzheimerschen Krankheit in den Handbüchern ist der frühe Ausbruch und die klinische und neuropathologische Schwere der Symptome.

1933 erschütterte Gellerstedt das klinisch-histopathologische Paradigma der Demenzforschung nachdrücklich, indem er nachwies, dass die Unterschiede zwischen seniler Demenz und einem normalen Alterungsprozess lediglich graduell seien. Gellerstedt untersuchte fünfzig Gehirne von nicht dementen Menschen und fand in 84% dieser senile Plaques: „Der Plaque-Nachweis bei (noch) nicht dementen Individuen ließ vermuten, dass keine sehr enge Korrelation zwischen dieser Hirnveränderung und den kognitiven Defiziten bestand."[177] Auch wenn im Bereich der Neurofibrillen-Bündel einige Fragen offen blieben, war es „[t]he overstated or simplified reading of his paper [...] that the presence neither of plaques nor of tangles was of clinical significance in the elderly. It took some time before a (semi)-quantitative correlation between the density of pathological change and the severity of cognitive impairment was reestablished [...] Thus, it probably was a clever political decision to extend the concept of AD from the presenile into the senile area instead of surrendering to senile dementia and ending up with no disease at all, but with a senile or presenile aging process that would have been outside the realm of medicine."[178]

Mit dem (erneuten) Aufweis des Zusammenhangs von pathologischer Veränderung und mentalen Einbußen wurde das Konzept Alzheimer-Demenz Anfang der 1970er Jahre wieder in das „Reich der Medizin" (Förstl) zurückgeholt.
Allerdings vergingen von Gellerstedts Studien bis dahin einige Jahre, in der die Anschauung einer psychosozialen Ätiologie – jedenfalls in den Vereinigten Staaten – dominierte: „Dementia was more than the simple and inevitable outcome of a brain that was deteriorating with the process of aging and/or disease. Dementia was a dialectical process between the brain and the social context in which the aging person was situated [...] In short, AD and senile dementia were regarded by most psychiatrists of this period, not as cognitive disorders produced by biological processes within the brain, but as mental illness produced by psycho-

---

[176] FÖRSTL, Contributions, 75, Belege aus den führenden Handbüchern der Zeit dort.
[177] KARENBERG / FÖRSTL, Geschichte, 44.
[178] FÖRSTL, Contributions, 78.

dynamic processes occurring between the aging individual and society. So conceived, dementia was not a well-bounded disease-entity."[179] Man war also zurückhaltend hinsichtlich der Beurteilung des Status der Demenz als Krankheit, gleichzeitig wurde aber der enge Zusammenhang mit dem Prozess des Alterns gesehen. Ein – freilich aus einer ganz anderen Perspektive herkommender – allerdings in seinem Ergebnis mit den Ansichten Alois Alzheimers verwandter Standpunkt, der in den Gesamtkontext der im Entstehen begriffenen Gerontologie gesehen werden muss: „Fighting ‚senility' was the central goal of the first generation of professional gerontologists."[180]

Diese Entwicklung steht im Zusammenhang mit der enormen Zunahme der Unterbringung von älteren Menschen in psychiatrischen Krankenhäusern. Diese Entwicklung hängt in den Vereinigten Staaten vor allem damit zusammen, dass es hinsichtlich der Versorgung von älteren Menschen zu einer Wende der Politik kam: Wurden diese bis zur letzten Jahrhundertwende vor allem von ihren Familien oder in Armenhäusern betreut, kam es durch die Entscheidung, dass der Staat für alle Geisteskranken verantwortlich sei und durch die Kürzung der Mittel von Armenhäusern, zu einer Umklassifizierung der Alten zu Kranken: „Moreover, the care received in mental hospitals was widely perceived as superior to almshouse care, an the social stigma attached to insanity may have been less than that of pauperism, thus making confinement of aged relatives in a mental hospital the preferred choice of most families."[181] Und so stieg die Rate der Menschen, für die nun Psychiater zuständig wurden, dramatisch.

Auf diese Zunahme wurde mit einer Doppelstrategie reagiert: Zum einen wurden durch den Aufbau von Pflegeeinrichtungen für ältere Menschen diese wieder aus dem unmittelbaren Zuständigkeitsbereich der Psychiatrie herausgenommen. Zum anderen wurde daran gearbeitet, senile Demenz in den Psychiatrien als zu behandelnde Geisteskrankheit zu konzeptionalisieren. Mit Letzterem stellte sich natürlich wiederum die Frage nach dem Status der präsenilen Alzheimer-Krankheit als eigener Krankheit bzw. ihrem Verhältnis zur senilen Demenz – vor dem Hintergrund von normalen Alterungsprozessen. Die meisten Wissenschaftler dieser Zeit verstanden in praktischer Hinsicht die präsenile Demenz und die senile Demenz als dieselbe Größe, auch wenn sie in theoretischer Hinsicht an der klassischen, von Kraepelin geprägten Trennung festhielten.

Als in der Mitte der 1930er Jahre Gellerstedt und andere Forscher senile Plaques und Neurofibrillen-Bündel auch bei von den Symptomen der Alzheimer-

---

[179] BALLENGER, Plaques and Tangles, 84.
[180] BALLENGER, Plaques and Tangles, 84.
[181] BALLENGER, Plaques und Tangles, 85f.

Demenz nicht betroffenen älteren Menschen fanden, versuchte David Rothschild die (Alzheimer-)Demenz jenseits der histopathologischen Sicht zu verstehen, because the „traditional belief leaves a number of problems unsolved, and its complete validity may therefore be questioned. Changes which are similar qualitatively to those found in senile psychoses are observed in normal senility and, as pointed out previously it has not been possible to establish consistent quantitative differences which would explain why some old person develop al mental illness and others do not"[182]. Angesichts dieser Leerstellen in den Erklärungsmodellen entwarfen Rothschild und seine Kollegen ein psychodynamisches Erklärungsmodell der Alzheimer-Demenz, welches besonders die Beziehung zwischen Biologie und Persönlichkeit im Blick hatte. Dazu musste er sich von einem biologischen Reduktionismus abwenden: „Too exclusive preoccupation with the cerebral pathology has led to a tendency to forget that the changes are occurring in living, mentally functioning persons who may react to a given situation, including an organic one, in various ways"[183]. Rothschild vermutete eine unterschiedliche Fähigkeit zur Kompensation von hirnorganischen Einschränkungen. Er nahm also die histopathologischen Befunde sehr wohl ernst, diese führen aber seiner Ansicht nach nicht zwangsläufig zu einer Geisteskrankheit. Denn strukturelle Unterschiede seien immer vorfindlich, aber ihre Auswirkungen (und deren Kompensation) können nur im Zusammenhang mit der Persönlichkeit verstanden werden.[184]

Rothschilds Theorien zur Demenz spiegeln den Mainstream der psychiatrischen Lehrmeinung der 1920er bis 1960er Jahre in den Staaten wider, die psychische Phänomene als dialektischen Prozess zwischen biologischen, sozialen und

---

[182] ROTHSCHILD / SHARP, Origin, 49.
[183] ROTHSCHILD / SHARP, Origin, 49.
[184] Vgl. ROTHSCHILD / SHARP, Origin 53. Eine in gewisser Weise mit diesem Ansatz verwandte Annäherung an das Phänomen Demenz wird in den 1990er Jahren Tom Kitwood vorlegen; vgl. KITWOOD, Demenz. Kitwood sieht auf der einen Seite die Probleme, die mit der Medizinierung der Demenz einhergehen und andererseits die Auswirkungen einer „maligne[n], bösartigen Sozialpsychologie" (a.a.O., 20, u.ö.), die die Demenz umgibt. Sein Verdienst ist es, neurophysiologische und sozialpsychologische Faktoren der Demenz mit dem Konzept der „person-centered care", zu verbinden: „Die neue Kultur pathologisiert Menschen mit Demenz nicht, indem sie sie nicht als Menschen mit einer abstoßenden Krankheit ansieht. Sie reduziert sich auch nicht auf die zu stark vereinfachenden Kategorien irgendeines vorgefertigten strukturellen Schemas, wie etwa die Theorie der Stadien des geistigen Verfalls. Die neue Kultur stellt die Einzigartigkeit jeder Person in den Mittelpunkt. Sie respektiert Erreichtes und ist voll Mitgefühl mit dem, was eine Person jeweils erlitten hat. Sie setzt die Emotionen als Quelle menschlichen Lebens wieder in ihre Bedeutung ein und erfreut sich daran, dass wir körperliche Wesen sind. Sie betont die Tatsache, dass unsere Existenz im wesentlichen sozial ist." (a.a.O., 193). Kitwood wird unten im Rahmen der Pflegekonzepte noch ausführlich besprochen werden.

B) Grundlegung I: Analyse des gegenwärtigen gesellschaftlichen Demenz-Konzeptes

psychologischen Faktoren verstehen. Nach dem 2. Weltkrieg intensivierten Rothschild und seine Kollegen ihre Demenz-Forschung vor allem im Bereich der Soziologie: „The locus of senile mental deterioration was no longer the aging brain; instead, it was a society that stripped elderly people of the roles that had sustained meaning in their lives through mandatory retirement, social isolation, and the disintegration of traditional family ties. Bereft of any meaningful social role, the demented elderly did not so much lose their minds as lose their places in the world."[185].

Der Kampf gegen die Senilität wurde in den Vereinigten Staaten so zu einem zentralen Anliegen von Psychiatern, Soziologen, Politikern und Anwälten, die am Aufbau der Gerontologie beteiligt waren. Man war davon überzeugt, „that senility could and would be eradicated"[186], indem man die Verhältnisse für ältere Menschen durch verschiedenste Maßnahmen, die von Antidiskriminierungsgesetzen bis hin zum Aufbau von Netzwerken reichten, grundlegend verbesserte. Im Zuge der Erfüllung dieser Ziele Anfang der 1970er Jahre aber wurde das Rothschildsche psychodynamische Konzept obsolet. Man erkannte zunehmend, dass unter der vorherrschenden Perspektive auf das Altern die Probleme derjenigen Menschen, die unter einer senilen Demenz litten, außen vor blieben: „Despite the tone of optimism among researchers and activists, AD, as more carefully and rigorously defined and described by contemporary biomedicine, seems to create at least as much public fear and loathing about old age as did the expansive concept of senility out which it was carved."[187]

Es zeigt sich also, dass eine Sichtweise auf die Alzheimer-Demenz, die in der Tendenz steht, die histopathologischen Gegebenheiten zu eskamotieren, dem Phänomen Alzheimer-Demenz genauso wenig gerecht wird wie eine einseitige Fokussierung auf die Histopathologie.[188] Es ist also beides notwendig, ein naturwissenschaftlicher und ein gesellschaftlicher Blick auf den Zustand, der als Krankheit bezeichnet wird.[189]

---

[185] BALLENGER, Plaques and Tangles, 93. So konnte denn beispielsweise Vergesslichkeit als Schutzmechanismus des alten Menschen vor schlimmen Erinnerungen bzw. vor seiner jetzigen Situation verstanden werden. Einige gingen sogar so weit, das Alter als „social illusion" zu verstehen: „[S]enility as an isolable state is largely a cultural artifact and that senile organic deterioration may be consequent upon attitudinal alteration" (Linden / Courtney, Life cycle, 912 [Kursiv im Original]).
[186] BALLENGER, Plaques and Tangles, 98.
[187] BALLENGER, Plaques and Tangles, 97.
[188] Allerdings ist hier zu betonen, dass die Pflegepraxis enorme Fortschritte gemacht hat.
[189] Vgl. oben, B 2.2., die Überlegungen zum Krankheitsbegriff

Trotz des vorherrschenden psychodynamischen Paradigmas blieb doch eine, die rein histopathologisch-organische Erklärung favorisierende Sichtweise in einigen Forscherkreisen erhalten. Bereits 1948 brachte R.D. Newton Argumente zur Gleichsetzung der Alzheimer-Krankheit, d.h. der präsenilen Demenz, mit der senilen Demenz vor. Diese Perspektive wurde in der Folgezeit von einigen Forschern verfolgt. Einen Meilenstein für die „Rediscovery of Alzheimer Disease During the 1960s and 1970s"[190] jedoch war die Etablierung der „cholinergic hypothesis", die davon ausgeht, dass eine Schädigung am cholinergen System zur Alzheimer-Demenz führt: Mit Hilfe des Elektronenmikroskopes gelang es R.D. Terry 1963 „to identify the straight fibril material constituting the core of plaque as amyloid. It would be thirty years before advances in molecular biology would permit identification of the material in the paired helical filament as tau protein and the material in the amyloid core of the plaques as the 40-43 amino acid A/β amyloid peptide"[191]. Der nächste größere Schritt war der Nachweis der Korrelation der Anzahl der Plaques und Neurofibrillen-Bündel mit der Schwere der Demenz, den G. Blessed und B. E. Tomlinson 1965 erbrachten.[192] 1965 auf der Konferenz der World Psychiatric Association stellten sie ihre Ergebnisse vor, indem sie den Begriff Alzheimer-Krankheit auf das späte Lebensalter hin beziehen: „The second type of change is that found in cases of so-called senile dementia, regarded by many as Alzheimer's disease occurring in later life"[193]. In weiteren Studien erbrachten Blessed und Tomlinson den Nachweis, so dass „the pathologic hallmarks of AD were established as the major cause of so-called senile dementia"[194]. Das entscheidende Moment liegt hier also darin, dass es Blessed und Tomlinson gelang, einige Kollegen davon zu überzeugen, dass ältere Menschen eine Alzheimer-Krankheit bekommen können – wobei der Begriff Alzheimer-Krankheit bisher nur für die präsenile Demenz verwendet wurde! Auf dem 1969 in London stattfindenden Alzheimer-Symposium akzeptierten alle Teilnehmer „the concept that some elderly subjects with dementia hat AD and that defining the disease as ‚presenile' was not correct, but they did not necessarily accept the evidence that AD itself was the most important cause of dementia"[195]. Hier geschieht für eine Problemgeschichte der Alzheimer-Demenz Entscheidendes: Es wird nicht mehr – wie seit Alois Alzheimer üblich – die präsenile Form als vorgezogener Demenz-Prozess

---

[190] So der Titel des Aufsatzes von KATZMANN / BICK, Rediscovery.
[191] KATZMAN / BICK, Rediscovery, 107. Vgl. TERRY, Structure.
[192] Vgl. BLESSED / TOMLINSON, Senile plaques.
[193] Zitiert nach KATZMAN / BICK, Rediscovery, 108.
[194] KATZMAN / BICK, Rediscovery, 109.
[195] KATZMAN / BICK, Rediscovery, 109. Allerdings wurde ein Einheitskonzept von seniler und präseniler Alzheimer-Demenz auch schon 1969 in Lausanne vorgeschlagen.

B) Grundlegung I: Analyse des gegenwärtigen gesellschaftlichen Demenz-Konzeptes

verstanden, sondern die senile Demenz wird als Krankheit angesehen – und in der Folge werden sowohl die senile als auch die präsenile Form als Krankheit angesehen.

Hans Förstl erklärt die mit der Pathologisierung der senilen Demenz einhergehende Wortwahl folgendermaßen: „Because senile dementia was an illocigal choice of words, another label was needed. ‚Alzheimer disease' may not sound like a real winner, but ‚sphaerotrichis multiplex cerebri' was even less likely. And there was another reason to choose AD: it had to be made clear that this was a true and obvious disease and not just an normal aging process. This fact was much easier to demonstrate using the more severe form of degenerative dementia with early onset."[196] Mit der Pathologisierung der senilen Demenz ist zugleich der pathologische Status der senilen Demenz gegenüber einem normalen Alterungsprozess deutlich. Außen vor blieben hierbei die oben beschriebenen Einsichten, die schon Gellerstedt 1933 hatte: Gellerstedt hat senile Plaques und Neurofibrillen-Bündel auch in Gehirnen unauffälliger alter Menschen gefunden; und auch gesunde junge Menschen weisen – auch nach neueren Studien[197] – bereits Plaques und Neurofibrillen-Bündel auf: „The implication of Gellerstedt's work was that the differences between senile dementia and normal aging were only gradual."[198] 1980 kam mit der Aufnahme der Alzheimer-Krankheit in das DSM-III die Pathologisierung der senilen Demenz als Alzheimer-Krankheit zu einem Abschluss: „Die Alzheimer-Demenz war eine Krankheit geworden und ist klinisch zu diagnostizieren."[199]

Trotzdem hielten einige Wissenschaftler an der Trennung von präseniler, d.h. der Alzheimer-Krankheit, und seniler Demenz fest. Die Ansicht allerdings, dass die Mehrzahl der Menschen, die unter einer senilen Demenz litten, unter der Alzheimer-Krankheit litten, brachte die Alzheimer-Krankheit in den Blickpunkt vieler Forscher; ein weiterer Grund waren epidemiologische Studien, die den Zusammenhang zwischen dem Alter und der Demenz herausstellten, der wiederum aufgrund einer immer älter werdenden Bevölkerung Handlungsbedarf evozierte.

1976 begann in Großbritannien mit der Wiederentdeckung von Defiziten im cholinergen System „the golden age of AD neurochemistry" (Katzman / Bick). Denn bereits 1913 hat Friedrich Lewy bei neurodegenerativen Erkrankungen ein Defizit

---

[196] FÖRSTL, Contributions, 78.
[197] Vgl. THAL / DEL TREDICI / BRAAK, Neurodegeneration; vgl. THAL / BRAAK, Diagnosestellung, bes. 211f.; vgl. BRAAK / BRAAK, Frequenzy.
[198] FÖRSTL, Constributions, 78.
[199] WETZSTEIN, Diagnose Alzheimer, 39.

im cholinergen System festgestellt. Die durch diesen Fortschritt erhoffte symptomatische Therapie mit cholinergen oder lecithinen Substituten erwies sich allerdings als nicht sehr erfolgreich,[200] obwohl der Nachweis der Rolle des cholinergen Systems für Lernen und Erinnerung schon Anfang der 1970er Jahre erbracht wurde. Die cholinerge Hypothese brachte somit einen Brückenschlag zwischen Geist und Gehirn – und damit die Möglichkeit, verschiedene Zugänge in ein Konzept zu bringen: „It provided important insights into the relationship between particular neuropathological phenomena and clinical symptoms."[201]

1984 gilt als Meilenstein der genetischen Entstehungshypothese der Alzheimer-Krankheit. Nachdem eine Verbindung von Alzheimer-Krankheit und Down-Syndrom bereits seit 1948 vermutet und 1958 entdeckt wurde, dass das Down-Syndrom durch eine dritte vorhandene Kopie des Chromosoms 21 ausgelöst wird, wurden zunehmend Stimmen lauter, die eine genetische Entstehung der Alzheimer-Krankheit annahmen. 1984 schließlich gelang es, einen Teil der genetischen Sequenz von β-Amyloid zu isolieren, die wenig später auch in senilen Plaques nachgewiesen wurde. β-Amyloid und das Amyloidvorläuferprotein (APP) standen nun unter Verdacht, an der Alzheimer-Krankheit, d.h. der präsenilen Demenz, beteiligt zu sein.[202]

1995 wurde das Präselin-1-Gen auf Chromosom 14 entdeckt, welches für einen Großteil der präsenilen Demenzen vom Typ Alzheimer verantwortlich sein soll. Im gleichen Jahr wurde ein auf Chromosom 1 lokalisiertes Präsenilin-2-Gen entdeckt. Allerdings gibt es auch Fälle von präseniler Demenz, die keine Genveränderungen auf den Chromosomen 1, 14 oder 21 aufweisen. Für einen Großteil der spät einsetzenden Alzheimer-Krankheit (und hier zeigt sich wiederum die Identifikation von seniler und präseniler Demenz als Alzheimer-Krankheit) wird das 1993ff. entdeckte und beschriebene Apolipoprotein-E-Gen (APOE) und von diesem besonders das ε-4-Allel verantwortlich gemacht. Die genetische Forschung hat über das hier Beschriebene hinaus eine ganze Anzahl von genetischen Defekten beschrieben, die im Zusammenhang mit der Alzheimer-Krankheit stehen; daneben wird auf eine Vielzahl von genetisch bedingten Verdachtsfaktoren hingewiesen, die mindestens das Risiko erhöhen, an der Alzheimer-Krankheit zu erkranken.[203]

---

[200] Vgl. zu den Stärken und Grenzen der „cholinergic hypothesis" DILLMANN, Lessons from History, 146-148.
[201] DILLMANN, Lessons from History, 149.
[202] Vgl. POLLEN, Genetics, 116-118, und vgl. ferner SANDBRICK / BEYREUTHER, Molekulargenetik und Molekularbiologie.
[203] Vgl. HEUN / KÖLSCH, Neurobiologie und Molekulargenetik.

Mit der Hinwendung nur Genetik und zur Neuropathologie wird die Alzheimer-Demenz bzw. das Konzept Alzheimer-Krankheit wieder rein naturwissenschaftlich, als klar abgrenzbare – wenn auch multifaktoriell bedingte – Entität verstanden. Auch wenn man angesichts der genetischen Vielfalt und Möglichkeiten, die im Verdacht stehen, zur Alzheimer-Krankheit zu führen, eher von einer ganzen Gruppe von „Alzheimer-diseases" (Pollen) sprechen könnte. Allerdings ist darauf hinzuweisen, dass die „meisten Fälle von Alzheimer-Demenz [...] nicht einem autosomal dominanten Vererbungsmuster [folgen], sondern [...] ‚sporadisch' auf[treten]"[204]. In genetischen Kreisen wird einerseits zunehmend dafür plädiert, die Unterscheidung zwischen präseniler und seniler Demenz fallen zu lassen,[205] andererseits wird aber an dieser Trennung festgehalten.

2.2.3. Fazit und Überleitung

Die wechselvolle (Konzept-)Geschichte der Alzheimer-Demenz bzw. der Alzheimer-Krankheit hat gezeigt, dass die Kernfragen um den Status der Alzheimer-Demenz bis heute nicht abschließend und eindeutig beantwortet sind.

Allerdings wurde – trotz dieses Umstandes – mit der Aufnahme in DSM und ICD die Demenz als ein zum Alter gehörender Abbau bestimmter Fähigkeiten (Altersblödsinn) qua Konvention pathologisiert und so in den Zuständigkeitsbereich der Medizin verlagert.

Demgegenüber bleibt wiederum festzuhalten, dass eine Klassifikation der von Alois Alzheimer – der ja selbst skeptisch war – beschriebenen und von Emil Kraepelin benannten Phänomene als Krankheit *sui generis* nicht als *common sense* betrachtet werden kann.

Die Tatsache, dass Plaques auch bei gesunden Menschen auffindbar sind, verweist an die zentrale Frage nach dem Status des Alter(n)s und dessen Verhältnis zu oder Identifikation mit pathologischen Prozessen. In diesem Zusammenhang scheint insbesondere die in den 1970er Jahren vorgenommene Pathologisierung der senilen Demenz als folgenschwer.

Im Blick auf die oben erarbeiteten Dimensionen des Krankheitsbegriffes (Natur-Gesellschaft-Subjekt) zeigt die Problemgeschichte der Alzheimer-Demenz, dass ein einseitiger Fokus auf lediglich eine dieser Dimensionen dem Phänomen nicht gerecht wird. Die Frage nach der Natur kann auf Grund der dargestellten verschiedenen Ergebnisse zur Zeit noch nicht auf einen Nenner gebracht werden, zumal eine abgesicherte Diagnose erst *post mortem* möglich ist. Die gesellschaftlichen Einflüsse auf das Konzept Alzheimer-Demenz reichen von machtpolititischen

---

[204] HOCK / MÜLLER-SPAHN, Risikofaktoren, 107.
[205] Vgl. SANDBRICK / BEYREUTHER, Molekulargenetik und Molekularbiologie, 121.

Fragen (wie der um die Vormachtstellung im wissenschaftlichen Bereich) bis hinein in Fragen der Versorgungsmöglichkeiten angesichts der demographischen Entwicklung. Die zur Zeit vorherrschende Tendenz zur Pathologisierung der Alzheimer-Demenz zieht dabei – auf gesellschaftlicher Ebene – die mit jeglicher Pathologisierung verbundenen Ausgrenzungsprozesse nach sich.

Zentral bleibt wie zu Alzheimers Zeiten der Fokus auf der Kognition in Diagnostik und Symptomatik. Dieser kann sowohl die Ausgrenzungsprozesse fördern, aber auch durch die Konzentration auf das Individuum zur Verbesserung in der Pflege und Betreuung führen.

Das zur Zeit vorherrschende neurophysiologisch-genetische Paradigma läuft Gefahr, die subjektive Dimension der Krankheit außen vor zu lassen: „Nicht die Selbstinterpretation eines Menschen wäre dann ausschlaggebendes Moment für das ärztliche Handeln, sondern eine bestimmte Genkonstellation. Und da Selbstinterpretation und Genkonstellation keineswegs immer korrelieren, liegt hier eine Gefahr."[206] (Außerdem ist eine kausale Therapie durch Genomanalyse schon durch das Wissen um die multifaktorielle Bedingtheit von Krankheiten in Frage zu stellen.) Besonders im Bereich der Ethik führt die – im Laufe der Erkrankung – immer mehr schwindende Einsichtsfähigkeit in das Geschehen seitens des Betroffenen, d.h. das Fehlen der Selbstinterpretation, zu enormen Problemen.[207]

Trotz der enormen Fortschritte ist die Alzheimer-Demenz längst nicht vollständig erforscht, eine kausale Therapie ist daher (zurzeit) ebenfalls ein Desiderat. Die Pathologisierung hat gerade in der Forschung zu einigen Fortschritten geführt; auf gesellschaftlicher Ebene aber inhäriert der Pathologisierung die Gefahr, Menschen mit Demenz aufgrund des mit der Angst vor dem Verlust kognitiver Fähigkeiten möglichst zu vermeidenden ‚Schicksals' der Alzheimer-Krankheit auszugrenzen, indem ihnen implizit oder explizit Würde, Wert und Identität abgesprochen werden. Letzteres ist – wie im Folgenden zu zeigen sein wird – nicht direktes Implikat des medizinischen Demenz-Konzeptes, sondern Folge einer Interdependenz bzw. der unreflektierten Übernahme medizinischer Diagnosekriterien in das gesellschaftliche Demenz-Konzept. Eine solche Übernahme betrifft besonders den Aspekt der Kognition bzw. der kognitiven Defizite, wie nun zu zeigen sein wird.

---

[206] WIESING, Gene, 83.
[207] Denn wenn die Selbstinterpretation des Kranken wegfällt, besteht die Chance und damit zugleich die Gefahr, dass diese Offenstelle durch ein Außenurteil ersetzt wird. Vgl. oben, 2.2.1.3.

2.3. Alzheimer-Demenz und Kognition – Zur Scharnierstellung der Kognition zwischen medizinischem und gesellschaftlichem Demenz-Konzept

Verena Wetzstein vertritt in ihrer Dissertation[208] die These, dass das medizinische Demenz-Konzept maßgeblichen Einfluss auf das gesellschaftliche Demenz-Konzept hat: „Durch die Monopolisierung der Demenz-Debatte durch die Medizin stehen ausschließlich medizinisch dominierte Anhaltspunkte für die Bestimmung dessen, was Alzheimer-Demenz ist und bedeutet, zur Verfügung. Grundlage des gesellschaftlichen Diskurses ist ein Demenz-Konzept, das seine Inhalte aus der Übernahme und Verallgemeinerung medizinischer Aussagen bezieht."[209] Diese These hat zweifelsohne ihre Berechtigung und birgt eine für die Genese des gegenwärtigen gesellschaftlichen Demenz-Konzeptes wichtige Perspektive, aber letztlich ist sie für die von Wetzstein geforderte Öffnung des Demenz-Konzeptes hinderlich, weil sie den gegenwärtigen medizinischen Diskurs, der zweifelsohne *auch eine* solche Tendenz hat – aber eben auch noch andere – auf eine Linie festlegt und damit offenere Tendenzen im medizinischen Diskurs außen vor lässt: So gibt es schon seit Längerem die Tendenz, auch affektive Symptome in die Diagnoseschemata der Alzheimer-Demenz aufzunehmen, auch wenn – und das sieht Wetzstein durchaus richtig – der Schwerpunkt der Medizin und der pharmakologischen Forschung immer noch ein anderer ist.

Eine zweite Schwierigkeit sehe ich darin, das Wetzstein die Interdependenz zwischen der nicht immer reflektierten Übernahme von medizinischen Kategorien einerseits und den in den Gesellschaften seit Jahrhunderten ohnehin schon vorhandenen Vorstellungen über Demenz andererseits nicht stark genug macht. Zweifelsohne hat die Pathologisierung der Alzheimer-Demenz durch die Medizin einen entscheidenden Einfluss, daneben aber gab und gibt es, wie die Problemgeschichte der Demenz gezeigt hat, gesellschaftliche Vorstellungen hinsichtlich des Alters und dem Verlust kognitiver und körperlicher Fähigkeiten, die auch ohne den Fokus der Medizin schon vorhanden sind.[210]

Die große Stärke an Wetzsteins Arbeit ist aber der Nachweis, dass die „öffentliche Debatte […] nahezu ausschließlich von medizinischen Aussagen und Forschungserkenntnissen zur Alzheimer-Demenz bestimmt" ist: „Über Alzheimer-Demenz wird im öffentlichen Diskurs in medizinischen Kategorien und ärztlicher Terminologie gesprochen."[211] Und hier ist es vor allem das kognitive Paradigma, also die im

---

[208] WETZSTEIN, Diagnose Alzheimer.
[209] WETZSTEIN, Diagnose Alzheimer, 95 u.ö.
[210] Vgl. oben, 2.2.2.1.
[211] WETZSTEIN, Diagnose Alzheimer, 12 u.ö.

Mittelpunkt der klinischen Symptomatik der Alzheimer-Demenz stehende Beeinträchtigung der Kognition: „Ausgehend von den Beschreibungen Alois Alzheimers konzentrierte sich die medizinische Forschung allein auf die kognitive Symptomatik der Demenz."[212]

Diese Schwerpunktsetzung auf die kognitiven Aspekte der Alzheimer-Demenz spiegelt besonders deutlich den der Medizin als Handlungswissenschaft immanenten Reduktionismus wider: „Dem derzeit vorherrschenden Demenz-Konzept liegen Prämissen zugrunde, die sich aus dem funktionalen Zugang der Medizin an das Phänomen erklären lassen. Indem die Medizin ihrem Auftrag gemäß an der Diagnostik und Therapie kranker Menschen interessiert ist, liegt ihr notwendig ein reduziertes Menschenbild zugrunde. Was innerhalb des Aufgabenbereichs der Medizin unkompliziert erscheint, wird problematisch, sobald, wie bei der Alzheimer-Demenz geschehen, ihre Grundlagen und Aussagen unadaptiert in den öffentlichen Bereich übernommen werden. Aus einem methodisch bedingten Reduktionismus wird durch die Tradierung der medizinischen Konzeption in ein öffentliches Demenz-Konzept ein ontologischer Reduktionismus."[213] Letzteres ermöglicht den Anschluss von reduktionistischen An-thropologien oder zumindest die Offenheit für reduktionistische Person-Konzeptionen.

Aus der Problemgeschichte der Alzheimer-Demenz (2.2.2.) wurde ersichtlich, dass der – bis in das letzte Jahrhundert hinein noch mit ‚normalen', d.h. nicht-pathologischen Alterungsprozessen verbundene – sog. ‚Altersblödsinn' zunehmend pathologisiert und in den Zuständigkeitsbereich der Medizin verlagert wurde. Der Schwerpunkt der symptomatischen Charakterisierung liegt (spätestens) seit Alois Alzheimers Zeiten auf den kognitiven Einbußen. Dem ist hier nachzugehen, um in einem zweiten Schritt die mit einer solchen Hermeneutik einhergehenden Schwierigkeiten und Implikationen aufzuzeigen – diese allerdings sind nicht mehr im Abschnitt über das medizinische Demenz-Konzept zu verhandeln. Auch wenn die Trennung hier etwas formal erscheinen mag, und die Übergänge sicherlich fließend sind, ist das kognitive Paradigma systematisch als Schnittstelle zwischen dem medizinischen Demenz-Konzept und dem gesellschaftlich-kulturellen Demenz-Konzept (3.) anzusehen. Daher sollen die gesellschaftlichen Implikationen im dritten Abschnitt des Kapitels behandelt werden.

Seit Alois Alzheimers Zeiten steht im Mittelpunkt der klinischen Diagnostik der Alzheimer-Demenz die Abnahme der geistigen Fähigkeiten und des Gedächtnisses,

---

[212] Wetzstein, Diagnose Alzheimer, 127.
[213] Wetzstein, Diagnose Alzheimer, 177.

wobei eine Verschiebung des Fokus vom geistigen Verfall auf die „memory defects" in den 1970er Jahren vonstatten ging.[214] Mit der Aufnahme der Alzheimer-Demenz in das DSM-III und den ICD fand eine Festschreibung der Symptomatik statt: die Alzheimer-Demenz war nun klinisch zu diagnostizieren. Im Mittelpunkt dieser diagnostischen Maßnahmen standen und stehen – trotz des Umstandes, dass eine eindeutige Diagnose zu Lebzeiten nicht möglich ist – kognitiv-mnestische Symptome. In den diagnostischen Leitlinien der aktuellen 5. Auflage des ICD-10 heißt es: „Die *wesentliche* Voraussetzung für die Diagnose ist der Nachweis einer Abnahme des Gedächtnisses und des Denkvermögens [...]. Die Störung des Gedächtnisses beeinträchtigt typischerweise Aufnahme, Speichern und Wiedergabe neuer Informationen. Früher gelerntes und vertrautes Material kann besonders in den späten Stadien verloren gehen. Demenz ist mehr als eine Gedächtnisstörung: Es besteht auch eine Beeinträchtigung des Denkvermögens, der Fähigkeit zu *vernünftigen* Urteilen und eine Verminderung des Ideenflusses. Die Informationsverarbeitung ist beeinträchtigt."[215] Daneben ist das besondere diagnostische Augenmerk auf einen schleichenden Beginn mit einer langsamen Verschlechterung gerichtet.

Das Kernmoment der Diagnostik der Alzheimer-Demenz ist also eine Beeinträchtigung der Kognition mit langsamer Verschlechterung.[216] Dieses Kernmoment der Diagnostik ist auch im gesellschaftlichen Diskurs über die Alzheimer-Demenz nahezu allgegenwärtig:[217] Von Witzen bzw. scherzhaft gemeinten Bemerkungen, die beim (normalen) Vergessen von Kleinigkeiten auf die Alzheimer-Krankheit verweisen, bis hin zu Diskussionen, für die die Äußerung Hans Küngs ein Paradebeispiel darstellt: Dieser meinte auf einer Podiumsdiskussion zum Thema Demenz: „Er wolle nicht als Alzheimerpatient enden, der ohne Wissen um die eigene Identität dereinst als *Dorftrottel* durch Tübingen laufe."[218] Ein dualistisches Menschenbild spiegelt sich in Äußerungen wider, welche die Demenz als einen „Tod, der den Körper zurücklässt"[219], oder den dementen Menschen „as a shell, a

---

[214] Vgl. DILLMANN, Lessons from History, 149.
[215] ICD-10, 61 (Hervorhebung von D.B.).
[216] Der Hinweis auf System- bzw. Hirnerkrankungen dient wiederum als Ausschlusskriterium.
[217] Vgl. die Zusammenstellung einiger Statements bei WETZSTEIN, Diagnose Alzheimer, 11.
[218] BAHNEN, Todesstachel, FAZ 101, 02.05.01, 61 (Hervorhebung von D.B.); vgl. zum Kontext dieser Aussage JENS / KÜNG, Menschenwürdig sterben, 187ff. BACH, Schwächsten, 205f., greift diese Äußerung Küngs auf und weist darauf hin, dass Menschen durch solche Äußerungen „zur Leiche erklärt, [...] aus dem Kreis der Lebenden wegdefiniert" (a.a.O., 206) werden.
[219] KITWOOD, Demenz, 20, beschreibt dies als die „vorherrschende Sichtweise" der Demenz.

husk, or being gone"[220] beschreiben; oder aber die Demenz wird als „Abschied vom Ich"[221] verstanden. Stephen Post verweist in diesem Zusammenhang auf die gesellschaftlichen Leitvorstellungen, die „forgetful persons" als „already in the house of death" ansehen.[222]

Eine genauere Analyse des *Zusammenhangs* von medizinischem Demenz-Konzept und gesellschaftlichen Vorstellungen kann hier nicht erbracht werden und ist auch nicht nötig: Festzuhalten bleibt aber, dass ein solcher Zusammenhang, der am ehesten als Wechselwirkung zu beschreiben ist, besteht. Es sind einerseits gesellschaftliche Leitvorstellungen, die auf die Medizin – die selbstverständlich soziokulturellen Bedingungen unterliegt – einwirken und andererseits die (oft unreflektierte) Übernahme medizinischer Paradigmen, die aufgrund des Charakters der Medizin als Handlungswissenschaft notwendig reduktionsistisch sind, in die Gesellschaft, die das gegenwärtige Demenz-Konzept konstituieren. Im folgenden Abschnitt ist nach den Schwierigkeiten und Gefahren, die sich aus dem kognitiven Paradigma und dessen Rezeption und Füllung ergeben zu fragen.

3. Sozio-kulturelle Einflussfaktoren auf das gesellschaftliche Konzept

Die sozio-kulturellen Einflussfaktoren auf das Demenz-Konzept unterliegen methodischen Schwierigkeiten hinsichtlich ihrer systematisch notwendigen Trennung und Typisierung von in unserer Gesellschaft gemischt auftretenden und in ihrer Wechselwirkung schwer voneinander zu trennenden Phänomenen.

Die Folgen der Pathologisierung der Alzheimer-Demenz einerseits und der Fokus auf das kognitive Paradigma andererseits sind vor allem an drei Aspekten festzumachen:
an der Stigmatisierung und Ausgrenzung von Demenz-„Kranken"
an den dieser Stigmatisierung zugrundeliegenden gesellschaftlichen Leitvorstellungen
an den philosophisch-anthropologischen Korrelaten dieser Leitvorstellungen
Um hier eine allzu aporetische Herangehensweise an das weite Feld ‚Gesellschaft' zu vermeiden, soll mit den philosophisch-anthropologischen Korrelaten der gesellschaftlichen Leitvorstellungen begonnen werden (3.1.). Von dieser Basis aus können dann diejenigen gesellschaftlichen Leitvorstellungen, die der Stigmatisierung

---

[220] POST, Moral Challenge, 32.
[221] So der Titel einer von der Alzheimergesellschaft herausgegebenen (!) Orientierungshilfe für Betroffene und pflegende Angehörige: Fuhrmann u.a., Abschied vom Ich.
[222] POST, Moral Challenge, 136. Post sieht eine solche Sichtweise durch das hyperkognitive Paradigma bestimmt. Vgl. dazu unten, 3.2.

von Demenz und Menschen, die unter Demenz leiden, zugrunde liegen, pointierter in den Blick genommen werden (3.2.). Einige Bemerkungen zur Stigmatisierung, die auf die oben im Zusammenhang von Krankheit und Gesellschaft (2.2.1.2.) schon erbrachten Ergebnisse zurückgreifen können, sollen die Überlegungen abschließen (3.3.).

3.1. Philosophisch-anthropologische Korrelate der gesellschaftlichen Leitvorstellungen

In der zeitgenössischen Philosophie sind Strömungen auszumachen, die bestimmte Kriterien für das Mensch-Sein im Vollsinne – in deren Hermeneutik ist das Menschsein im vollen Sinne als Person-Sein zu verstehen – aufstellen. Dazu wird zwischen Mensch – als Zugehörigem zur Spezies Mensch – und Person, die „bestimmte moralisch bedeutsame Kompetenzen besitzt, etwa Selbstbewusstsein und Rationalität oder Handlungsfähigkeit"[223], unterschieden. Folgt man einer solchen Unterscheidung von Mensch und Person, ist ein Urteil über den moralischen Status von Menschen, die unter Alzheimer-Demenz leiden und diese Kriterien des Personseins nicht erfüllen, (vor-)schnell gefällt. Bevor eine solche für das Demenz-Konzept wichtige Personkonzeption vorgestellt und diskutiert werden kann, muss der Begriff ‚Person' thematisiert werden, da dieser bzw. dessen Derivate und Implikationen letztlich umstritten sind. Schon Karl Barth äußert sich kritisch: „Es geschah doch wahrscheinlich ohne viel Sinn, dass gerade dieser Begriff oder diese Begriffe [Person, Persönlichkeit bzw. Personhaftigkeit, D.B.] eine Zeit lang so wichtig, of [sic!] geradezu zentral wichtig genommen worden sind. Das Wort *persona* (von *personare* bezw. *perzonare*, verkleiden) paßt schon etymologisch wenig zu dem, was es hier bezeichnen sollte."[224]

3.1.1. Zum Personbegriff: Geschichtliche Aspekte[225]

Etymologisch umstritten verdient „lediglich der Hinweis auf das etruskische Wort <φersu>, das ‚Maske, Schauspieler' zu bedeuten scheint, Beachtung"[226]. In der

---

[223] STEIGLEDER, Unterscheidung, 95.
[224] BARTH, KD III/2, 109 (Kursiv im Original).
[225] Im Rahmen der Einflussfaktoren auf das gesellschaftliche Demenz-Konzept kann der Personbegriff hier nur in äußerster Knappheit behandelt werden. Es sei hier aber wenigstens auf eine für den Fokus dieser Arbeit wichtige Auswahl aus der großen Fülle der zugänglichen Literatur verwiesen: FUHRMANN, Person; SCHÜTT, Person; SPAEMANN, Personen; HONNEFELDER, Streit; DERS., Begriff; BRAUN, Menschenwürde; RAGER/HOLDEREGGER, Bewusstsein; HARRIS, Wert.
[226] FUHRMANN, Person, 269.

Römerzeit für die Maske des Schauspielers verwendet, bekommt der Begriff bald die Bedeutung von der Rolle, die der Schauspieler darstellt, und weiter von der „Rolle, die der Mensch in der Gesellschaft spielt"[227]. Allerdings ist in römischer Zeit die soziale Dimension des Begriffes auf die soziale Rolle hin und nicht auf die absolute Personalität eines Individuums fokussiert.

Die christliche Tradition der Spätantike bediente sich des Personbegriffs, der sich über die Grammatik und die Bibelexegese erschloss, in unterschiedlicher Akzentuierung vor allem in den christologischen Streitigkeiten um die Personeinheit Jesu Christi. In diesem Zusammenhang hat auch Boethius (gest. 524 n. Chr.) seine berühmte Definition: *„persona est naturae rationabilis individua substantia"*[228] entwickelt.[229] Der auf Boethius zurückgehende Begriff Person für die „(geistige) Individualität" bzw. für das „vernunftbegabte Individuum" bleibt bis in die Neuzeit hinein wirksam und Referenzpunkt.[230] Wenngleich auch der Personbegriff seine Bedeutung für die Moderne erst durch John Locke und Immanuel Kant[231] gewinnt.

Mit John Locke (1632-1704), der seinen Personbegriff in seinem Hauptwerk „An Essay Concerning Human Understanding" (1690) im Rahmen seiner Erkenntnistheorie entwickelt, tritt die Identität des Bewusstseins als zentrale Aussage in den Fokus: „[Person] bezeichnet ein denkendes, verständiges Wesen, das Vernunft und Überlegung besitzt und sich als sich selbst betrachten kann. Das heißt, es erfaßt sich als dasselbe Ding, das zu verschiedenen Zeiten an verschiedenen Orten denkt. Das geschieht lediglich durch das Bewußtsein, das vom Denken unabtrennbar ist und, wie mir scheint, zu dessen Wesen gehört […] Denn da das Bewusstsein das Denken stets begleitet und jeden zu dem macht, was er sein Selbst nennt und wodurch er sich von allen anderen denkenden Wesen unterscheidet, so besteht hierin allein die Identität der Person, das heißt das Sich-Selbst-Gleich-

---

[227] FUHRMANN, Person, 269.
[228] Die Person ist die individuelle Substanz einer rationalen Natur.
[229] HONNEFELDER, Begriff, 54, weist darauf hin, dass bereits die Etymologie des Begriffes ‚Person' „auf eine primäre Verwendung im Bereich von Zuschreibungen in Handlungstexten" hinweist. „Person wird dabei als eine ‚subsistente Relation', d. h. eine Beziehung verstanden, die mit einer sich durchhaltenden Identität verbunden ist. Offensichtlich zieht die Frage nach dem ‚Wer', mit dem wir nach dem handelnden Subjekt fragen„ die Frage nach dem ‚Was' dieses ‚Wer', d. h. nach seiner *Natur* nach sich. Jedenfalls ist es diese Verbindung, die Boethius dann in seiner die weitere Verwendung des Begriffs bestimmenden Definition der Person […] herstellt" (ebd. [Kursiv im Original]). Vgl. zu Boethius' Personbegriff LUTZ-BACHMANN, Opuscula Sacra.
[230] Vgl. FUHRMANN, Person, 278-280, HONNEFELDER, Begriff, 54, und PANNENBERG, Person, 231.
[231] Vgl. zu Kants Personbegriff HONNEFELDER, Streit, 249ff.; vgl. zu Kants Autonomiebegriff unten, 3.2.; vgl. zum hier erarbeiteten relationalen Autonomiebegriff unten, E 2.3.

Bleiben eines vernünftigen Wesens."[232] Erst mit Blick auf Lockes Prämissen wird „der Bruch mit dem klassischen Personverständnis"[233] sichtbar. Denn aufgrund seines Bewusstseinsbegriffes gilt für Locke: „Person, Mensch und Substanz sind Bezeichnungen für drei verschiedene Ideen."[234] Für Locke sind die Identitätsbedingungen für Menschen und Personen nicht dieselben, weil erst im aktualen Bewusstsein sich personale Identität überhaupt einstellt: Das „Bewußtsein vereinigt die getrennten Handlungen zu ein und derselben Person"[235]. Lockes Kriterium für das Personsein ist also das Vorhandensein von Bewusstsein. Damit ist für den weiteren ethischen Diskurs die Unterscheidung von Mensch und Person eingeführt.[236] Gerade für die Frage nach dem Personstatus von Menschen, die unter einer Demenz leiden, ist der Lockesche Ansatz entscheidend, den Substanzgedanken im Personbegriff aufzugeben zugunsten von Bewusstseinskriterien;[237] denn damit kommt die Frage nach den Kriterien bzw. nach Eigenschaften auf, die den Personstatus – dem ein höherer Rang zukommt als dem Status Mensch – konstituieren.

Zu den populärsten – obzwar damit nicht ‚richtigeren' – Ansätzen der Trennung von Mensch und Person und der damit verbundenen Kriteriologie ist wohl Peter Singer zu rechnen, auf den exemplarisch im folgenden Abschnitt eingegangen werden soll.

3.1.2. Peter Singer – Kriterien des Personseins

3.1.2.1. Praktische Ethik

Peter Singer legt in seiner „Praktischen Ethik" einen Personbegriff vor, der den oben noch näher herauszuarbeitenden, gängigen gesellschaftlichen Leitvorstellungen hinsichtlich von Kognition, Nutzen und Produktivität recht nahe kommt. Singer versucht, mit Hilfe des Präferenzutilitarismus[238] eine allgemein verbindliche, universale Ethik zu entwerfen: „Das Wesentliche am Prinzip der gleichen Interessenabwägung besteht darin, dass wir in unseren moralischen Überlegungen den ähnlichen Interessen all derer, die von unseren Handlungen betroffen sind,

---

[232] LOCKE, Versuch, 419f. (Buch II, Kapitel 27, 9).
[233] SPAEMANN, Personen, 150. Vgl. zu der Diskussion, die hier nur angerissen werden kann, a.a.O., 147-157, und HONNEFELDER, Begriff, 54ff.
[234] LOCKE, Versuch, 416 (Buch II, Kapitel 27,7 [im Original zum Teil gesperrt]).
[235] LOCKE, Versuch, 421 (Buch II, Kapitel 27,10).
[236] Vgl. WETZSTEIN, Diagnose Alzheimer, 132.
[237] Vgl. HONNEFELDER, Begriff, 55. Vgl. SCHÜTT, Person, 303-305.
[238] SINGER, Ethik, 128f.

gleiches Gewicht geben."²³⁹ An dieser Stelle seines Buches gilt noch der Grundsatz: „Interesse ist Interesse, wessen Interesse es auch immer sein mag."²⁴⁰ Das also, was für Singers moralische Urteilsfindung zählen soll, ist das Interesse, verstanden als das aktuale Vorhandensein von Präferenz(en) – unabhängig von Rasse, Geschlecht oder anderen Kriterien: „Das Prinzip der gleichen Interessenabwägung verbietet es, unsere Bereitschaft, die Interessen anderer Personen abzuwägen, von ihren Fähigkeiten oder anderen Merkmalen abhängig zu machen, außer dem einen: dass sie Interessen haben."²⁴¹ Singer spricht hier von Interessen von *Personen* und das genau ist der Punkt, an dem seine Argumentation für *Menschen*, die unter einer Demenz leiden, gefährlich wird. Denn Singer unterscheidet Mensch als biologische Bezeichnung für Wesen, die der Gattung Mensch zuzurechnen sind, und Person, die er in expliziter Anlehnung an die Lockesche Tradition als selbstbewusstes oder rationales Wesen beschreibt. Rationalität und Selbstbewusstsein sind nach Singer die Kernmomente des Personseins. Somit sind aber Menschen, die diese Eigenschaften nicht aufweisen, keine Personen, und umgekehrt können aber Tiere, die diese Eigenschaften aufweisen können, Personen sein.²⁴²

Personen als selbstbewussten und rationalen Wesen kommt – gegenüber Menschen – ein besonderer Wert und Lebensschutz zu, weil sie fähig sind, Wünsche bzw. Präferenzen hinsichtlich ihrer eigenen Zukunft zu haben. Sie haben ein Interesse daran, weiter zu leben. Die Interessen bzw. Präferenzen aber setzen bestimmte kognitive Kompetenzen voraus: Bewusstsein, Rationalität und Selbstbewusstsein. „Die Behauptung, selbstbewußte Wesen hätten Anspruch auf vorrangige Berücksichtigung, ist mit dem Prinzip der gleichen Interessenabwägung vereinbar, wenn damit lediglich gesagt wird, dass etwas, das selbstbewußten Wesen zustößt ihren Interessen zuwiderlaufen kann, während ähnliche Geschehnisse den Interessen nicht-selbstbewußter Lebewesen nicht zuwiderliefen."²⁴³ Daher ist für Präferenz-Utilitaristen wie Singer „die Tötung einer Person in der Regel schlimmer als die Tötung eines anderen Wesens, weil Personen in ihren Präferenzen sehr zukunftsorientiert sind"²⁴⁴. Denn für Singer ist bloße Zugehörigkeit zur Gattung Mensch nicht moralisch relevant, wohl aber die Zugehörigkeit zur Gruppe derjenigen, die Singer als Personen bezeichnet. Diese Unterscheidung hat zur Folge, dass

---

²³⁹ SINGER, Ethik, 39.
²⁴⁰ SINGER, Ethik, 39.
²⁴¹ SINGER, Ethik, 41.
²⁴² Vgl. SINGER, Ethik, 120. „Dem Leben eines Wesens bloß deshalb den Vorzug zu geben, weil das Lebewesen unserer Spezies angehört, würde uns in dieselbe Position bringen wie die Rassisten, die denen den Vorzug geben, die zu ihrer Rasse gehören." (SINGER, Ethik, 121)
²⁴³ SINGER, Ethik, 104.
²⁴⁴ SINGER, Ethik, 129.

es Menschen gibt, die noch nicht Person sind – wie Embryonen, Feten und Neugeborene[245] – und dass es Menschen gibt, die nicht mehr Person sind – wie stark senile oder demente Menschen.[246]

Das Kriterium für die Anerkennung der Personwürde und damit für einen Anspruch auf Leben(sschutz) ist nach Singer also an das Vorhandensein von Rationalität und Selbstbewusstsein gebunden,[247] wobei er – in Anlehnung an Joseph Fletcher – diese Kernmomente noch weiter zu differenzieren vermag: „Selbstbewußtsein, Selbstkontrolle, Sinn für die Zukunft, Sinn für die Vergangenheit, die Fähigkeit, mit anderen Beziehungen zu knüpfen, sich um andere zu kümmern, Kommunikation und Neugier"[248]. Nach diesen Kriterien können Menschen, die unter einer Demenz leiden, ab einem bestimmten Punkt ihres Leidens nicht mehr als Personen bezeichnet werden und sie haben – wie Embryonen, Feten und Neugeborene – nicht denselben Anspruch auf Leben wie eine Person. Singer spricht von ihnen als „ehemaligen Personen": „Ihre Lebensreise ist an ein Ende gelangt. Biologisch leben sie, aber nicht biographisch."[249] Die Möglichkeit einer nichtfreiwilligen Euthanasie sieht Singer für diese Menschen rechtfertigbar, weil diese ihre Präferenzen nicht mehr vertreten können.

Singer soll an dieser Stelle für eine ganze Reihe von Philosophen stehen, die das volle Menschsein, d.h. das Personsein, an bestimmte, zumeist kognitive Eigenschaften binden.[250] Obwohl es den Fortgang der Argumentation bezüglich

---

[245] Vgl. SINGER, Ethik, 219ff. u.ö.
[246] Vgl. SINGER, Ethik, 230.244. Auch gibt es nach Singer Menschen, die aufgrund einer schweren geistigen Behinderung niemals Person werden können.
[247] Ein Potentialitätsargument weist SINGER, Ethik, 198-203, zurück. Vgl. kritisch dazu STEIGLEDER, Unterscheidung, 130 Anmerkung 20. 108f.111ff., und HONNEFELDER, Streit, 260f.
[248] SINGER, Ethik, 118.
[249] SINGER, Ethik, 245.
[250] Vgl. den lesenswerten Aufsatz von MICHAEL TOOLEY, Abtreibung, in dem er das Personsein an mentale Zustände bindet. Tooley entwirft seine Position zwar für Embryonen und Feten, dennoch lassen sich seine Linien auch auf Menschen, die unter Demenz leiden, applizieren. Ebenso wie Tooley unterscheidet auch John Harris, Wert, zwischen Menschen und Personen und bindet das Personsein an Rationalität und Selbstbewusstsein auf der Grundlage eines Personbegriffs, der den Unterschied zwischen Personen und Wesen darin sieht, „dass Personen ihrem eigenen Leben einen Wert beimessen" (HARRIS, Wert, 48). In dieser Reihe ist hier noch DEREK PARFIT, Reasons, zu nennen, der das Personsein ebenfalls am aktuellen Vorhandensein von bestimmten mentalen Eigenschaften (Selbstbewusstsein, Fähigkeit, zukunftsbezogene Wünsche zu haben und vor allem Erinnerungs und Gedächtnisleistungen) bindet; vgl. zu Tooley und Harris WETZSTEIN, Diagnose Alzheimer, 138-144, und BRAUN, Menschenwürde, 108-118.124-130, die beide Positionen ausführlich referieren.
Eine Konzeption, die prinzipiell zwischen Mensch und Person unterscheidet, aber ein „ausgefeiltes System zur Klassifikation von Menschen nach verschiedenem moralischem Status" (BRAUN,

der Einflussfaktoren auf das gegenwärtige gesellschaftliche Demenz-Konzept unterbricht, ist es notwendig, exkurshaft einige zentrale Anfragen an die Singersche und deren verwandte Positionen zu stellen, um diese – gerade für Menschen mit Demenz – als gefährlich zu bezeichnende Positionen zu entkräften.

3.1.2.2. Exkurs: Anfragen an Singers Konzeption

Eine Auseinandersetzung mit reduktionistischen[251] Personkonzepten ist an verschiedenen Stellen bereits breit geführt worden.[252] Hier können nur einige wenige Schlaglichter auf die Diskussion geworfen werden.

Singer vermittelt in seiner Praktischen Ethik den Eindruck, als ob alle ethischen Konflikte mit Hilfe des Präferenzutilitarismus und dem diesem zugrunde liegenden Prinzip der Universalisierbarkeit der Interessenabwägung qua Rationalität zu lösen seien: „Dahinter steht der Universalitätsanspruch einer allgemeinen Vernunft."[253] Singers Ethik-Konzeption ist also – wie übrigens das gesellschaftliche Menschenbild auch – als rational-kognitivistisch zu bezeichnen,[254] weshalb er auch religiöse bzw. metaphysische Begründungszusammenhänge auf polemische Art und Weise zurückweist.[255] Damit aber eskamotiert er entscheidende Konstitutiva jeglicher ethischer und metaethischer Bemühungen: „Die tragenden Motive der Sittlichkeit liegen tiefer als die diskursförmige Begründung von Prinzi-

---

Menschenwürde, 119) hat Tritram Engelhardt jr. vorgelegt; vgl. zu Engelhardt BRAUN, Menschenwürde, 118-124, und WETZSTEIN, Diagnose Alzheimer, 144-147, die die Positionen referieren, was hier aus Platzgründen nicht geschehen kann. Vgl. zur Wahrnehmung von und Auseinandersetzung mit Engelhardt, STEIGLEDER, Begründung, 11-115, und DERS., Bioethik.
Vgl. zu weiteren für die Thematik relevanten Personkonzeptionen WETZSTEIN, Diagnose Alzheimer, 141-154.
[251] Vgl. HONECKER, Dimensionen, 104f. WETZSTEIN, Diagnose Alzheimer, 135, unterscheidet einen „strengen Reduktionismus" für Konzeptionen, die Menschen, die unter einer Demenz leiden, den Personstatus grundsätzlich absprechen, und „graduellen Reduktionsimus" für Entwürfe, die von einer abgestuften Personkonzeption ausgehen.
[252] FISCHER, Status; STEIGLEDER, Unterscheidung; HONECKER, Dimensionen; LIENEMANN, Wohl; WETZSTEIN, Diagnose Alzheimer, 154-160; SPAEMANN, Personen, 252-264; vgl. ausführlich und in Fokussierung auf eine Ethik für die Altenpflege: SCHWERDT, Ethik, 27-149.
[253] HONECKER, Dimensionen, 98.
[254] Vgl. HONECKER, Dimensionen, 111.
[255] Eine Heiligkeit des Lebens, die Singer im Rahmen seines Speziesismus-Vorwurfes bemüht und zurückweist, wird auch von protestantischen Theologen so, wie Singer sie karikiert, nicht vertreten; vielmehr kann aus „theologischer Sicht […] Singers These uneingeschränkt zugestimmt werden, dass der biologischen Zugehörigkeit zur Spezies ‚homo sapiens' als solcher keine moralische Bedeutung zukommt" (FISCHER, Status, 108).

pien und Maximen."²⁵⁶ Denn auch Singers Ethik ist – wie jede Ethik – in einem bestimmten sozio-kulturellen Kontext verortet: „Der lebensweltliche Kontext ist aber kein Konstrukt der Rationalität. Er ist durch Geschichte, Kultur und lebensweltliche Erfahrung vorgeprägt."²⁵⁷ Außerdem ist nicht erst mit dem kritischen Rationalismus auf die Fehlbarkeit der – nicht einmal *einen* – Vernunft hingewiesen worden. Und schließlich sind menschliche Handlungen [*Gott* sei Dank!] nicht nur durch Vernunft, sondern auch durch andere Handlungsmotive (Wille, Affekte, Liebe etc.) bestimmt. Von einem universalen bzw. universalisierbaren ethischen Ansatz kann hier also nicht gesprochen werden.

Aber auch die inhaltliche Bestimmung dessen, was Präferenzutilitarismus sei, scheint nicht ohne Weiteres evident. Zunächst heisst es: „Das Prinzip der gleichen Interessenabwägung verbietet es, unsere Bereitschaft, die Interessen anderer Personen abzuwägen, von ihren Fähigkeiten oder anderen Merkmalen abhängig zu machen, außer dem einen: dass sie Interessen haben."²⁵⁸ Allerdings führt Singer hier etwas Zusätzliches ein:²⁵⁹ „Je höher entwickelt das bewußte Leben eines Wesens, je größer der Grad von Selbstbewußtsein und Rationalität und je umfassender der Bereich möglicher Erfahrungen, um so mehr würde man diese Art des Lebens vorziehen, wenn man zwischen ihm und einem Wesen auf einer niedrigen Bewußtseinsstufe zu wählen hätte."²⁶⁰ Zur Begründung der wertethischen Dimension wird dann an eine intuitive Evidenz verwiesen.

Insgesamt muss sich Singer dem Vorwurf stellen, dass er übersieht, dass sich das Ethos der Menschenrechte nicht aus empirisch je aktuell aufweisbaren Eigenschaften ableitet, sondern „gerade auf der Entkoppelung von empirischer Faktizität und Sinnbestimmung bzw. ethischem Status [beruht]"²⁶¹. Von daher ist – wie Johannes Fischer sehr schön zeigt – Singers eigene Position derjenigen der Rassisten, gegen die er sich abzugrenzen versucht, sehr nahe: „Viel eher nämlich ist die Position Singers mit der des Rassisten vergleichbar, insofern beide den ethischen Status eines Wesens nach dessen faktischen Eigenschaften bestimmen. Nur dass bei Singer nicht nach Rasse und Hautfarbe, sondern nach anderen Kriterien wie Rationalität und Selbstbewusstsein klassifiziert und bewertet wird. Im Angriff auf die unsere Kultur prägende Humanität stehen die Positionen Singers und des Rassisten in derselben Frontlinie. Denn die entscheidende Frage ist nicht: Spezies-Orientierung oder nicht?, sondern vielmehr: Entkoppelung von Faktizität und

---

[256] LIENEMANN, Wohl, 252.
[257] HONECKER, Dimensionen, 111.
[258] SINGER, Ethik, 41.
[259] Vgl. dazu FISCHER, Status, 108f.
[260] SINGER, Ethik, 144.
[261] FISCHER, Status, 113.

ethischem Status oder nicht?"[262] Auch wenn – wie Steigleder – zeigt, die Unterscheidung zwischen Mensch und „Person" „die Beweislast umgekehrt hat"[263] und aufgrund von Singers Anliegen, den moralischen Status der Tiere zu heben, nicht so leicht von der Hand zu weisen ist, scheint es doch geboten, eine differenzierte Sichtweise als die von Person oder Nicht-Person einzunehmen. Diese Diskussion wird vor allem im Bereich der Frage nach dem moralischen Status des Embryos geführt, lässt sich aber auch für Menschen mit Demenz, die Singer „ehemalige Personen" nennt, ausweiten: Denn durch die Anknüpfung an Lockes Personbegriff lässt Singer die Perspektive Leiblichkeit außen vor. Steigleder verdeutlicht, was Singer damit für den Bereich der Demenz aufgibt: „Denken wir uns einen Philosophen, nennen wir ihn Meier, der an Alzheimer erkrankt ist und schrittweise unzurechnungsfähig wurde. Auch wenn wir sagen können, dass sich Meier im Laufe der Entwicklung seiner Krankheit in seiner Persönlichkeit massiv verändert hat, so haben wir andererseits doch Anlass, daran festzuhalten, dass es Meier ist, der diese Veränderungen durchgemacht hat. Diese Identität wird für uns durch den Leib von Meier gewährleistet. Dass dieser Leib für uns für eine Person stand und stehen musste, die mehr ist, als uns im Leib mit allen seinen Äußerungen erfahrbar war, muss der Leib für uns durch alle Wandlungen hindurch diese Person repräsentieren, solange der Leib vorhanden ist. Leibhaft existiert ein Organismus, der Bewusstsein besitzt [...] Wenn wir also Meier einmal Würde zusprechen mussten, dann müssen wir ihn auch weiterhin durch alle erfahrbaren Veränderungen hindurch, solange er lebt, entsprechend behandeln."[264]

Die Singersche Reduktion des Menschen auf ein Wesen, das nur dann Person ist, wenn es – empirisch von außen festzumachen – Bewusstseinsträger ist, klammert die physische Natur des Menschen aus, ist also als reduktionistisch zu bezeichnen. Damit steht sie aber letztlich in Korrelation mit den vorherrschenden gesellschaftlichen Leitvorstellungen, die Singer ja eigentlich durch seinen Universalismusanspruch überwinden wollte; diese Leitvorstellungen bewerten die kognitiven Aspekte des Menschseins höher als die emotional-affektiven bzw. lassen letztere vollkommen außen vor.

3.2. Gesellschaftliche Leitvorstellungen

Der Singersche Reduktionismus bleibt – trotz seines vermeintlichen Universalisierbarkeitsanspruches – letztlich den in westlichen Gesellschaften zur Zeit vorfindlichen Leitvorstellungen verhaftet. Es wäre wünschenswert, an dieser Stelle eine

---

[262] FISCHER, Status, 113.
[263] STEIGLEDER, Unterscheidung, 110. Anders HONNEFELDER, Streit, 264.
[264] STEIGLEDER, Unterscheidung, 114f.

B) Grundlegung I: Analyse des gegenwärtigen gesellschaftlichen Demenz-Konzeptes

Gesellschaftstheorie vorlegen zu können, um die in der Gesellschaft vorherrschenden Vorstellungen *in extenso* herauszuarbeiten. Dies kann hier jedoch nicht geschehen, sondern es können nur die im unmittelbaren Zusammenhang mit der (Alzheimer-)Demenz stehenden gesellschaftlichen Leitvorstellungen extrapoliert werden und dieser Befund – soweit dies angesichts der Vielzahl der vorliegenden Theorien und Konzeptionen möglich ist – untermauert werden, was sich angesichts der Fülle der Literatur einerseits und deren Aporien andererseits als äußert schwierig darstellt.[265]

Stephen Post, der Herausgeber der Encyclopedia of Bioethics, hat sich als einer der ersten Ethiker mit den Herausforderungen der Alzheimer-Demenz beschäftigt.[266] In seinem Aufsatz „The Concept of Alzheimer Disease in a Hypercognitive Society"[267] sieht er die große Angst vor der Alzheimer-Demenz (und die Stigmatisierung der Betroffenen) darin begründet, dass die Alzheimer-Demenz „violates the spirit (*geist*) of self-control, independence, economic productivity, and cognitive enhancement that defines our dominant image of human fulfillment"[268]. Damit sind Autonomie, Produktivität und die Fähigkeit zu kognitiven (Höchst-)Leistungen als Kennzeichen unserer – wie Post es nennt – „hypercognitive culture"[269] ausgemacht. Diese werden durch die Alzheimer-Demenz auf gewaltsame Weise verletzt (violate). Damit stellt die Alzheimer-Demenz „an assault on human dignity"[270] dar.

Kognitive Fähigkeiten gehören also – was auch bei Singer deutlich zu sehen ist – zu den Kernwerten unserer Gesellschaft und dem weitläufigen gesellschaftlichen Personkonzept. „Very simplistically, 'I think, therefore, I am,' implies that if I do not think, I am not. In essence, the values of rationality and productivity blind us to other ways of thinking about the meaning of our humanity and the nature of human care."[271] Tom Kitwood, der von Stephen Post zurecht als „a modern moral hero in the field of dementia care"[272] bezeichnet wird, sieht gerade in der Begegnung mit Menschen, die unter einer Demenz leiden, die Chance „uns aus unseren üblichen Mustern der übertriebenen Geschäftigkeit, des Hyperkogniti-

---

[265] So ist auffällig, dass, obwohl allenthalben von „der" Leistungsgesellschaft gesprochen wird, Literatur zu dieser äußerst schwierig zu finden ist.
[266] Vgl. POST, Moral Challenge, das in der ersten Auflage bereits 1995 erschien.
[267] POST, Concept.
[268] POST, Concept, 245 (Hervorhebung im Original).
[269] POST, Moral Challenge, 5, und DERS., Concept, 245.
[270] POST, Concept, 245.
[271] POST, Concept, 247.
[272] POST, Moral Challenge, 91.

vismus und der Geschwätzigkeit heraus[zu]führen in eine Seinsweise, in der Emotion und Gefühl viel mehr Raum gegeben wird"[273]. Auch Kitwood kommt zu einer ähnlichen Analyse der gesellschaftlichen Leitvorstellungen: Hyperkognitivismus, Geschwätzigkeit und übertriebene Geschäftigkeit.[274]

Wenn also solche Leitvorstellungen vorherrschend sind und einen bestimmten Umgang mit der Demenz nach sich ziehen, wie etwa die Pathologisierung der Alzheimer-Demenz, dann müsste es in anderen Kulturkreisen, in denen nicht solche Leitvorstellungen vorherrschend sind, auch einen anderen Umgang bzw. eine andere Be-Wertung der Alzheimer-Demenz geben. Und in der Tat hat Charlotte Ikels nachgewiesen, dass der Umgang mit der Demenz in China von größerer Akzeptanz und einer verminderten Bereitschaft verbunden ist, diese als Krankheit zu bezeichnen. Ikels führt dies auf „a relatively greater emphasis on the affective domain with a highly interdepent view of human experience"[275] zurück.

Damit ist auf die kulturelle Kontextualisierung von Krankheit und Gesundheit verwiesen, die oben 2.2.1.2. schon eingehend behandelt wurde: „The designation of AD as a disease and its rise to prominence in the culture tells us a great deal about what our culture most likes and most dislikes."[276] Für Stephen Post jedenfalls weist die Tatsache, dass schwere Vergesslichkeit für eine Krankheit gehalten wird, auf die Vorherrschaft von hyperkognitiven Werten in unserer Gesellschaft hin – und angesichts der immer größer werdenden Zahl von Menschen mit dem Wunsch, lieber zu sterben als (Alzheimer-)dement zu werden; und angesichts der Entwicklung von genetischen Testverfahren, die eine Demenz schon bei Embryos erkennen und so letztlich verhindern sollen, sieht er sich in dieser Sicht bestätigt.

Für Singer sind „Selbstbewusstsein, Selbstkontrolle, Sinn für die Zukunft, Sinn für die Vergangenheit, die Fähigkeit, mit anderen Beziehungen zu knüpfen, sich um andere zu kümmern, Kommunikation und Neugier"[277] verstanden als Differenzierung der Kernmomente Rationalität und Selbstbewusstsein die Kriterien dafür, dass Menschen Personen sind. Diese Kriterien finden sich auch in – bzw. im Hintergrund von – bestimmten gesellschaftlichen Leitvorstellungen wieder. Aufgrund des bisher Erarbeiteten soll nun eine knappe inhaltliche Füllung der für den gesellschaftlichen Umgang mit Demenz maßgeblichen Leitvorstellungen erfolgen. Diese sind im gesellschaftlichen Diskurs freilich nicht in einheitlicher Termi-

---

[273] KITWOOD, Demenz, 23.
[274] Vgl. KITWOOD / BREDIN, Theory, 271ff.
[275] POST, Concept, 249, verweist auf die noch nicht erschienene Monographie von Charlotte Ikels.
[276] POST, Concept, 249.
[277] SINGER, Ethik, 118.

nologie oder gar inhaltlicher Füllung vorfindlich. Sie lassen sich aber anhand der Vorstellungen von Leistung, Autonomie/Unabhängigkeit und dem dahinterstehenden (Hyper-)Kognitivismus aufweisen.

a) Leistung

Obwohl der Begriff Leistung bzw. Leistungsgesellschaft in aller Munde ist, fällt eine seltsame Leerstelle hinsichtlich seiner Operationalisierbarkeit und seiner (wissenschaftlichen) Reflexion auf:[278] „Wegen der ubiquitären Verwendung des Begriffs [Leistung, D.B.] in vielen gesellschaftlichen Subsystemen (Wissenschaft, Technik, Wirtschaft, Finanzwesen, Recht, Erziehung, Sport, Medizin, Gesundheitswesen) und der daraus resultierenden Präzisierung von Leistung und ihren Zusammensetzungen kann Leistung als Schlüssel und Integral unserer wissenschaftlich-technischen Kultur angesehen werden, obgleich die Vielfalt der Bedeutungen keine eindeutig-einheitliche quantifizierbare Operationalisierung erlaubt."[279] Daher ist es hier – bei aller Gefahr der Verallgemeinerung – notwendig, einige Überlegungen zum Begriff „Leistung" anzustellen, der zu einem Schlüssel zum Verständnis des Menschen wird, der sich mehr und mehr in einer Leistungsgesellschaft eingebunden sieht.

Eine Gesellschaft – wie die unsere –, in der das Leistungsprinzip gilt, wird als Leistungsgesellschaft bezeichnet. Dabei ist die Orientierung am Leistungsprinzip zunächst als Folge der neuzeitlichen Ideale von Gleichheit und Emanzipation zu verstehen, in deren Sinne Chancenverteilung und Statuszuweisung nur von der eigenen Leistung abhängen sollen. Damit grenzt sich das Leistungsprinzip gegen gesellschaftliche Prinzipien ab, die die Verteilung von Gütern und Chancen nach einem Privilegien- oder Geburtsprinzip vollziehen.[280]

---

[278] So findet sich kaum Literatur, die überblicksartig über die Begriffe Leistung bzw. Leistungsgesellschaft informiert.
[279] PFAFFEROTT, Leistung, 601.
[280] Vgl. BECK, Risikogesellschaft, 8, u.ö. Vgl. zur Entstehung der Leistungsgesellschaft Arzberger, Ursprünge und Entwicklungsbedingungen; dort findet sich auch eine einführende Diskussion von Max Webers Thesen zur Thematik.
Martin Honecker zeigt drei Perspektiven auf, die für die Beimessung von Status und Gütern nach der jeweiligen Leistung leitend sein sollen:
„a) Leistung ist Orientierungsmuster für das eigene Handeln wie für die gesellschaftliche Einschätzung;
b) Leistung gilt als Verteilungsnorm, anhand derer die Verteilung von Chancen und Ressourcen sachgerecht bemessen werden soll;
c) durch die Begründung von Leistung sollen sodann Leistungsansprüche begründet und legitimiert werden" (HONECKER, Leistungsgesellschaft, 605; vgl. SCHLIE, Vielfalt der Leistungsbegriffe).

Die Beimessung von Leistung soll in der Leistungsgesellschaft nach dem Äquivalenzprinzip erfolgen; dieses spiegelt sich beispielsweise im Gedanken des Leistungslohnes wider. Hierbei wird aber implizit deutlich, dass Leistung bzw. die Leistungsbewertung eine subjektive und eine objektive Interpretation einschließt: Eine subjektive Interpretation von Leistung hat ihren Fokus auf dem Handlungsvollzug, der zum Erfolg führt (Mühe, Anstrengung und Einsatz), während eine objektive Interpretation das Handlungsergebnis im Blick hat: „Durch persönliche Anstrengung und Leistung sollen persönliche Ziele verwirklicht und Bedürfnisse befriedigt werden können"[281], während damit verbunden idealerweise eine Produktivitätssteigerung oder wissenschaftlich-technischer Fortschritt einhergeht; Leistung vollzieht sich also idealiter als Austausch zwischen Individuum und System.

Allerdings sind Chancengleichheit im Zugang zu Bildung, Ämtern und Arbeitsplätzen, also die Voraussetzungen, die den Leitvorstellungen des Leistungsprinzips zugrunde liegen, nur äußerst schwierig bis nahezu überhaupt nicht zu realisieren: Denn nicht alle Menschen sind – aus den unterschiedlichsten Gründen – im gleichen Maße leistungsfähig, so dass deren Zugangschancen von vornherein gemindert sind. Das Leistungsprinzip „bedarf also einer Korrektur und Ergänzung durch ein Solidaritätsprinzip, einen Grundsatz des Ausgleichs von (Leistungs-)ergebnissen und Erfolgen"[282]. Findet eine solche Ergänzung durch das Solidaritätsprinzip nicht statt, wird letztlich einem Sozialdarwinismus gehuldigt, der es nur noch leistungsstarken Mitgliedern der Gesellschaft ermöglicht, sich zu behaupten.

Angesichts dieser Mißbrauchsmöglichkeiten und -offenheiten des Leistungsprinzips ist nach dessen moralischer Qualität zu fragen. „Das Leistungsprinzip als solches ist [...] keineswegs unmoralisch"[283], aber es bedarf der Ergänzung durch ein Solidarprinzip, welches dessen Auswirkungen auf diejenigen abmildert, die an diesem Prinzip scheitern. Und so ist auch die Leistung kein eigener Wert im Sinne eines Selbstzwecks, sondern „Leistung ist sinnvoll im Rahmen einer Wertorientierung. Wesentliche menschliche Werte und Güter (Freundschaft, Liebe, Familie) sind der Leistungsbewertung entzogen"[284]. Obwohl der Mensch und eben genannte Werte nicht nach dem Leistungskriterium definiert werden können, bleibt aber die Leistung der „explizite wie latente Maßstab, der soziologische Rollenzuweisung, berufliche Einstufung und die Bemessung sozialen Ansehens weit-

---

[281] HONECKER, Leistungsgesellschaft, 605.
[282] HONECKER, Leistungsgesellschaft, 606.
[283] HONECKER, Leistungsgesellschaft, 608.
[284] HONECKER, Leistungsgesellschaft, 608.

gehend übernimmt und den Status in der Hierarchie in einer offenen Gesellschaft (K. Popper) bestimmt"[285].

Allerdings stößt das Leistungsprinzip auf eine sich verändernde gesellschaftliche (Umbruchs-)Situation, die immer wieder als „Krise der Leistungsgesellschaft"[286] bzw. Krise der Arbeitsgesellschaft bezeichnet wird. „Das Ende der Leistungs- und Arbeitsgesellschaft kündigt sich an, und der Leistungsbegriff im Sinne einer produzierenden Tätigkeit verändert sich zu disponiblen Verwaltungsvorgängen, wobei auch diese durch Computerisierung mehr und mehr ersetzt werden."[287] Damit aber verliert die Arbeit als „Tätigkeitsform humanen Aktionspotentials" und als „anthropologisch vorgegebenen Anlage zur Entfaltung von Leistung" ihre Vollzugsmöglichkeiten.[288]

Auf kultursoziologischer Ebene gehen damit Veränderungen einher, die soziologisch unterschiedlich akzentuiert rekonstruiert werden. Hier kann es nicht um einen umfassenden Überblick der gegenwärtigen soziologischen Forschung gehen, sondern nach einer schlaglichtartigen Darstellung einiger weniger Theorien soll es um die dahinterliegenden Ressourcen und Voraussetzungen gehen, die sich gerade für das Feld der Demenz als aufschlussreich erweisen.

Eine solche Rekonstruktion sieht den Übergang der Arbeits- und Konsumgesellschaft zur „Erlebnisgesellschaft"[289] (Schulze), in der „Erlebnisorientierung die unmittelbarste Form der Suche nach Glück [ist]"[290]. Und eben dieses Glück wird zunehmend individueller: „Eine der vielen Spielarten der Individualisierungsthese besagt, dass eben jetzt jeder das tue, wozu er Lust habe. Doch gerade das könnte strukturbildend wirken"[291]. Einem solchen Verständnis der Individualisierungsthese widersprechen Beck und Beck-Gernsheim zwar,[292] auch wenn das damit Gemeinte zutreffen mag.

---

[285] PFAFFEROTT, Leistung, 601.
[286] Vgl. HONDRICH u.a., Krise.
[287] PFAFFEROTT, Leistung, 602. Vgl. zum „Ende der Arbeit", Rifkin, Ende der Arbeit; vgl. kritisch dazu WELSCH, Informationsgesellschaft, 21ff.
[288] PFAFFEROTT, Leistung, 602.
[289] Vgl. SCHULZE, Erlebnisgesellschaft.
[290] SCHULZE, Erlebnisgesellschaft, 13.
[291] SCHULZE, Erlebnisgesellschaft, 16.
[292] Individualisierung meint „*nicht* Atomisierung, *nicht* Vereinzelung, *nicht* Vereinsamung, *nicht* das Ende jeder Art von Gesellschaft, also Beziehungslosigkeit oder um einen Forschung signalisierenden Ausdruck zu gebrauchen: *nicht* Netzwerklosigkeit; auch *nicht* die albern schlichte Formel „Individualisierung = Autonomie." (BECK / BECK-GERNSHEIM, Autonomie, 179 [Kursiv im Original]). Denn die Individualisierungsthese rechnet wohl mit der Auflösung traditionaler

3. Sozio-kulturelle Einflussfaktoren auf das gesellschaftliche Konzept

Neben der oft missverständlich gebrauchten Individualisierung und Enttraditionalisierung (Beck / Beck-Gernsheim), die gerade nicht Atomisierung ist,[293] tritt aber im Zuge von Globalisierung, weltweiter Vernetzung und von enormem technischen Fortschritt der Aspekt des Virtuellen strukturbildend auf, die „virtuelle Gesellschaft des 21. Jahrhunderts"[294] (Bühl), die durch ein nahezu unüberschaubares Maß an Informationen und den Anspruch, diese zu verarbeiten, geprägt ist. Welsch ist der Ansicht, dass in der Informationsgesellschaft: „Informations- und Wissensarbeit [...] zur wichtigsten Form der Erwerbsarbeit [werden]. Sammeln, Auswerten, Verändern, Übertragen und Verteilen von Informationen sind nunmehr die Tätigkeiten, die mehr und mehr den Schwerpunkt menschlicher Arbeit bilden."[295] Damit verbunden ist ein Umbruch des Wertschöpfungssystems, denn Information und Wissen statt Kapital und Arbeit werden zu den wichtigsten Produktionsfaktoren.

Auf soziologischer Ebene ist der Unterschied zu traditionellen Gesellschaften, in die und deren Vorgaben man einfach hineingeboren wurde, der, dass man „[f]ür die neuen Vorgaben dagegen etwas *tun*, sich aktiv bemühen [muss]. Hier muss man erobern, in der Konkurrenz um begrenzte Ressourcen sich durchzusetzen verstehen – und dies nicht zur einmal, sondern tagtäglich."[296] Individualisierung in diesem Sinne ist nach Beck und Beck-Gernsheim „ein Zwang, ein paradoxer Zwang allerdings, zur Herstellung, Selbstgestaltung, Selbstinszenierung nicht nur der eigenen Biographie, auch ihrer Einbindungen und Netzwerke und dies im Wechsel der Präferenzen der Entscheidungen und Lebensphasen"[297]. D.h. aber, dass die Voraussetzungen zur Partizipation an der Leistungs- wie an der Erlebnis-

---

Vorgaben, sie geht aber noch weiter, denn mit der Auflösung traditionaler Vorgaben geht die Etablierung neuer Formen und Institutionen einher; vgl. a.a.O., 180f.

[293] „Individualisierung meint erstens die *Auf*lösung und zweitens die *Ab*lösung industriegesellschaftlicher Lebensformen durch andere, in denen die einzelnen ihre Biographie selbst herstellen, inszenieren, zusammenschustern müssen, und zwar ohne die basale Fraglosigkeit sichernden stabilen sozial-moralischen Milieus, die es durch die gesamte Industriemoderne hindurch immer gegeben hat und als ‚Auslaufmodelle' immer noch gibt. Die Normalbiographie wird zur ‚Wahlbiographie'" (BECK / BECK-GERNSHEIM, Autonomie, 179 [Kursiv im Original]). Vgl. weiter BECK, Risikogesellschaft, 114-248; vgl. dazu SCHROER, Gesellschaft, bes. 168ff.

[294] Vgl. BÜHL, virtuelle Gesellschaft.

[295] Vgl. WELSCH, Informationsgesellschaft, 10. Information und Wissen „werden zu den wichtigsten Produktionsfaktoren, da sie die entscheidenden Engpaßfaktoren der zukünftigen wirtschaftlichen Wertschöpfung darstellen. Nur durch die verstärkte Entwicklung und Anwendung dieser Faktoren lässt sich die gesellschaftliche Wohlfahrt in den hochentwickelten Ländern dieser Erde weiter steigern" (ebd.). Vgl. FAßLER, Informations- und Mediengesellschaft.

[296] BECK / BECK-GERNSHEIM, Individualisierung, 12.

[297] BECK / BECK-GERNSHEIM, Autonomie, 179.

B) Grundlegung I: Analyse des gegenwärtigen gesellschaftlichen Demenz-Konzeptes

wie an der Informationsgesellschaft enorm hoch sind: Es handelt sich um Fähigkeiten, die körperlicher Integrität und Belastbarkeit und in einem noch höheren Maße kognitiv-intellektueller Ressourcen bedürfen, um sich in einer mehr und mehr auf Information und Wissen basierenden Gesellschaft zu behaupten.[298] Menschen, die aufgrund unterschiedlichster – beispielsweise psychosozialer, physischer oder psychischer – Defizite nicht in der Lage sind, sich die Voraussetzungen für die Partizipation an dieser Gesellschaft anzueignen – oder die nicht die finanziellen oder bildungsmäßigen Ressourcen haben –, geraten in eine schwierige gesellschaftliche Randstellung, zumal aufgrund der Enttraditionalisierung und der zunehmenden Individualisierung die familialen Bindungen und die Bereitschaft zur Übernahme von sozialer Verantwortung mehr und mehr abnimmt, was zu einer Privatisierung, Hospitalisierung und Institutionalisierung von Alter, Leiden, Krankheit und Tod führt.

Dies mag nicht zuletzt mit dem im folgenden Abschnitt zu behandelnden Komplex Autonomie und Unabhängigkeit bzw. mit bestimmten inhaltlichen Füllungen dieser Begriffe zusammenhängen.

b) Autonomie / Unabhängigkeit

Der Begriff „Autonomie" bzw. aus diesem Wortfeld stammende Begriffe wie Selbstbestimmung, Unabhängigkeit haben derzeit Konjunktur. Wirft man allerdings einen Blick auf die Begriffsgeschichte, so wird der Bedeutungswandel bzw. die Reduzierung des Begriffsinhaltes auf einen bestimmten Bereich deutlich.

Autonomie spielt erst seit der Neuzeit, und hier besonders in Verbindung mit Immanuel Kant eine zentrale Rolle.[299] Für Kant ist der Mensch erst und nur Mensch, wenn er sein eigener Herr und damit autonom ist: „Autonomie ist also der Grund der Würde der menschlichen und jeder vernünftigen Natur."[300] Denn nur, indem ein Wesen autonom handelt, kommt ihm die Würde einer Person zu; diese Würde der Person achtet die autonom handelnde Person auch in anderen Personen, und zwar aus Freiheit: „Der Begriff der Freiheit ist der Schlüssel zur Erklärung der Autonomie des Willens."[301] Autonomie ist also für Kant unmittelbar mit Freiheit verbunden, aber Kant versteht die Freiheit nicht absolut, sondern sie ist durch die Einsicht in das allgemeine Sittengesetz und durch den Gebrauch der Vernunft bestimmt – und nicht begrenzt: „Autonomie des Wil-

---

[298] Es kommt zunehmend auf die Fähigkeit an, *„Akteur* und *Inszenator* seiner Biographie, seiner Identität, seiner sozialen Netzwerke, Bindungen und Überzeugungen" zu sein (BECK / BECK-GERNSHEIM, Autonomie, 186 [Kursiv im Original]).
[299] PIEPER, Autonomie, 289.
[300] KANT, Grundlegung, 436 (Gesperrt im Original).
[301] KANT, Grundlegung, 446 (Gesperrt im Original).

lens ist die Beschaffenheit des Willens, dadurch derselbe selbst (unabhängig von aller Beschaffenheit der Gegenstände des Wollens) ein Gesetz ist. Das Princip der Autonomie ist also: nicht anders zu wählen als so, dass die Maximen seiner Wahl in demselben Wollen zugleich als allgemeines Gesetz mit begriffen seien."[302]

Kants Autonomie-Begriff ist also mehr als: „meine" Freiheit findet in „deiner" Freiheit ihre Grenze. Kant geht es um den Gebrauch der (praktischen) Vernunft, den er als Absage an die naturwüchsigen Triebe des Menschen versteht: „Mit der Idee der Freiheit ist nun der Begriff der Autonomie unzertrennlich verbunden, mit diesem aber das allgemeine Prinzip der Sittlichkeit, welches in der Idee allen Handlungen vernünftiger Wesen ebenso zum Grunde liegt, als das Naturgesetz allen Erscheinungen."[303]

Ähnlich wie der Leistungsbegriff ist die Verwendung und die Füllung des Autonomie-Begriffes gegenwärtig schwerlich auf einen Nenner zu bringen. Hier soll neben dem Verweis auf die Sterbehilfe-Debatte und die Frage nach der Patientenautonomie[304], auf die unten noch einzugehen ist, besonders das Verhältnis von Individualisierung und Autonomie betrachtet werden, weil dort für die gesellschaftliche Wahrnehmung der Demenz Entscheidendes zu Tage tritt: „Individualisierung bedeutet in diesem Sinne, dass die Biographie der Menschen aus vorgegebenen Fixierungen herausgelöst, offen, entscheidungsabhängig und als Aufgabe in das Handeln jedes Einzelnen gelegt wird. Die Anteile der prinzipiellen entscheidungsverschlossenen Lebensmöglichkeiten nehmen ab, und die Anteile der entscheidungsoffenen, selbst herzustellenden Biographie nehmen zu. Individualisierung von Lebenslagen und Lebensverläufen heißt also: Biographien werden ‚*selbstreflektiv*'; sozial vorgegebene wird in selbst hergestellte und herzustellende Biographie transformiert."[305] Das heißt aber nun, dass „in der individualisierten Gesellschaft [...] der einzelne entsprechend bei Strafe seiner permanenten Benachteiligung lernen [muss], sich selbst als Handlungszentrum, als Planungsbüro in bezug auf seinen eigenen Lebenslauf, seine Fähigkeiten, Orientierungen, Partnerschaften usw. zu begreifen [...] Gefordert ist ein *aktives Handlungsmodell des Alltags*, das das Ich zum Zentrum hat, ihm Handlungschancen zuweist und eröffnet und es auf diese Weise erlaubt, die aufbrechenden Gestaltungs- und Entschei-

---

[302] KANT, Grundlegung, 440.
[303] KANT, Grundlegung, 452f. (Gesperrt im Original).
[304] Vgl. unten, E 2.4., und besonders E 2.4.3.
[305] BECK, Risikogesellschaft, 216 (Hervorhebung im Original). Vgl. zum Zusammenhang von gesellschaftlicher Differenzierung und Arbeitsteilung und Individuierung Habermas, Individuierung durch Vergesellschaftung.

dungsmöglichkeiten in bezug auf den eigenen Lebenslauf sinnvoll kleinzuarbeiten. Dies bedeutet, dass hier hinter der Oberfläche intellektueller Spiegelfechtereien für die Zwecke des eigenen Überlebens ein *ichzentriertes Weltbild* entwickelt werden muss, das das Verhältnis von Ich und Gesellschaft [...] für die Zwecke der individuellen Lebenslaufgestaltung handhabbar denkt und macht."[306]

Ulrich Becks Argumentation verbindet die moderne Sicht auf die Autonomie, die sich vor allem in einer absolutistisch zugespitzten, ich-zentrierten Perspektive manifestiert mit den Handlungsanforderungen der gegenwärtigen Gesellschaft. Anders als noch bei Kant geht es um die Möglichkeit, das eigene Lebenskonzept so weit als nur möglich durchzusetzen. Die Grenze der eigenen Freiheit ist dabei nicht ein allgemeines Sittengesetz, sondern bestenfalls da, wo ein individueller Wunsch, die eigene Freiheit zu gestalten, auf den Freiheitswunsch eines Anderen trifft.[307] Gerard den Hertog fasst die Konsequenzen eines solchen Autonomie-Konzeptes – allerdings im Blick auf das diesem korrelierende Freiheitsverständnis – treffend zusammen: „Dieser angeblich neutrale und allgemeingültige Freiheitsbegriff war aber Ausdruck einer Gesellschaft, die sich zusammensetzte aus Individuen, die von allen Seiten kräftig ermutigt wurden, sich im Leben durchzusetzen. Man wurde deutlich aufgefordert zu leisten, neue Horizonte zu erobern – und das Ergebnis war in zunehmenden Maße ein Konzept für ‚Macher'. Im Kern dieses praktizierten Freiheitsbegriffes war die Solidarität nicht recht heimisch."[308]

Der Autonomiebegriff bzw. dessen Korrelate haben sich in unserer Leistungsgesellschaft also zunehmend auf eine (scheinbar) absolute Autonomie des Einzelnen hin reduziert, eine Entwicklung, die Gefahr läuft, den ontologischen Beziehungsaspekt menschlichen Seins aus den Augen zu verlieren, indem beispielsweise das eigene Drängen nach Selbstverwirklichung und Unabhängigkeit erst durch den Anderen begrenzt werden muss – und so nicht mehr – wie etwa bei Kant – unter einer deontologischen oder verantwortungsethischen Maxime steht. Damit geht eine Hoch- bzw. Überschätzung der eigenen Lebens- und Verwirklichungsmöglichkeiten einher, deren Bedingungen wiederum nur für einen Teil der Gesellschaft – und zumeist auch nur in bestimmten Abschnitten ihres Lebens – realisierbar sind.

Hinzu kommt die Gefahr einer Korrelation von Autonomie und Menschenwürde, und zwar dahingehend, „dass die Achtung der Würde menschlichen

---

[306] BECK, Risikogesellschaft, 217f. Vgl. insgesamt BECK / VOSSENKUHL / RAUTERT, Leben.
[307] Vgl. zu dem in dieser Arbeit präferierten (relationalen) Freiheitsbegriff unten, C 2.4.
[308] DEN HERTOG, Urteilsbildung, 59; vgl. BARTH, Leben, 365.

Lebens mit der Achtung der *Autonomie* zusammenfällt"[309]. Nur wer seine Autonomie auch realisieren kann, dem kommt gemäß dieser Denkart, Würde zu.

Solche Autonomie-Konzepte erweisen sich bei näherem Hinsehen als „folgenschwere – autonomistische[...] – Verzerrung rationaler Willensbestimmung"[310]; und gerade das Alter und das hohe Alter passen nicht so recht in dieses gesellschaftliche Autonomie-Konzept, worauf auch der Vierte Altenbericht hinweist: „Während die gesellschaftlichen Rahmenbedingungen auf komplexe Weise Langlebigkeit und demographischen Wandel vorantreiben, wird das Alter, und insbesondere das ‚hohe Alter', im gesellschaftlichen Diskurs nicht selten als Last und Bedrohung interpretiert."[311] Gerade angesichts der demographischen Entwicklung und der zunehmenden Aussicht auf Hochaltrigkeit ist hier ein Umdenken notwendig, zumal es nicht nur die alten Menschen sind, die nicht in das gesellschaftliche Autonomie-Konzept zu passen scheinen.

c) (Hyper-)Kognitivismus
Kognitive und intellektuelle Fähigkeiten sind in den beiden soeben erarbeiteten Abschnitten als *eine* conditio sine qua non von Leistung und Autonomie ausgemacht worden. Ebenso ist auf die Schwierigkeiten, die insbesondere mit einer ungleichen Verteilung bzw. einem ungleichen Zugang zu diesen Fähigkeiten verbunden sind, hingewiesen worden. Daher sind die Forderung eines Solidarprinzips neben dem Leistungsprinzip und die Notwendigkeit einer Erweiterung bzw. einer Re-Formation des Autonomie-Konzeptes einsichtig.

Aber hinter dem Kognitivismus als gesellschaftlichem Wert steckt noch mehr, nämlich bestimmte Ansichten über die Grundkonstitution des Menschen bzw. über diejenigen Eigenschaften, die einen Menschen erst zu einer (schutzwürdigen) Person machen. Indem kognitive Möglichkeiten des Menschseins zum Kriterium erhoben werden, werden einzelne Entfaltungsmöglichkeiten des Menschseins verabsolutiert; damit aber werden anthropologische Einsichten über die Ganzheitlichkeit des Menschen vergessen, indem man sich einseitig auf die Kognition, in der das Menschsein – wie sich zeigen wird – nicht allein aufgeht, fokussiert. Problematisch werden solche Vorstellungen insbesondere dort, wo sie – zur Norm erhoben – zur Ausgrenzung und Stigmatisierung von Menschen (mit Demenz) führen, die diese nicht oder nur teilweise erfüllen können.

---

[309] EIBACH, Autonomie, 11f.
[310] BORMANN, Tod, 34.
[311] BMFSFJ, Vierter Bericht zur Lage der älteren Generation, 57.

3.3. Stigmatisierung und Ausgrenzung

Die soeben knapp skizzierten gesellschaftlichen Leitvorstellungen führen zu einem bestimmten Umgang mit Menschen, die diese nicht erfüllen. Oben (2.2.2.1.) wurde bereits gezeigt, dass die Beschreibung eines Zustandes als Krankheit immer vor dem Hintergrund bestimmter gesellschaftlicher Vorstellungen, was „krank" bzw. „gesund" sei, vonstatten geht. Aber Ausgrenzungsprozesse finden sich nicht nur im Bereich von Krankheit,[312] sondern jegliche Abweichung von den vorherrschenden gesellschaftlichen Normen kann Stigmatisierungs- und Ausgrenzungsprozesse hervorrufen[313] – und tut dies in der Regel auch. Und so rufen diejenigen gesellschaftlichen Leitvorstellungen, die primär von bestimmten kognitiv-intellektuellen Fähigkeiten ausgehen, entsprechende Ausgrenzungsprozesse für Menschen hervor, die diesen nicht entsprechen.

Tilmann Moser fasst im Vorwort zu Goffmans Buch „Stigma" die hier anstehenden Überlegungen zusammen: „Träger eines Stigmas leben ein schweres Leben: sie werden abgelehnt, verbreiten Unbehagen, lösen Beklemmung aus bei den Gesunden, gefährden deren eigenes zerbrechliches Normal-Ich."[314] Menschen, die unter einer Alzheimer-Demenz leiden, erfahren allzu oft eben Beschriebenes: Sie werden abgelehnt, ausgegrenzt; weil man nicht weiß, wie man mit ihnen umgehen soll, werden sie gemieden. Sie ‚ver-körpern' scheinbar geradezu den Verlust dessen, was in unserer Gesellschaft zählt – und geraten somit in die Gefahr, zu einer Quelle der Angst, einer Bedrohung des vermeintlich Normalen zu werden.

Goffman hat bereits in den 1960er Jahren diese Mechanismen untersucht. Unter Stigma versteht er „[d]ie Situation des Individuums, das von vollständiger sozialer Akzeptierung ausgeschlossen ist"[315]. Ein Stigma hat immer mit sozialer Abwertung, mit einer Diskreditierung einer Person aufgrund einer Eigenschaft oder eines Attributes dieser Person zu tun; die Person ist „in unerwünschter Weise anders" [316], und zwar gemessen an dem, was die Anderen antizipierend erwarten.

---

[312] Vgl. FREIDSON, Ärztestand, 188-204, bes. 196ff.

[313] Zu denken ist hier etwa an Homosexualität, Nichtsesshaftigkeit oder auch die Nicht-Erfüllung bestimmter Rollenvorgaben.

[314] MOSER, Vorwort, in: GOFFMAN, Stigma.

[315] GOFFMAN, Stigma, 7. GOFFMAN weist darauf hin, dass der Begriff Stigma schon von den alten Griechen, „die offenbar viel für Anschauungshilfen übrig hatten", geschaffen wurde „als Verweis auf körperliche Zeichen, die dazu bestimmt waren, etwas Ungewöhnliches oder Schlechtes über den moralischen Zustand des Zeichenträgers zu offenbaren" (A.a.O., 9).

[316] GOFFMAN, Stigma, 12. GOFFMAN unterscheidet drei Arten von Stigma:
1.) „Abscheulichkeiten des Körpers – die verschiedenen physischen Deformationen",
2.) „individuelle Charakterfehler, wahrgenommen als Willensschwäche, beherrschende oder unnatürliche Leidenschaften, tückische und starre Meinungen und Unehrenhaftigkeit",

3. Sozio-kulturelle Einflussfaktoren auf das gesellschaftliche Konzept

Obwohl sich unsere Umgangsweisen mit Stigmatisierten aufgrund von gesellschaftlichen Haltungen und Konventionen schon verbessert haben, „glauben wir natürlich, dass eine Person mit einem Stigma nicht ganz menschlich ist"[317]; eine solche Sichtweise erlaubt bzw. rechtfertigt eine Vielzahl von Diskriminierungen, die letztlich die Lebenschancen des Stigmatisierten reduzieren.

Voraussetzung für einen solchen Prozess ist, dass „alle Teilnehmer einen einzigen Satz normativer Erwartungen teilen, wobei die Normen teilweise durch Institutionalisierung aufrechterhalten werden"[318]. Die Erfüllung dieser Identitätsnormen, die nirgends vollständig verankert sind, hängt nicht vom Willen eines Individuums ab, sondern ist eine Frage der Kondition des Individuums: „[e]s ist eine Frage der Konformität, nicht der Einwilligung. Nur wenn man die Voraussetzung hineinbringt, dass ein Individuum seinen Platz kennen und behalten sollte, kann für die soziale Kondition eines Individuums ein volles Äquivalent in der Willensaktion gefunden werden"[319]. Identitätsnormen erzeugen also Konformität wie auch Abweichung. Ein Individuum, welches diese Identitätsnormen nicht erfüllen kann, wird von der Gemeinschaft, die diese Identitätsnormen verwirklicht – oder aber mindestens hochhält – entfremdet oder unterlässt selbst eine Bindung mit dieser Gemeinschaft, zumal die Begegnung zwischen den Normalen und den Stigmatisierten, also denen, die die Identitätsnormen nicht erfüllen, äußerst schwierig ist: „In sozialen Situationen mit einem Individuum, bei dem ein Stigma bekannt ist oder wahrgenommen wird, verwenden wir also wahrscheinlich Kategorisierungen, die nicht passen, und sowohl wir als auch der Stigmatisierte erfahren wahrscheinlich Unbehagen. Natürlich gibt es von diesem Startpunkt aus oft eine signifikante Entwicklung. Und da die stigmatisierte Person wohl häufiger mit diesen Situationen konfrontiert wird als wir, wird sie wahrscheinlich die Erfahrenere in ihrer Handhabung werden."[320] In solchen Situationen, in denen die Diskrepanz zwischen „Normalen" und Stigmatisierten deutlich wird, wird die soziale Identität des Stigmatisierten verletzt, dies hat den Effekt, „dieses Individuum von der Gesellschaft und von sich selbst zu trennen, so dass es dasteht als eine diskreditierte Person angesichts einer sie nicht akzeptierenden Welt"[321].

Diejenigen Identitätsnormen der „Normalen" der Gesellschaft, die keinesfalls alle Mitglieder immer selber persönlich erfüllen, die aber wohl von einer überwiegen-

---

3.) „phylogenetische Stigmata von Rasse, Nation und Religion" (A.a.O, 12f.).
[317] GOFFMAN, Stigma, 12.
[318] GOFFMAN, Stigma, 157.
[319] GOFFMAN, Stigma, 158.
[320] GOFFMAN, Stigma, 30.
[321] GOFFMANN, Stigma, 30.

den Mehrheit, den „Normalen", aufrechterhalten werden,[322] wurden oben in den Blick genommen. Letztlich sind es diese Identitätsnormen, die einen großen Teil der Angst vor einer Demenz und die Hilflosigkeit im Umgang mit ihr ausmachen. Kitwood sieht vor allem zwei Gründe für die Angst vor der Demenz und den dazugehörigen Ausgrenzungsmechanismen: „Zunächst [...] fürchtet sich jeder Mensch davor, gebrechlich und in hohem Maße abhängig zu werden. Diese Befürchtungen sind wohl besonders stark in jeder Gesellschaft mit schwach ausgeprägtem oder nicht vorhandenem Gemeinsinn [...] Zweitens tragen wir Ängste vor geistiger Instabilität in uns. Der Gedanke, wahnsinnig, geistesgestört, für immer in Verwirrtheit verloren zu sein, ist erschreckend."[323]

3.4. Fazit: Sozio-kulturelle Einflussfaktoren auf das gesellschaftliche Demenz-Konzept

Es sind bestimmte sozio-kulturelle Leitvorstellungen auszumachen, die zu einer Stigmatisierung bzw. Ausgrenzung von Menschen, die unter einer Demenz leiden, führen. Diese Leitvorstellungen lassen sich näher als Identitätsnormen verstehen, die die „Normalen" (Goffman) aufrechterhalten, wobei die sog. Normalen diese keineswegs selbst immer erfüllen. Abweichendes Verhalten von diesen Identitätsnormen wird mit Ausgrenzung und Stigmatisierung geahndet.

Stephen Post hat diese Identitätsnormen als die Werte einer hyperkognitiven Kultur bezeichnet: Paradigmatisch wurde über Leistung bzw. Leistungsgesellschaft und deren kognitiven Zugangsvoraussetzungen gehandelt. Im Bereich der Autonomie bzw. Unabhängigkeit wurde eine Differenz des gegenwärtigen gesellschaftlichen Autonomie-Konzeptes vom Kantschen Autonomie-Konzept nachgezeichnet. Kants Autonomiebegriff war noch an das allgemeine Sittengesetz gebunden, während der gegenwärtige Autonomiebegriff zunehmend auf eine absolutistische Souveränität des Einzelnen hinausläuft. Gerade aber ältere und kranke Menschen scheinen nicht so recht in solche Vorstellungen zu passen.

In der Analyse von Leistung und Autonomie wurden kognitive und intellektuelle Fähigkeiten als Kernmomente ausgemacht, denen bestimmte reduktionistische Personkonzepte – wie das von Peter Singer – entsprechen.

Diese gesellschaftlichen Leitvorstellungen haben einen enormen Einfluss auf die Wahrnehmung von Menschen, die unter Demenz leiden, wie auch auf den Umgang mit ihnen. Die Demenz als Verlust intellektueller Ressourcen wird angesichts des gesellschaftlichen Leitbildes vom Menschen gemeinhin als Schreckensvision und Angstgegner angesehen und deshalb werden die Betroffenen gemieden,

---

[322] Vgl. GOFFMAN, Stigma, 159.
[323] KITWOOD, Demenz, 34; vgl. auch KITWOOD/BREDIN, Theory, 271-274.

was zu einer Ausgrenzung und Eskamotierung des Phänomens Demenz und der Betroffenen führt.

Menschen mit Demenz wird in Folge dessen – implizit oder explizit – Würde und Wert abgesprochen – und damit geraten sie in die Gefahr, dass auch ihr Recht auf Leben in Frage gestellt wird. Die (Alzheimer-)Demenz erscheint als den Menschen *ent*-würdigendes Schicksal, welches dessen *Identität* und sein *Mensch-Sein* beschädigt oder gar zerstört; was in der Logik solcher gesellschaftlicher Vorstellungen die Folge eines Identitätsverständnisses ist, welches die Identität eines Individuums an dessen kognitive Funktionen bindet.[324]

Außen vor bleiben bei einer solchen Sicht auf die Demenz und ihrer – vermeintlichen Folgen – die Einsichten der Betreuungskonzepte und deren handlungsleitende Intentionen und Grundannahmen, die in eine andere Richtung weisen. Erhalt der Beziehung und Identität sind für diese – wie auch für die theologische Anthropologie – nämlich unhintergehbarer Ausgangspunkt ihrer Begegnung mit Menschen mit Demenz.

4. Nichtmedikamentöse Therapie-, Betreuungs- und Pflegekonzepte als Leerstelle im gegenwärtigen gesellschaftlichen Demenz-Konzept

In der gesellschaftlichen Wahrnehmung der (Alzheimer-)Demenz bleiben diejenigen Erkenntnisse und Erfolge der pflegerischen, sozialen und psychologischen Konzepte im Umgang mit Betroffenen oft genauso außen vor, wie bestimmte Einsichten von pflegenden und betreuenden Angehörigen und Professionellen hinsichtlich der Qualität und der Tiefe der positiven Erlebnisse und Erfahrungen, die Menschen, die unter einer Demenz leiden, mindestens zeitweise auch haben.[325]

---

[324] In dieser Arbeit wird hingegen ein relationales Konzept von Würde und Identität entwickelt (vgl. Kap. D), welches von einer unverlierbaren, weil relational verorteten Würde und Identität des Menschen als Mensch *für* Gott und Mensch *für* den Menschen ausgeht und nach entsprechenden Bedingungen ihrer Explikation im ‚Sein in der Begegnung' mit Menschen (mit Demenz) fragt.

[325] An dieser Stelle der Arbeit geht es mir nicht darum, die Ohnmacht und den Schmerz für Betroffene, Angehörige und Professionelle nicht wahr- oder ernst zu nehmen – das soll im gebührenden Rahmen an späterer Stelle geschehen (D 3.3.), sondern meine Perspektive ist hier eine andere: Ich möchte eine Facette der Demenz und des Lebens mit Demenz in den Fokus des Interesses rücken, der gesellschaftlich außen vor bleibt: Unter bestimmten Bedingungen haben Menschen, die unter einer Demenz leiden, auch Freude am Leben; es gibt therapeutische und pflegerische Erfolge, die den Schrecken und den Schmerz nicht vergessen lassen können, die aber auch als eine wichtige Seite des Phänomens wahrgenommen werden müssen und sollen.

B) Grundlegung I: Analyse des gegenwärtigen gesellschaftlichen Demenz-Konzeptes

Entsprechend sind die folgenden Einsichten und Erkenntnisse als Leerstelle des gegenwärtigen gesellschaftlichen Demenz-Konzeptes zu verstehen.

Diese Leerstelle bedarf dringend einer Füllung, um den gegenwärtigen gesellschaftlichen Diskurs über die Demenz und ihre Folgen um eine notwendige Dimension, die im pflege- und betreuungswissenschaftlichen Demenz-Diskurs sehr wohl schon vorhanden ist, zu erweitern, so dass zu einer Verbesserung der Lebenssituation von Menschen mit Demenz und ihrer Angehörigen beigetragen werden kann.

Daher sollen nun zunächst exemplarisch drei der verbreitetsten Therapie-, Betreuungs- und Pflegekonzepte kurz skizziert werden,[326] um den Abschnitt dann mit allgemeineren Einsichten, die in nahezu allen therapeutischen und kommunikativen Konzepten vorkommen, abzuschließen, um die These zu untermauern, dass Kommunikation und Interaktion mit von Demenz Betroffenen einerseits und ein Eingriff in den – gesellschaftlich gesehen scheinbar unaufhaltsamen – Prozess der Demenz möglich ist, so dass das Person-Sein und die Identität der Betroffenen (sehr lange) erhalten bleiben können.

4.1. Ausgewählte Betreuungs-, Therapie- und Pflegekonzepte

4.1.1. Validation

Naomi Feil entwickelte das Konzept der Validation, welches mit Hilfe verbaler und nonverbaler Kommunikationstechniken dazu verhilft, die Gefühle eines Menschen anzuerkennen und zu validieren[327]: „In der Methode der Validation verwendet man Einfühlungsvermögen, um in die innere Erlebniswelt der sehr alten, desorientierten Person vorzudringen. Einfühlungsvermögen – ‚in den Schuhen des anderen gehen'- schafft Vertrauen. Vertrauen schafft Sicherheit, Sicherheit schafft Stärke – Stärke stellt das Selbstwertgefühl wieder her, Selbstwertgefühl verringert Streß."[328] Die individuelle Sichtweise des Betroffenen wird in den Mittelpunkt der Intervention gerückt und mit Hilfe der Validationstechnik wahrgenommen, gefördert und validiert.

---

[326] Hier können nur einige Konzepte zur Sprache kommen, vgl. aus der Fülle der Literatur: VAN DER KOOIJ, Demenzpflege; MÜLLER / FÖRSTL, Behandlungsansätze, 64f.; BAIER / ROMERO, Rehabilitationsprogramme; Romero, Nichtmedikamentöse Therapie.
[327] Validation (lat.: validus = kräftig, stark; engl.: valid = wahr, gültig) ist als „für-gültig-Erklären" der subjektiven Wirklichkeit eines Menschen, der unter einer Demenz leidet, zu verstehen. Feil ist also primär an der Gefühlsebene interessiert und wendet sich explizit von Therapieansätzen ab, die auf einer Orientierung an der Realität bzw. der Gegenwart beruhen; vgl. FEIL, Validation, 9.
[328] FEIL, Validation, 11.

N. Feil nennt folgende Effekte der Validation:
„Wiederherstellen des Selbstwertgefühls
Reduktion von Streß
Rechtfertigung des gelebten Lebens
Lösen unausgetragener Konflikte aus der Vergangenheit
Reduktion chemischer und physischer Zwangsmittel
Verbesserung der verbalen und nonverbalen Kommunikation
Verhindern eines Rückzuges in das Vegetieren
Verbesserung des Gehvermögens und des körperlichen Wohlbefindens"[329].
Die Validation basiert neben einer spezifischen Methodik der Verhaltenseinschätzung und bestimmten kommunikativen Techniken auf einer Entwicklungstheorie, die – in Anschluss und Fortführung von Erik H. Eriksons[330] epigenetischem Modell der Lebensaufgaben – davon ausgeht, dass jedes Lebensalter eine bestimmte Aufgabe hat, die sich, wenn sie nicht adäquat gelöst wird, zu einem späteren Zeitpunkt umso mehr Raum verschafft. Feil fügt Eriksons letztem Stadium „Integrität versus Lebensekel" ein weiteres Stadium hinzu: „Aufarbeiten oder Vegetieren – das Stadium jenseits der Integrität", in dem die Vergangenheit der Person aufgearbeitet werden soll, um nicht ins Vegetieren zu verfallen.[331] Im „Stadium jenseits der Integrität" kehren Menschen in ihre Vergangenheit zurück, um bestimmte, noch ungelöste Situationen aus ihrem Leben zu lösen.

Das Stadium jenseits der Integrität unterteilt Feil nochmals in vier Unterstadien, in denen die noch ungelösten Konflikte aus der Vergangenheit auf unterschiedliche Weise angegangen werden:

Unterstadium I: Mangelhafte/unglückliche Orientierung: Menschen in diesem Stadium halten an ihren gesellschaftlich vorgeschriebenen Rollen fest und haben das Bedürfnis, alte, ungelöste Konflikte in verkleideter Form zu lösen, indem beispielsweise Personen aus der Gegenwart als Projektionsobjekte für Personen aus der Vergangenheit dienen. Konfabulationen und die Verleugnung von Gefühlen bestimmen ihr Leben. Aus Angst vor Verlusten beginnen sie beispielsweise zu hamstern und zu horten. Die kognitiven Funktionen sind meist intakt.[332]

Unterstadium II: Zeitverwirrtheit: Körperliche und soziale Verluste können aufgrund ihrer Zunahme nicht mehr geleugnet werden. Die Betroffenen zie-

---

[329] FEIL, Validation, 11.
[330] Vgl. ERIKSON, Wachstum. Vgl. zu Feils theoretischen Referenzrahmen, der in der Folge immer wieder kritisiert worden ist, FEIL, Validation, 12-20.
[331] Vgl. FEIL, Validation, 20f. Womit Feil hier inhaltlich und konzeptionell über Erikson hinausgeht, ist mir nicht recht deutlich geworden, da m.E. Eriksons letzte Aufgabe eben dies, was Feil hinzufügen möchte, schon beinhaltet.
[332] Vgl. FEIL, Validation, 52-54.

hen sich aus der (Chronologie der) Gegenwart in die Vergangenheit zurück, was auf der Gefühlsebene mit dem Rekurs auf universelle Gefühle wie Liebe, Haß, Trauer, Angst vor Trennung einhergeht. Menschen in diesem Stadium drücken ihre Gefühle direkt aus, sie verlieren zunehmend die Selbstkontrolle und die Fähigkeit, sich an Konventionen zu halten: „So werden sie körperlich und gefühlsmäßig inkontinent"[333].

Unterstadium III: Sich wiederholende Bewegungen: Menschen, die in Stadium II nicht validiert werden, ziehen sich häufig in vorsprachliche Bewegungen und Klänge zurück: „Körperteile werden zu Symbolen, Bewegungen ersetzen Worte"[334]. Bestimmte Bewegungen dienen als Transportmittel in die Vergangenheit. Gegenstände fungieren als Symbole für Wichtiges aus der Vergangenheit.

Unterstadium IV: Vegetieren: „In diesem Stadium verschließt sich der alte Mensch völlig vor der Außenwelt und gibt das Streben, sein Leben zu verarbeiten, auf"[335].

In der konkreten Anwendung ihrer Methode unterscheidet Feil individuelle Validation von Gruppenvalidation. Die individuelle Validation erfolgt in drei Schritten:
Sammeln von Informationen
Bestimmen des Unterstadiums
Anwendung von Validationstechniken, die auf das Unterstadium abgestimmt sind. Wesentliche Grundlage der Validationsmethode sind die verbalen und nonverbalen Kommunikationstechniken, die dazu verhelfen, die Gefühle der Betroffenen wahr- und ernstzunehmen, diese auszudrücken und zu validieren.

Feil gibt eine ganze Liste mit Empfehlungen für die Kommunikation, die auch unabhängig von ihrer spezifischen Methode anwendbar sind, daher seien diese hier ausführlicher beschrieben:
„Beachten Sie die körperlichen Charakteristika.
Achten Sie auf die Wortwahl.
Gehen Sie auf das bevorzugte Sinnesorgan ein. [Sehen, Hören, Spüren, D.B.]
Fragen Sie: wer, was, wo, wann, wie. (Vermeiden Sie warum)
Wiederholen Sie die Schlüsselworte, umschreiben Sie sie, fassen Sie sie zusammen.
Fragen Sie nach dem Extrem. (Wie schlimm? Schlimmer? Am besten?...)
Rufen Sie in Erinnerung. (Wie war es früher?)
Versuchen Sie, das Gegenteil vorstellbar zu machen. (Wann war es besser? Gab es eine Zeit, wo das und das nicht passierte?)

---

[333] FEIL, Validation, 55.
[334] FEIL, Validation, 57.
[335] FEIL, Validation, 60.

Können wir eine gemeinsame kreative Lösung finden? Was taten Sie, als dies früher passierte? Finden sie eine Methode heraus, die damals funktionierte.
Zentrieren Sie sich. Lassen Sie Ihre eigenen Gefühle beiseite.
Beobachten Sie die tiefen Gefühle der Person.
Sprechen Sie die Emotion laut und gefühlvoll aus. Spiegeln Sie das Gefühl.
Spiegeln Sie die Bewegung. Atmen Sie im gleichen Rhythmus.
Assoziieren Sie das Verhalten mit unerfüllten Grundbedürfnissen: Liebe, Geborgenheit, nützlich sein, tiefe Gefühle ausdrücken.
Berühren Sie: die Wangen, den Hinterkopf, die Kieferlinie, Schultern, Oberarme etc.
Halten Sie echten Blickkontakt.
Verwenden Sie mehrdeutige Pronomen […].
Singen Sie vertraute Lieder, die gefühlsmäßig passen"[336].
Die Validationsmethode ist von mehreren Seiten – zum Teil sicher berechtigt – kritisiert worden,[337] dennoch ist die Grundintention, den von Demenz betroffenen Menschen mit Respekt, Achtung und Würde zu begegnen und auf ihre individuelle Situation und Bedürfnisse einzugehen, indem ihre Erfahrungen und ihr Erlebtes ernst genommen werden, ein wichtiger Schritt.[338] Positiv zu bewerten sind die vielfältigen Umsetzungsmöglichkeiten der Methode, die Feil selbst hervorhebt: „Validation kann überall stattfinden. Die Putzfrau in einem Heim kann validieren, während sie das Zimmer aufräumt, die Pflegehelferin, wenn sie die Alten zur Toilette bringt […] Angehörige beim Besuch."[339]

4.1.2. Selbsterhaltungstherapie

B. Romero und G. Eder haben mit der Selbsterhaltungstherapie (SET) Anfang der 1990er Jahre ein Konzept entwickelt, welches über das Erhalten des *persönlichen*

---

[336] FEIL, Validation, 116.
[337] Vgl. WÄCHTERSHÄUSER, Konzepte, Kap. 5; KITWOOD, Demenz, 88; BAIER / ROMERO, Rehabilitationsprogramme, 393.
[338] So auch KITWOOD, Demenz, 88; BAIER / ROMERO, Rehabilitationsprogramme, 393. Zumal Feils Entwicklung der Validationsmethode auch im Zusammenhang mit der Kritik am Realitätsorientierungstraining zu sehen ist (vgl. FEIL, Validation, 9), ist, das – von Folsom ursprünglich für Rehabilitation von Kriegsopfern entwickelt (vgl. FOLSOM, Reality Orientation) – bis in die 1980er Jahre hinein das vorherrschende psychologische Behandlungsinstrumentarium für Menschen, die unter einer Demenz leiden, war. Vgl. zum Realitätsorientierungstraining, von dem aufgrund seines „korrigierenden Ansatz[es], der ohne Erfolgsaussicht Kranke belastet hatte, weitgehend Abstand genommen wurde" (BAIER / ROMERO, Rehabilitationsprogramme, 392). Leider fehlen auch valide Studien über den Erfolg des Konzeptes.
[339] FEIL, Validation, 68.

Selbst das Ausmaß von psychischem Leiden und störendem Verhalten verringern und so die Effektivität des alltäglichen Verhaltens beeinflussen kann.

Das Selbst stellt in diesem Zusammenhang „ein zentrales kognitives Schema dar, das Informationen über die eigene Person und die eigene Umgebung aktiv aufnimmt, verarbeitet und erhält. Dies ermöglicht es, Entwicklungen von Situationen vorauszusagen, Entscheidungen zu fällen, Einstellungen und Haltungen anzunehmen und sich zu orientieren […] Es kann erwartet werden, dass ein längeres Erhalten von Selbst die *Effizienz des Verhaltens* im Hinblick auf diese wichtigen Aspekte ebenfalls länger möglich macht."[340]

Das Selbst wird dabei als „dynamisches System" verstanden, „das sich im Laufe des Lebens formt".[341] Ein stabiles Selbst beeinflusst Selbstwertgefühl und Identität positiv und wirkt sich auf die Stimmung und die Effizienz des Verhaltens aus. Erfahrungen, die das Selbst verletzten, lösen negative Gefühle (Angst, Aggression, Depression) aus, welche im Zusammenhang mit der Alzheimer-Demenz zu störenden Verhaltensweisen wie „Weglaufen", Aggressionsausbrüchen, Unruhe und sozialem Rückzug führen.

Als Folgen der Alzheimer-Krankheit sehen Romero und Eder vor allem fünf Störungen des Selbstsystems:

„1. Die Krankheit führt zu entscheidenden Veränderungen im Leben und im Selbstverhältnis der Betroffenen und verletzt damit die personale Kontinuität.

2. Als sekundäre Folge kann es zu so erlebnisarmen Lebensbedingungen kommen, dass das Identitätsgefühl verletzt wird.

3. Kognitive und außerkognitive Einbußen beeinträchtigen die Fähigkeit, mit belastenden Ereignissen, insbesondere mit den Folgen der Erkrankung umzugehen. Beeinträchtigt werden die Voraussetzungen für das Erhalten psychischer Gesundheit […]

4. Kognitive, vor allem die amnesischen Störungen beeinträchtigen neben dem Welt- auch das Selbstwissen.

5. Durch die Erkrankung verändern sich auch außerkognitive Aspekte des Selbst, wie das emotionale Erleben, soziale Gefühle und Haltungen."[342]

Zur Erhaltung des Selbst entwickelten Romero und Eder die aus den drei Komponenten: Betreuungsprinzipien – Übungsprogramme zur Erhaltung des Selbstwissens – psychotherapeutische Interventionen, bestehende Selbst-Erhaltungstherapie und schlagen folgende Maßnahmen vor:

---

[340] ROMERO, Selbst-Erhaltung-Therapie, 1210 (Kursiv im Original).
[341] ROMERO, Selbst-Erhaltung-Therapie, 1211.
[342] ROMERO, Selbst-Erhaltung-Therapie, 1211f.

Das Bewahren von Kontinuität, sowohl im personellen Bereich wie im Bereich der „Dingwelt" (Möbel, Umgebung), als auch im sozialen und kulturellen Bereich.
Für das Bewahren des Identitätsgefühls kommt es vor allem auf (kleine) Erlebnisse an, die mit dem Gefühl verbunden sind, „sich selbst ganz nahe zu sein"[343].
Das Bewahren des Kohärenzsinns als Voraussetzung für psychische Gesundheit umfasst die Dimensionen *Verstehen*, *Zuversicht* und *Sinn*. Zum *Verstehen* gehören Maßnahmen, die es den von Demenz Betroffenen erleichtern, ihre Alltagsabläufe nachzuvollziehen, ebenso wie ein Verstehen der Demenz und ihrer Folgen für das Leben: „Ein Mitteilen der Diagnose kann helfen, eigene Schwierigkeiten zu verstehen, wie auch vor Schuldgefühlen und Überforderung zu schützen."[344] Das Verstehen beziehen Romero und Eder schließlich auch auf Kommunikationstechniken wie die Validation.[345]
Weiterhin soll dem Betroffenen die *Zuversicht* vermittelt werden, „dass er trotz seiner Beeinträchtigungen mit den Anforderungen des Lebens zurechtkommen kann"[346]. In diesem Zusammenhang gilt es für die Betreuer und Betroffenen, das individuell richtige Maß an Hilfe und Selbständigkeit zu finden, um Über- und Unterforderungssituationen zu vermeiden.
Der Erhalt des *Sinn*gefühls ist ein weiteres Grundkonstitutivum des Kohärenzsinnens. Das SET betont, dass auf personale Lebensziele, wie Familienleben und gemeinsame Erlebnisse mit nahen Angehörigen „nicht unmittelbar" verzichtet werden muss; dies ist bereits bei der Diagnosestellung deutlich zu machen.
Dem Bewahren Selbst-nahen Wissens liegt die Annahme zugrunde, „dass das Üben von biographischem und anderem Selbst-bezogenen Wissen zur Reaktivierung eines Teils dieses Wissens führen kann"[347].
Ebenso kann solches den kommenden Störungen entgegenwirken. Hierzu werden in einer ersten Phase „Erinnerungsfiguren"[348] etabliert, die mithilfe von Medien festgehalten werden. In einer zweiten Phase werden diese Medien und evtl. vorhandenes Material durch halbstrukturierte Erzählungen zu einem „externen Gedächtnis" erweitert. In einer dritten Phase wird das „externe Gedächtnis" zur Stimulation und Gedächtnisstütze eingesetzt.

---

[343] ROMERO, Selbst-Erhaltung-Therapie, 1220.
[344] ROMERO, Selbst-Erhaltung-Therapie, 1222.
[345] Wobei Romero und Eder „[p]sychodynamische Interpretationen der Konflikte und die so begründeten Interventionen, die das Validationskonzept miteinschließt, […]Alzheimer-Kranke für ungeeignet [halten]" ROMERO, Selbst-Erhaltung-Therapie, 1224.
[346] ROMERO, Selbst-Erhaltung-Therapie, 1224.
[347] Romero, Selbst-Erhaltung-Therapie, 1228.
[348] Vgl. auch ASSMANN, Religion und Gedächtnis, auf den Romero in diesem Zusammenhang explizit verweist.

Das SET nimmt also neben milieutherapeutischen Aspekten und der Validation auch wesentliche Aspekte aus der Biographie- und Kunsttherapie auf und modifiziert diese, um zur Stabilisierung des Selbst beizutragen. Der von Alzheimer-Demenz Betroffene steht im Zentrum der Intervention, die allerdings verglichen mit der bereits dargestellten Validationsmethode und dem noch folgenden personzentrierten Ansatz aufwendiger in der Durchführung ist.

4.1.3. Person-zentrierter Ansatz

Der person-zentrierte Ansatz wurde von Tom Kitwood, einem englischen Sozialpsychologen, Anfang der 1990er-Jahre entwickelt. Kitwoods Ansatz, die „neue Kultur" des Umgangs mit Demenz, „pathologisiert Menschen mit Demenz nicht, indem sie sie nicht als Menschen mit einer abstoßenden Krankheit ansieht. Sie reduziert sie auch nicht auf die zu stark vereinfachenden Kategorien irgendeines vorgefertigten strukturellen Schemas, wie etwa die Theorie der Stadien des geistigen Verfalls. Die neue Kultur stellt *die Einzigartigkeit jeder Person in den Mittelpunkt*. Sie respektiert Erreichtes und ist voll Mitgefühl mit dem, was die Person jeweils erlitten hat. Sie setzt die Emotion als Quelle menschlichen Lebens wieder in ihre Bedeutung ein und freut sich daran, dass wir körperliche Wesen sind. Sie betont die Tatsache, dass unsere Existenz im wesentlichen sozial ist."[349] Kitwood legt also einen Ansatz vor, der einen Schwerpunkt auf die psychischen Bedürfnisse der von Demenz Betroffenen legt, denn er hat festgestellt, „dass den [psychischen, D.B.] Bedürfnissen in vielen Fällen hinreichend gut entsprochen werden kann, um eine neue Phase relativen Friedens und relativer Entspannung zu bringen"[350]. Der Interaktion als Ich-Du-Begegnung wird ein großer Wert beigemessen, sie ist die „wahrhaft heilende Komponente der Pflege"[351].

Hinter Kitwoods Ansatz stehen bestimmte humanwissenschaftliche Einsichten in das Personsein,[352] die er mit naturwissenschaftlichen Einsichten zusammenführt zu einer „Neurologie des Personseins": „Alle Ereignisse menschlicher Interaktion – große und kleine – haben ihr Gegenstück auf einer neurologischen Ebene."[353] Damit hebt er die cartesische Trennung von Geist und Körper auf zu-

---

[349] KITWOOD, Demenz, 193 (Hervorhebung D.B.).
[350] KITWOOD, Demenz, 195.
[351] KITWOOD, Demenz, 195, vgl. a.a.O., 196, u.ö.
[352] Vgl. KITWOOD, Demenz, 25-40: „Was heißt es, eine Person zu sein?". Kitwoods Überlegungen werden unten, Kap. D und E, eine breitere Beachtung finden. Vgl. KITWOOD / BREDIN, Theory, 274-277.284-286.
[353] KITWOOD, Demenz, 40.

gunsten einer komplexen Realität[354]: „Jedes psychosoziale Ereignis ist gleichermaßen auch ein Ereignis oder Zustand des Gehirns, das bzw. der von einem Gehirn ‚getragen' wird, dessen Struktur von Faktoren der Entwicklung und der Pathologie bestimmt worden ist."[355] Damit sind die Grundlagen für Kitwoods Theorie der Dialektik der Demenz gelegt:[356] Der Prozess einer Demenz lässt sich aus dieser Sicht als Wechselspiel zwischen neuropathologischen und sozialpsychologischen Faktoren beschreiben, die Natur dieses Wechselspiels als dialektisch.[357]

Dieser Prozess der Demenz lässt sich nun durch eine entsprechende Pflege verlangsamen und ggf. sogar aufhalten oder streckenweise umkehren[358]: „In einem optimalen Kontext von Pflege und Fürsorge wird jedes Fortschreiten der neurologischen Beeinträchtigung [...], das bei einer nichtunterstützenden Sozialpsychologie potentiell extrem schädigend sein kann, durch positive Arbeit an der Person [...] kompensiert."[359] Diese positive Arbeit soll vor allem durch eine Stärkung der Interaktion in quantitativer und qualitativer Hinsicht vonstatten gehen, die die Grundbedürfnisse nach Liebe, Trost, Bindung, Einbeziehung, Beschäftigung und Identität fördert.[360] Kitwood nennt hierzu zwölf Arten positiver Interaktion: Anerkennen, Verhandeln, Zusammenarbeiten, Spielen, Timilation, Feiern, Entspannen, Validation, Halten, Erleichtern, schöpferisch Sein und Geben.[361]

In der Praxis umgesetzt werden sollen Kitwoods Einsichten mithilfe des Dementia Care Mapping (DCM).[362] Das DCM ist ein „Hilfs-Instrument, um Pflegenden während der täglichen Arbeit deutlich zu machen, bei welchen Pflegekontakten sie sich dem Menschen mit Demenz als Person zuwenden und bei welchen nicht"[363], um so eine Steigerung des Wohlbefindens der Person durch die gezielte, reflektierte Verbesserung der Pflegequalität zu erreichen. Hierzu wird nach bestimmten Richtlinien die Pflegesituation beobachtet und festgehalten, um über

---

[354] Wobei er beachtlicherweise vor einer Ontologisierung dieser Hypothese warnt: „Einer der größten und am häufigsten begangenen Fehler ist es, die in Sprache gegossenen Beschreibungen und Erläuterungen für die Realität selbst zu halten" (KITWOOD, Demenz, 38).
[355] KITWOOD, Demenz, 40.
[356] Vgl. KITWOOD, Dialectics, vgl. ferner KITWOOD/BREDIN, Theory, 271.
[357] Vgl. KITWOOD, Demenz, 79-84, dort auch schematische Abbildungen des Beschriebenen.
[358] Vgl. KITWOOD / BREDIN, Theory, 278-280.
[359] KITWOOD, Demenz, 103.
[360] Vgl. KITWOOD, Demenz, 121-125. Kitwood weist darauf hin, dass „ein Mensch ohne dessen [sc. eines Bedürfnisses, D.B.] Befriedigung nicht einmal minimal als Person funktionieren kann" (A.a.O., 121).
[361] Vgl. KITWOOD, Demenz, 134-139, u.ö. Vgl. KITWOOD / BREDIN, Theory, 281f.
[362] Vgl. MÜLLER-HERGL, Demenz, 252-261.
[363] RAABE, Dementia Care Mapping, 7.

deren Auswertung zu einer Reflexion und damit zu einer Verbesserung des personzentrierten Pflegeprozesses zu gelangen.

In Kitwoods person-zentriertem Ansatz steht die Einzigartigkeit der Person und nicht die Krankheit Demenz im Vordergrund. Sein Verdienst ist es, neurophysiologische und sozialpsychologische Aspekte des Demenzgeschehens verbunden zu haben. Erste empirische Untersuchungen über die Wirksamkeit, die sicherlich noch fortzuführen sind, erscheinen vielversprechend,[364] ebenso auch die Resonanz von Praktiker-Seite.[365]

4.2. Fazit: Grundeinsichten therapeutischer und kommunikativer Konzepte

Die drei exemplarisch dargestellten Konzepte nehmen in unterschiedlicher Weise und Akzentuierung grundlegende Einsichten bezüglich der Kommunikation, dem Verhalten und dem Erleben[366] von Menschen, die unter Demenz leiden, auf. Demenz wird von nahezu allen gängigen Konzepten in ihrer, das gesamte Leben des Betroffenen bestimmenden Dimension wahrgenommen, weshalb sowohl dem Umfeld – sei es personell als auch materiell – mit dem Hinweis auf das therapeutische Milieu als auch der Biographie bzw. dem Selbst des Betroffenen mit seinen individuellen Ressourcen und Grenzen ein großer Stellenwert beigemessen wird.

Entgegen des gesellschaftlichen Vorurteils haben diese Konzepte nicht ein entpersonalisiertes Wesen, „eine Hülse", im Zentrum ihrer Intervention, sondern ein Individuum mit Bedürfnissen nach Liebe, Bindung, Einbeziehung, Trost, Identität und Beschäftigung. Einen Menschen, der sozuagen *auch* unter einer Demenz leidet, dessen Menschsein sich darin aber nicht erschöpft. Kommunikation mit Menschen, die unter einer Demenz leiden, ist bis ins Endstadium möglich[367]. Allerdings ist es eine Kommunikation, die besonderen Bedingungen unterliegt,[368] die im Zuge des Demenzprozesses immer stärker von nonverbalen Aspekten und Empathie getragen ist. Betreuungs- und Pflegearbeit ist in dieser Hinsicht grundle-

---

[364] Vgl. KITWOOD, Demenz, 95-98.

[365] Zumal sich die praktische Umsetzung in Einrichtungen schrittweise realisieren lässt und über wenige ausgebildete Multiplikatoren vonstatten gehen kann; vgl. RAABE, Dementia Care Mapping.

[366] Vgl. KITWOOD, Demenz, 107-118, stellt Überlegungen zu den Zugangsweisen der Erlebniswelt eines Menschen, der unter Demenz leidet, an; vgl. die Studien von: BECKER u.a., Lebensqualität; vgl. ferner BÄR / KRUSE / RE, Situationen; BÖGGEMANN u.a., Zuwendung.

[367] Vgl. DIEHL / FÖRSTL / KURZ, Alzheimer-Krankheit,7.

[368] Vgl. zur Kommunikation mit älteren Menschen im allgemeinen und mit Menschen, die unter einer Demenz leiden, das anschaulich, mit vielen Beispielen und Tipps versehene Buch von SVENJA SACHWEH, Noch ein Löffelchen.

gend „Gefühlsarbeit"[369]. Ein Umfeld, das den Betroffenen mit Achtung, Respekt und Wertschätzung behandelt und das die Erfahrungen und Eindrücke einfühlsam wahr- und ernst nimmt, hat einen positiven Effekt auf den Verlauf der Demenz und kann das Leben eines Betroffenen weit über das gesellschaftlich vermutete Niveau des Vegetierens hinaus gestalten helfen und zu Wohlbefinden beitragen.

5. Zusammenfassung und Überleitung

Das vorliegende Kapitel diente der Analyse des gegenwärtigen gesellschaftlichen Demenz-Konzeptes. Dazu wurde zunächst in den medizinischen Stand der Forschung eingeführt, um zu einer medizinischen Definition der *Krankheit* Alzheimer Demenz zu gelangen, im Rahmen derer die kognitiven Aspekte einen hohen Stellenwert haben.

In einem zweiten Schritt wurde sodann der Begriff Krankheit auf seinen Dimensionen Natur-Gesellschaft-Subjekt hin untersucht und ein Verständnis der Alzheimer-Demenz als Krankheit *sui generis*, welches sich erst seit den 1970er Jahren entwickelte, problematisiert. Wobei es nicht darum ging, die Zuständigkeit und die Erfolge der Medizin zu schmälern oder in Abrede zu stellen, sondern – diese ernst nehmend – auf die Gefahren einer mit der Pathologisierung der Alzheimer-Demenz einhergehenden gesellschaftlichen Ausgrenzung und Stigmatisierung hinzuweisen. Denn es zeigt sich, dass eine Interdependenz zwischen dem medizinischen Demenz-Konzept und den gesellschaftlichen Vorstellungen über die Alzheimer-Demenz vorliegt. Diese mag sich zum einen durch die oft unreflektierte Übernahme medizinscher Kriterien und zum anderen durch die sozio-kulturelle Verortung der Medizin selbst erklären. Als Kernmoment dieser Wechselwirkung wurde die Kognition(-sfähigkeit) ausgemacht, die im Zentrum der medizinischen Diagnostik wie im Zentrum der gesellschaftlichen Wahrnehmung der Alzheimer-Demenz steht.

Hinter einer mit Angst und Schrecken einhergehenden gesellschaftlichen Wahrnehmung von geistigen Abbauprozessen im Alter stehen bestimmte Leitvorstellungen von Leistung und Autonomie, denen enorme Ansprüche an die intellektuellen und kognitiven Ressourcen des Menschen zugrunde liegen. Stephen Post spricht in diesem Zusammenhang von einer hypercognitive society. Solche Ansprüche (Identitätsnormen) führen zu Ausgrenzungsprozessen von Menschen, die diese nicht erfüllen und zu einem reduktionistischen Menschenbild, welches sein Korrelat in philosophischen Überlegungen – wie denen von Peter Singer – findet: Ein Mensch ist hier nur vollständiger und schutzwürdiger Mensch, mit Würde und Identität, wenn er bestimmte kognitive Parameter erfüllt, die Menschen, die

---

[369] Vgl. VAN DER KOOIJ, Demenzpflege, 68.

unter (Alzheimer-)Demenz leiden, nicht (mehr) erfüllen können. In dieser Hinsicht stellen Demenzen und ihre Folgen eine Gefahr für Wert, Würde und Identität des Betroffenen dar, die diesem zunehmend abgesprochen werden, indem die Demenz als Vorgang einer *Ent*-Personalisierung verstanden wird.

Dass und wie aber auch von Alzheimer-Demenz Betroffene noch sehr wohl als Personen mit individuellen Bedürfnissen und der Fähigkeit zu Kommunikation wahrgenommen werden, wird im gesellschaftlichen Demenz-Konzept nahezu völlig außen vorgelassen. Die Einsichten der Pflege- und Betreuungspraxis sind gleichsam als Leerstelle im gesellschaftlichen Demenz-Konzept zu bezeichnen.

Angesichts des gegenwärtig vorherrschenden Demenz-Konzeptes und dem diesem zugrundeliegenden Menschenbild ist nach einer anthropologischen Bestimmung des Phänomens Demenz, das – im Vorgriff auf Kapitel D – hier schon als Beziehungsgeschehen (Schockenhoff/Wetzstein) beschrieben werden kann, zu fragen. Eine solche anthropologische Bestimmung soll hier im Rahmen einer theologischen Anthropologie geschehen, die es allerdings vermag, integrativ die Erkenntnisse der an der (Alzheimer-)Demenz beteiligten Wissenschaften aufzunehmen und weiterzuführen. Dazu sollen im nächsten Kap. C im Rahmen einer weiteren Grundlegung zunächst Erkenntnisweg und Aussagen der theologischen Anthropologie Karl Barths dargestellt werden, bevor dann in Kap. D und E die geforderte anthropologische Fokussierung auf die besonderen Herausforderungen, die sich durch eine Demenz stellen, erfolgen soll.

C) GRUNDLEGUNG II: WER IST DER MENSCH – ERKENNTNISWEG UND AUSSAGEN DER THEOLOGISCHEN ANTHROPOLOGIE KARL BARTHS

1. Einleitung und methodische Vorüberlegungen

Eine theologische Anthropologie, genauer gesagt eine biblisch-christliche Anthropologie muss – will sie mit anderen Anthropologien in den Diskurs treten – genauso wie diese Rechenschaft über ihre Inhalte und das Woher ihrer Aussagen geben. Dies soll im vorliegenden Kapitel geschehen.

Darüber hinaus werden in diesem Kapitel auch Überlegungen angestellt, die das Verhältnis von theologischer Anthropologie zu anderen Anthropologien betreffen.

Als systematisch-theologischer Referenzrahmen der anzustellenden Überlegungen dient die Theologie Karl Barths; damit ist ein explizit christologischer Zugang zur Anthropologie gewählt, der sich durch seinen relational-dynamischen Grundzug für die Wahrnehmung der (Alzheimer-)Demenz als fruchtbar erweisen wird.

Karl Barth hat seine[1] Anthropologie an verschiedenen Stellen seiner „Kirchlichen Dogmatik", vor allem im 10. Kapitel in KD III/2 unter dem Titel „Die Lehre vom Geschöpf" vorgelegt;[2] hinter dieser Titulatur steht die Einsicht, dass die theologi-

---

[1] Die anthropologischen Überlegungen Barths unterliegen einer Entwicklung, die mit einer Veränderung seiner theologischen Grundeinsichten einhergeht; vgl. Busch, Lebenslauf. Die in der KD vorgelegte Anthropologie stellt mit den Überlegungen über den „wirklichen Menschen" den Schlusspunkt dieser Entwicklung dar und soll daher hier zum Ausgangspunkt der Darstellung gemacht werden; zur Entwicklung der theologischen Anthropologie Barths vgl. FRIEDMANN, Christologie, bes. 39-190; FREY, Arbeitsbuch, 50-67; HUH, Wirklichkeit, 70-107.

[2] Die Kirchliche Dogmatik ist als fünfteiliges Werk konzipiert, von dem uns leider nur vier Teile vorliegen. Die Prolegomena (KD I) dienen der Darstellung der Wirklichkeit des Wortes Gottes in seinen drei Gestalten als offenbares, geschriebenes und verkündigtes Wort. Hierauf folgt die ebenfalls christologisch angelegte Gotteslehre (KD II). Gott wird als der in Freiheit Liebende durch seinen Sohn Jesus Christus erkannt. Als solcher ist er der wählende Gott, der sich selbst für den Menschen wählt und damit den Menschen für sich bestimmt. In diesem Horizont siedelt Barth die Ethik, die die Form des Evangeliums selbst hat, als Lehre von Gottes Gebot an.
KD III bietet dann die Schöpfungslehre, bevor Barth mit KD IV mit der Versöhnungslehre in das Zentrum der christlichen Botschaft vordringt, die „Mitte ihres Gegenstandes, ihres Ursprungs und Inhalts" (KD IV/1,1). Die Lehre von der Versöhnung steht also in der Mitte zwi-

sche Lehre vom Geschöpf aufgrund der an den Menschen ergehenden Offenbarung Gottes in Jesus Christus „praktisch Anthropologie"[3] ist. Im der Anthropologie vorausgehenden Band KD III/1 legt Barth die christologischen und föderaltheologischen Grundlagen der Schöpfungslehre.[4] KD III/3 behandelt dann das Verhältnis des Schöpfers zu seiner Schöpfung.[5] KD III/4 schließt die Schöpfungslehre mit ethischen Fragen, die sich im Zusammenhang der Schöpfungslehre ergeben, ab.[6]

Da Karl Barth Jesus Christus als den *wahren Menschen* versteht – und so seine Anthropologie auf der Christologie begründet, stehen vor allem auch die Einsichten aus KD IV/2, der Versöhnungslehre, im Hintergrund[7] der hier anzustellenden anthropologischen Überlegungen.[8]

---

schen Schöpfungslehre (KD III) und der Lehre von der Vollendung (KD V), zu der Barth nicht mehr vorstoßen konnte.

[3] KD III/2, 2.

[4] KD III/1 beginnt zunächst mit Überlegungen über die Bedingung der Möglichkeit eines Glaubens an Gott den Schöpfer. Diese Möglichkeit ist – so Barth – in Jesus Christus gegeben.
Die Schöpfung, so fährt Barth nach dieser Grundlegung fort, ist das erste Werk des dreieinigen Gottes „und damit der Anfang aller von Gott selbst verschiedenen Dinge" (KD III/2, 44). Ihre Absicht und ihr Sinn liegt „in der Ermöglichung der Geschichte des Bundes Gottes mit den Menschen" (ebd.). Insofern ist die Schöpfung der äußere Grund des Bundes und der Bund der innere Grund der Schöpfung.
KD III/1 schließt mit der Betonung, dass Schöpfung und Geschöpf unter dem Ja Gottes stehen.

[5] In KD III/3 sind laut Barths eigener Auskunft die „drei großen Themata dieses Bandes – Gottes väterliche Vorsehung, sein Reich zur Linken, der Dienst der Engel – [...] unter dem Titel ‚Der Schöpfer und sein Geschöpf' etwas lockerer als die Unterteile der früheren Bände zusammengefasst" (KD III/3, V).

[6] In KD III/4 ist es vor allem der Begriff der Freiheit, den Barth behandelt und der auch bei den hier anzustellenden Überlegungen bezüglich des Wesens des Menschen eine Rolle spielen wird und auf den unten einzugehen ist.

[7] Können im Rahmen der Grundlegung die Einsichten aus KD IV/2 hier noch eher implizit bleiben, sind sie im folgenden Kap. D, wenn es um die Identität und die Fähigkeiten bzw. Möglichkeiten des Menschen geht, um so expliziter in den Gedankengang einzutragen.

[8] Vgl. bes. KD IV/2, 25ff.; vgl. KD IV/3, 322: Jesu Christi Sein und Tun wären verkannt, „wenn wir dessen unmittelbare Beziehung auf das unsrige und so des unsrigen zu dem seinigen, wenn wir also die in ihm selbst begründete, von ihm selbst durchgeführte Kontinuität zwischen seinem und unserem Bereich, dem Bereich des allgemeinen Menschenlebens, verkennen würden. Die in ihm, in seiner Person und seinem Werk geschehene Versöhnung selbst und als solche ist ein von seinem besonderen Bereich her übergreifendes, virtuell, prospektiv, *de iure* nach jeden Menschen, aktuell, definitiv, *de facto* nach dem christlichen Menschen ausgreifendes, ihn rezeptiv und spontan beteiligendes Geschehen" (im Original zum Teil gesperrt; kursiv im Original).

1. Einleitung und methodische Vorüberlegungen

Die Darlegungen Barths sind so angelegt, dass sie das zu behandelnde dogmatische Thema nie für sich allein, losgelöst von den diesen benachbarten dogmatischen Loci angehen; dies verleiht jedem einzelnen Band der KD einen *dynamischen Grundzug* und einen enormen Horizont – der aufgrund der christologischen Hermeneutik für Barth auch nicht anders denkbar ist –,[9] allerdings kann diese Weite in der hier nun anzustellenden Darstellung seiner Anthropologie zu Schwierigkeiten führen, da dem Leser neben der Anthropologie vor allem Christologie, Sündenlehre, Erwählungslehre und Gotteslehre, die hier aufgrund des Rahmens nur sehr skizzenhaft erläutert werden können, zugemutet werden (müssen). Hinzu kommt, dass Barth scheinbar geläufige theologische Termini – wie Sünde, Geschichte, Freiheit – aufgreift und von der Christologie her anders füllt, als man dies gemeinhin vermuten würde.

Zuerst wird die Frage nach dem Proprium einer christologisch fundierten theologischen Anthropologie gestellt (2.), um von da aus nach dem Verhältnis von theologischen und nicht-theologischen Anthropologien zu fragen (3). Erst dann soll die christologisch fundierte Anthropologie Barths mit ihrem Fokus auf der relationalen Konstitution des Menschen dargestellt und erläutert werden (4.); dazu werden zunächst die essentiellen Relationen, in denen Menschen *sind*, die Beziehung zu Gott und die Beziehung zu den Menschen, grundgelegt (4.1.-4.2.), um danach die Beschaffenheit des (individuellen) Menschen – unter den Perspektiven der Mensch als Seele seines Leibes einerseits und der Mensch in seiner Zeit andererseits – näher zu betrachten (4.3.-4.4.). Die gewonnenen anthropologischen Einsichten werden abschließend kurz auf ihre ethischen Implikationen hin befragt (5.).

In der Entfaltung seiner Anthropologie geht Barth – wie sich im Folgenden zeigen wird – hermeneutisch davon aus, dass Aussagen über den Menschen nur im Blick auf Jesus Christus als dem *wahren* Menschen möglich sind. Das heißt nicht, dass die Anthropologie Christologie ist und auch nicht, dass Christologie Anthropologie ist, sondern, *weil* und *indem* Jesus Christus *wahrer* Mensch ist, sind Aussagen über das Wesen und die Bestimmung des Menschen erst möglich; eine Perspektive, die Aussagen über den Menschen erlaubt, ist also – wie sich zeigen wird – immer eine durch das Wort Gottes vermittelte Perspektive.

---

[9] Vgl. PÖHLMANN, Analogia, 118: „Dieser Panaktualismus ist derart stark bei Barth ausgeprägt, dass er sogar bis ins Methodische seiner Theologie sich bemerkbar macht. Z.B. könnten in der Kirchlichen Dogmatik rein äußerlich die mangelnden Differenzierungen der loci voneinander [...] Symptome jenes Aktualismus sein. Jeder Teil ist hier durchpulst vom Ganzen. Jeder Abschnitt in der Kirchlichen Dogmatik ist ‚pars pro toto'." Vgl. MISKOTTE, Kirchliche Dogmatik, 19-22.

2. Das Proprium einer christologisch fundierten Anthropologie

Dass eine theo*logische* Anthropologie den Menschen im Lichte des *Wortes* Gottes sieht, geht schon aus ihrer Näherbestimmung als theo-*logisch* hervor. Eine theologische Anthropologie, die sich die Theologie Karl Barths zum Referenzrahmen gewählt hat, versteht Jesus Christus als das *eine* Wort Gottes und so als Ermöglichungsgrund aller menschlichen Rede von Gott (– und den Menschen). Insofern ist die „Begründung der Anthropologie auf die Christologie"[10] in „§ 43. Der Mensch als Problem der Dogmatik" in KD III/2 zu verstehen; und dementsprechend setzt eine christologisch fundierte Anthropologie mit der Frage ein, mit der auch Hans-Joachim Iwand zu einem Verständnis des Menschen gelangen wollte: „Was heißt das für die Tatsache, dass wir ja selbst Menschen sind, dass Gott Mensch wird?"[11]

Iwand stellt diese Frage im Zusammenhang einer von ihm gesehenen Notwendigkeit der Neubegründung der modernen Christologie, weil diese seiner Wahrnehmung nach die Dimensionen wahrer Gott – wahrer Mensch nicht mehr in ihrer Zusammengehörigkeit und Tragweite zu erfassen vermag.

Barth stellt die Frage nach dem Menschen im Zusammenhang seiner Schöpfungslehre, die aufgrund des Offenbar-Seins der Beziehung Gottes zu Menschen „praktisch Anthropologie" ist: „Weil der Mensch – unter dem Himmel, auf der Erde – das Geschöpf ist, dessen Verhältnis zu Gott uns in Gottes Wort offenbar ist, darum ist er der Gegenstand der theologischen Lehre vom Geschöpf überhaupt."[12] Eine solche Akzentuierung bedeutet keinesfalls eine Negierung dessen, dass Gott auch der Schöpfer der anderen Kreaturen und des Alls ist – dies ist bei Barth immer schon mitgesagt. Das aber, was den Menschen auszeichnet, ist, dass ihm *offenbar* ist, in welchem Verhältnis Gott zu ihm steht: „Der der Schöpfer des Menschen ist, ist auch der Schöpfer des Alls, und so ist seine Absicht mit dem All, obwohl sie uns an sich verborgen ist, keine andere als eben die, die seine uns offenbare Absicht mit dem Mensch ist."[13]

Die Notwendigkeit, eine solche Frage überhaupt zu stellen, liegt – so Barth – in der Unmöglichkeit des Menschen begründet, sich selbst zu erkennen. Wie sollte der Mensch einen Standpunkt außerhalb seiner selbst, den Standpunkt

---

[10] KD III/2, 50.
[11] Iwand, Christologie, 18.
[12] KD III/2, 1 (Leitsatz).
[13] KD III/2, 19; vgl. a.a.O., 90f. Vgl. zur Hermeneutik der Schöpfungslehre Barths, KD III/1, 1-44.

eines externen Betrachters einnehmen, um sich selbst zu erkennen?[14] Und wie sind, wenn menschliche Selbsterkenntnis sich als ein Zirkelschluss erweist, Aussagen über den wirklichen Menschen überhaupt möglich? Solche erkenntnistheoretischen Fragen stehen im Hintergrund der nun anzustellenden Überlegungen. Denn Barth ist der Ansicht, dass eine Lösung dieser Fragen einer Perspektive bedarf, die sich der Mensch selbst nicht erschließen kann, ja, von der er nicht einmal wissen kann. Deshalb wehrt er sich gegen Lösungsversuche dieser Fragen, die – wie Idealismus, Existentialismus; Theismus oder auch Empirismus – meinen, ohne eine Außenperspektive (für Barth das Wort Gottes) auf den Menschen auszukommen.[15]

Denn aus theologischer Sicht widerspricht solchen Lösungsversuchen das *erst* im Lichte des Wortes Gottes sich zeigende Wesen des Menschen: „Gerade Gottes Offenbarung zeigt uns nämlich den Menschen zunächst durchaus nicht so, wie wir ihn hier sehen möchten: nicht in der Richtigkeit seines von Gott geschaffenen Wesens, sondern in dessen Verkehrung und Verderbnis."[16]. Mit den letzten Ausführungen geht es Barth – wie sonst auch in der KD – nicht um eine Sündenlehre als solcher, etwa im Sinne der Feststellung einer ontologischen Sündigkeit des Menschen, nein, er führt in diesem Zusammenhang die Sündenlehre aus erkenntnistheoretischen Erwägungen ein.

W. Krötke hat das Sündenverständnis Barths aufgearbeitet und zeigt eindrücklich, dass Sünde bei Barth nie absolut für sich behandelt wird, sondern dass „[d]ie Sünde des Menschen und der Mensch der Sünde [...] nach Barth nur im Geschehen der Versöhnung zu erkennen [sind]"[17]. Damit aber hat die Sündenlehre zunächst eine hermeneutische Funktion, denn, indem jedes Reden von Gott und vom Menschen zugleich auf die Probleme der Sünde stößt, hat diese Lehre „die Funktion, alles theologische Reden immer wieder von der Offenbarung in Jesus Christus her und auf sie hin zu orientieren"[18]. Damit aber soll die Radikalität der Sünde nicht verharmlost werden – denn „[w]er wollte bestreiten, dass dieser ganze Bereich – dieses ganze düstere Vorspiel oder Gegenspiel zu Gottes Bund und Gnadenwerk – sehr ernst zu nehmen und, wenn es zum Verständnis der christlichen Botschaft kommen soll, sehr genau ins Auge zu fassen und in Rechnung zu stellen ist? Es gibt ja wirklich keine Seite in der Bibel, auf der er nicht so oder so sichtbar

---

[14] Vgl. KD III/2, 87f. Vgl. MOLTMANN, Mensch, 8: „Es liegt eine Vermessenheit darin, über ‚den Menschen' zu schreiben – wenn man selbst ein Mensch ist."
[15] Vgl. die ausführliche Besprechung dieser Überlegungen bei HUH, Wirklichkeitsverständnis, 168-212.
[16] KD III/2, 29.
[17] KRÖTKE, Sünde, 53.
[18] KRÖTKE, Sünde, 99.

wäre"[19] –, aber sie soll in die richtige Relation gesetzt werden: „Die Sünde ist darin in ihrer ganzen furchtbaren Wirklichkeit dem bescheidensten Geschöpflein Gottes gegenüber im Nachteil, dass sie nach Röm. 5,12 in die Welt nur ‚hineingekommen' ist, in der Schöpfung Gottes keine Heimat hat, sondern nur als Fremdling gegenwärtig und wirksam sein kann."[20] Die Sünde wird also erst von ihrer Überwindung her in ihrem Ausmaß – und somit auch in ihrer dogmatischen Stellung – sichtbar.

Denn das, was theologisch als Sünde qualifiziert wird, wirkt sich auch auf die Erkenntnisfähigkeit des Menschen aus. Und so ist es höchst geboten, daran festzuhalten, dass an „der Erkenntnis der radikalen und totalen Verkehrung und Verderbnis des menschlichen Wesens […] kein Abstrich zu machen [ist]; ein Blick an der Sünde vorbei auf ein von ihr unberührtes menschliches Wesen kann also nicht in Frage kommen"[21]. Denn diese im Lichte des Wortes Gottes erst offenbar gewordene Verkehrung ist auch im Blick auf die Frage nach dem Menschsein grundlegend: „Der Widerspruch zu uns selbst, in welchem wir uns wegen unseres Widerspruches zu Gott befinden, ist ernstlich. Er verhindert wirklich auch das, dass wir uns selbst einsichtig werden können. Wir sind uns weder einsichtig, noch durchsichtig, noch übersichtlich. Wir befinden uns durchaus nicht – und das auch nicht teilweise – an jenem dritten höheren Ort, von dem aus wir uns selbst zu durchschauen und zu beurteilen vermöchten."[22]

Dennoch ist hier ein Weiterkommen möglich, denn das Bild des Menschen, welches sich im Lichte der Offenbarung Gottes zeigt, ist nicht das Bild seiner von Gott ursprünglich zugedachten Geschöpflichkeit: Der sündige Mensch ist also nicht der wirkliche Mensch! Aber dies vermag der Mensch nicht aus sich heraus zu erkennen. Er bedarf hier wiederum des Wortes Gottes, um zu erkennen, dass der Schöpfer seinem Geschöpf – trotz seiner Sünde – gnädig ist. Und eben dieses Wort Gottes ist es auch, welches zur Erkenntnis des von Gott gewollten Menschseins führt: *„Indem der Mensch Jesus das offenbarende Wort Gottes ist, ist er die Quelle unserer Erkenntnis des von Gott geschaffenen menschlichen Wesens"*[23] – eine Aussage, die Barth selbst als die „wichtigste These des Paragraphen" bezeichnet. Iwand spitzt die Implikationen dieser These noch einmal zu: „Er [Jesus, D.B.] ist der wahre Mensch – indem ich das glaube, bekenne ich auch, diese Wahrheit des

---

[19] KD IV/1, 152.
[20] KD IV/1, 153.
[21] KD III/2, 32f.
[22] KD III/2, 34.
[23] KD III/2, 47 (Hervorhebung D.B.).

2. Das Proprium einer christologisch fundierten Anthropologie

Menschen nirgendwo anders mehr zu suchen, nirgendwo anders her mehr erwarten zu wollen als von ihm, von seiner Nähe, seinem Offenbar sein."[24]

Jesus Christus ist also als Erkenntnisquelle von Aussagen über das Menschsein ausgemacht, damit kann Selbsterkenntnis des Menschen als Reflex der Gotteserkenntnis erfolgen.[25] Die Wahrheit über den Menschen ist außerhalb von uns (*extra nos*) zu suchen: „Der Weg zum wahren Menschen ist ein vermittelter Weg, ein durch Jesus vermittelter Weg; freilich nicht durch den historischen Jesus […], sondern durch Jesus als den auferstandenen Herrn."[26] Damit gründet die Anthropologie auf der Christologie, auf Jesus Christus als dem wahren Menschen. Hermeneutisch hat dies zur Konsequenz, dass eine Bewegung zu vollziehen ist, die, „indem sie nach dem Menschen im Allgemeinen frägt, vom Menschen im Allgemeinen zunächst weg und auf den einen Menschen Jesus blicken [muss], um erst von da aus wieder zum Menschen im Allgemeinen zurückzublicken"[27]. In diesem Sinne entwickelt Barth seine anthropologischen Aussagen formaliter und materialiter aus der Christologie.

Deutlich wird das Proprium der Barthschen Konzeption der Anthropologie, wenn man es beispielsweise der von W. Pannenberg gegenüberstellt. Pannenberg beginnt seine Ausführungen der theologischen Anthropologie im Gegensatz zu Barth von einem gleichsam „neutralen" Punkt: der „Weltoffenheit" des Menschen. Aufgrund seiner fundamentaltheologischen Hermeneutik ist es ihm möglich, eine theologische Anthropologie ohne dogmatische Voraussetzungen grundzulegen. So zieht Pannenberg Ergebnisse der Humanwissenschaften (hier vor allem Gehlens und Schelers anthropologische Einsichten) heran, um diese auf ihre religiösen und dogmatischen Implikationen hin zu verwenden. Allerdings ist bei diesem Unterfangen die Frage nach dem Kriterium zu stellen: „Can he really find the neutral ground between theology and human sciences to evaluate the potential for finding common themes?"[28]

Pannenberg meint mit der Weltoffenheit, die er vor allem bei Max Scheler findet, eine – wenn nicht *die* – Grundlage der Anthropologie gefunden zu haben: Weltoffenheit meint, dass der Mensch – im Gegensatz zum Tier – „offen für immer neue Dinge, frische Erfahrungen [ist], während die Tiere nur für eine beschränkte und arttypisch festliegende Anzahl von Merkmalen offen sind"[29]. Diese Offenheit des Menschen ist nicht nur quantitativ von der des Tieres unterschieden,

---

[24] IWAND, Christologie, 161.
[25] Vgl. BARTH, Nein.
[26] IWAND, Christologie, 162.
[27] KD III/2, 61.
[28] PRICE, Anthropology, 112.
[29] PANNENBERG, Mensch, 9.

sondern qualitativ: „Der Mensch ist ganz und gar ins Offene gewiesen."[30] Als Kern dieser Offenheit stellt sich – so Pannenberg – die „unendliche Angewiesenheit des Menschen auf ein unbekanntes Gegenüber" heraus, für dieses Gegenüber, „auf das der Mensch in seinem unendlichen Streben angewiesen ist, hat die Sprache den Ausdruck Gott"[31]. Pannenberg kann also sagen: „Die Weltoffenheit des Menschen setzt eine Gottoffenheit voraus."[32]

Aufgrund der Weltoffenheit des Menschen sind diesem „eine viel größere Mannigfaltigkeit von Eindrücken zugänglich als jedem Tier. Solcher Vielfalt stehen die Menschen ursprünglich und faktisch hilflos gegenüber. Das ist die Ursituation des Menschen in der Welt"[33]. Diese Situation zu bewältigen, ist Aufgabe der Sprache als „erste[r] Hauptform menschlicher Daseinsbewältigung"[34]: „Der Mensch spinnt gleichsam ein Netz von Wörtern und Wortbeziehungen, um dadurch den Zusammenhang des Verschiedenen in der Wirklichkeit darzustellen."[35] Von der Sprache gelangt Pannenberg zu der dieser verwandten Kultur: „Wie in der Sprache, so schafft der Mensch auch in der Kultur eine künstliche Welt, um sich dadurch die Mannigfaltigkeit der Naturerscheinungen verfügbar zu machen."[36] Die Weltoffenheit des Menschen bringt also eine materielle Kultur und eine Geisteskultur hervor, in der der Mensch – mithilfe seiner Phantasie – Schöpfer seiner Welt ist. Von dieser Basis aus, die formaliter und materialiter nicht verschiedener von der Barths sein könnte, führt Pannenberg nun seine anthropologischen Topoi aus; da es hier um die unterschiedliche Hermeneutik ging, braucht diese hier allerdings nicht dargestellt zu werden.[37] Im Rahmen der hier anzustellenden Überlegungen allerdings wird sich eine Hermeneutik als problematisch erweisen, die den Menschen bzw. sein Proprium kriterienlos im Gegenüber zum Tier entwickelt – und so letztlich der Gefahr einer kognitivistischen Engführung unterliegt.

Bevor nun allerdings eine so vorgehende Lehre vom Menschen hier entfaltet werden soll, ist der Frage nach dem Zusammenhang und der Möglichkeit der Zusammenarbeit einer christologisch fundierten Anthropologie und anderen Anthropologien nachzugehen.

---

[30] PANNENBERG, Mensch, 9f.
[31] PANNENBERG, Mensch, 11.
[32] PANNENBERG, Mensch, 12.
[33] PANNENBERG, Mensch, 14.
[34] PANNENBERG, Mensch, 13f.
[35] PANNENBERG, Mensch, 17.
[36] PANNENBERG, Mensch, 18.
[37] Vgl. ausführlicher Pannenberg, Anthropologie; vgl. die kurze Einführung bei FREY, Arbeitsbuch, 79-86.

3. Zum Verhältnis von theologischer und nicht-theologischer Anthropologie

Barth gelangt in KD III/2 in der Auseinandersetzung mit nicht-theologischen Anthropologien zu einem Ergebnis, welches einen weiten Raum zu inter- bzw. transdisziplinärer Zusammenarbeit bietet.

Zunächst stellt er fest, dass es neben der theologischen „auch allerlei ganz andere Anthropologie"[38] gibt, die sich zwei Typen zuordnen lassen:

Der erste Typ ist die „spekulative Theorie vom Menschen"[39]. Diese ist vor allem dadurch gekennzeichnet, dass sie über die Ergebnisse der exakten Wissenschaft hinausgeht und im Zusammenhang einer Weltanschauung zu verorten ist: „Anthropologie aus dieser Wurzel ist die Lehre vom Menschen, in der der Mensch selbst Lehrer und Schüler der Wahrheit vom Menschen sein zu können sich zutraut."[40] Äußerst problematisch für Barth ist, dass im Rahmen einer spekulativen Anthropologie der Mensch aufgrund eines ungebrochenen Selbstvertrauens von sich aus einen Anfang setzt, von dem aus er sein anthropologisches System bildet.

Barth kommt aufgrund der Auseinandersetzung mit der spekulativen Anthropologie zu dem Ergebnis, dass eine theologische Anthropologie nicht in jenem „toten Winkel"[41] beginnen kann, weil sie aufgrund ihrer Einsichten in das Wesen des Menschen jenes ungebrochene Selbstvertrauen für unangebracht hält, vor allem aber, weil sie das Wesen des Menschen nicht außerhalb des Wortes Gottes zu sehen vermag. Barth kommt zu den Schluss: „Der andere Ursprung der theologischen Anthropologie bezeichnet ihre Grenze gegenüber aller spekulativen Anthropologie. Und es versteht sich von selbst, dass sie diese Grenze immer wieder zu wahren haben wird."[42] Denn Erkenntnis über den Menschen kann für Barth nur vermittelte Erkenntnis sein, und zwar vermittelt durch das Wort Gottes.

Der zweite Typ nicht-theologischer Anthropologie ist der der „exakten Wissenschaft vom Menschen"[43], also der der Humanwissenschaften. Diese Wissenschaften können – so Barth – „nicht der Feind des christlichen Bekenntnisses sein", weil sie eine andere Perspektive auf den Menschen haben als die Theologie, nämlich das „Phänomen Mensch", d.h., „wie er ist, in welchen Grenzen und unter welchen Bestimmungen er als der, der er ist, und als das, was er ist, existieren kann".[44] Die

---

[38] KD III/2, 22 (im Original zum Teil gesperrt).
[39] KD III/2, 23 (im Original zum Teil gesperrt).
[40] KD III/2, 24.
[41] KD III/2, 24.
[42] KD III/2, 25.
[43] KD III/2, 25 (im Original zum Teil gesperrt).
[44] KD III/2, 26.

exakte Wissenschaft berührt aber aufgrund ihres Gegenstandes – dem *Phänomen* Mensch – nicht diejenige Wirklichkeit des Menschen,[45] die Barth als durch das Wort Gottes vermittelte Wirklichkeit erkennt, und kann diese dementsprechend nicht begründen, erklären oder beschreiben. Kennzeichen der exakten Wissenschaft ist vielmehr, dass ihre Aussagen hypothetischen Charakter haben, die jeweils zu ihrer Zeit in Spitzensätzen formuliert als Grundlage für die weitere Forschung dienen. Eine so verstandene exakte Wissenschaft würde erst dann zum Feind des christlichen Bekenntnisses, „wenn sie ihre Spitzensätze und Hypothesen verabsolutierte, wenn sie zum Exponenten und Bestandteil einer Philosophie und Weltanschauung würde, wenn sie also aufhörte, exakt und Wissenschaft zu sein"[46].

Es kommt hinzu, dass es zwischen der exakten Wissenschaft und der Theologie zwei methodologische Gemeinsamkeiten gibt: „Eine recht belehrte exakte Wissenschaft hat aber mit der recht belehrten theologischen Wissenschaft (1) dies gemeinsam, dass sie als solche keine Weltanschauung in sich schließt. Sie begnügt sich damit, Phänomene festzustellen, zu ordnen, zu verknüpfen, zu erforschen, zu verstehen und darzustellen."[47] Die exakten Wissenschaften und die recht verstandene Theologie haben weder am Anfang eine Weltanschauung, aus deren Rahmen sie ihre Ergebnisse deduzieren, noch dienen ihre Ergebnisse zum Aufbau einer bestimmten Weltanschauung. Vielmehr richtet sich ihr Interesse auf einen konkreten Gegenstand, den sie erforschen, um von diesem aus allgemeinere Aussagen zu treffen: a posteriori und nicht a priori ist der Weg der exakten Wissenschaften und der recht belehrten Theologie. „Neither science nor theology should, according to Barth, attempt to deduce their truths from universal a priori axioms. The deal instead with a particular object of study: science with various aspects of the natural world, dogmatics with the revelation, especially as it comes through the particular person and work of Christ."[48]

„Eben eine solche reine Wissenschaft trifft dann aber mit der dogmatischen Lehre vom Geschöpf jedenfalls (2) auch darin zusammen, dass sie den Kosmos nur als den Kosmos des Menschen erforschen und beschreiben, dass er auch für sie nur in ‚anthropozentrischer' Sicht existieren wird: nicht in der Sicht des christlichen Glaubens an Gottes Wort freilich und darum gewiß nicht ‚theanthropozentrisch', aber in der Sicht des menschlichen Wahrnehmungs- und Denkvermögens, über dessen Grenzen sie sich im Klaren sein und bleiben wird."[49]

---

[45] Vgl. KD III/2, 91f.
[46] KD III/2, 26.
[47] KD III/2, 12.
[48] PRICE, Anthropology, 102.
[49] KD III/2, 12 (im Original zum Teil gesperrt).

Schließlich sind der exakten Wissenschaft genauso wie der recht belehrten Theologie Grenzen gesetzt, weil beide ihren spezifischen Bereich haben.[50] Die exakten Wissenschaften und die theologische Anthropologie sind also darin parallel, „dass sie die Bedingungen der Möglichkeit ihrer Aussagen als deren Grenze achtet, jenseits derer sie ihren Charakter als Wissenschaft einbüßen würde"[51].

Hinter diesen knappen Sätzen steht ein Angebot, welches eine Zusammenarbeit der Theologie mit den exakten Wissenschaften ermöglicht, wenn nicht gar fordert.[52] Denn die Theologie und die exakten Wissenschaften haben denselben Gegenstand im Fokus des Interesses, aber jeweils unter einer anderen Perspektive, in einem anderen Licht. Beide Perspektiven haben ihre Berechtigung und Notwendigkeit: die exakten Wissenschaften fragen – aus theologischer Perspektive – nach den Möglichkeiten des Menschen (in ihrer Hermeneutik freilich verstanden als empirische *Wirklichkeit*), während die theologische Anthropologie nach der *Wirklichkeit* des durch das Wort Gottes offenbarten menschlichen Wesens fragt. Daher wird sich die theologische Anthropologie „als Gesprächspartner, nicht als Konkurrent der Humanwissenschaften erweisen"[53].

Aus Sicht der theologischen Anthropologie werden die „Phänomene des Menschlichen"[54] (Barth) – wie sie in allen Humanwissenschaften vorkommen (können) – erst mit Blick auf die durch das Wort Gottes vermittelte Wirklichkeit zu „Symptomen des Menschlichen"[55]. Der Erkenntnisweg der theologischen Anthropologie geht an dieser Stelle also vom Wirklichen, dem Wort Gottes, zu den Phänomenen und kann das, „was anthropologisches Wissen nur als Phänomen versteht, als die von der Wirklichkeit des Menschen mitgesetzten Möglichkeiten interpretieren"[56]: „Die theologische Anthropologie ist allein in der Lage, die Phänomene des Menschen nicht nur als solche zu betrachten, sondern als reale Symptome des Menschlichen zu begreifen"[57]. Die theologische Anthropologie hat also, wenn sie ganz bei ihrer eigenen Perspektive auf den Menschen bleibt, mit dieser eigenen Perspektive auch eine integrierende Funktion zu übernehmen: Denn um ein – auch nur annähernd – vollständiges Bild vom Menschen zu erreichen, müs-

---

[50] Vgl. KD III/2, 12f.; vgl. die unten, E 3., angestellten Überlegungen zu Demenz als wissenschaftlicher Herausforderung.
[51] STOCK, Funktion, 528.
[52] So auch FREY, Zeit des Menschen, 77.
[53] FREY, Zeit des Menschen, 77.
[54] KD III/2, 158, u.ö.
[55] KD III/2, 236, u.ö. Vgl. STOCK, Funktion, 531.
[56] STOCK, Funktion, 531 (im Original zum Teil kursiv).
[57] HUH, Wirklichkeit, 182; vgl. KD III/2, 236.

sen die Theologie und die exakten Wissenschaften zusammenarbeiten;[58] insofern ist Frey Recht zu geben, wenn er feststellt, dass die theologische Anthropologie neben ihrer „dialogische[n] und [...] kritische[n] Aufgabe" auch „konstruktiv werden [muss]"[59]: Und so versteht sich das Anliegen der vorliegenden Arbeit als ein theologischer Beitrag, der die bereits vorhandenen anthropologischen Einsichten in das Phänomen Demenz um eine theologische Perspektive erweitern und vertiefen möchte, um so zu einer ganzheitlicheren, integrativen Sicht auf den *Menschen* mit Demenz beizutragen.

Die Theologie bringt also ihre eigene Perspektive auf den Menschen, die sich ihr durch das Wort Gottes eröffnet, in den Diskurs ein; sie erschließt Grundlegendes zum Thema (Alzheimer-)Demenz und ermöglicht ein integratives Verständnis der (Alzheimer-)Demenz; sie steht damit neben anderen Blickweisen, die jeweils ihrerseits eigene Perspektiven auf die (Alzheimer-)Demenz einbringen – wie etwa Medizin, Pflegewissenschaft oder die „universalistische" Philosophie Peter Singers – und geht aber gleichzeitig über diese hinaus, indem sie ihre integrative Funktion wahrnimmt.

Nachdem nun die heuristischen und inter- bzw. transdisziplinären Voraussetzungen behandelt wurden, kann die materiale Darstellung der theologischen Anthropologie erfolgen. Handlungsleitend bei den folgenden Ausführungen soll die in Jesus Christus als Erkenntnisquelle sich erschließende ontologische Relationalität des Menschen sein, die für das Demenz-Geschehen Grundlegendes erschließt.

4. Die relationale Konstitution des Menschen

4.1. Einleitung und methodische Vorüberlegungen

Die grundlegende, ontologische Relationalität des Menschen erschließt sich in Jesus Christus, dem wahren Menschen – und zwar als Bestimmung des Menschen *für* Gott und *für* den Mitmenschen. Der Mensch, auch der wahre Mensch Jesus, wird und kann – aus theologischer Perspektive – nie unter Absehung seiner Relation zu Gott und (dann) zu den Mitmenschen erkannt bzw. beschrieben werden. Ziel der folgenden Ausführungen ist die Darstellung der Einsicht, dass das menschliche Leben „einerseits (vertikal gesehen) von Gott und für Gott und andererseits (horizontal gesehen) in der Beziehung zum Mitmenschen geschaffen ist"[60].

---

[58] Vgl. KD III/2, 106ff.241. Vgl. HUH, Wirklichkeit, 211, der die theologische Anthropologie ebenfalls zugleich auf einer Meta- und einer Sachebene ansiedeln möchte.
[59] FREY, Zeit des Menschen, 78.
[60] KD III/2, 673 (im Original zum Teil gesperrt).

4. Die relationale Konstitution des Menschen

Die folgenden Ausführungen über die relationale Konstitution des Menschen bedürfen allerdings einer Einordnung in den Kontext der Schöpfungs- und damit der Bundestheologie[61]. Die Schöpfung gründet nämlich – so Barth – im Bundeswillen Gottes,[62] also letztlich darin, dass Gott sich selbst zum Gott des Menschen bestimmt hat und so den Menschen zu seinem Bundespartner.

Gott will nicht für sich sein, ohne den Menschen als Partner, sondern er hat den Menschen zu seinem Partner erwählt und mit ihm einen Bund geschlossen. Damit hat Gott den ersten Schritt für die Partnerschaft getan, was ihm, der in sich selber Partner ist – „als Vater dem Sohn, als Sohn dem Vater"[63]–, entspricht. „Weil Gott selbst zuerst Anwalt und Garant von Partnerschaft ist, kann der Mensch im Bunde mit diesem Gott ein echter Partner sein."[64] Das Partnersein Gottes bedeutet also für den Menschen nicht bloßes in einem Verhältnis zu Gott zu stehen, sondern „dieses Verhältnis lebendig vollziehen", „sein Leben *in einer bestimmten Weise* zu vollziehen"[65]. (Damit geht die Frage nach der in dieser Partnerschaft zu Gott sich vollziehenden Freiheit des Menschen, auf die unten einzugehen ist, einher.)

Um diesen Bund zu verwirklichen, setzt Gott die Schöpfung als Lebensraum seines Bundespartners. Somit ist die Schöpfung der äußere Grund des Bundes und der Bund ist der innere Grund der Schöpfung.[66] Damit hat die Schöpfung ein Ziel, nämlich die Geschichte Gottes mit den Menschen, genauer die Geschichte Gottes, der sich den Menschen zu seinem Bundespartner erwählt hat. Deshalb steht bei Barth auch der Mensch im Zentrum[67] seiner Schöpfungslehre und deshalb ist der Mensch auch nicht unter Absehung seiner Bestimmung zum Zusammensein mit Gott zu beschreiben.[68] Hermeneutisch kann also hier nur von der

---

[61] Vgl. STOCK, Funktion, 525f.
[62] „Die Geschichte dieses Bundes ist ebenso das Ziel der Schöpfung wie die Schöpfung selbst der Anfang dieser Geschichte ist." (KD III/1, 44 [Leitsatz]).
[63] KD IV/2, 384.
[64] KRÖTKE, Gott und Mensch, 165.
[65] KRÖTKE, Gott und Mensch, 166 (Kursiv im Original).
[66] Vgl. zu der Unterscheidung von äußerem und innerem Grund JÜNGEL, Möglichkeit, 218-224.
[67] Vgl. KRÖTKE, Sünde und Nichtiges, 41: „Die Mitte der Schöpfungslehre Barths ist die Anthropologie."
[68] „Wenn Barth dem Bund Priorität vor der Natur gibt, wenn der Bund das Universale, die tragende und umfassende Mitte, das ontologische Fundament der Schöpfung ist, dann ist das Verhältnis des Menschen zu Gott als eine notwendige und konstante Bestimmung seines Wesens zu interpretieren." (EIBACH, Recht auf Leben, 133). Denn dann ist bzw. existiert der Mensch überhaupt nur, „indem er von Gott begründet, konstituiert und erhalten wird" (KD III/2, 416 [im Original zum Teil gesperrt]).

Bestimmung des Menschen aus nach der dieser Bestimmung zugrundeliegenden Beschaffenheit gefragt werden.[69] Diese Bestimmung des Menschen wird aber – so Barth – grundlegend in Jesus Christus offenbar.

Die grundlegende Dimension dieser Bestimmung ist das In-Beziehung-Sein des Geschöpfes zu seinem Schöpfer: der Mensch ist – wie sich zeigen wird – zur Gemeinschaft mit Gott geschaffen; Barth beginnt die Ausführungen seiner Anthropologie mit dieser Relation (4.1.). Dass der Mensch in vertikaler Hinsicht zur Beziehung mit Gott geschaffen ist, findet seine Entsprechung dann darin, dass er in horizontaler Hinsicht zur Beziehung mit den Mitmenschen geschaffen ist (4.2.). Erst nachdem diese beiden Relationen grundgelegt sind, kommt Barth zum individuellen Sein des (einzelnen) Menschen. Barth hat also nicht zuerst den einzelnen Menschen im Blick, um von da aus nach dessen Möglichkeiten und Fähigkeiten zu fragen – und unter diesen dann etwa auch die Beziehung zu Gott (und den Menschen) abzuhandeln –,[70] sondern er setzt bei der grundlegenden Bestimmung, beim Wozu des Seins des Menschen, nämlich dem Sein *für* Gott und *für* die Mitmenschen, an, um erst danach die individuellen Voraussetzungen dieses Seins, nämlich das Sein als Seele seines Leibes (4.3.) und das Sein in der (befristeten) Zeit (4.4.), zu entfalten.

Die Darstellung folgt dabei dem Aufbau der KD; dementsprechend werden im Folgenden die §§ 44-47 referiert, kontextuell verortet und – wo nötig – mit Differenzierungen und Explikationen versehen.

4.2. Jesus, der Mensch für Gott – die Relation zwischen Schöpfer und Geschöpf

Zunächst geht es hier darum, das *Sein* des Menschen als Geschöpf Gottes zu verstehen.

Dass Barth hier ontologische Aussagen macht, dass das Wort Gottes eine „Ontologie des Menschen"[71] enthält, mag für die Barthsche Theologie zunächst verwunderlich erscheinen: Immer wieder wendet sich Barth gegen ontologische

---

[69] Vgl. THIELICKE, Ethik II/1, 357 (1273 [im Original gesperrt]): „Der Mensch kann nur von seinem Woraufhin und nicht von seinem Woher aus bestimmt werden". Damit ist aber einer anthropologischen Hermeneutik gewehrt, die den Menschen in Abgrenzung zum Tier verstehen will. Mit der Perspektive auf das Woraufhin des Geschaffenseins erhält der Mensch „seine Privilegierung gegenüber dem Tier und damit seine Sonderstellung im Kosmos nicht dadurch, dass er ‚über dem Tier' steht, sondern dadurch, dass er in besonderer Weise ‚unter Gott' steht". (THIELICKE, Ethik II/1, 351 [1252]).

[70] Die Möglichkeiten und Fähigkeiten des Einzelnen werden bei Barth ohnehin nur im Blick auf deren Verwirklichung in Jesus Christus im Sinne einer „ermöglichenden Möglichkeit" zur Sprache kommen; vgl. dazu vor allem unten, Kap. D, und KD IV/2, 52.80, u.ö.

[71] KD III/2, 5.

Aussagen und fordert, dass die Theologie es wagen müsse, „Theologie und also nicht Ontologie zu sein"[72]. Allerdings hat Jüngel gezeigt, dass Barths Theologie von – durch die christologische Reflexion als Kriterium begrenzten – ontologischen Aussagen durchzogen ist: „Die Offenbarung Gottes ist die kritische Instanz aller ontologischen Aussagen in der Theologie. Im Gegenüber zu dieser kritischen Instanz aber sind ontologische Aussagen in der Theologie nicht nur legitim, sondern unerläßlich."[73] Wenn dies für die Gotteslehre gilt, dann auch für die Anthropologie: Eine Anthropologie, die via Christologie entwickelt wird, kann also ontologische Aussagen über das Sein des Menschen machen.[74]

Der Mensch *ist* – wie sich zeigen wird – als Bundespartner Gottes zum Leben mit Gott bestimmt und auf diese Bestimmung hin geschaffen.

Hermeneutisch gelangt Barth zu Aussagen über das Sein des Menschen als Bundespartner Gottes aufgrund der Christologie: Jesus Christus ist darin der wahre Mensch, das er „für Gott" ist, denn er vollbringt „in Unterlassung aller anderen Werke Gottes Werk" und ist „im Tun dieses Werkes mit Gott Eins"[75].
Barth entfaltet das Für-Gott-Sein Jesu in sechs Schritten:
1. Jesus ist „der Mensch unter allen Geschöpfen, in dessen Identität mit sich selber wir sofort auch die Identität Gottes mit sich selber feststellen müssen. Ist uns die Gegenwart Gottes in allen anderen Geschöpfen mindestens problematisch, so steht sie hier außer aller Diskussion, ist sie hier unübersehbar, denknotwendig"[76].
2. Die Gegenwart Gottes in Jesus ist aber nicht nur eine Tatsache, sondern auch eine Tat: „Dass Gott in und mit diesem Geschöpf ist, heißt also direkt und unmittelbar [...], dass er in und mit diesem Geschöpf dieser Retter ist. Seine Gegenwart in ihm besteht darin, dass die Geschichte seines Errettens Ereignis, und seine Offenbarung in ihm besteht darin, dass diese Geschichte erkennbar wird."[77]
3. Damit, dass Gott in Jesus seinem Geschöpf als Retter offenbar ist, bleibt sich Gott selbst treu: „Sein Retten ist und bleibt Tat seiner Freiheit."[78]

---

[72] KD II/1, 657 (gesperrt im Original).
[73] JÜNGEL, Gottes Sein, 76.
[74] In dieser Linie im Zusammenhang des Prozesses „fortlaufender Durchchristung" ist auch die Beobachtung PÖHLMANNS, Analogie, 114, zu nennen: „[D]er Seinsbegriff wird innerhalb der Kirchlichen Dogmatik mehr und mehr positiv gewürdigt."
[75] KD III/2, 73f. (im Original zum Teil gesperrt).
[76] KD III/2, 79.
[77] KD III/2, 79.
[78] KD III/2, 80.

4. Jesus ist dementsprechend auch nicht außerhalb seines Retterseins, seines Mit-Gott-Seins zu verstehen: „Er ist da, indem Gott da ist, nämlich in ihm da ist, als der Retter aller und jedes Menschen in ihm da ist."[79]

5. Damit gibt es aber keinen Blick auf Jesus, der von seinem Amt und Werk, von seinem Heilandswerk also, absieht. Jesus ist in diesem Sinne „das kommende Reich Gottes".

6. Für-Gott-Sein heißt also, das Jesus ganz und gar „für das göttliche Errettungswerk und eben damit für Gottes eigene Ehre, für Gottes Freiheit und eben damit für Gottes Liebe [ist]. Das ist der Mensch, das Wesen, das für Gott ist"[80].

Somit ist Jesus gerade darin der wirkliche Mensch, wirkliches Geschöpf, „dass es seinen [Gottes, D.B.] Willen erfüllt, sein Werk tut, mit ihm eins ist, als Geschöpf nicht abhanden kommt, nicht verloren geht [...] Wer und was der Mensch ist, ist in seiner Fülle darin wirklich und sichtbar, dass Gottes Sohn in Jesus Mensch geworden, der Mensch in ihm so völlig zur Verfügung Gottes gestellt ist. Gerade hier ist er der wirkliche und der in seiner Wirklichkeit erkennbare Mensch."[81] Und obwohl zwischen uns und Jesus ein unaufhebbarer Unterschied besteht, kann Barth für die Anthropologie hier schon festhalten, dass der Mensch „auf alle Fälle als ein von Haus aus in irgendeiner Beziehung zu Gott stehendes Wesen verstanden werden muss"[82]: „Der Mensch ist nur mit Gott, nicht anders."[83] Aufgrund von Jesu wahrem Menschsein entwickelt Barth Kriterien für die Frage nach dem Sein des Menschen, sozusagen Mindestanforderungen an eine theologische Anthropologie:

1. Das Wesen des Menschen muss von Gott her und vor allem zu Gott hin verstanden werden: „Den real gottlosen Menschen werden wir nie und nimmer als den wirklichen Menschen anerkennen können."[84] 2. Das Wesen des Menschen vollzieht sich in einer Geschichte, die zu der in Jesus Christus sich ereignenden Geschichte, in der Gott als der Retter des Menschen tätig ist, in einer Beziehung steht: „Die ontologische Bestimmung des Menschen ist darin begründet, dass in der Mitte aller übrigen Menschen Einer der Mensch Jesus ist."[85] Jeder Mensch ist aufgrund dessen also als Mitmensch Jesu zu verstehen. 3. Das Wesen des Menschen hat aufgrund dieser Geschichte eine Bestimmung, die mit der Ehre Gottes zu tun hat. 4. Das Wesen des Menschen steht aufgrund dieser Geschichte unter

---

[79] KD III/2, 80.
[80] KD III/2, 81f.
[81] KD III/2, 74 (im Original zum Teil gesperrt).
[82] KD III/2, 83 (im Original zum Teil gesperrt).
[83] KD III/2, 146 (gesperrt im Original).
[84] KD III/2, 84.
[85] KD III/2, 158.

4. Die relationale Konstitution des Menschen

der Herrschaft Gottes; was immer angesichts dessen die Freiheit des Menschen „sei – in der Freiheit, der Herrschaft Gottes zu entlaufen, wird sie nicht bestehen können"[86], sondern 5. die Freiheit des Menschen „besteht dann in seiner Freiheit, sich für Gott zu entscheiden"[87], ist also als eine Freiheit zu verstehen, die auf die in der Geschichte Jesu Christi sich ereignende Tat Gottes zu beziehen ist, ja in dieser ihren Ursprung hat. 6. Die Existenz des Menschen „für Gott" ist als Gottesdienst zu verstehen, „in welchem er seinerseits darum für Gott ist, weil Gott sich ihm zuerst verpflichten wollte, eben damit aber konsequent auch ihn sich verpflichtet hat"[88].

Diese – am Beginn der Überlegungen sicherlich noch thetisch erscheinenden Aussagen – stellen Barths Grenzpunkte der Bestimmung eines theologischen Begriffes vom Menschen dar, die im Folgenden zu füllen sind. Zentrum, Woher und Wohin dieser Aussagen ist Gott, der Schöpfer des Menschen; Gott tritt seinem Geschöpf in Jesus so gegenüber, dass wir von ihm aus erkennen, wer der wirkliche Mensch ist, um dann auch das zu tun, was wirkliche Menschen tun. Es geht Barth also um die grundsätzliche Zugehörigkeit des Menschen zu Gott, die sich in Sein *und* Aufgabe des Menschen manifestiert.

Bevor Barth allerdings anhand dieser Kriterien zu positiven Aussagen über das Sein des Menschen kommt, untersucht er unter dem Fokus „Phänomene des Menschlichen" naturalistische, ethische, existenzphilosophische und theistische Aussagen, die die Theologie sehr wohl wahrzunehmen hat, und stellt fest, dass diese bestimmte Phänomene des Menschlichen wohl erfassen, dass sie aber erst aufgrund der Offenbarung des Wortes Gottes zu *„Symptomen* des Menschlichen"[89] werden können. Die Phänomene stehen – so Barth – gleichsam im inneren einer Klammer des menschlichen Selbstverständnisses, das aber ein Zirkelschluss bleiben muss.[90] Denn eine entscheidende Belehrung über das Wesen des Menschen kann nur von einem Ort außerhalb dieser Klammer geschehen: „Dieser Ort und Faktor außerhalb der Klammer des menschlichen Selbstverständnisses ist Gott. Er, des Menschen Schöpfer, weiß, wer und was der Mensch ist."[91]

Das wirkliche Wesen des Menschen wird also erst in seiner Beziehung zu Gott offenbar. *Der Mensch – wie er wirklich ist – ist nur in seiner Relation zu Gott*

---

[86] KD III/2, 85.
[87] KD III/2, 85.
[88] KD III/2, 86.
[89] KD III/2, 236 (kursiv D.B.)
[90] Vgl. KD III/2, 87.
[91] KD III/2, 145.

zu sehen: „Das menschliche Selbstverständnis müßte, um Erkenntnis des wirklichen Menschen zu werden, umgekehrt und neu begründet, es müßte aus einem autonomen in ein theonomes Selbstverständnis gewandelt werden."[92]

Diese grundlegende Relation zu Gott ist nun näher als *Geschichte* zu fassen, „in der zuerst von Gott, aber dann auch vom Menschen her Entscheidungen fallen, in der zuerst von Gott, aber dann auch vom Menschen nach bestimmten Entschlüssen und in bestimmter Absicht gehandelt und auch gelitten, geredet, gehört und geantwortet, gegeben und empfangen wird"[93].

Barths Verständnis von Geschichte,[94] über das hier kurz gehandelt werden muss, steht – wie Dantine es beschreibt – „in unverhohlenem Gegensatz zu all dem, was wir sonst bei diesem Worte assoziieren. Es findet in der Barthschen Diktion eine ausgesprochene Verfremdung des normalen Sprachgebrauchs statt"[95].

Barths Geschichtsbegriff inhäriert gerade kein Bemühen um ein Verständnis des Ablaufs von Natur- und Entwicklungsprozessen, es geht ihm nicht um das Gewordensein bzw. die Rekonstruktion des Gewordenseins der menschlichen Zivilisation in einer als Historie verstandenen Geschichte. „Der Geschichtsgedanke dient ihm vielmehr zur ,ontologischen' Bestimmung des menschlichen Seins in seiner transeunten Beziehung zu Gott."[96]

Geschichte hat bei Barth eine räumliche Dimension; Geschichte ist somit der von Gott konstituierte Raum des Zusammenseins, oder besser: der „Konfrontation"[97] des Geschöpfes mit seinem Schöpfer. Dieses Zusammensein versteht Barth als Begegnung, als Geschehen: „A history involves encounter: a relationship of one with an other."[98]

Vermittelt ist das Barthsche Geschichtsverständnis – wie die Geschichte überhaupt – christologisch[99]: „Die Anschauung, die wir bei diesem Begriff des Seins als Geschichte vor Augen haben, ist aber die Existenz des Menschen Jesus."[100] Und Jesu Sein in der Geschichte ist es auch, welches unser Sein als Geschichte in der Begegnung mit Gott überhaupt erst begründet,[101] weil in ihm die

---

[92] KD III/2, 148.
[93] KD III/2, 147 (im Original zum Teil gesperrt).
[94] Vgl. grundlegend zu Barths Geschichtsverständnis: HAFSTAD, Wort und Geschichte.
[95] DANTINE, Welt-Bezug, 273.
[96] BECKER, Buber und Barth, 177.
[97] KD III/2, 181.
[98] PRICE, Anthropology, 119.
[99] Vgl. KD III/2, 191; vgl. DANTINE, Welt-Bezug, 271.
[100] KD III/2, 190.
[101] Vgl. KD III/2, 193.

Urgeschichte, die Urbegegnung zwischen Gott und Mensch stattfindet und so erst offenbar wird, in welcher Geschichte wir überhaupt sind: „In his [Jesus, D.B.] existence as both God and man we see the possibility of encounter between God and humanity. His primal history enables all other humans to have, more accurately to ‚become', a history."[102]

Der Mensch existiert also als Geschichte, er ist Mensch, indem er Geschichte *ist*.[103] Dabei ist Geschichte aber kein Zustand, „sondern Geschichte eines Wesens geschieht damit, dass ihm als dem, was es ist – dass mit ihm etwas geschieht. Geschichte eines Wesens hebt darin an, geht darin weiter und vollendet sich darin, dass etwas, was es nicht ist, ein seiner Natur Transzendentes ihm begegnet, zu ihm hinzukommt, sein Sein in der ihm eigenen Natur bestimmt, so dass es seinerseits genötigt und befähigt wird, sich selbst in Richtung auf dieses Andere und Neue und im Verhältnis zu diesem zu transzendieren."[104]. Damit aber ist die Geschichte des Menschen keine selbstständige Geschichte: „Sie folgt auf die Geschichte des Menschen Jesus. Sie hängt gewissermaßen an dieser. Aber in ihrem Zusammenhang mit ihr ist auch sie ein Stück Bundes-, Heils- und Offenbarungsgeschichte. Und eben in diesem Zusammenhang und also in dieser seiner Geschichtlichkeit ist der Mensch, was er ist."[105].

Dieser ‚Urgeschichte' von Schöpfer und Geschöpf entspricht dann die Begegnung von Mensch und Mensch, von Ich und Du[106]: „Wenn wir also formulieren: ‚Ich bin, indem Du bist', beschreiben wir nicht das Verhältnis zweier in sich ruhender, sondern zweier aus sich herausgehender, zweier existierender – und nun eben: zweier in ihrem Existieren aufeinander treffender, sich begegnender Seinskomplexe. Als zwei Geschichten begegnen sich das ‚Ich bin' und das ‚Du bist'."[107]

Für Barth ist also Jesus Christus in der Geschichte das zentrale Geschehen, welches für alle Zeiten davor und danach Bedeutung hat: „[I]ndem dieser Eine [Jesus, D.B.] auch Mensch ist, ist auch er, ist jeder Mensch an seinem Ort und zu seiner Zeit verändert [...] Zu seinem menschlichen Wesen gehört dies, dass auch Jesus

---

[102] PRICE, Anthropology, 122.
[103] Vgl. zum Unterschied von Geschichte haben und Geschichte sein KD III/2, 189.
[104] KD III/2, 189 (im Original zum Teil gesperrt).
[105] KD III/2, 194 (im Original zum Teil gesperrt).
[106] Die Begegnung von Ich und Du ist das zentrale Thema dieser Arbeit; sie wird unten, 4.3., und dann vor allem in den Kap. D und E näher entfaltet und auf die Begegnung mit Menschen mit Demenz hin fokussiert.
[107] KD III/2, 297 (im Original zum Teil gesperrt); zur Entfaltung dessen s.u.; vgl. KD III/2, 189ff.

Mensch ist, dass er in diesem Einen seinen menschlichen Nachbarn, Genossen und Bruder hat."[108] Der Mensch Jesus ist also eines jeden Menschen göttliches Gegenüber, denn Jesus steht aufgrund seiner besonderen Beziehung zu Gott – die nur vom ihm als Identität ausgesagt werden kann – anders in der Geschichte der Menschen als sonst jeder andere Mensch. Er ist der Mensch, in dem Gott als der Retter den Menschen gegenübertritt.[109]

Heißt also Menschsein mit Jesus zusammen zu sein, dann heißt es immer auch mit Gott zusammen zu sein. „*Was er* [der Mensch. D.B.] *immer sonst ist und auch ist: er ist es auf Grund dessen, dass er mit Jesus zusammen und also mit Gott zusammen ist.*"[110] Das ist die Grundaussage der Barthschen Anthropologie. Der Mensch ist dadurch Mensch – und weiß erst dadurch eigentlich um sein Menschsein –, dass er mit Jesus zusammen ist, und dieses Mit-Jesus-zusammen-Sein heißt: mit Gott zusammen zu sein.[111]

Das Zusammensein mit Gott qualifiziert Barth in seinen folgenden Ausführungen näher, indem er zunächst feststellt: „Es ist ein Sein von Gott her. Es ist ein von Gott abhängiges Sein."[112] Dieses Von-Gott-her-Sein des Menschen beruht grundlegend auf Gottes Erwählung. In seiner Erwählungslehre, die Barth vor allem in KD II/2 vorlegt, ist Jesus Christus Subjekt und Objekt der Erwählung.[113] Ohne

---

[108] KD III/2, 159.
[109] „Gott selbst tritt ja in ihm in die Mitte, wird Mensch, ein Mensch unter anderen, um sich selbst in diesem Menschen zum Vollstrecker seines Willens zu machen." (KD IV/1, 36 [im Original zum Teil gesperrt]).
[110] KD III/2, 161 (Kursiv D.B.).
[111] Vgl. KD III/2, 167.
[112] KD III/2, 167. Daher kann Barth auch sagen: „Gottlosigkeit ist infolgedessen keine Möglichkeit, sondern die ontologische Unmöglichkeit des Menschseins." (KD III/2, 162). Zur Abhängigkeit des menschlichen Seins von Gott vgl. unten: Dort wird der Mensch als durch den Geist Gottes konstituiert zu beschreiben sein.
[113] Vgl. KD II/2, 101-157. Vgl. zur Erwählungslehre Karl Barths, KRECK, Grundentscheidungen, 188-283, der in eindrücklicher Weise herausstellt, dass die Erwählungslehre Barths mit dem – unten noch zu behandelnden – Komplex „Jesus, der Herr der Zeit" in untrennbarer Verbindung steht. In der Erwählung, deren Subjekt und Objekt Jesus Christus ist, kulminieren auch die Überlegungen zum Verhältnis von Jesus und uns, denn in ihm sind wir erwählt, vorzeitig, aber nicht zeitlos (vgl. KRECK, Grundentscheidungen, 227ff.): Denn die ewige Erwählung Jesu Christi, in die wir eingeschlossen sind, wird in dem Menschen Jesu geschichtliches Ereignis. „Jesus Christus ist Gottes ewiges Wort, Gottes ewiger Beschluß, Gottes ewiger Anfang allem dem gegenüber, was außer Gott wirklich ist." (KD II/2, 106). Insofern ist in Jesus Christus auch unser Sein und unsere Aufgabe offenbar.
Vgl. weiterführend zur Darstellung und Würdigung der Barthschen Erwählungslehre, GLOEGE, Prädestinationslehre.

4. Die relationale Konstitution des Menschen

die Erwählungslehre hier entfalten zu können,[114] ist für die Frage nach dem Menschsein von Bedeutung, dass der Mensch Jesus der erwählte Mensch ist und dass alle Menschen *in ihm* erwählt sind: „Menschsein heißt also *artmäßig* mit dem zusammen sein, der Gottes eigentlicher und primärer Erwählter ist."[115] Damit aber hat der Mensch einen *charakter indelebilis*, denn sein Menschsein, die Würde und der Wert seines Menschseins besteht nicht in irgendeiner Eigenschaft oder Fähigkeit, sondern darin, dass er von Gott erwähltes, ein „miterwähltes oder hinzuerwähltes"[116] Geschöpf ist.[117]

Bereits an dieser Stelle ist – freilich in einem hier nicht zu vermeidendem Vorgriff – kurz auf die Konsequenzen dieser Einsicht einzugehen, die dann besonders unten, Kap. D., entfaltet wird. Dazu ist auf Barths Versöhnungslehre, besonders auf KD IV/2, zu rekurrieren,[118] die hier nicht gesondert dargestellt werden kann. Dort versteht Barth Jesus Christus als den *wahren* Menschen, der das Zusammensein mit Gott *für uns* stellvertretend ermöglicht und verwirklicht (hat): „In Jesus Christus ist nicht nur ein Mensch, ist vielmehr das Menschliche aller Menschen als solches in die Einheit mit Gott versetzt und erhoben."[119] Für Barth ist also in Jesus Christus „Alles zu sehen, konkret von ihm ist Alles zu denken und zu sagen, was zum göttlichen, und wieder Alles, was zum menschlichen Wesen gehört"[120] Damit sind in Jesus Christus, dem wahren Menschen, also die Möglichkeiten des Menschseins „für alle" schon „mächtig und verbindlich" verwirklicht.[121] Barth denkt also von der Wirklichkeit Jesu Christi, von den in ihm *für uns* verwirklichten und so *für uns* ermöglichten Möglichkeiten des Menschseins her hin zu unseren Möglichkeiten unseres Menschseins. Diese Möglichkeiten dienen uns – so die These, die in Kap. D näher zu entfalten sein wird – zur Verwirklichung unseres Bundesgenossen-Seins, unseres Zusammenseins mit Gott und den Menschen und damit unseres Seins als Geschöpf Gottes.

Als ein solches Geschöpf besteht des Menschen Sein „als Zusammensein mit Jesus im Hören von Gottes Wort"[122]. Menschsein heißt also ein Geschöpf in demjenigen Bereich zu sein, „in welchem Gottes Wort gesprochen und laut

---

[114] Vgl. STOCK, Anthropologie, 58.
[115] KD III/2, 173 (Hervorhebung D.B.); vgl. DERS., KD II/2, 125.
[116] KD III/2, 174 (im Original zum Teil gesperrt).
[117] Vgl. besonders unten, D 2., die Überlegungen zu Würde und Identität des Menschen; vgl. ferner insgesamt Kap. D und E; vgl. EIBACH, Recht auf Leben, 149.
[118] Vgl. STOCK, Anthropologie, 31-35.
[119] KD IV/2, 52 (im Original zum Teil gesperrt).
[120] KD IV/2, 80 (im Original zum Teil gesperrt).
[121] KD IV/2, 587 (im Original zum Teil gesperrt).
[122] KD III/2, 176.

wird"¹²³. (Das also, was von den exakten Wissenschaften als empirische Wirklichkeit wahrgenommen wird, ist für die theologische Anthropologie die durch das Wort Gottes konstituierte Wirklichkeit.) Der Mensch ist „durch Gottes Wort aufgerufenes und insofern geschichtliches – durch die in Gottes Wort eröffnete Geschichte begründetes – Sein"¹²⁴. Er existiert nicht nur im Bereich der Wirklichkeit des Wortes Gottes, er ist auch von dieser Wirklichkeit her; das Wort Gottes ist also die Voraussetzung seiner Existenz – das ist die eigentliche Bedeutung der *creatio ex nihilo*!

Das Sein des Menschen – so fährt Barth fort – ist somit ein Sein in der Geschichte, die Jesus Christus begründet hat, und zwar in der Geschichte, in der Gott für den Menschen sein will. Und eben diese Geschichte kommt in Gang, dadurch, dass Gott dem Menschen gnädig ist. Damit ist das Wort Gottes als Indikativ ausgemacht, aber noch nicht in seiner Dimension als Imperativ: „Indem es [das Wort Gottes, D.B.] diesem Geschöpf [dem Menschen, D.B.] sagt, dass es von Gott nicht verlassen, sondern aufgenommen ist, indem es ihm verheißt, dass es Gottes Wille ist, sein Helfer und Erretter zu sein, kann es diesem Geschöpf nicht erlaubt sein, für sich zu bleiben."¹²⁵ Das Geschöpf, der Mensch, ist also aufgerufen, sich seinerseits zu dem in Beziehung zu setzen, der der Ermöglichungsgrund seines Seins ist. Die adäquate Form dieses In-Beziehung-Setzens ist die, Gott zu danken.

Der Dank des Menschen entspricht also der Gnade Gottes. Die Dimension des Dankes zeigt, dass der Mensch nicht nur von Gott her, sondern auch zu ihm hin ist. Dem Danken inhäriert nämlich die Dimension der Ver-*antwort*-ung: „Der Mensch ist und er ist Mensch, indem er diese Verantwortung ablegt, indem er sich selbst zur Antwort auf das Wort Gottes hergibt, sich selbst als dessen Beantwortung verhält, gestaltet, darstellt. Er ist und er ist Mensch, indem er diese Tat tut."¹²⁶ Der Mensch als Antwort ist also ganz in Beziehung zu Gottes Wort; damit aber erkennt er Gott und sich selbst. Antwortend hat der Mensch eine Entscheidung zu treffen: Aus dem „Ich bin", welches als ein „Ich bin darin", nämlich im Wort Gottes, verstanden wird, wird ein „Ich will"; es geht Barth um ein aktives Dabeisein, darum, dass der Mensch im Raum des Wortes Gottes – freilich auf seine Weise – aktiv wird und ist: Sein in der Verantwortung schließt so eine aktive Entscheidung ein, eine Wahl der (einzigen) Möglichkeit, die den Menschen zum Subjekt werden lässt: So wie das Sein in der Verantwortung die Antwort eines

---

[123] KD III/2, 179.
[124] KD III/2, 179.
[125] KD III/2, 197.
[126] KD III/2, 209.

4. Die relationale Konstitution des Menschen

wirklichen Subjektes fordert, so ist auch die Art und Weise dieses Antwortens zu verstehen: Gott ist, indem er für den Mensch ist, „das erste Subjekt dieser Geschichte und so, mit Wissen und Wollen handelnd, ist das menschliche Sein als Verantwortung vor Gott ihr zweites Subjekt. Und wie Gott selbst darin handelt, dass er sich für den Menschen einsetzt und hingibt, so bleibt dem Menschen als dem zweiten Subjekt dieser Geschichte nichts übrig, als darin zu handeln, dass er sich selbst für Gott einsetzt und hingibt, dass er für Gott zu haben ist, wie Gott für ihn"[127].

Die Freiheit des Menschen, die zwischen den Zeilen hier schon immer anklingt und mit der Barth seine Überlegungen schließt, ist also eine Freiheit, die erst und überhaupt in der Relation zu Gott realisiert wird.[128]

Es sind zwei Linien, die zur Entfaltung des Freiheitsbegriffes bei Barth notwendig in den Blick genommen werden müssen: die Freiheit Gottes und dann in Entsprechung zu dieser die Freiheit des Menschen.

Barths Freiheitsbegriff setzt nicht beim freien Willen (*liberum arbitrium*) des Menschen ein, um von da aus eine Wahlfreiheit des Menschen zu deduzieren, sondern bei der Freiheit Gottes „als Präfiguration der Freiheit des Menschen"[129]; die Freiheit des Menschen „ist im Sinne der analogia fidei eine Entsprechung zu jener göttlichen Freiheit", deshalb kann menschliche Freiheit erst dann verstanden werden, „wenn erkannt worden ist, dass und wie Gott frei ist"[130].

Gottes Freiheit besteht zunächst und grundlegend darin, dass Gott Gott ist: „Gott kann nicht nicht Gott sein. So kann er auch – und das sagt dasselbe – nicht nicht Vater und also nicht ohne den Sohn sein. Seine Freiheit, seine Aseität hinsichtlich seiner selbst besteht in der Freiheit, durch nichts als durch sich selber bestimmt, Gott, und das heißt Vater des Sohnes zu sein."[131] Gott ist also darin frei, sich selber zu sein. Als solcher ist er nun selbst der, der sich zu des Menschen Gott bestimmt hat, der in Beziehung zu den Menschen sein will.[132] Der hinter diesem Entschluss auszumachende Wesenszug Gottes ist die Liebe: „So redet man recht

---

[127] KD III/2, 217.
[128] Vgl. zum Freiheitsbegriff Barths HEDINGER, Freiheitsbegriff; Kappes, Leben, und zur Einführung, Busch, Leidenschaft, 114-136.
[129] KAPPES, Leben, 9.
[130] HEDINGER, Freiheitsverständnis, 33.
[131] KD I/1, 456 (gesperrt im Original).
[132] Vgl. BUSCH, Leidenschaft, 122.

von Gottes Freiheit, wenn man sie aus Gottes Liebe versteht."[133]. Gott ist also der „Liebende in der Freiheit"[134], ist also frei zur Liebe.

Gottes Freiheit ist aufgrund dieses göttlichen Entschlusses „nicht die Freiheit eines ‚So-Und-Auch-Anders-Könnens'"[135], sondern Gottes Freiheit ist die Freiheit zur Liebe. Diese Liebe ist deshalb als *freie* Liebe zu bestimmen, weil sich Gott selbst *frei* zu ihr entschlossen hat. Damit aber ist eine „schlechthinnige Wahlfreiheit oder eine schlechthin freie Wahl als solche [...] das Letzte, was von Gott zu sagen ist"[136].

In Entsprechung zu dieser göttlichen Freiheit ist nun die Freiheit des Menschen zu beschreiben: „Ist aber Liebe das Tun dieses seines [des Menschen, D.B.] Vaters, so kann dessen Nachbildung und Entsprechung im Tun des Menschen nur darin bestehen, dass er lieben und also sich selbst hingeben darf [...] Er soll nicht – er darf und wird lieben."[137] Darin erfüllt der Mensch seine Bestimmung zum Bundespartner Gottes. Aber nun will Gott, dass sich der Mensch frei für diese Bestimmung entscheidet.

Dieses freie Entscheiden des Menschen fasst Barth in den – (heute) missverständlichen – Begriff des Gehorsams, der einiger Ausführungen bedarf. Gehorsam heißt bei Barth eine der Wahl Gottes entsprechende Wahl zu vollziehen, also nicht Wahlfreiheit, sondern „ein Ausschließen dessen, was Gott verworfen [hat], [und] Bejahen dessen, was Gott bejaht hat"[138]. Busch expliziert das Barthsche Verständnis des Wählens als „Urakt von Freiheit und Selbstbestimmung"[139]. Menschliche Freiheit in Entsprechung zu Gottes Freiheit ist also keine Wahlfreiheit: „[A]n dieser Stelle heißt wählen nicht, zwei oder drei Möglichkeiten vor sich haben, sondern sich dem Einen zu – und allem anderen abkehren."[140] Es gibt also auch ohne Wahlfreiheit die Notwendigkeit der Entscheidung: „Was Gott damit will, dass er dem Menschen zum Gehorsam Freiheit gibt, ist dies, dass er den ihm in und mit seiner Erschaffung allein nahegelegten Gehorsam als solchen selber wahr mache, d.h. selber bestätige, in seiner eigenen Entscheidung Ereignis werden lasse"[141]. Es geht also um die freie Bestätigung auf Seiten des Menschen, denn Gott will des

---

[133] KAPPES, Leben, 10.
[134] Vgl. KD II/1, 288, u.ö.
[135] KAPPES, Leben, 13.
[136] KD II/2, 25; vgl. BUSCH, Leidenschaft, 120.
[137] KD IV/2, 882 (gesperrt im Original).
[138] HEDINGER, Freiheitsbegriff, 79, Anmerkung 39.
[139] BUSCH, Leidenschaft, 122.
[140] HEDINGER, Freiheitsbegriff, 79.
[141] KD III/1, 301 (gesperrt im Original).

Menschen „Gehorsam nicht gewissermaßen mechanisch herbeiführen"[142], sondern der Mensch soll die Wahl wiederholen, um damit die Wahl bestätigen, die Gott für ihn schon getroffen hat und zu der er ihn befähigt hat – in diesem Sinne ist Gehorsam zu verstehen.

Deutlich wird das Gemeinte und die Hermeneutik Barths im Blick auf das Gethsemane-Geschehen: Wiederum beginnt Barth mit der Freiheit Gottes. Gott ist Gott, Gott ist also frei, sich selber zu sein. Als solcher ist er der, in dem auch in dieser Freiheit des Selber-Seins Gehorsam ist: „In Gott ist Höhe, Überordnung und Autorität, die nicht Eigensinn und Härte ist, die Gott nicht hindert, sich in die tiefste Tiefe zu beugen – und: in Gott ist Tiefe, Gehorsam, der von knechtischer Unterwürfigkeit nicht an sich hat, der in Freiheit, nicht in Not, sondern in voller Ehre geleistet wird. Mit diesem – im innertrinitarischen Leben sich ereignenden Gehorsam – distanziert sich Barth bewusst vom griechisch beeinflussten Konzept eines leidenschaftslosen, unbewegten göttlichen Seins."[143]

Offenbar wird diese Freiheit Gottes, die den Gehorsam in sich schließt, in Gottes Sohn, Jesus Christus, dessen Freiheit (!) gerade darin bestand, „dass der ewige Sohn seinem ewigen Vater darin gehorsam wurde, dass er sich selbst dazu hergab und erniedrigte, des Menschen Bruder zu werden, sich neben ihn, den Übertreter zu stellen, ihn damit zu richten, dass er sich selbst an seiner Stelle richten und in den Tod geben ließ"[144]. Die Freiheit Jesu bestand in Gethsemane gerade im Gehorsam gegen Gottes Willen: Einerseits zeigt diese Geschichte, „dass es sich um seine echte menschliche Entscheidung, aber auch, dass es sich in dieser um seine Gehorsamsentscheidung handelt. Er wählt, aber er wählt das, neben dem er als der, der er ist, nichts anderes wählen konnte."[145] Jesu Freiheit hat es hier nicht mit einer neutralen Möglichkeit zu tun, in der er die Wahl hätte, sich auch anders zu entscheiden, denn Jesus ist als *der*, der er ist, der Mensch für den Menschen und in ihm wird das Gottsein Gottes für die Menschen offenbar: In Jesus gibt es also zwischen Autonomie und Theonomie keinen Widerspruch: Gerade indem er gehorsam ist, ist er frei.

Jesus ist also im Vollzug, und zwar im tätigen Vollzug seiner *Bestimmung* frei. Freiheit hat also etwas mit der Bestimmung zu tun. Und nun ist die Bestimmung des Menschen die zum *Bundespartner* Gottes: In der Erfüllung dieser Bestimmung ist der Mensch frei, auch wenn diese Freiheit keine absolute, relationslose Freiheit ist: „Gerade weil der Mensch in jeder Hinsicht nur als Verhältniswesen

---

[142] KD III/1, 301.
[143] HEDINGER, Freiheitsbegriff, 38.
[144] KD IV/1, 171 (Leitsatz).
[145] KD IV/1, 181.

menschlich ist, kann man solche relationslose Freiheit nicht zum Paradigma der Menschlichkeit des Menschen vor Gott machen [...] Wenn Barth also davon spricht, dass es nur eine Freiheit zum Gehorsam und nicht eine Wahlfreiheit zwischen Gehorsam und Ungehorsam gibt (vgl. [KD] III/2, 234), dann hat er die Verwirklichung unseres Menschseins in einem verhältnisgerechten Leben vor Augen und nicht eine Art höheren Zwang, der über dem Menschen waltet. Gott zeichnet den Menschen dadurch aus, dass er ihm die freie Wahl dieses Rechten zutraut und zumutet."[146] Der Mensch ist also dazu frei, das Rechte zu wählen. Gehorsam gegen Gott hat also nicht mit einer knechtischen Unterwürfigkeit zu tun, sondern gerade mit höchster Auszeichnung: „Er [der Mensch, D.B.] gilt jetzt nämlich als Einer, vom dem Gott etwas, und zwar gleich das Höchste, erwartet: dies nämlich, dass er in Übereinstimmung und Gemeinschaft mit ihm existiert."[147] Der Mensch ist also – in Entsprechung zu Jesus – in der Erfüllung seiner Bestimmung zum Bundespartner Gottes frei: Der Mensch – so Barth – „muss nicht gehorchen, er darf es: als der vor Gott und von Gott diese Ehre hat. Wie wäre sie da missverstanden, ja völlig verkannt, wo die Gehorsamsforderung als eine dem Menschen auferlegte Last, womöglich als eine ihm zugefügte Erniedrigung aufgefasst würde: Gehorchen heißt: sich seiner Ehre vor Gott und von Gott her freuen."[148]

Allerdings unterscheidet sich der freie Gehorsam Jesu dadurch von unserem freien Gehorsam, dass durch Jesu Gehorsamstat unsere Befreiung überhaupt erst vollzogen und ins Werk gesetzt wird. Gott nämlich „befreit den Menschen zu der Freiheit, in der er als Partner Gottes frei ist. Gott wählt keinen Freien, sondern er macht, die er wählt, durch sein Wählen frei."[149] Hier ist nun das Zentrum des Barthschen Freiheitsverständnisses: Angesichts der Versöhnung in Jesus Christus kann der Mensch sich gar nicht anders als für Gott entscheiden, er wird zu dieser seiner Bestimmung gemäßen Freiheit gleichsam befreit:[150] „Freiheit gibt es für uns nur aufgrund von *Befreiung*."[151] Entscheiden heißt daher hier nun Entsprechen: „Gott spricht (und gibt) und der Mensch entspricht (und gibt Antwort)."[152] Entsprechen kann hier nur „Anerkennen und Gehorchen" in dem Sinne meinen, dass aufgrund der Anerkenntnis dessen, was Gott im Verhältnis zum Menschen tut, der Mensch sich nur zu diesem Gott in Relation setzen kann: „Was Gott sagt und tut

---

[146] KRÖTKE, Gott und Mensch, 167.
[147] KD III/4, 747.
[148] KD III/4, 747 (gesperrt im Original). Vgl. unten, D 2.3., die Überlegungen zur Ehre des Menschen.
[149] HEDINGER, Freiheitsbegriff, 76; vgl. Kappes, Leben, 21.
[150] Vgl. KD IV/3, 760.
[151] BUSCH, Leidenschaft, 124 (kursiv im Original)
[152] BUSCH, Leidenschaft, 126.

in seinem Verhältnis zum Menschen, das ist ein einziges, nur in ihm selbst begründetes und eben darum lauteres, unangreifbares und unerschütterliches Ja zum Menschen. So ist es die Kraft, in der Mensch sein und Mensch sein darf, so das Gesetz der Freiheit, unter das gestellt, er nicht umhin kann, sich selbst aufzumachen und zu seinem Vater zu gehen."[153] Als Ent-*sprechung* ist somit unsere Freiheit zu verstehen: „Der erwählte Mensch ist dazu bestimmt, dem gnädigen Gott zu entsprechen, sein geschöpfliches Bild, sein Nachahmer zu sein."[154] Wie bei Jesus in Gethsemane heißt unser Wählen nicht, zwei oder mehr Möglichkeiten vor uns zu haben, sondern sich der einen zuzuwenden – und sich damit von allem anderen abzuwenden. So ist die Freiheit des Menschen als Gehorsam zu verstehen. Eben diese Freiheit im Gehorsam ermöglicht das Zusammensein mit Gott und den Mitmenschen, ist also die Erfüllung der geschöpflichen Bestimmung: „Er ist freier Mensch – frei denkend, beschließend und handelnd – [...] wenn ihm das Selbstverständliche, das allein Mögliche ist, was Gott für ihn erwählt hat – wenn er sich zu dieser göttlichen Wahl [...] bekennt, an ihr sein völliges Genügen findet. Er ist also dann freier Mensch, [...] wenn seine Entscheidung schlicht und ausschließlich der Nachvollzug der göttlichen Entscheidung ist."[155]

Die menschliche Freiheit entspricht also der göttlichen Freiheit und ist damit Freiheit *zur* Gemeinschaft und Freiheit *in* Gemeinschaft – mit Gott und mit den Mitmenschen.

Die Freiheit des Menschen kann also nicht ohne die Einsicht in das Wesen der Freiheit Gottes verstanden werden; erst von jener aus nämlich wird die Freiheit, die ihm als Geschöpf zukommt, verständlich – und in ihrem Wesen als Aufgabe des Menschen deutlich: Es geht also mit dem Sein in der Verantwortung auch ein entsprechendes Handeln auf Seiten des Menschen einher: „In sum: to be is to act, and to act rightly is to act in correspondence with the act of God towards us in the humanity of Jesus."[156]

Erkennen, Gehorchen und Anrufen sind – so Barth – der Rahmen, in dem sich das Sein in der Verantwortung vor Gott vollzieht. Innerhalb dieses Rahmens ist der Mensch er selbst, ist er frei. „Dieses Selbstsein des Menschen ist der Freiheitscharakter seines Seins."[157] Aber der Mensch ist nur darum frei, weil Gott ihm gegenüber zuerst der Freie ist. Der Mensch ist erst Subjekt, ist erst frei, indem

---

[153] KD III/2, 223 (gesperrt im Original).
[154] KD II/2, 457.
[155] KD IV/1, 499.
[156] PRICE, Anthropology, 144.
[157] KD III/2, 230 (im Original zum Teil gesperrt).

er sich zum Vollzug seiner Verantwortung selbst wählt: „Nicht zwischen zwei ihm gegebenen Möglichkeiten also, sondern zwischen seiner einen und einzigen Möglichkeit und seiner eigenen Unmöglichkeit und also zwischen seinem Sein und seinem Nichtsein, und also zwischen dem Bestand und der Nichtigkeit auch seiner Freiheit."[158] Freiheit heißt für Barth also, in einer solchen Relation zu Gott zu sein, die dadurch bestimmt ist, dass Gott der Schöpfer und Retter des Menschen ist, also auf das Wort Gottes, das dem Menschen eben dies offenbart, zu antworten. Darin ist der Mensch Subjekt.

Der wahre Mensch ist also der Mensch, der sich als Gottes Geschöpf, der sich in seiner Relation zu Gott aufgrund der Offenbarung in Jesus Christus erkennt und bekennt. Das „Sein in der Selbstverantwortung vor Gott, das kann anders als im Lichte von Gottes Wort und Offenbarung nicht erkannt werden"[159]. Die aus theologischer Sicht wirkliche Dimension des Menschseins ist unter Absehung von der Offenbarung in Jesus Christus nicht auszumachen: Dass der Mensch fähig ist, wirklich Mensch zu sein, erweist sich erst aufgrund des Wortes Gottes, erweist sich erst in der Relation zu Gott. Darin hat die theologische Anthropologie ihre eigene Perspektive auf den Menschen, die erst, nachdem sie eingenommen ist, auch einzelne Ergebnisse der exakten Wissenschaften nicht nur als Phänomene des Menschlichen, sondern als Symptome des Menschseins erschließen kann.

Der Mensch ist also zur Gemeinschaft mit Gott, zum Bundespartner Gottes als Mensch *für* Gott geschaffen; diese Bestimmung seines Wesens ist von ontologischer Natur[160]: „Der Mensch ohne Gott ist nicht: er hat weder Wesen noch Existenz, und der Mensch ohne Gott ist auch kein Erkenntnisgegenstand."[161]

4.3. Jesus, der Mensch für den anderen Menschen – Mitmenschlichkeit als Grundform des Menschseins

Im vorigen Abschnitt wurde dargelegt, dass der Mensch gemäß seiner geschöpflichen Bestimmung zum Leben mit Gott bestimmt ist, dass er also nur in dieser Beziehung zu Gott der wirkliche Mensch, ja wirklich Mensch ist.

Dieses „für Gott sein" findet nun auf der geschöpflichen Ebene „seine unangreifbare *Entsprechung* darin, dass sein geschöpfliches Sein ein Sein in der Begegnung ist: zwischen Ich und Du [...] In dieser Begegnung ist es menschlich,

---

[158] KD III/2, 235.
[159] KD III/2, 238.
[160] Diese Bestimmung gründet darin, dass sich Gott selbst zu des Menschen Gott bestimmt hat und den Menschen zu seinem Bundespartner erwählt hat; vgl. KD IV/1, 38f.
[161] KD III/2, 415 (im Original zum Teil gesperrt).

und in dieser seiner Menschlichkeit ist es das Gleichnis des Seins seines Schöpfers und ein Sein in der Hoffnung auf ihn"[162].

Es ist an dieser Stelle, an der es um *Entsprechung* geht, wichtig, einige Überlegungen über das Barthsche Verständnis der Analogie anzustellen, schon deshalb, weil „der Analogiegedanke [...] ein wichtiges Motiv und Prinzip in der Theologie Barths, wenn nicht sogar ihr Grundmotiv überhaupt [ist]"[163].

Barth grenzt sich mit seinem Verständnis von *analogia relationis* gegen „die" römisch-katholische Lehre der *analogia entis* ab:[164] Schöpfer und Geschöpf sind kategorial verschieden, von einer Analogie des Seins kann daher nicht gesprochen werden, wohl aber von einer Analogie der Beziehung: „Analogie heißt ja auch als Analogie der Beziehung nicht Gleichheit, sondern Entsprechung des Ungleichen."[165] „Die Analogie ist folglich als die Mitte zwischen Gleichheit und Ungleichheit weder Gleichheit noch Ungleichheit und doch beides zugleich, d.h. *Ähnlichkeit*, weder Widersprechung noch Gleichsprechung, sondern *Entsprechung*."[166]

Einen Zugang zu diesen Entsprechungsverhältnissen sieht Barth allein durch die Christologie gegeben, das „*Sein des Menschen Jesus ist der Seins- und Erkenntnisgrund aller Analogie*"[167]: „Bei Barth sind alle relationalen Analogien ‚via Christologie' zurückzuführen auf den Grund aller Analogien, die Entsprechung Gottes zu sich selbst. *Analogia relationis* ist der Grundsatz, der es ermöglicht, alle Entsprechungsverhältnisse zurückzubeziehen auf die ‚Urentsprechung' Gottes zu sich selbst. Alle abgeleiteten Entsprechungsverhältnisse können als durch die ursprüngliche Entsprechung Gottes zu sich selbst bestimmt angesehen werden."[168]

Voraussetzung für dieses Entsprechungsverhältnis, für jede Analogie also, die Gott und Mensch betrifft, ist, „dass der Mensch Jesus *das Gleichnis Gottes*

---

[162] KD III/2, 242 (Leitsatz), Hervorhebung D.B.
[163] PÖHLMANN, Analogia, 116. Vgl. zum Analogiebegriff Barths JÜNGEL, Geheimnis, 383-408; DERS., Möglichkeit; HÄRLE, Sein und Gnade, 172-226; PÖHLMANN, Analogia.
[164] KD I/1, 252, u.ö., vgl. dazu JÜNGEL, Möglichkeit, 210, bes. Anm. 1; vgl. kritisch dazu JÜNGEL, Geheimnis, 385, und PÖHLMANN, Analogia, 112.126-138.
[165] KD III/1, 220.
[166] PÖHLMANN, Analogia, 11 (Kursiv im Original); vgl. zu einer Klassifizierung der Barthschen Analogien, a.a.O., 107ff.
[167] JÜNGEL, Möglichkeit, 212 (Kursiv im Original).
[168] BECKER, Buber und Barth, 143; vgl. dazu Barth, KD III/2, 262f.

ist"¹⁶⁹, aufgrund dessen „inmitten noch so großer Unähnlichkeit immer noch größere[...] Ähnlichkeit zwischen Gott und Mensch"¹⁷⁰ ist.

Auf dieser Grundlage stellt Jüngel nun die für die Anthropologie wichtigsten Analogien in ihrer Struktur zusammen;¹⁷¹ aus Platzgründen kann hier nur sein Fazit ausführlichere Beachtung finden:

„a) Den Beziehungen im innergöttlichen Sein entspricht die Beziehung zwischen Gott und dem Menschen Jesus.

b) Der Beziehung zwischen dem Menschen Jesus und Gott entspricht die Beziehung zwischen dem Menschen Jesus und dem Menschen überhaupt.

c) Der Beziehung zwischen dem Menschen Jesus und dem Menschen überhaupt entspricht die Beziehung zwischen den Menschen überhaupt.

d) Die Beziehung zwischen den Menschen überhaupt entspricht den Beziehungen im innergöttlichen Sein und Wesen.

e) Den Beziehungen im innergöttlichen Sein und Wesen entspricht die Beziehung zwischen Gott und dem Menschen überhaupt."¹⁷²

en aufgrund der *analogia relationis* so zu beschreibenden Verhältnissen „ereignet sich die Wiederholung eines Seins, das selbst Ereignis und als Ereignis Relation ist"¹⁷³. In diesem Sinne ist Jüngels These zu verstehen: „Vielmehr ist eine theologische Anthropologie nur auf dem Grunde der Analogie möglich, weil diese Analogie das geschöpfliche Sein selbst allererst ermöglicht"¹⁷⁴ – und damit auch dessen Erkenntnis. Insofern ist das Schöpferhandeln Gottes analogisch.¹⁷⁵ Die *analogia relationis* ist bei Barth also weit mehr als ein reines Erkenntnisprinzip – und sie geht über eine *analogia entis* insofern hinaus, als „sie nichts Seiendes in seinem Sein mit anderem Seienden in seinem Sein vergleicht, sondern das dem eschöpflichen Seienden vorausgehende, ja das geschöpfliche Seiende in sein Sein rufende Ja Gottes in Entsprechung zu dem Ja Gottes sieht, mit dem dieser sich selbst sein Sein zuspricht"¹⁷⁶. Es geht also nicht nur um eine *analogia proportiottis*, sondern Barth hat bei seinem Verständnis der *analogia relationis* ein dieses Entsprechungsverhältnis überhaupt erst ermöglichendes Wort Gottes im Blick. Deutlich wird dies wie-

---

¹⁶⁹ JÜNGEL, Geheimnis, 394 (Kursiv im Original).
¹⁷⁰ JÜNGEL, Geheimnis, 393; vgl. zur Formulierung „Unähnlichkeit in Ähnlichkeit": KD I/1, 252.
¹⁷¹ Vgl. JÜNGEL, Möglichkeit, 214f.
¹⁷² JÜNGEL, Möglichkeit, 216.
¹⁷³ JÜNGEL, Möglichkeit, 214.
¹⁷⁴ JÜNGEL, Möglichkeit, 219; vgl. a.a.O., 227-230.
¹⁷⁵ Vgl. JÜNGEL, Möglichkeit, 219.
¹⁷⁶ JÜNGEL, Möglichkeit, 221.

derum in Jesus Christus, der das Ja Gottes zu sich selbst *und* zu den Menschen *in* einer Person ist: „Eben Jesus Christus ist aber selbst Gottes Gnadenwahl und darum Gottes Wort, Beschluss und Anfang in jener schlechthin Alle und Alles umfassenden, jede Eigenständigkeit aller anderen Worte, Beschlüsse und Anfänge umschließenden Weise."[177] Mit letzteren Ausführungen wurde schon weit in die Interpretation Jüngels vorgedrungen, der eine differenzierte Analyse vorlegt, aber in seiner Interpretation letztlich Gefahr läuft, in den von ihm – in Anschluss an E. Fuchs – aufgewiesenen ‚Sprachformen des Glaubens' zu verharren und so die christologische Wurzel – und damit das Kriterium – aus den Augen zu verlieren.

Barth arbeitet also mit der *analogia relationis*, um das Sein zwischen Mensch und Mitmensch als *Entsprechung* zum Sein Gottes mit den Menschen zu verstehen, indem er davon ausgeht, „[d]aß der Bund zwischen Gott und Mensch das Urbild des Bundes zwischen Mensch und Mensch ist"[178].

Hermeneutisch gelangt Barth zu solchen Aussagen über das Sein von Mensch und Mitmensch – wie im vorigen Paragraphen – aufgrund der Christologie: „Wir haben im Lichte des Wortes Gottes, unter Voraussetzung der uns in Jesus Christus gegebenen göttlichen Offenbarungswirklichkeit, nämlich unter Voraussetzung der Menschlichkeit des Menschen Jesus vom geschöpflichen Wesen des Menschen, von des Menschen Natur gesprochen. Indem wir von dorther kamen, von dorther auf den Menschen blickten, konnten wir etwas Anderes, weniger als das nicht sagen: dass er schon in seiner Natur zu jener Freiheit für den Mitmenschen, dass er dazu bestimmt ist, gerne mit ihm zusammen zu sein."[179]

Jesu Humanität besteht nun gerade darin, dass er *radikal* der Mensch für den Menschen ist: „[E]s handelt sich bei diesem Sein des Menschen Jesus für den Mitmenschen um einen Sachverhalt von ontologischer Natur."[180] Jesus ist darin umfassend und radikal der wahre Mitmensch, dass er nicht von außen an den anderen herantritt, sondern, indem er sein Leben für unser Leben lässt, des Menschen Erretter und Versöhner ist. Jesu Ich ist also „ganz vom Du her: von jenem gefallenen Adam, von dem ihm entsprechenden Menschengeschlecht"[181], so dass sich jeder Mensch „daran halten und darauf verlassen kann, dass jenes Opfer auch für ihn ein für allemal vollbracht, jener Sieg auch für ihn ein für allemal erfochten,

---

[177] KD II/2, 102; vgl. a.a.O., 101ff.
[178] KD III/2, 389.
[179] KD III/2, 329.
[180] KD III/2, 251.
[181] KD III/2, 256.

dass der Mensch Jesus auch für ihn ein für allemal gestorben und auferstanden ist"[182].

Es ist sachlich auch darum geboten, zu diesen Aussagen hier vorzudringen, weil sie den Aspekt der Stellvertretung im Fokus haben. Die Frage der Stellvertretung kann sich gerade im Bereich Pflege- und Betreuungsgeschehen als problematisch erweisen in Situationen, die durch eine Hilflosigkeit bzw. Ohnmacht gegenüber dem Leiden des Anderen gekennzeichnet sind. Aber hier ist – von der Christologie her – eine Grenze gesetzt: Ich kann nicht *für* den Anderen sein, sondern nur *mit* dem Anderen sein. Das ist die Grenze, die es für uns – im Gegensatz zu Jesus – zu wahren gilt.[183]

Jesus aber ist gerade und entscheidend darin der wahre Mensch, dass er *radikal für* das Du ist, dass er dessen Stelle einnehmen kann; diese Humanität entspricht aber gerade seiner Divinität: „Der Mensch Jesus muss ebenso für den Mitmenschen sein, wie er für Gott ist. Denn eben Gott – und er zuerst, er als des Menschen Jesus Auftraggeber, er als der Vater dieses seines Sohnes ist für den Menschen. Es ist von da ausgeschlossen, dass der Mensch Jesus nicht gerade, indem er für Gott ist, auch für den Mitmenschen sein sollte."[184] In Jesu für-den-Menschen-Sein, in seiner Humanität also wird Gottes Sein für den Mensch offenbar.

Diese Beziehung des Schöpfers zu seinem Geschöpf ist Gott an sich nicht fremd: „Gott wiederholt nämlich in dieser Beziehung nach außen eine Beziehung, die ihm selbst in seinem inneren göttlichen Wesen eigentümlich ist. Gott schafft, indem er in diese Beziehung tritt, ein Nachbild seiner selbst."[185] Daraus folgt aber, dass die „Humanität Jesu [...] nicht nur die Wiederholung und Nachbildung seiner Divinität, nicht nur die Nachbildung Gottes selber: nicht mehr und nicht weniger. Sie ist das Bild Gottes, die *imago Dei*."[186] Das Bild ist nun die hier notwendige Einschränkung: „Indem die Menschlichkeit Jesu Gottes Bild ist, ist darüber entschieden, dass sie mit Gott nur indirekt, nicht direkt identisch ist."[187] Hier ist das Verständnis von *analogia relationis* zu gewinnen: Denn es besteht zwischen Entsprechung und Ähnlichkeit der Beziehungen zwischen der innergöttlichen Beziehung auf der einen und der Beziehung Gottes mit den Menschen auf der anderen

---

[182] KD III/2, 254.
[183] Vgl. unten, D 3., zum Sein in der Begegnung mit Menschen mit Demenz; vgl. ferner unten, E 2., Demenz als ethische Herausforderung und dort die Abgrenzung zum Stellvertretungsbegriffs Bonhoeffers (E 2.2.).
[184] KD III/2, 259.
[185] KD III/2, 260 (im Original zum Teil gesperrt).
[186] KD III/2, 261 (Kursiv im Original).
[187] KD III/2, 261.

4. Die relationale Konstitution des Menschen

Seite: „Man kann es auch so sagen: die Entsprechung und Ähnlichkeit der beiden Beziehungen besteht darin, dass dieselbe ewige Liebe, in der Gott als Vater den Sohn, als Sohn den Vater liebt und in der er als Vater vom Sohne, als Sohn vom Vater, wieder geliebt wird, auch die von Gott dem Menschen zugewendete Liebe ist.

Aber: „Christologie ist nicht Anthropologie"[188] und so lassen sich die hier gesuchten Aussagen über das Sein von Mensch und Mitmensch nicht direkt aus der Menschlichkeit Jesu ableiten. Es kann hier – so Barth – wieder nur mithilfe von *Entsprechung und Ähnlichkeit* vorgegangen werden, um zu anthropologischen Aussagen über unser Menschsein zu gelangen.[189] Denn bei aller Ungleichheit zwischen Jesus und uns anderen Menschen besteht doch in irgendeiner Grundform Übereinstimmung, welche die Voraussetzung dafür ist, dass der Mensch Jesus überhaupt *für* die Menschen sein kann: Diese Übereinstimmung findet Barth in der Erwählung zum Bundespartner gründenden Natur des Menschen, die wiederum Gottes Sein entspricht:[190] Es kann also hier wiederum um nicht mehr und nicht weniger als um die „Entsprechung und Ähnlichkeit mit dem Wesen Gottes, die der Humanität als solcher eigentümlich ist"[191], um eine „Grundform der Menschlichkeit", die der Bestimmung des Menschen zum Bundespartner Gottes entspricht, gehen. Kriterium dieser Grundform der Menschlichkeit ist wiederum die Menschlichkeit des Menschen Jesus.

Aus dieser Menschlichkeit Jesu ergibt sich als Naheliegendstes für Barth die Tatsache, dass eine Humanität ohne den Mitmenschen nicht zu denken ist: *Si quis dixerit hominem esse solitarium, anathema sit!*[192] Denn ein „Mensch ohne Mitmensch oder ein Mensch, der dem Mitmenschen von Haus aus gegensätzlich oder neutral gegenüberstünde, oder ein Mensch, für den die Mitexistenz seines Mitmenschen nur untergeordnete Bedeutung hätte, wäre ein solches Wesen, das dem Menschen Jesus *eo ipso* radikal fremd gegenüberstehen würde, dessen Heiland und Erretter er nimmermehr sein könnte."[193] Besteht doch die Humanität Jesu in seinem Sein *für* den Menschen; in Entsprechung hierzu gilt nun: *Die „Humanität des*

---

[188] KD III/2, 264.
[189] Vgl. KD III/2, 268ff.
[190] „Hätte Gott dem Menschen eine seiner Gnade, eine seiner Menschenfreundlichkeit, eine der Mitmenschlichkeit Jesu gegenüber neutrale oder entgegengesetzte und also der Bundesgenossenschaft mit ihm von Haus aus fremde oder widerstrebende Natur gegeben, wie hätte er ihn dann als das zu dieser Bundesgenossenschaft bestimmte Wesen geschaffen?" (KD III/2, 268).
[191] KD III/2, 269.
[192] Wer aber sagt, der Mensch ist allein/ein Einzelwesen, der sei verflucht.
[193] KD III/2, 271 (Kursiv im Original).

Menschen besteht in der Bestimmt seines Seins als Zusammensein mit dem anderen Menschen"[194].

Mit dem Verständnis von Humanität als *Zusammensein* des einen Menschen mit dem anderen Menschen, mit Ich und Du als Grundform der Menschlichkeit, befindet sich Barth in der Nachbarschaft Martin Bubers[195]:

Von mehr als „Nachbarschaft" kann hier allerdings nicht gesprochen werden, da Barth Buber in einigen Kernpunkten seiner Einsichten kritisiert, wenn er auch der Grundannahme vom Menschsein in der Beziehung bzw. in der Begegnung zustimmt:[196] Becker arbeitet heraus, dass es vor allem die „soteriologische Differenz" ist, die Barth von Buber unterscheidet,[197] aber „[i]n ihrer Grundstruktur ist Karl Barths Sicht von Menschsein in der Beziehung der dialogischen Anthropologie Martin Bubers verwandt"[198], denn beide stimmen grundlegend darin überein, dass sie „Menschsein als dialogisches Sein verstehen"[199].

Eine Anthropologie allerdings kann – so Barth – nicht im Humanum beginnen,[200] insofern bleibe Buber dem Grundirrtum des idealistischen Denkens verhaftet, den er ja gerade zu überwinden trachtete.[201] Nach Barth kann eine (theologische) Anthropologie nur mit der absoluten Subjektivität Gottes beginnen, in der er das Kriterium für seine anthropologischen Aussagen findet. Barth verortet ja mit Hilfe der *analogia relationis* – wie gezeigt – die Anthropologie via Christologie in der Gotteslehre; und eben in Gott liegt nach Barth der Dualis auch begründet, denn Gott *ist* in sich selbst ein Gegenüber von Vater und Sohn, von Ich und Du. Das menschliche Gegenüber von Ich und Du ist somit für ihn als Analogie und Entsprechung des innergöttlichen Gegenübers von Vater und Sohn zu verstehen. Mit Blick auf Gottes Sein als Ich und Du ist des Menschen Sein entsprechend als *ontologisch* relational zu beschreiben.

M. Bubers Ansatz ist insofern ebenfalls als relations-ontologisch zu charakterisieren, als die Relation zwischen Ich und Du, durch die Konstitution dieser

---

[194] KD III/2, 290 (Kursiv D.B.).
[195] Für Barth ist die Dialogik Bubers nur im Bereich des Menschen *für* den Menschen rezipierbar, „nicht aber im Blick auf die Frage nach dem Verhältnis des Menschen zu Gott" (WEINRICH, Kontingenz, 79; vgl. ebd. Anmerkung 38).
[196] Vgl. zu den Gemeinsamkeiten und Differenzen von Barth und Buber die Untersuchung BECKERS, Barth und Buber; vgl. ferner BRINKSCHMIDT, Buber und Barth.
[197] Vgl. BECKER, Barth und Buber, 32.
[198] BECKER, Barth und Buber, 134.
[199] BECKER, Barth und Buber, 126 (im Original zum Teil gesperrt).
[200] Vgl. zum Verständnis und zur Verortung der Anthropologie, oben 3.
[201] Vgl. WEINRICH, Grenzgänger, 22ff.

4. Die relationale Konstitution des Menschen

Relation in der Angewiesenheit der Relata aufeinander ontologisch vorgegeben ist, indem die Beziehung „im Anfang" ist.[202] Weinrich weist an dieser Stelle darauf hin, dass der „eigentliche Schlüssel zum Personalismus Bubers [...] in dem Begriff des *Zwischen* [liegt]"[203] ‚Zwischen' Ich und Du ereignet sich eine unmittelbare Beziehung, eine Begegnung, die Gegenwärtigkeit hervorbringt, die aus der punkthaften, verlierbaren Gegenwart, „wirkliche und erfüllte [...] Gegenwärtigkeit, Begegnung und Beziehung"[204] werden lässt. Damit ist das ‚Zwischen' „ontologisch der Begegnung vorgeordnet, so sehr es ontisch erst in ihr in Erscheinung tritt"[205]. Buber kann das ‚Zwischen' als Liebe bezeichnen, die allerdings „nicht in der unmittelbaren Beziehung verharren [kann], sie dauert, aber im Wechsel von Aktualität und Latenz"[206]. Dieser Umstand ist nach Buber „die erhabene Schwermut unseres Loses, dass jedes Du in unserer Welt [wieder, D.B.] zum Es werden muss"[207].

Hinsichtlich der Frage der Verortung dieser Aussagen ist der Unterschied Barths zu Buber in dessen explizit christologischer Begründung des Ich-Du-Verhältnisses zu sehen: „So weit reicht nämlich die Gleichheit in der Ungleichheit, so weit reicht die Entsprechung und Ähnlichkeit zwischen dem Menschen Jesu und uns anderen Menschen, dass wir unsere Humanität [...] minimal dahin definieren müssen: sie ist des Menschen Sein in der Begegnung und in diesem Sinn: des Menschen Bestimmtheit als Zusammensein mit dem anderen Menschen."[208] Und eben jener christologische Zugang ist es, der – für Barth – zugleich entscheidendes Kriterium ist, aufgrund dessen die theologische Anthropologie „zum vornherein" in dialogische Richtung weist, dass der Mensch „von Haus aus nicht ohne den Mitmenschen, sondern mit ihm ist"[209]. Diese christologische Verortung und

---

[202] BUBER, Ich und Du, 18. Vgl. Brinkschmidt, Buber und Barth, 124: „Im Anfang ist die Beziehung. Ich und Du, von Grund auf sind sie gegeben und dies auf die Weise, dass sie miteinander im Bunde sind."(vgl. a.a.O., 130). Vgl. Ferner SCHWERDT, Ethik, 287: „Nach Buber kommt weder dem Ich noch dem Du des Ich-Du-Grundworts an sich Sein zu, sondern erst der lebendigen, wesenhaften Begegnung beider, die sowohl das Ich als auch das Du verändert."
[203] WEINRICH, Grenzgänger, 40 (kursiv im Original).
[204] BUBER, Ich und Du, 13.
[205] WEINRICH, Grenzgänger, 42.
[206] BUBER, Ich und Du, 17.
[207] BUBER, Ich und Du, 17.
Dass dem so ist, hängt für Buber mit den beiden Grundworten, Ich-Du bzw. Ich-Es, zusammen, zwischen denen der Mensch gleichsam oszilliert.
Wie sich in den folgenden Überlegungen zeigen wird, kann aufgrund der Bestimmung des Menschen gehörenden Freiheit *für* den Mitmenschen dieser Mitmensch – gemäß Barths Einsichten – nicht mehr zum Es werden; vgl. FREY, Arbeitsbuch, 62.
[208] KD III/2, 296.
[209] KD III/2, 334.

damit auch die „soteriologische Differenz"[210] ist es, die Barth von Buber bei allen weiteren Übereinstimmungen letztlich trennt.[211]

Denn hinter der christologischen Differenz steht für Barth ein – gegenüber Buber grundsätzliches und explizites – *Vorweg*[212] der *Wirklichkeit* des Wortes Gottes: Anthropologische Aussagen erschließen sich für Barth allein in Jesus Christus, dem Wort Gottes: „Eben was wir selbst sind, dürfen wir nun freilich nicht (etwa auf Grund einer allgemeinen Anthropologie) schon vorher wissen wollen. Wir sind das, was das Wort Gottes uns sagt, dass wir es sind."[213] Somit ist der vorfindlichen Wirklichkeit – und damit der Wirklichkeit, in der sich Bubers Ich-Du-Beziehung ereignet – Gottes Wirklichkeit – diese konstituierend – vorgeordnet. Für die Anthropologie gilt deshalb: „Der Mensch ist nicht ohne Gott", so dass „wir zuerst ‚Gott' gesagt haben, wenn wir ‚Mensch' sagen"[214]. Das heißt auf Ich und Du übertragen, dass das Ich zuerst und grundlegend vor Gott steht und so – von dieser Beziehung herkommend – dem Du begegnet (und freilich durch diese reziproke Begegnung ‚ich' wird). Damit ist aber noch nicht alles gesagt; das soeben Gesagte

---

[210] BECKER, Barth und Buber, 32.

[211] Vgl. neben der genannten Untersuchung von BECKER, Buber und Barth, zu den Unterschieden und Gemeinsamkeiten vor allem die detaillierte Studie von BRINKSCHMIDT, Buber und Barth.

[212] Auch Bubers Überlegungen umfassen den Gottesgedanken; Buber spricht in diesem Zusammenhang vom „ewigen Du" (BUBER, Ich und Du, 127, u.ö.; vgl. WEINRICH, Grenzgänger, 45ff.). Allerdings ist an dieser Stelle auf einen Dissens in der Buber-Interpretation und -Rezeption hinzuweisen: Ist das „ewige Du" dem menschlichen Du vorgeordnet und verdankt sich damit die menschliche Ich-Du Beziehung einer göttlichen Beziehung? Anders formuliert: „Führt die Mensch-Mensch-Beziehung zu Gott? Oder ist es umgekehrt, gilt es also, bei Gott anzusetzen und von ihm aus dann auf das hiesig Dialogische zu zeigen, ihm also seinen Ursprungsort im Göttlichen zuzuweisen?" (BRINKSCHMIDT, Buber und Barth, 47).
Die Beantwortung dieser Frage muss an dieser Stelle offen bleiben, zumal Einiges dafür spricht, dass sie so gestellt, Buber nicht gerecht wird: Zunächst ist diese Frage „Bubers Frage nicht. So, mit der Sicherung eines Vorweg, mit der Suspendierung des Wechsel- und Gesprächsmomentes, kann im Dialogischen nicht gedacht werden. Das sich gegenseitig Bedingende ist das Thema, darum geht es, dabei bleibt es auch und nicht zuletzt in diesem Kontext" (BRINKSCHMIDT, Buber und Barth, 47). Zudem weist Weinrich darauf hin, dass es für beide Interpretationsweisen bei Buber „gewichtige Anhaltspunkte" gibt (WEINRICH, Grenzgänger, 50). Angesichts dessen kann es aber nicht um eine Synthese gehen, sondern „[b]eide Interpretationen stehen [...] in ihrem Widerspruch ausdrücklich im Recht, aber nur, wenn sie stets von der jeweils anderen Möglichkeit in Frage gezogen werden. Sie stehen unverbunden nebeneinander und charakterisieren damit das Wesen der Gottesfinsternis, das eben nicht rationalisierbar ist" (WEINRICH, Grenzgänger, 50).

[213] KD I/2, 44.

[214] KD III/2, 414.

nämlich könnte Buber – freilich ohne christologische Begründungsstruktur – mit seiner Prämisse „Im Anfang ist Beziehung" vielleicht noch mittragen, aber aufgrund der christologischen Verortung bei Barth kommt bei diesem ein soteriologisches Moment in das Beziehungsgeschehen: Der (wahre) Mensch, das Ich, das sich dem Du zuwendet, der dem Menschen grundlegend ein Mitmensch werden kann (und geworden ist), ist Jesus Christus. Denn in Jesus Christus ist Gott selbst in den Bereich des Menschlichen getreten, um dem Menschen zu begegnen – und so Begegnung grundlegend zu *ermöglichen und* zu *verwirklichen*, indem Gott in Jesus Christus „für" den Menschen ist: „[E]s ist nicht ein Soziales allgemein, ein natürlich-ursprüngliches Zueinander, das den Menschen vom Ich zum Du bringt, vom Du zum Ich, das hier Wahrnehmung ermöglicht, Zuneigung und Begegnung schließlich. Ganz anders wird der eine Mensch dem anderen zum Du dadurch, dass das Dusein von dem erschlossen wird, der, allem Sozialen sonst voraus, in sich selber Ich ist und Du, der offenbar werden lässt, was es heißt, Ich zu sein und dem anderen ein Du."[215] Anders als für Buber, der Ich und Du dem allgemeinen Humanum entnehmen kann, sind für Barth Ich und Du also nicht von selbst gegeben, sondern jedes Ich (und jedes Du) setzt das Ich Jesu Christi, das wahre Ich, voraus.[216] Und Barth geht noch tiefer, sieht er doch das Ich-Du-Verhältnis letztlich in Gottes Sein begründet: In Gottes Sein ist Beziehung, die Beziehung des Vaters zum Sohn, ein Gegenüber von Ich und Du.[217] Gott ist insofern die „Quelle alles Ich und Du" als er „Ich, das ewig vom Du her und ewig zum Du hin und gerade so im eminentesten Sinn Ich ist"[218]. Über die *analogia relationis* kann Barth dieses Sich-selbst-Gegenüber-Sein Gottes mithilfe des Gegenüberseins Jesu Christi zu uns bis zu unserem Gegenüber-Sein verstehen. Die Beziehung im innersten Sein Gottes wird nachgebildet in der Beziehung Gottes zu uns Menschen in Jesus Christus und über die Bestimmung zum Bundesgenossen Gottes ist der Mensch dazu aufgerufen, dass „seine Menschlichkeit [...] Mitmenschlichkeit ist"[219]. Und so füllt Barth Bubers *Zwischen* letztlich christologisch, denn der (Ermöglichungs-)Grund von Ich, Du und dem Zwischen ist Jesus Christus – „bei Barth bleibt allemal und überall diese Vorschaltung des Christologischen entscheidend"[220].

Umgekehrt kann Barth aber – trotz der christologischen Differenz samt deren Implikationen – die inhaltliche Nähe zu Buber durchaus betonen: „Es ist wohl wahr, dass die theologische Anthropologie hier auf ihrem eigenen Weg und

---

[215] BRINKSCHMIDT, Buber und Barth, 121f.
[216] Vgl. KD III/2, 270.
[217] Vgl. KD III/2, 261.
[218] KD III/2, 261.
[219] KD III/4, 127 (im Original z.T. gesperrt).
[220] BRINKSCHMIDT, Buber und Barth, 137.

indem sie diesen entschlossen zu Ende geht, zu Sätzen kommt, die denen ganz ähnlich sind, in denen die Humanität auch schon von ganz anderer Seite (z.B. von dem Heiden Konfuzius, von dem Atheisten L. Feuerbach und von dem Juden M. Buber) beschrieben worden ist."[221]. Barth freut sich darüber, „mit den Weiseren unter den Weisen dieser Welt in einer gewissen Übereinstimmung zu sein" und sieht darin eine „gewisse Bestätigung" seiner Ergebnisse.[222]

Barth verortet Ich und Du also christologisch, indem er Jesus Christus als Bild Gottes und so als Bild der „Quelle von Ich und Du" versteht: Jesus Christus ist als wahrer Gott und wahrer Mensch das wahre Ich (und das wahre Du), indem er – allein! – die Fähigkeit zur unmittelbaren Begegnung mit dem Du, die bis zur Stellvertretung reicht, innehat.

Die Lehre von der Stellvertretung kann an dieser Stelle nicht *in extenso* behandelt werden,[223] auch wenn deren Implikationen die Arbeit an nicht unwichtigen Stellen, auch gerade da, wo es um unser ‚Sein in der Begegnung' und dessen Unterschied zu Jesu Christi ‚Sein in der Begegnung' geht, immer wieder tangieren wird. Stellvertretung – durchaus im etymologischen Sinne – als An-die-Stelle-des-Anderen-Treten ist allein Jesus Christus möglich; wir hingegen sind, wie sich noch ausführlicher zeigen wird, zu nicht mehr, aber auch nicht weniger als (begrenztem) „Bei-*stand*" – wiederum durchaus im etymologischen Sinne des Wortes, wie sich unten noch zeigen wird – aufgerufen. Der Mensch weiß wohl, dass „er sein Leben selbst leben und verantworten muss [...] Er weiß aber ebenso wohl, dass er nicht leben und sich verantworten kann, wenn ihm der Mitmensch nicht beispringt und an die Hand geht, ihm aktiv zur Seite steht. *Für ihn sein* in jenem strengen Sinn des Begriffs kann er nicht, das kann Gott allein."[224] Iwand weist in diesem Zusammenhang auf die Dimension des Leidens, die gerade auch angesichts des Seins in der Begegnung mit Menschen mit fortgeschrittener Demenz einen breiten Raum einnimmt, hin: „Ein Mensch kann mit einem anderen leiden, aber nicht für ihn. In dieser Sache sind wir unvertretbar"[225] – die einzige Ausnahme ist an dieser Stelle der „wahre" Mensch Jesus. Seelsorgerlich ist dies als die Grenze der (pflegenden) Zuwendung stark zu machen, die es gerade angesichts der Hilflosigkeit, die eine Demenz mit sich bringt, für die Pflegenden und Angehörigen um ihrer selbst willen gleichsam ontologisch zu wahren gilt.

---

[221] KD III/2, 334.
[222] KD III/2, 334, vgl. a.a.O., 335.
[223] Vgl. zur Lehre von der Stellvertretung grundlegend: KD IV/1, 171-394; GOLLWITZER, Stellvertretung.
[224] KD III/2, 314f. (Hervorhebung D.B.).
[225] IWAND, Christologie, 180.

4. Die relationale Konstitution des Menschen

Im Modus der Stellvertretung ist unser Ich-Du-Verhältnis freilich nicht zu beschreiben; hermeneutisch ist also nach „Entsprechung und Ähnlichkeit" der Humanität Jesu als der des „wahren Menschen" und der unsrigen zu fragen. Jesus Christus wird so zum Kriterium, „das sich von Anfang an, schon bei der ersten Sichtung des Gegenstandes, als scheidend erweist: als unmenschlich wird dann eine Menschlichkeit ohne den Mitmenschen schon beim ersten Schritt notwendig fallen gelassen"[226].

Barth findet in Jesus Christus „das Sein eines Ich, das ganz vom menschlichen Du her, ganz zu ihm hin ist und gerade so echteste Ichhaftigkeit besitzt"[227]. Damit ist zunächst noch eine Unterscheidung zwischen uns und Jesus ausgesagt: Denn Jesus Christus ist, anders als wir dies vermögen, in besonderer Weise „für" den anderen Menschen.[228] Nun aber ist – wie schon gesagt – „Christologie [...] nicht Anthropologie"[229], aber Jesus Christus als wahrer Mensch ist der (Ermöglichungs-)Grund und Quellentext von Anthropologie, von Begegnung zwischen Mensch und Mitmensch, zwischen Ich und Du; an ihm als „primäre[m] Text"[230] ist abzulesen, was die Bestimmung des Menschen als Menschen zum „Sein in der Begegnung mit dem anderen Menschen"[231] ausmacht: Die Beziehung des Menschen Jesu zu den Menschen, die – wie gezeigt, letztlich der Beziehung in Gott selbst entspricht – hat nun ihre Entsprechung in der Beziehung des Menschen zu seinem Mitmenschen. Erst jetzt, sozusagen am Ende der Beziehungskette, die im Gegenüber-Sein Gottes selbst beginnt, kann Barth von der Beziehung zwischen Mensch und Mitmensch sprechen. Erst nachdem er diesen Weg zurückgelegt hat, kann Barth sagen: „Humanität schlechthin, die Humanität jedes Menschen besteht in der Bestimmtheit seines Seins als Zusammensein mit dem anderen Menschen."[232] Humanität ist also eine dem In-Beziehung-Sein Gottes selbst entsprechende Lebensform: „Barth notes the original relations in the Triune life as being the source for humanity's being in I-Thou relations."[233] So, wie Gott nicht für sich allein ist, soll auch der Mensch nicht für sich allein sein. Dem in-Beziehung-Sein Gottes selbst entspricht also das in-Beziehung-Sein des Menschen im Gegenüber

---

[226] KD III/2, 273.
[227] KD III/2, 265.
[228] Vgl. KD III/2, 291.
[229] KD III/2, 264, u.ö.
[230] KD III/2, 270.
[231] KD III/4, 127 (im Original zum Teil gesperrt).
[232] KD III/2, 290 (im Original zum Teil gesperrt).
[233] DEDDO, Theology of Relations, 103. „Barth points out that the final basis of mankind's determination by God to be co-humanity lies in his being created according to the image of Christ who is the Image of God in his innermost Triune life." (ebd.).

von Ich und Du: „Nicht indem er für sich, sondern indem er mit dem anderen Menschen zusammen ist, nicht in der Einsamkeit, sondern in der Zweisamkeit ist er konkret menschlich"[234].

Die Grundform der Humanität, ist also im Lichte der Humanität Jesu näher als Begegnung zwischen Ich und Du zu beschreiben. Die Grundform der Begegnung ist für Barth der Dualis, der allerdings die Voraussetzung dafür ist, dass es eine Humanität im Pluralis gibt.[235] Hier im Bereich der Grundform der Menschlichkeit finden sich „Annäherungen und Ähnlichkeiten" Barths und Bubers, die Barth in seiner Wahrnehmung der Grundform der Menschlichkeit bestätigen.[236]

Das Zusammensein von Menschen ist zunächst und grundlegend durch den Dualis als Doppelheit von Mensch und Mitmensch bestimmt.

„Ich" sprechend ist sowohl eine Unterscheidung als auch eine Beziehung zu einem Anderen, der nicht Ich ist, vollzogen. Indem ich aber „Ich" sage, ist das Gegenüber, zu dem ich dies sage „bereits bezeichnet und ausgezeichnet als ‚Etwas wie Ich'. ‚Etwas wie Ich' heißt aber, indem ich mich ihm mit dem Worte ‚Ich' ankündige: ‚Du'"[237]. Indem ich also „Ich" sage, habe ich mein Gegenüber schon als „Du" angeredet und zwar als ein Gegenüber im gleichen Bereich, im gleichen Raum, in dem auch ich bin. Damit aber, dass ich den anderen so als „Du" qualifiziert habe, geht die Erwartung einher, dass dieser mich in gleicher Weise als „Ich" behandelt. „So ist das Wort ‚Du' dem Worte ‚Ich', obwohl und indem es ein anderes Wort ist, immanent, von Haus aus und in der Wurzel nicht fremd, sondern zugehörig."[238] Ich kann also nicht „Ich" sagen, ohne schon eine Unterscheidung und eine Beziehung zu einem „Du" zu vollziehen.

„Ich bin" heißt unter dieser Voraussetzung, dass ich bin, dass mein Sein grundlegend in einem Verhältnis zu einem Du zu verstehen ist.[239] „Ich bin" also

---

[234] KD III/2, 290.
[235] Vgl. KD III/,2 291.
[236] Vgl. KD III/2, 334f. Vgl. BRINKSCHMIDT, Barth und Buber, 140f.146f. Vgl. zu Bubers Replik auf Barths Kritik an ihm und an Barths Rezeption seiner Gedanken das Nachwort des Dialogischen Prinzips: Buber Nachwort , 317-319. So kennt auch Buber jenes „gerne". „Auch bei Buber ist die Stelle des ersten Wortes besetzt. Jedoch niemand und nichts anderes hat sie inne, als der in Beziehung lebende Mensch." (BRINKSCHMIDT, Buber und Barth, 146f.) Nach Barth ist das „Gerne" des Menschen ohne Jesus Christus doch letztlich fraglich; vgl. KD III/2, 334f.
[237] KD III/2, 292.
[238] KD III/2, 293.
[239] Barth wehrt also einer Herangehensweise, nach der man das „Ich" abstrakt, für sich allein betrachten und verstehen könnte. Das Ich kann aufgrund der ontologischen Relationalität nicht ohne das Du verstanden werden.

nicht in meinem eigenen Raum für mich allein, sondern ich bin in dem Raum, in dem auch der Andere, das Du, sein „Ich bin" sagt: „Was ich bin und als mich selbst setze, das bin und setze ich also im Verhältnis zu seinem Sein und Setzen, in der Unterscheidung und in der Beziehung zu diesem fremden Geschehen, die dadurch ausgezeichnet und spezifisch ist, dass ich dieses fremde Sein und Setzen als ein dem meinigen entsprechendes sehen, anerkennen und gelten lassen muss."[240] D.h., dass ich also bin, indem ich einem Anderen, der eben hier auch ist, in demselben Raum, in dem auch ich bin, begegne,: „Ich kann mich nicht selbst setzen, ohne mit der Selbstsetzung des Anderen zusammen zu treffen."[241] Es gibt also keine Rückzugslinie – so Barth –, keinen Ort, an dem mein „Ich bin" nicht auf das „Ich bin" meines „Du" treffen würde, weil wir beide im selben Raum sind. Somit kann auch mein „Du" sich auf keinen neutralen Ort zurückziehen, an dem es nicht auf sein „Du" trifft.

„'Ich bin' – das wirkliche, das gefüllte ‚Ich bin' – ist also zu umschreiben: Ich bin in der Begegnung."[242] Und zwar nicht erst sekundär, sondern vom Grund meines Seins her, wesensmäßig in Begegnung: „Und das ist die Humanität des menschlichen Seins: diese seine totale Bestimmtheit als ‚Sein in der Begegnung' mit dem Sein des Du, als Sein mit dem Mitmenschen als Mitmenschlichkeit."[243] Barth verortet diese Aussagen explizit christologisch, denn „[s]o weit reicht nämlich die Gleichheit in der Ungleichheit, so weit reicht die Entsprechung und Ähnlichkeit zwischen dem Menschen Jesus und uns anderen Menschen, dass wir unserer Humanität, die Humanität überhaupt und im Allgemeinen, minimal dahin definieren müssen: sie ist des Menschen Bestimmtheit als Zusammensein mit dem anderen Menschen"[244].

Denn Ich impliziert bereits eine Unterscheidung und eine Beziehung: „Ich kann nicht ‚Ich' – wohlgemerkt: ich kann auch bei und zu mir selbst nicht ‚Ich' sagen, ohne eben damit schon ‚Du' zu sagen, ohne jene spezifische Unterscheidung und Beziehung im Verhältnis zu einem Anderen zu vollziehen."[245] Das Ich ist also immer schon bezogen auf ein Du: „Er [der/die Andere, D.B.] ist ja mein Du und also „Etwas wie Ich", in demselben Raum, der auch der meinige ist."[246] Ich bin heißt also immer und grundlegend: Ich bin in der Begegnung:

---

[240] KD III/2, 294.
[241] KD III/2, 295.
[242] KD III/2, 295 (im Original zum Teil gesperrt).
[243] KD III/2, 296 (im Original zum Teil gesperrt).
[244] KD III/2, 296.
[245] KD III/2, 293.
[246] KD III/2, 295. Der Raum ist bei Barth der Raum, den das Wort Gottes eröffnet, konstituiert und erhält.

„Und das ist die Humanität des menschlichen Seins: diese seine totale Bestimmtheit als *‚Sein in der Begegnung'* mit dem Sein des Du, als Sein mit dem Mitmensch, als Mitmenschlichkeit."[247] Ich bin also, indem Du bist – damit ist eine Begegnung zweier in ihrer Existenz aufeinander treffender Seinskomplexe, zweier in und als Geschichte existierender Menschen gesagt.

Dieses *‚Sein in der Begegnung'* entfaltet Barth nun in vier aufeinander aufbauenden Stufen.

„'Sein in der Begegnung', das ist 1. ein solches Sein, in welchem der Eine dem Anderen in die Augen sieht."[248] Das dem Menschen bestimmte ‚Sein in der Begegnung' konstituiert sich also schon vor (!) der sprachlichen Begegnung „in der Offenheit des Einen zum Anderen"[249], die ebenso auch eine Offenheit des Anderen zum Einen hin impliziert, weil sich beide in die Augen sehen. Vor jeder sprachlichen Begegnung also findet eine grundlegende Form der Begegnung statt – „das erste Moment der Humanität"[250]: Barth beschreibt das Einander-in-die-Augen-Sehen als reziproken Prozess: Der eine Mensch sieht den anderen Menschen und ist umgekehrt für diesen sichtbar. So ist das humane Sehen „das Sehen des Mitmenschen"[251]. Und am Einander-in-die-Augen-Sehen wird der grundsätzliche Dualis des Seins in der Begegnung deutlich: „[D]iese Zweisamkeit und Teilnahme ist der erste unentbehrliche Schritt in der Humanität, ohne den alle folgenden nicht getan werden können"[252].

Wo diese Offenheit füreinander fehlt, wo der Andere nicht gesehen werden will – oder ich mich selbst verstecke, um mich nicht von ihm sehen lassen zu müssen, da existieren wir also – nach Barth – unmenschlich.[253] Menschlich ist die grundsätzliche Offenheit des Ich für das Du – und umgekehrt.

Das *‚Sein in der Begegnung'* konstituiert sich nun 2. darin, dass man miteinander redet und aufeinander hört: „Humanität als Begegnung muss zum Ereignis der

---

[247] KD III/2, 296 (im Original zum Teil gesperrt; Kursiv D.B.). Hier ist der dynamische Grundzug der Barthschen Anthropologie sehr deutlich: „It is ‚dynamic' in the sense that it refers to a necessary relation between persons." (PRICE, Anthropology, 142).
[248] KD III/2, 299 (im Original zum Teil gesperrt).
[249] KD III/2, 300 (im Original zum Teil gesperrt).
[250] KD III/2, 300.
[251] KD III/2, 299.
[252] KD III/2, 301.
[253] Als anschauliches Beispiel solcher Inhumanität nennt Barth die Bürokratie als „die Begegnung von Blinden mit solchen, die von diesen als Blinde behandelt werden" (KD III/2, 302).

4. Die relationale Konstitution des Menschen

Sprache werden."²⁵⁴ Barth geht es an diesem Punkt nicht nur um das ‚Dass' der Kommunikation, sondern um das grundlegende Bedürfnis, miteinander zu reden und aufeinander zu hören;²⁵⁵ denn „ein Mensch [ist] des anderen, und zwar gerade dessen, worin ihm der Andere noch unbekannt ist, bedürftig", und zwar in dem Sinne, dass das „Nicht-Erkennen des Einen für den Anderen immer Lebensnot ist, die auf Beseitigung wartet"²⁵⁶. Die Grundform der Menschlichkeit „Ich bin, indem Du bist" ist also geradezu auf den Dialog zwischen Ich und Du angelegt, wobei darin das Ich am Du *wird* – und umgekehrt: Erst im *Dialog* empfangen Ich und Du also ihre Konstitution. Besonderes Gewicht liegt also wiederum auf der Reziprozität: Gegenseitigkeit im Aussprechen und Vernehmen des Ausgesprochenen.²⁵⁷

Hier ist die Anfrage an Barth zu stellen, ob er nicht die Sprache zu einseitig als verbale Kommunikation versteht und ob nicht die Betonung der Kommunikation schlechthin (also sowohl verbale als auch non-verbale) dem mindestens genauso – wenn nicht besser – dient, was Barth hier möchte. Denn eine relationale Interpretation versteht die Sprache als ein Teil der Kommunikation *im Kontext* der Beziehung. In seinen Ausführungen zum Menschen als Seele und Leib kann Barth das „Herz" als umfassenden (biblischen) Begriff für den Menschen fassen. Damit werden leibliche, seelische und geistige Fähigkeiten des Menschen gebündelt: „Eben darum muss man aber gerade vom Herzen im Sinn der biblischen Texte sagen: es ist in nuce der ganze Mensch selber, nicht nur der Sitz seiner Tätigkeit, sondern deren Inbegriff."²⁵⁸. Damit ist auch ein umfassenderes Verständnis von Sprache bzw. Kommunikation durchaus im Barthschen Sinne möglich.

In der Sprache überschreitet das Ich die Grenze seiner Sichtbarkeit und teilt sich dem Du mit. Dabei ist der Aspekt des Beistandes für Barth zentral: „Indem ich rede, versetze ich den Anderen in die Lage, sein Bild von mir mit meinem eigenen, mit der Vorstellung, die sich selbst von mir habe, zu vergleichen [...] Der Sinn [...] dessen, dass ich mich dem Anderen gegenüber ausspreche, besteht darin,

---

[254] KD III/2, 303.
[255] Vgl. pointiert PRICE, Anthropology, 149: „It is important to note the extend to which mutual speaking and listening are interpreted within a dynamic framework. The faculty psychology of the rationalistic theologians would emphasize the rationality that speech requires; the emphasis lies on the faculty that gives rise to the speaking itself. But a relational interpretation puts the speech in the context of relationship [...] When we speak and listen one to another on the interpersonal level, we are conforming to our true humanity; we have rediscovered one of the fundamental forms of what it means to be a person."
[256] KD III/2, 308.
[257] Vgl. PRICE, Anthropology, 149: „Reciprocity is essential to human speech and listening."
[258] KD III/2, 523.

dass ich ihm diesen Beistand schuldig bin."²⁵⁹ Es geht also in der Selbstkundgabe eines Ich an ein Du primär darum, dem Du aus der Verlegenheit herauszuhelfen, die sich aus der Angewiesenheit des Du auf das Ich (und umgekehrt) ergibt und die darin besteht, dass das Du (bisher) nur ein Bild vom Ich hat. Das Ich muss dem Du also sagen, wer es ist. Das Ich darf sich dem Du also nicht vorenthalten, es ist geradezu darauf angewiesen, sich dem Du mitzuteilen. Aber auch umgekehrt muss das Ich die Selbstkundgabe des Du, die wiederum dem Ich helfen will, sein Bild vom Du zu erweitern, vernehmen, weil ich – in meiner Angewiesenheit auf das Du – dazu genau wie das Du bei mir Hilfe benötige: „Ich habe es nötig, dass der Andere sich mir vorstelle, sich mir gegenüber herausstelle, geschehe dabei, was da wolle, und werde daraus, was da wolle – ich selbst bin noch gar nicht richtig Ich, ich bin ja immer noch ohne ihn, ich bin ja immer noch leeres Subjekt, wenn ich über jene Verlegenheit ihm gegenüber nicht hinwegkomme."²⁶⁰

Hier werden Bubers Gedanken greifbar: „Ich werde am Du; Ich werdend spreche ich Du."²⁶¹ Auch für Barth bedarf das Ich notwendigerweise des Du – und zwar in einem reziproken Geschehen.

Allerdings gehört dazu, dass sich das Ich gegenüber dem Du ausspricht, sich kenntlich macht, – als die andere Seite der Medaille – die Mitteilung des Ich an das Du, denn die „Selbstkundgabe an den anderen kann ja kein Selbstzweck sein"²⁶². Denn das Ich hat dem Du etwas zu sagen, hat einen „Anspruch" an den Anderen. Dieser Anspruch ist dann ein humaner, „wenn ich dem Anderen, indem ich ihm zumute, mich anzuhören, etwas für ihn selbst Entscheidendes zu geben habe"²⁶³. In diesem Sinne sind Ich und Du wechselseitig auf einander angewiesen, und so ist das „Nicht-Erkennen des Einen für den Anderen immer eine Lebensnot, die auf Beseitigung wartet"²⁶⁴. Für Barth hat das Ich also auf das Du zuzugehen, es anzusprechen, weil es das Du nicht sich selbst überlassen kann, indem es diesem etwa verweigert, was das Du unbedingt vom Ich wissen muss und was dem Du so lang, bis es das weiß, vom Ich vorenthalten wird. Barth ist sich der Tragweite seiner Ausführungen bewusst und betont die Störungen und Unannehmlichkeiten, die solches mit sich bringt, aber von Jesus Christus hat er gelernt, „das Reden nicht um seiner selbst, sondern um des bedürftigen Anderen willen ist das menschliche Reden"²⁶⁵. Das Du ist also auf das Ich angewiesen, ebenso wie auch das Ich auf das

---

²⁵⁹ KD III/2, 304.
²⁶⁰ KD III/2, 306.
²⁶¹ BUBER, Ich und Du, 12.
²⁶² KD III/2, 306.
²⁶³ KD III/2, 308.
²⁶⁴ KD III/2, 308.
²⁶⁵ KD III/2, 308.

Du. Denn das Ich bedarf des Vernehmens des Anspruches des Du in gleicher Weise; es kann das Ich nicht Ich sein, ohne diesen Anspruch des Du zu vernehmen – um seine eigene Lebensnot, die im Nicht-Wissen um das Du besteht, zu beseitigen. Barth hält vor Augen: „Eine ganze Welt ist ja schließlich jeder Mitmensch, und nicht nur, dass ich dies und das, sondern dass ich ihn selbst und also diese ganze Welt zur Kenntnis nehmen sollte, ist ja schließlich das Begehren, mit dem er sich an mich wendet."[266]

Miteinander reden und aufeinander hören kennzeichnet also diese Form des Seins in der Begegnung. Aussprache und Anspruch konstituieren nur in ihrer Gegenseitigkeit wirkliche Begegnung. Es geht also um einen Dialog, um *Miteinander*-Reden und *Aufeinander*-Hören. Dialogisches Sein ist insofern human, monologisches Sein hingegen nicht. Das Wort fungiert in der humanen Begegnung als Mittel, um dem Anderen zu begegnen, indem es ihm aus der Verlegenheit hilft, die der Eine dem Anderen durch wechselseitige Ansprüche bereitet, die durch echte Mitteilung befriedigt werden können.

Barth geht nun noch eine Stufe höher, nämlich dahin, dass das *‚Sein in der Begegnung'* 3. darin besteht, „dass man einander in der Tat seines Seins gegenseitig Beistand leistet"[267]. Denn es gibt im menschlichen Bereich ein „beschränktes Füreinander" in der Form, dass der Eine für den Anderen – freilich in den gegebenen Grenzen – da ist. Es geht um Bei-*Stand*, nicht um Vertretung; der andere muss sein Leben selbst leben, aber er hat den Beistand „so nötig wie der Fisch das Wasser"[268]. Dass Menschen einander bedürfen, dass sie sich gegenseitig um Hilfe bitten, gehört also grundsätzlich zum Menschsein – und damit auch das Beistand-Gewähren.[269] „Und menschliches Sein ist nicht menschlich, wenn es nicht auch dieses Füreinander in sich schließt."[270] Dieses „beschränkte Füreinander" entsteht dann, wenn sich Menschen gegenseitig zur Tat rufen. Hier geht es jetzt um das konkrete menschliche Handeln, welches dabei aber zwei Dimensionen in sich schließt: „[I]ch handle als Einer, der den Ruf des Anderen vernommen hat, und

---

[266] KD III/2, 309.
[267] KD III/2, 312.
[268] KD III/2, 315.
[269] Deshalb wehrt Barth auch einem „höchst ungesunden Altruismus", der gerade im sozialen Bereich immer wieder vorkommend, gerade dann „höchst unmenschlich" ist, wenn er „nicht auch aus dem Ruf des Einen nach dem Anderen stammt, wenn der Eine dabei in dem Wahne handeln sollte, dass er den Anderen für sich nicht ebenso nötig habe, wie er ihm jetzt nötig zu sein scheint" (KD III/2, 313). Barth betont also mit Nachdruck die Reziprozität des Beistandes, die er auch in nicht-symmetrischen Beziehungen gewahrt wissen will.
[270] KD III/2, 312.

ich handle als Einer, der seinerseits dem Anderen gerufen hat und immer wieder rufen muss."[271] Wiederum ist es die grundsätzliche Gegenseitigkeit, das gegenseitige Aufeinander-angewiesen-Sein, das Barth betont.[272]

Barth hält also ein „begrenztes Füreinander" für möglich und geboten; er geht mit Blick auf Jesus Christus davon aus, dass der eine Mensch dem anderen Menschen gegenüber in der Lage ist, dies zu leisten – ohne auszubrennen und ohne sich überschätzen zu müssen. Diese Art von Humanität ist für Barth kein Ideal und solches Handeln keine Tugend, sondern ergibt sich für ihn schlicht aus der Tatsache, dass der Mensch nicht allein ist, sondern zusammen mit seinem Mitmenschen ist.

Die 4. Form des *Seins in der Begegnung* beschreibt den Modus der bisherigen Stufen, indem sie das, was bisher einsichtig wurde, einem „gerne" unterstellt, so dass das Gerne „*humanizes* the above three categories"[273]: „Also, dass man sich gegenseitig gerne sieht und gerne voneinander sehen lässt, gerne miteinander redet und gerne aufeinander hört, gerne Beistand empfängt und gerne Beistand leistet."[274] Barth kann diese die „letzte höchste Stufe der Humanität" oder auch als das „Geheimnis des Ganzen und also schon der drei vorausgehenden Stufen nennen"[275]; sie ist *conditio qua non* der Humanität. „Der Mensch ist Mensch, indem er gerne menschlich ist: in dem Sinn gerne, dass ein ‚ungern' gar nicht zur Wahl steht, gar nicht in Frage kommt."[276] Aufgrund seiner menschlichen Konstitution als ‚Sein in der Begegnung' zwischen Ich und Du steht der Mensch also gar nicht vor der Wahl, „gerne" oder „ungerne" in der Begegnung mit seinem Mitmenschen zu sein. Der Mensch ist von Haus aus, indem er selbst ein Mensch ist, ontologisch Mitmensch; dieser äußeren Bestimmung entspricht die innere Bestimmung, *gerne* Mitmensch zu sein, deshalb kann er seinem Mitmenschen weder ungern noch neutral gegenüberstehen. Der Mensch ist dieser Bestimmung zum „Gerne" gegen-

---

[271] KD III/2, 313.
[272] Allerdings kann der Mensch dem anderen Menschen nur *bei*-stehen, er kann nicht *für* den anderen eintreten, weil Ich und Du – bei aller Zusammengehörigkeit – nicht auswechselbar sind. An die Stelle des Anderen treten, ist nur Jesus Christus möglich; aber in Entsprechung dazu sollen wir uns gegenseitig *Bei*-stand leisten. Unmenschlich wäre es in diesem Zusammenhang, dem Anderen diesen Beistand zu verweigern bzw. umgekehrt auf diesen Beistand verzichten zu wollen. „Menschlichkeit für uns aber besteht darin, dass wird des gegenseitigen Beistandes bedürfen und fähig sind." (KD III/2, 314).
[273] PRICE, Anthropology, 153 (kursiv D.B.); vgl. STOCK, Funktion, 536.
[274] KD III/2, 318.
[275] KD III/2, 318.
[276] KD III/2, 321.

über gerade nicht frei – so Barth –, „sondern er ist frei, indem er durch sie bestimmt ist"[277], so ist er frei zum ‚Sein in der Begegnung'.[278] Der Mensch ist also der Willkür, sich gegen den Anderen entscheiden zu können, entnommen. Ähnliche Überlegungen wie die, die oben schon zum Freiheitsbegriff angestellt wurden, bringen hier Klarheit: Der Mensch ist also gerade darin frei für den Anderen, dass er die Wahlmöglichkeit, sich dem Anderen auch ungern oder neutral gegenüber verhalten zu können, nicht hat: „Humanität ist die Realisierung dieses gerade in der menschlichen Freiheit begründeten, gerade in dieser Freiheit notwendigen Miteinander von Mensch und Mensch."[279]

Barth sichert diese Erkenntnis gegen zwei Missverständnisse: 1. Humanität in diesem Sinne kann nicht dazu führen, dass ein Ich aufhört, für den Anderen ein Gegenüber, ein Du zu sein: „Man kann sich einem Mitmenschen nicht unterwerfen, ohne ihn eben damit aufs tiefste zu beleidigen."[280] Damit wäre Unfreiheit das Kennzeichen solcher Begegnung. 2. Humanität in diesem Sinne kann aber – umgekehrt – nun auch nicht heißen, dass der Andere, das Du, dem Ich zu einer Erweiterung und Vertiefung dient: „Wer den Anderen für sich erobern will, soll lieber gleich zu Hause bleiben."[281]. Denn der Mitmensch gehört in der Weise zum Menschen, dass er dem Menschen nicht gehört, aber als sein Gegenüber zugehörig ist. Wenn der Andere mir aber gehört, ist er mir nicht *zu*gehörig und damit kein Gegenüber.

Barth sieht seinen Weg des „Gerne" nicht durch die Mitte dieser Missverständnisse sich ändern, sondern „in der Höhe über sie hinweg. In dem gerne, in der Freiheit bejahten Miteinander [sic!] ist der Mensch weder Tyrann noch Sklave und ist auch der Mitmensch weder Tyrann noch Sklave, sind sie vielmehr Gefährten, Gesellen, Kameraden, Genossen, Gehilfen. Als solche sind sie sich unentbehrlich"[282]. „Humanity does not exist either in an isolation or autonomy of individuals. The form of humanity is neither a collectivism nor an individualism of per-

---

[277] KD III/2, 322.
[278] In diesem Sinne „ist dann der Mitmensch dem Menschen, das Du dem Ich in seiner ganzen Andersheit und Eigenheit zugehörig und also willkommen. Ich habe dann auf dich gewartet, ich habe dich dann gemeint, noch bevor ich dich kannte. Die Begegnung mit dir ist mir dann gerade nicht die Begegnung mit einem mich störenden Fremden, sondern die Begegnung mit dem längst vermißten Gegenüber, ohne das ich selbst leer und nichtig dastehen würde" (KD III/2, 323).
[279] KD III/2, 324.
[280] KD III/2, 324.
[281] KD III/2, 325.
[282] KD III/2, 326.

sons. But rather, each person finds his/her own true being only in unity with others, and not apart from them."[283]

Barth beschreibt das „Gerne" als Entdeckung, als gegenseitige Erkenntnis, „dass der Eine dem Anderen wesentlich ist"[284], dass der Eine den Anderen geschenkt bekommen hat, um ihn nun seinerseits zu beschenken. Ob dieser Entdeckung bestimmt eine gemeinsame Freude das „Gerne": „Der Mensch entdeckt die Einmaligkeit und Unersetzbarkeit des anderen Menschen in dessen Wirklichkeit als des ihm geschenkten Gefährten [...] und eben damit [...] seine eigene Einmaligkeit und Unersetzlichkeit und so sein eigenes Wesen, seine eigene Wirklichkeit als Mensch."[285] Darüber hinaus kennzeichnet das „Gerne" den aktualen Modus der Begegnung: Begegnung ist nicht potential oder optional, sondern ein aktuales, dynamisches Geschehen.[286]

Das „Gerne" gehört also zu der von Gott geschaffenen Natur des Menschen,[287] indem der Mensch dazu bestimmt ist, gerne mit seinem Mitmenschen zusammen zu sein. Der natürliche, wirkliche (und nicht erst der christliche[288]) Mensch ist also wesensmäßig *Mit*mensch, Humanität ist somit in ihrer Grundform kein anzustrebendes Ideal, sondern „[b]eing together is the intrinsic quality of their existence"[289].

Barth geht mit seinen letzten Ausführungen sehr weit, denn eigentlich sollte man vermuten, dass das „Gerne" Ausdruck der christlichen Liebe ist und somit nicht von Natur aus zum Geschöpf Mensch gehört; dem aber ist nach Barth nicht so.[290] Die grundsätzliche Mitmenschlichkeit ist nicht etwas Sekundäres, sondern gehört zur Natur des Menschen. An diesem Punkt sieht Barth große Überein-

---

[283] Deddo, Theology of Relations, 108.
[284] KD III/2, 326.
[285] KD III/2, 327.
[286] Vgl. PRICE, Anthropology, 138.
[287] In Bezug auf den Unterschied zu Buber ist hier festzuhalten, dass Barth seine anthropologischen Überlegungen im Zusammenhang der Schöpfungslehre anstellt (KD III), aber „dass für ihn die Schöpfung kein christusfreier Raum ist" (BRINKSCHMIDT, Buber und Barth, 145).
In dem Maße, wie man die Christologie aus der Schöpfungslehre herausnimmt, steigt die Möglichkeit, Barth und Buber näher zusammenzurücken. Entwürfe, die Barth und Buber, in relativer Einheit wahrzunehmen vermögen, tun dies in der Regel vor dem Hintergrund der Schöpfungslehre.
[288] „Menschlichkeit als Freiheit des Herzens für den Mitmenschen ist gewiß noch nicht christliche Liebe." (KD III/2, 338)
[289] DEDDO, Theology of Relations, 108.
[290] Vgl. KD III/2, 322-344, wo Barth das „gerne" sogar dem Eros zuschreibt; vgl. zu dieser – für Theologen – ungewöhnlichen Vorgehensweise: PRICE, Anthropology, 154ff.

4. Die relationale Konstitution des Menschen

stimmungen mit Erkenntnissen von nicht-theologischen Anthropologien, durch die er sich hier ermutigt sieht.[291]

Für die Ethik folgt aus diesen Überlegungen, dass, wenn Humanität in Jesus Christus ihren Grund hat, wenn Jesus Christus die Offenbarung und Erfüllung der Bestimmung des Menschen zum Zusammensein mit dem Mitmenschen ist, und dieses Zusammensein mit den Mitmenschen zum natürlichen Menschen gehört, es notwendig zum Sein des Menschen gehört, dieses ‚Sein in der Begegnung' auch zu leben: „We see that for Barth, the fact of human existence rooted in a history creates an ought, a moral obligation that has been created by the ontological reality of humanity revealed in Christ [...] In sum: to be is to act, and to act rightly is to act in correspondence with the act of God towards us in the humanity of Jesus."[292]

Der Mensch ist also ontologisch Mitmensch; die theologische Anthropologie leitet dies aus der Gottes Sein entsprechenden Humanität Jesu ab: „Dass der Bund zwischen Gott und Mensch das Urbild des Bundes zwischen Mensch und Mensch ist, das bedeutet einerseits: der Bund hier, der Bund zwischen Mensch und Mensch darf und will in des Menschen Tat gelebt werden. Und es bedeutet andererseits: er ist in seinem tatsächlichen Bestand die Hoffnung darauf, dass der Mensch auch im Bund mit Gott und auch dort in seiner eigenen Tat leben darf."[293] Das Sein des Menschen in der Begegnung ist also die Entsprechung des Seins in der Bestimmung zu Gottes Bundesgenossen und damit „ein Sein in der Entsprechung zu Gott selber"[294]. Erst an dieser Stelle spricht Barth von der Gottesebenbildlichkeit des Menschen: „An der Gottesebenbildlichkeit des Menschen Jesus, des Menschen für den Mitmenschen, hat in der Tat auch der Mensch überhaupt und im Allgemeinen, der Mensch mit dem Mitmenschen, Anteil."[295] Die Gottesebenbildlichkeit[296] ist also grundlegend christologisch verortet und dann über die Entsprechung der Mitmenschlichkeit auf den Menschen bezogen: „Gott schuf ihn [den Men-

---

[291] Vgl. dazu unten ‚D 3.2., Sein in der Begegnung als Grundkonstitutivum des Menschseins, wo Barths Einsichten in das Sein in der Begegnung breiter entfaltet und mit denen von M. Buber und E. Lévinas in Beziehung gesetzt werden.
[292] PRICE, Anthropology, 144.
[293] KD III/2, 389 (im Original zum Teil gesperrt).
[294] KD III/2, 390 (im Original zum Teil gesperrt). Vgl. JÜNGEL, Möglichkeit, 212: „Auf diese ‚Urentsprechung' oder ‚Urähnlichkeit' gehen alle Analogien, die für die Anthropologie relevant sind, zurück".
[295] KD III/2, 390 (im Original zum Teil gesperrt).
[296] Vgl. KD III/1, 204-231. Für Barth ist die Gottesebenbildlichkeit also nicht – wie für viele andere Theologen – aufgrund der Sünde verloren, sondern sie ist vielmehr unverlierbar.

schen, D.B.] darin nach seinem eigenen Bilde, dass er ihn nicht einsam, sondern in jener Beziehung und Gemeinschaft erschaffen hat. Denn in Gottes Handeln als Herr des Bundes [...] erweist es sich, dass Gott selbst kein Einsamer, dass er in seinem Wesen wohl Einer, aber als solcher nicht allein, dass er vielmehr – und zuerst und ursprünglich – in Beziehung und Gemeinschaft ist."[297]

Dass des Menschen Sein als ein ‚Sein in der Begegnung' zu beschreiben ist, dass der Mensch also nicht allein und einsam existiert, hat seine Entsprechung in Gottes Sein: „Gott existiert in Beziehung und Gemeinschaft: als der Vater des Sohnes, als der Sohn des Vaters ist er sich selbst Ich und Du, ist er sich selbst gegenüber, um im Heiligen Geist zugleich Einer und Derselbe zu sein."[298] Über Jesus als dem wahren Menschen wurde diese Dimension als grundlegend zum Menschsein gehörig erschlossen: Der Mensch ist ontologisch Mitmensch, es kann vom Menschen gar nicht anders als im Dual gesprochen werden.

Und gerade dieser Dualis könnte – ohne weitere Klärung – fraglich sein. Auch Becker fragt an dieser Stelle an, ob Barth nicht aufgrund des Dualis „das Menschsein in den institutionellen Zügen" ausblendet.[299] In diese Richtung könnte eine Aussage weisen, die Barth selbst in seinem Vorwort zu KD III/2 trifft: „Einen in einer ersten Fassung vorhandenen Paragraphen ‚Der Mensch und die Menschheit', der vom Einzelnen, von den Gemeinschaften und von der Gemeinschaft der Menschen handelte, habe ich fallen lassen, weil ich des theologischen Zugangs zu dieser Frage und darum dann auch ihrer richtigen Beantwortung nicht sicher genug war."[300] Hat Barth sich also vom dialogischen Prinzip soweit faszinieren lassen, dass er es der Christologie gleichsam als Schablone übergelegt hat, hat Barth die Aussagen des Neuen Testamentes, in denen Jesus oft Gruppen gegenüber agiert – und selbst in einer Gruppe lebt – eskamotiert?

Schon der Aufbau der Anthropologie weist in eine andere Richtung: Zunächst geht er die Relationalität des Menschen an (§ 43.–45.), um erst dann die Beschaffenheit des Seins des (einzelnen) Menschen zu beschreiben (§ 46.–47.). Ein weiterer Hinweis scheint mir allerdings stärker zu sein: Hinter dem Dual von Mensch und Mitmensch steht – wie in der gesamten Theologie Barths – das Verhältnis bzw. die Entsprechung von Jesus und seiner Gemeinde. Barth hat immer das Wir, die Gemeinde im Blick: „Die Gnadenwahl ist als Erwählung Jesu Christi

---

[297] KD III/2, 390. Vgl. JÜNGEL, Möglichkeit, 212.
[298] KD III/2, 390.
[299] BECKER, Buber und Barth, 211,
[300] KD III/2, VIII.

zugleich die ewige Erwählung der einen Gemeinde Gottes"[301]. Bereits also die Erwählungslehre, der Ort, von dem her Gottes Entscheidung für die Menschen fällt, hat das Wir im Blick[302]. Und nun ist – und darin geben die Humanwissenschaften Barth recht – das Ich-Wir-Verhältnis auf einem Ich-Du-Verhältnis begründet, so dass die Spannung, die in Barths Dogmatik zwischen einem Ich-Du und einem Ich-Wir-Verhältnis besteht, durchaus sachgemäß erscheint.

Vor allem sind es aber doch die theologischen Erwägungen, die hier ins Gewicht fallen: Die innergöttliche Entsprechung von Vater und Sohn, ist – um den Schleiermacherschen Begriff zu bemühen – das Urbild von Beziehung und Relation überhaupt, der dann erst – wiederum in Entsprechung – die Relation von Sohn und Gemeinde folgt.[303]

4.4. Jesus, der ganze Mensch – der Mensch als Seele seines Leibes

Erst nachdem Barth das Sein des Menschen in Relation zu Gott und den Mitmenschen, also die grundsätzliche Relationalität des Menschen, grundgelegt hat, stößt er zu Aussagen über das individuelle Sein des einzelnen Menschen als Seele seines Leibes vor.

Ziel des Paragraphen 46 ist die Erkenntnis des Menschen, der „[d]urch Gottes Geist [...] das Subjekt, die Gestalt und das Leben eines stofflichen Organismus, die Seele seines Leibes [ist] – beides ganz und zugleich: in unaufhebbarer Verschiedenheit, in untrennbarer Einheit, in unzerstörbarer Ordnung"[304]. Barths Überlegungen, die das Verhältnis von Seele und Leib und die Beschaffenheit dieser betreffen, müssen dabei vor dem Hintergrund des Leib-Seele-Problems verstanden werden. Seit den Anfängen der christlichen Anthropologie nämlich hat diese es mit unterschiedlichen Ausprägungen und Folgen des platonischen Leib-Seele-Dualismus[305] bzw. mit Versuchen seiner Überwindung zu tun, welche in unterschiedlichen Akzentuierungen immer wieder – obwohl den biblischen Einsichten widersprechend – Eingang in die anthropologische Reflexion gefunden haben. Barth setzt einem solchen Dualismus – samt dessen Implikationen für die Beschaffenheit von Seele und Leib – bzw. seiner einseitigen Auflösung – in eine reduktionistische

---

[301] KD II/2, 215 (Leitsatz).
[302] Vgl. KRECK, Grundentscheidungen, 201.
[303] Warum aber Barth nicht – wie der späte Buber – das Ich-Du-Verhältnis nicht stärker in Richtung eines Ich-Wir-Verhältnis geöffnet hat, ist eine Anfrage, die hier stehen bleiben muss.
[304] KD III/2, 391 (Leitsatz).
[305] Vgl. PLATON, Phaidon. Platon hat dort versucht, auf der Grundlage eines Leib-Seele-Dualismus die Unsterblichkeit der Seele zu beweisen; vgl. Gadamer, Unsterblichkeitsbeweise. Von Barth wird diese Lehre freilich abgelehnt; vgl. dazu die folgenden Ausführungen. Vgl. zu Platons Verständnis von Seele HOFFMANN, Methexis, bes. 30ff.

Anthropologie – die unauflösliche, durch Gottes Geist konstituierte Einheit von Seele *und* Leib entgegen.

Hermeneutisch gelangt Barth wiederum christologisch zu diesen Aussagen, indem ihm Jesus als der *ganze* Mensch als Erkenntnisquelle dient. Im Neuen Testament wird Jesus „als einiger und ganzer Mensch, leibhafte Seele, beseelter Leib"[306] anschaulich.[307] Aber auch die Art und Weise dieser Ganzheit, nämlich die *Ordnung* und *Sinnhaftigkeit* der Existenz Jesu als *ganzem* Menschen, wird im Neuen Testament deutlich: „Jesus will und vollbringt sich selbst. Er ist sein eigener Grund, seine eigene Absicht. Er lebt, indem Befehlen und Gehorchen, Über- und Unterordnung, Plan und Ausführung, Zweck und Absicht in gleicher Weise aus ihm selbst hervorgehen und also in gleicher Weise innerlich notwendig sind."[308] Diese Sinnhaftigkeit und Ordnung Jesu ist durch den *Geist* Gottes, der – im Unterschied zu uns Menschen – *dauerhaft* auf ihm ruht, begründet. Der Geist Gottes ist also der Ermöglichungsgrund der messianischen Natur Jesu. Als der vollkommene Empfänger und Träger des Geistes ist Jesus der Gottessohn und Messias, in ihm wurde das Wort Fleisch, und damit kommt es „zur Verwandlung der Fleischesnatur"[309]: „Das neue Subjekt, das hier Fleisch geworden ist, hebt dessen alte Prädikate auf, verlangt und setzt neue Prädikate."[310] Zu diesen Prädikaten gehört die Ordnung, der Kosmos von Seele und Leib: „Dass der Geist – jener Königsgeist – auf Jesus ruht, dass er das Leben hat und ist, dass der Logos in ihm Fleisch wurde, das hat seine Konsequenz in einem ganz bestimmten Verhältnis seines Seins als Seele und Leib."[311] Dieses Verhältnis ist – so Barth – als Friedensordnung zu beschreiben, in der die Seele das Erste und der Leib das Zweite ist, wiewohl beide, Seele und Leib in ihrer Zusammengehörigkeit diese Ordnung sind. Jesu Leib ist also der durch Gottes Geist konstituierte Leib seiner Seele.

In Jesus fehlt somit jene – in der Geschichte der Anthropologie immer wieder unter anderen Vorzeichen auftretende – Spaltung des Menschen in Leib und Seele, aber auch deren gegenseitige Auflösung: Es „ist doch zu sagen, dass ihre

---

[306] KD III/2, 394 (im Original zum Teil gesperrt). Jesus existiert nicht *in* der Vereinigung von zwei verschiedenen Teilen, sondern *als* ganzer Mensch.

[307] Freilich sind die Aussagen über Jesu seelisches und leibliches Leben äußerst sparsam, aber, dass Jesus ein Seelenleben und dass Jesus ein Leibesleben hatte, kann nicht umgangen werden: „Es wird auch hier gerade nur das unzweideutig und mit Betonung sichtbar gemacht, dass wir es mit einem wirklichen Menschen zu tun haben" (KD III/2, 396).

[308] KD III/2, 400.

[309] KD III/2, 404.

[310] KD III/2, 405.

[311] KD III/2, 406.

Verschiedenheit sich gerade in der Person des Menschen Jesus darin durchsetzt, dass ihre Beziehung in ihm als eine geklärte, die menschliche Existenz in diesen zwei Momenten hier deutlich als eine kosmisch gestaltete sichtbar wird."[312] Wiederum geht Barth hier von einer Analogie aus: Jesu Seele und Leib verhalten sich so zueinander, wie sich seine wahre Gottheit und seine wahre Menschheit zueinander verhalten, wie sich Jesus und seine Gemeinde zueinander verhalten: „Jesus Christus existiert in der Begründung und Auferbauung seiner Gemeinde; seine Gemeinde existiert, indem sie von ihm begründet und auferbaut wird. Ein Christus ohne seine Gemeinde wäre eine Phantasiegestalt, und eine Gemeinde ohne Christus wäre erst recht eine Phantasiegestalt."[313]

Es ist der Geist Gottes, der auf Jesus als Gottes Wort und Gottes Sohn *ruht*, *darum* ist er *ganzer* Mensch in eben jener sinnhaft geordneten Einheit von Seele und Leib.

Von dieser Basis aus kann Barth nun nach der Beschaffenheit unseres Seins als ganzen Menschen fragen.

„Der Mensch ist, indem er Geist hat. Dass er Geist hat, bedeutet aber: dass er als Seele seines Leibes von Gott begründet, konstituiert und erhalten wird."[314] Der Mensch existiert also, weil Gott ihm seinen Geist gibt, damit *hat* der Mensch den Geist Gottes als Grundlage seiner geschöpflichen Existenz als Seele und Leib. Der Mensch ist also von Gott her und durch Gott, und er bedarf Gottes zu seiner Existenz.

Der Mensch *hat* den Geist Gottes dabei nicht so, wie er Leib und Seele hat, also nicht als etwas ihm „wesentlich Eigenes", sondern der Mensch „ist, indem der Geist [Gottes] i h n hat".[315] Gott also begründet den Menschen als Seele seines Leibes überhaupt erst, indem er ihm seinen Geist gibt.

---

[312] KD III/2, 409f. (im Original zum Teil gesperrt).
[313] KD III/2, 411. Vgl. auch den letzten Abschnitt des Paragraphen 43 „Menschlichkeit als Gleichnis und Hoffnung", in dem Barth noch einmal den Erkenntnisweg seiner anthropologischen Aussagen über das Mitmenschsein des Menschen reflektiert. Dieses sieht er mit Blick auf Eph 5 letztlich im Sein Jesu mit der Gemeinde bestimmt. Das Sein Jesu mit der Gemeinde – und nicht zuerst mit dem Einzelnen – versteht Barth als die Entsprechung des Seins Gottes in sich.
[314] KD III/2, 414. Die Seele steht dabei aber in unmittelbarer Beziehung zum Geist: „Der Geist verwandelt sich also nicht in des Menschen Seele, obwohl und indem er doch zuerst und vor allem des Menschen Seele schafft und zu seiner eigenen Wohnung macht." (KD III/2, 437). Insofern ist von der Seele als Geistseele zu sprechen; vgl. KD III/2, 438ff.
[315] KD III/2, 426 (gesperrt im Original).

Dass Gott seinen Geist *gibt*, dass also der Mensch diesen Geist nicht *hat*, ist der entscheidende Unterschied zwischen Jesus Christus, auf dem der Geist (dauerhaft) *ruht*.[316]

Der Geist Gottes des Schöpfers konstituiert also den Menschen als Seele seines Leibes: „[E]s kann ohne denselben Geist der Mensch gar nicht Mensch, gar nicht Seele seines Leibes sein. Indem er von Gott Geist bekommt, lebt er, wird und ist er Seele, wird sein Körper Leib, ist er Seele seines Leibes."[317] Der Geist als „die Wirkung Gottes auf sein Geschöpf, und speziell die Bewegung Gottes zum Menschen hin"[318] ist also *conditio sine qua non* des Menschseins und der Bestimmung des Menschen zum Bundespartner Gottes. Der Geist Gottes ist also „geradezu der Inbegriff von Gottes Wirken seinem Geschöpf gegenüber. Geist ist also die allerdings streng und ausschließlich von Gott ausgehende Begegnung zwischen Schöpfer und Geschöpf."[319]

Wenn das Geist-*Haben* notwendig zum Menschsein gehört, dann lebt bereits der natürliche Mensch und nicht erst der wahre Mensch von Gottes Geist: Barth kann sagen, dass in „eben der Weise wie der erwählte und berufene und insofern ‚neue' Mensch im Bunde davon lebt, dass Gott ihm seinen Geist gibt, [...] auch schon der natürliche Mensch [lebt]"[320]. Barth versteht den Geist Gottes also grundlegend dem Menschen als Bundesgenossen zugehörig, aber darüber hinaus ist er auch schon Voraussetzung und Verheißung seiner Geschöpflichkeit. Ist nun Gottes Geist „Ereignis der Lebensgabe, dessen Subjekt Gott ist, das sich als Gottes Tat immer wiederholen muss, wenn der Mensch leben soll"[321], dann heißt das, dass die Aussagen über den Geist Gottes „auch des Menschen Kreatürlichkeit betreffen, indirekt auch Beschreibung dessen sind, wie es kommt, dass der Mensch im einfachsten, naheliegensten Sinn des Wortes leben darf und nicht sterben muss."[322]

Der Mensch *ist* also von Gott Geist her und durch Gott Geist – und er bedarf Gottes zu seiner Existenz: Der Mensch *ist* also, indem er von Gott den Geist bekommt; dass er von Gott den Geist bekommt, ist also *conditio sine qua non*

---

[316] Vgl. KD III/2, 402f.

[317] KD III/2, 431 (im Original zum Teil gesperrt). Damit ist es dann – wenn überhaupt – allein Gott, der den Menschen zum bloßen Körper werden lassen kann, indem er ihm seinen Geist entzieht.

[318] KD III/2, 427 (im Original zum Teil gesperrt).

[319] KD III/2, 428 (gesperrt im Original).

[320] KD III/2, 431 (gesperrt im Original).

[321] KD III/2, 431.

[322] KD III/2, 432 (im Original zum Teil gesperrt).

seines Menschseins: Das Geist-haben des Menschen fasst Barth in vier Punkten zusammen:

„1. Dass der Mensch Geist hat, das bedeutet, dass Gott für ihn da ist […]
2. Dass der Mensch Geist hat, das ist die Grundbestimmung, die entscheidende Ermöglichung seines Seins als Seele seines Leibes […]
3. Der Geist ist zwar, indem ihn der Mensch hat, im Menschen […] Er wird aber, indem er im Menschen ist, nicht mit diesem identisch […]
4. Der Geist steht nun doch zur Seele oder zum seelischen Moment der menschlichen Wirklichkeit in einem besonderen, direkten, zum Leib dagegen in einem indirekten Verhältnis"[323].

r Mensch ist also Mensch als Seele seines Leibes, weil er den Geist Gottes *hat*, weil der Geist Gottes den Menschen als Seele seines Leibes konstituiert: „Der Mensch ist, indem er als S e e l e s e i n e s L e i b e s von Gott begründet, konstituiert und erhalten wird."[324] Unter Leib versteht Barth einen „in seinem Wesen organischen und organisch existierenden und also […] auf den Empfang und Besitz von Leben angewiesenen Körper"[325]. Die Seele ist als das diesem Leibe wesensnotwendige Leben zu beschreiben. Der Mensch ist also, indem sein Körper lebendig ist, indem sein Körper also beseelter Leib ist. „Indem er [der Mensch, D.B.] Seele seines Leibes ist, ist er die irdische Darstellung jenes Oben und Unten des Weltganzen."[326]

Nachdem Barth aufgezeigt hat, dass der Mensch aufgrund des Geistes Gottes ganz von diesem her ist und seine Konstitution als Seele seines Leibes seiner Bestimmung als Bundespartner Gottes entspricht, fragt er nach der inneren Struktur der Geschöpflichkeit des Menschen als Seele und Leib: nach ihrer *Zusammengehörigkeit*, nach ihrer *Verschiedenheit* und nach ihrer *Ordnung*.

Die *Zusammengehörigkeit* von Seele und Leib übergeht nicht deren Verschiedenheit – auch wenn die Seele und der Leib des Menschen „der eine Mensch" *sind* –, die als relative Verschiedenheit niemals ohne deren Zusammengehörigkeit zu beschreiben ist: „Die Seele ist kein Wesen für sich. Sie kann auch nicht für sich existieren […] Seele setzt einen Leib voraus, um dessen Seele zu sein."[327]. In diesem Sinne ist sie Leben, „selbständiges Leben, das selbständige Leben eines Körperwe-

---

[323] KD III/2, 435ff. (im Original zum Teil gesperrt).
[324] KD III/2, 420 (gesperrt im Original).
[325] KD III/2, 421.
[326] KD III/2, 422. Der Mensch als Seele seines Leibes steht damit in Beziehung zum oberen wie zum unteren Kosmos.
[327] KD III/2, 448.

sens"[328]. Wobei selbstständiges Leben – so Barth – nicht für sich gedacht werden kann, sondern immer das selbstständige Leben eines Körpers ist: „Seele ist nicht für sich: sie ist Beseelung eines Körpers"[329] – in diesem Sinne ist auch das ‚Ich' der Seele das ‚Ich' des Körpers. Die Seele „vollzieht sich selbst" innerhalb des Körpers „in bestimmten Empfindungen, Erfahrungen, Erregungen, Gedanken, Gesinnungen und Entschlüssen"[330]. Ein so beseelter Körper ist Leib; ein Leib ist also ein Körper, der von selbstständigem Leben erfüllt und beherrscht ist, er ist als Peripherie zu beschreiben, dessen Zentrum die Seele ist: „Ist der Leib nicht Leib, sondern bloßer Körper, wenn er ohne Seele ist, so ist auch die Seele nicht Seele, sondern nur Möglichkeit einer solchen, wenn sie ohne Leib ist."[331] Es gibt also nichts Leibliches, „das nicht als solches auch seelisch wäre"[332]. Und da der ganze Mensch die Seele seines Leibes ist, ist er „also auch mit seinem Leib identisch"[333].

Seele und Leib gehören also zusammen, sie sind nicht gegeneinander, sondern miteinander – und das in einer bestimmten Ordnung – zu der Barth erst am Ende seiner Überlegungen gelangt – nämlich in der Überordnung der Seele über dem Leibe. Aufgrund des bisher Erarbeiteten kann sich Barth aber vom griechischen – und altkirchlichen – abstrakten Leib-Seele-Dualismus genauso abgrenzen, wie vom abstrakten monistischen Materialismus oder abstrakten monistischen Spiritualismus. Indem der Mensch ist, indem er Geist hat, ist vom konkreten, d.h. dem christlichen Dualismus von Leib und Seele zu sprechen,[334] der die Zusammengehörigkeit in der Besonderheit von Seele und Leib, der sich Barth nun zuwendet, bewahrt.

Barth beginnt seine Überlegungen zur jeweiligen *Besonderheit* von Seele und Leib wiederum mit der Einsicht, dass der Mensch den Geist Gottes *hat*. Denn damit ist er in der Lage, „Gott zu begegnen, für Gott und in der Beziehung zu ihm eine Person zu sein, Einer wie Gott Einer ist. Er ist in der Lage, sich seiner selbst als von Gott, aber auch als von der übrigen Geschöpfwelt Verschiedener – und wiederum:

---

[328] KD III/2, 449 (im Original zum Teil gesperrt).
[329] KD III/2, 452. Und der Körper ist damit „ein räumlich-stoffliches Beziehungssystem" (ebd.).
[330] KD III/2, 448.
[331] KD III/2, 453.
[332] KD III/2, 499.
[333] KD III/2, 477. Barth befindet sich mit diesen Ausführungen, die eine Doppelheit des menschlichen Seins als Leib-Haben und zugleich Leib-Sein wahrnehmen, in relativer Nähe zu den Ausführungen Plessners, auf die oben im Rahmen des Krankheitsbegriffs schon eingegangen wurde; vgl. oben, B. 2.2.1.1. und 2.2.1.3. Auch Frey, Arbeitsbuch, 62, weist auf Barths Nähe zu Plessner hin und moniert, dass Barth hier nicht in einen Dialog mit Plessner geht.
[334] Vgl. KD III/2, 472.

4. Die relationale Konstitution des Menschen

als mit Gott, aber auch mit der übrigen Geschöpfwelt Verbundener bewußt zu sein"[335]. Der Mensch ist also dadurch, dass er Geist hat, in der Lage, als ein selbstständiges Subjekt vor Gott zu leben, als ein selbstständiges Subjekt, das so geschaffen ist, dass Gott mit ihm eine Partnerschaft nicht nur eingehen *kann*, sondern auch eingeht.[336] „Als dieses Wesen darf und soll der Mensch sein in der Aktion der Selbsterkenntnis und Selbstverantwortung. So also ist er, der Mensch, ganz und zugleich Seele: sich selbst belebend – und Leib: durch sich selbst belebt und lebend."[337] Nun werden aber dadurch, dass der Mensch vor Gott existiert und Gott begegnet, zwei Voraussetzungen hinsichtlich der menschlichen Natur sichtbar:

„1. Die eine besteht darin, dass der Mensch dessen fähig ist, den ihm begegnenden, den sich ihm offenbarenden Gott zu vernehmen, ihn von sich selbst, sich von ihm zu unterscheiden, sein göttliches Wesen als solches erkennen, sein Wort und seinen Willen, die zwischen Gott und ihm selbst bestehende Ordnung verstehen zu können."[338] Der Mensch ist also so geschaffen, dass er, indem er Geist hat, Gott vernehmen kann. Barth differenziert nun den Begriff des Vernehmens in den des Wahrnehmens und den des Denkens und stellt fest, „dass dem Wahrnehmen eine besondere Beziehung zum Leibe, dem Denken eine besondere Beziehung zur Seele eigentümlich ist. Seelisch und leiblich sind sie beide"[339], dabei ist aber – mit Blick auf das biblische Zeugnis – von einem Primat[340] der Seele auszugehen. Grundlegend ist – und das betont Barth mit Nachdruck – der vernehmende Mensch, der *Gott* und dann auch die Mitmenschen vernehmende Mensch. Wahrnehmen und Denken sind also keine abstrakten, absoluten Fähigkeiten, sondern in erster Linie bezogen auf Gott und dann auf die Geschöpfwelt. Damit ist das Ver-

---

[335] KD III/2, 474 (im Original zum Teil gesperrt).

[336] Es mag insgesamt auffallen, dass Barth dem Personbegriff nicht „die zentrale Stellung ein[räumt], wie es die neuere Theologie gern tut" (HEDINGER, Freiheitsbegriff, 78); vgl. KD III/2, 109, wo Barth seine Vorbehalte gegen den Personbegriff expliziert. Der positive Gebrauch des Begriffes findet sich in KD I/1 in Bezug auf Jesus Christus als das Wort Gottes: „Personsein heißt nicht nur in logischem Sinne Subjekt sein, sondern auch in ethischem Sinn: freies Subjekt sein, frei auch gegenüber den jeweiligen Beschränkungen, die mit seiner Individualität als solcher gegeben sind, verfügen können über sein eigenes Dasein und Sosein, sowohl sofern es geprägte Form als auch sofern es lebendige Entwicklung ist, aber auch wählen können neuer Daseins- und Soseinsmöglichkeiten [...] Nicht das ist problematisch, ob Gott Person ist, sondern das ist problematisch, ob wir es sind." (Barth, KD I/1, 143 [im Original zum Teil gesperrt]).

[337] KD III/2, 476 (im Original zum Teil gesperrt).In diesem Zusammenhang führt Barth den Personbegriff ein: Als Gegenüber Gottes, in seiner Bestimmung zum Zusammensein mit Gott, in seiner Bestimmung für Gott vollzieht der Mensch sein Personsein; vgl. KD III/2, 478f.

[338] KD III/2, 478 (gesperrt im Original).

[339] KD III/2, 481 (im Original zum Teil gesperrt).

[340] Vgl. KD III/2, 486.

nehmen in einen relationalen Kontext gestellt, der es nicht erlaubt, dieses als Kriterium des Menschseins etwa im Singerschen Sinne zu verstehen.[341]

Die 2. Voraussetzung ist die, dass der Mensch im Zusammenhang mit dem Vernehmen, „in irgendeiner Entsprechung zu dem, was er von Gott vernimmt, tätig sein kann"[342]. Tätigsein bezieht Barth wieder in erster Linie auf Gott und dann auf die Geschöpfwelt und differenziert es in Begehren und Wollen: „Es gibt wohl eine besondere Beziehung des Begehrens zur leiblichen und eine besondere Beziehung des Wollens zur seelischen Natur des Menschen; es gibt aber keine solche Aufteilung, wir haben vielmehr beide, das Begehren und das Wollen, als seelisch und leiblich, und zwar beide als primär seelisch und sekundär leiblich zu verstehen."[343]

Die innere Differenzierung der menschlichen Geschöpflichkeit hat gezeigt: Der Mensch „ist die vernehmende und tätige Seele seines Vernehmen und Tun ins Werk setzenden Leibes"[344]. Seele und Leib gehören – freilich in der Ordnung von Vorangehen und Nachfolgen, wie die abschließenden Bemerkungen Barths zeigen – in ihrer Verschiedenheit untrennbar zusammen: „Die Seele ist selbst des Menschen Freiheit, nicht nur wahrnehmen und begehren, sondern denkend und wollend sich selbst gegenüber Distanz gewinnen, sein Leben als sein eigenes leben zu können. Der Leib seinerseits ist der Mensch, sofern er sich als körperliches Wesen dieses Primats seiner Seele erfreuen, sofern er nicht nur dieses Etwas, sondern als dieses Etwas er selbst sein darf; er könnte doch ohne dieses Etwas auch nicht er selbst sein, nicht wirkliche Person ohne diese ihre äußere Gestalt und Betätigung."[345]

Im letzten Abschnitt des Paragraphen geht Barth auf die *Ordnung* von Seele und Leib ein. Als geordnetes Miteinander von Seele und Leib, wo von Seiten der Seele regiert und von Seiten des Leibes gedient wird,[346] ist der Mensch Kosmos. Durch

---

[341] Vgl. zur relationalen Verortungen der Fähigkeiten des Menschen oben, D 2.2.1.
[342] KD III/2, 487 (gesperrt im Original).
[343] KD III/2, 489 (im Original zum Teil gesperrt).
[344] KD III/2, 500.
[345] KD III/2, 501.
[346] EIBACH, Recht auf Leben, 159 Anmerkung 7, hebt das Wesentliche dieser Aussage hervor: „Barth geht es auch letztlich nicht darum, dass ein ‚Höheres' (Seele) über ein ‚Niedrigeres' (Leib) ‚herrscht' oder der Leib der Herrschaft des Bewußtseins total unterworfen ist, sondern nur darum, dass der Leib ontisch (ontologisch) gesehen als gute Schöpfung Gottes den Gehorsam gegen Gott ‚von Natur aus' nicht verunmöglicht, also in sich nicht ‚Sitz der Sündhaftigkeit' und ‚Ursprung der Sünde' ist, sondern in der Seele seine ‚Offenheit' zum Empfang des den Menschen erhaltenden und leitenden Geistes Gottes hat. Zunächst ist die Seele ‚Werkzeug' des Geistes Gottes und von ihr als dem regierenden Zentrum dann auch der Leib."

4. Die relationale Konstitution des Menschen

den Geist Gottes, der den Menschen als Seele seines Leibes konstituiert, kommt es zu dieser Ordnung. „Und eben in diesem Geschehen ist der Mensch ein Vernunftwesen."[347] Barth gebraucht den Begriff der Vernunft hier im Sinne der *ratio* bzw. des griechischen *logos,* im Sinne von „sinnhafte Ordnung". Dass der Mensch ein Vernunftwesen ist, heißt, dass er in einer sinnvollen Ordnung von Regieren der Seele und Dienen des Leibes als Mensch existiert.

Theologisch ist dies daran festzumachen, dass der Mensch von Gott als ein eben solches Vernunftwesen angeredet wird, woraus Barth den Rückschluss zieht, dass er als ein solches geschaffen ist: „Indem Gott den Menschen anredet, behandelt er ihn nämlich als ein Wesen, das sich selber regieren und das sich selber dienen kann. Eben darin behandelt er ihn als Vernunftwesen. Eben darin wird also sichtbar, dass er als Vernunftwesen geschaffen ist."[348]

Wiederum ist es eine Analogie, die Barth heranzieht, um den Menschen als geordnete Einheit von Regieren und Dienen zu verstehen: „Menschsein heißt: Dasein in der Ordnung, Rationalität und Logizität, die in solchem geheimnisvoll das ganze Werk des Schöpfers mit seinem Geschöpf durchwaltenden Regieren und Dienen besteht."[349] Indem Barth den Menschen als Seele seines Leibes in eben dieser Ordnung versteht, „wird die menschliche Natur nicht als ein Zustand, sondern als das Leben ausmachende Geschehen zwischen Seele und Leib beschrieben"[350]. Ihre biblische Entsprechung finden diese Aussagen im Begriff „Herz" (hebräisch: *leb*; griech.: *kardia*): „Eben darum muss man aber gerade vom Herzen im Sinn der biblischen Texte sagen: es ist in nuce der ganze Mensch selber, nicht

---

Letztlich lassen sich die Aussagen Barths über das Verhältnis von Seele und Leib nur vor dem Hintergrund des Leib-Seele-Dualismus, gegen den er ankämpft, verstehen. Für Barth ist nämlich weder die Seele – wie bei Platon – ein göttliches Wesen, noch der Leib ein triebhaftes Grab. Daher kann Barth sagen „Die Seele wirkt nicht auf den Leib, sondern der eine Mensch wirkt [...] Die Seele leidet auch nicht unter dem Leib, sondern der eine Mensch leidet [...] Wiederum wirkt der Leib nicht auf die Seele, sondern der eine Mensch wirkt [...] Und wiederum leidet der Leib nicht unter der Seele, sondern der eine Mensch leidet" (KD III/2, 519f. [im Original zum Teil gesperrt]).

[347] KD III/2, 502.
[348] KD III/2, 509. In diesem Zusammenhang entfaltet Barth nochmals abschließend die Zusammengehörigkeit von Seele und Leib. Denn als Vernunftwesen wird ja nicht nur die Seele des Menschen von Gott angeredet – das hieße ja, dass der Mensch nur potentiell denken und wollen kann, ohne einen Bereich zu haben, in dem diese Potentialität aktuell werden kann. Ebenso wird von Gott nicht bloß der Leib angeredet, der ohne Seele ohnehin nur Körper wäre, und schließlich wird der ganze Mensch angeredet und nicht zwei Momente in ihm, womöglich noch auf unterschiedliche Weise.
[349] KD III/2, 513.
[350] EIBACH, Recht auf Leben, 160.

nur der Sitz seiner Tätigkeit, sondern deren Inbegriff. Immer wieder, in jedem Schlag seines Herzens ist er regierende Seele und dienender Leib, Subjekt und Objekt. ‚Von ganzem Herzen' ist notwendig identisch mit ‚von ganzer Seele' und damit auch ‚mit aller Kraft' (Deut. 6,5)."[351] Das Herz steht also für die ganz seelische und ganz leibliche Wirklichkeit des Menschen.[352] Und so ist der Mensch in allen Lebensakten zugleich seelisch und leiblich „vom Haupt bis zur Sohle"[353]. Wahrnehmen und Denken, Begehren und Wollen sind Lebensakte des *ganzen* Menschen. „Der Leib ist die Offenheit der Seele"[354] zu Gott und zu den Mitmenschen. Die Bestimmung des Menschen als Mensch für Gott und als Mensch für den Mitmenschen vollzieht sich leib-seelisch. Der Leib ist dabei in Richtung auf Gott Offenheit der Seele (zum Hören seines Wortes) und in Richtung auf den Mitmenschen Offenheit der Seele (als Voraussetzung der Begegnung).[355]

„Menschliches Leben ist [...], indem es ganz und zugleich seelisch und leiblich ist, **subjektives** und **subjektiv sich darstellendes** Leben: subjektiv, sofern es seelisch, subjektiv sich darstellend, sofern es leiblich ist."[356]

Barth hat in seinen Ausführungen einen Leib-Seele-Dualismus darin überwunden, dass es der Geist Gottes ist, der den Menschen als Seele *und* Leib, als Seele seines Leibes, konstituiert und erhält. Damit aber kommt dem Leib gegenüber der Seele kein geringerer Wert zu. Die Seele wird von Barth im alttestament-

---

[351] KD III/2, 523.

[352] Darum kann sich Barth auch gegen die existentiale Anthropologie mit ihrer Unterscheidung des Selbst- vom Weltbezug wenden.

[353] KD III/2, 512.

[354] KD III/2, 481.

[355] Eibach (EIBACH, Recht auf Leben, 170) betont zu Recht, dass „Barth im Leib die Offenheit der Seele für Gott und die Umwelt gegeben sieht und im Leib die Darstellung und den Ausdruck des Denkens und Wollens findet ([KD III/2,]501)" und folgert, dass Barth neben Schlatter schon vor der neueren Exegese erkannt habe, dass Leib „nicht zunächst Individualität in Abgrenzung zur Umwelt meint, sondern ‚im Gegensatz dazu Möglichkeit der Kommunikation'". Eibach greift hier Einsichten Käsemanns auf: „Für Paulus ist er [der Leib, D.B.] im Gegensatz dazu Möglichkeit der Kommunikation. Als Leib steht man in der Ausrichtung auf andere, in der Gebundenheit an die Welt, im Anspruch des Schöpfers, in der Erwartung der Auferstehung, in der Möglichkeit des konkreten Gehorsams und der Selbsthingabe." (KÄSEMANN, Anliegen, 32).
Der Leib ist so die Ermöglichung der Begegnung und der Geschichtlichkeit des Menschen: „So ist die *Geschichtlichkeit* und Personhaftigkeit des Menschen nie ohne seine *Leiblichkeit* zu denken, denn ohne den Leib als lebendige Körperlichkeit mit einer komplizierten sinnesphysiologischen und bewegungsmotorischen Ausrichtung wäre weder eine Begegnung mit Gott im Vernehmen des Wortes Gottes, im Gebet usw. noch eine Beziehung zum Mitmenschen und der Umwelt noch eine Antwort auf diese Begegnungen möglich und also geschichtliche Existenz unmöglich." (EIBACH, Recht auf Leben, 171 [Kursiv im Original]).

[356] KD III/2, 500 (im Original zum Teil gesperrt).

lichen Sinne der *nefesch* zuerst und grundlegend als Lebendigkeit und erst dann in ihrem geistig-denkerischen Vollzug verstanden. Aufgrund dieses Verständnisses von Seele kann Barth das menschliche Leben ganz als Gabe Gottes beschreiben.

Wenn die Bestimmung des Menschen, die in Jesus offenbar wird, diesen Menschen als Seele seines Leibes, also den ganzen Menschen betrifft, dann vom Beginn bis zum Ende seines Lebens, in der von Gott ihm gegebenen Zeit.

Bevor auf die Zeitlichkeit als Signatur geschöpflichen Daseins eingegangen wird, mag hier der Hinweis vorerst genügen, dass Barth aufgrund des bisher Gesagten keine Kriteriologie für das entwickeln muss, was gerade noch menschlich oder schon nicht mehr menschlich ist. Menschsein ist nicht in Abgrenzung zum Tier-Sein zu verstehen, sondern aufgrund der Bestimmung zu Gottes Bundesgenossen, die in Jesus offenbar wird – und der dieser Bestimmung entsprechenden Konstitution als durch Gottes Geist konstituierte Seele eines Leibes.[357]

4.5. Jesus, der Herr der Zeit – Zeitlichkeit als Signatur menschlichen Daseins

Der letzte Paragraph der Lehre vom Geschöpf, „§ 47. Der Mensch in seiner Zeit", befasst sich mit der von Gott begrenzten Zeit, die der Schöpfer seinem Geschöpf gibt, um gemäß seiner Bestimmung in der Relation zu Gott und den Menschen zu leben.

Barth beginnt wiederum christologisch, indem er zunächst Jesus Christus als Herrn der Zeit versteht. Da diese Ausführungen vorwiegend in den hier nicht *in extenso* zu erfassenden Bereich der Christologie und Soteriologie fallen, können diese hier nur in äußerster Knappheit referiert werden. Dies ist aber insofern auch sachgemäß, weil hier – mehr als bisher – mit einer Andersheit von Jesus und uns zu rechnen ist, einer „Andersheit, in der der Mensch an sich und im Allgemeinen, der Mensch, der nun eben nicht der Mensch Jesus ist, in der Zeit ist, Zeit hat, zeitlich ist"[358].

Zunächst stellt Barth fest, dass Jesus wie alle Menschen eine durch Geburt und Tod begrenzte Zeit hat. Er unterscheidet sich aber dadurch von den anderen Menschen, dass er eine weitere, eine zweite Geschichte hat, die Ostergeschichte: „Er, der Mensch Jesus, war auch in dieser Zeit, in dieser Nachzeit. Nicht nur der Glaube an ihn, nicht nur die Verkündigung von ihm, sondern die diesen Glauben und diese Verkündigung konkret begründende und formende Erinnerung an ihn umfaßte auch diese Zeit, die Zeit der vierzig Tage."[359] Ohne hier eine Theologie

---

[357] Wie die unterschiedlichen Fähigkeiten des Menschen in dieses Modell einzuzeichnen sind, wird unten, D 2.2.1., zu behandeln sein.
[358] KD III/2, 616.
[359] KD III/2, 530.

der Auferstehung auch nur skizzieren zu können, ist festzustellen, dass der Auferstandene, dass der Mensch Jesus „in dieser Zeit offenkundig in der Weise Gottes unter ihnen [den Menschen, D.B.] gewesen war"[360]. Der Mensch Jesus, der tot und begraben war, war nun lebendig aufs Neue unter den Menschen; damit wird die Osterzeit zur „Zeit der Offenbarung des Geheimnisses der ihr vorangehenden Zeit des Lebens und Sterbens des Menschen Jesus"[361]. So wird in und mit Jesus die Zeit des Menschen Jesus zu Gottes Zeit, „die darum die Zeit aller Zeiten ist, weil das, was Gott in ihr tut, das Ziel der ganzen Schöpfung und eben damit auch aller geschaffenen Zeit ist"[362]. Mitten in der Zeit also hat Gott in Jesus seine Zeit gehabt, die er sich für uns genommen hat, die er aber eben damit – damals und einmalig – für alle Menschen aller Zeiten gegeben hat. Die Erfüllung der Zeit (Gal. 4,4) wird so zu einem alle Zeiten erfüllenden Geschehen.

Die Zeit des Menschen Jesus ist also Gottes Zeit in unserer Zeit. Allerdings unterliegt aber die Zeit Jesu nicht den Schranken aller anderen Zeiten;[363] und so ist Jesus, indem er in der Zeit ist, zugleich der Herr der Zeit.[364] Denn Jesu Zeit ist „als die erfüllte Zeit, die, indem sie seine eigene Zeit ist, auch die Zeit vor ihm übergreift und in sich schließt, ja selber deren Anfang, der Anfang aller Zeit ist – und wiederum auch die Zeit nach ihm übergreift und in sich schließt, ja selber deren Ende, das Ende aller Zeit ist."[365]

Solches wird man freilich von unserer Zeit nicht sagen können und dürfen. Auch hier gilt: Christologie ist nicht Anthropologie. Es bleibt aber mit Blick auf die Frage der Beschaffenheit des menschlichen Seins in der Zeit festzustellen: „Die Existenz des Menschen Jesus bedeutet aber dies, dass Gott Mensch, der Schöpfer Ge-

---

[360] KD III/2, 537 (im Original zum Teil gesperrt).
[361] KD III/2, 546 (im Original zum Teil gesperrt).
[362] KD III/2, 546 (im Original zum Teil gesperrt).
[363] „1. Auch das Leben Jesu beginnt freilich einmal; auch seine Zeit ist einmal künftige Zeit gewesen. Das besagt aber nicht, dass sie damals noch nicht war.
2. Auch das Leben Jesu hat seine Dauer. Auch seine Zeit war einmal gegenwärtig. Das besagt aber nicht, dass sie nur in dieser seiner Dauer und nur vom Standpunkt der gleichzeitig dauernden anderen lebenden Wesen her gesehen gegenwärtig war.
3. Auch das Leben Jesu endigt einmal. Auch seine Zeit wurde einmal Vergangenheit. Das besagt aber nicht, dass sie einmal nicht mehr war.
Diese Aufhebung der Schranken ihres Gestern, Heute und Morgen, ihres Damals, Jetzt und Dereinst ist die Eigentümlichkeit der Zeit des Menschen Jesus, weil sie laut ihres Offenbarwerdens in der Osterzeit auch die Zeit Gottes, die ewige Zeit ist." (Barth, KD III/2, 556f. [im Original zum Teil gesperrt]).
[364] Vgl. zum Zeitbegriff Barths die detaillierte Studie von OBLAU, Gotteszeit.
[365] KD III/2, 616 (im Original zum Teil gesperrt).

schöpf, die Ewigkeit Zeit wurde. Sie bedeutet also, dass Gott sich für uns Zeit nimmt und Zeit hat, dass er selbst in unserer Mitte, gleich wie wir selbst, zeitlich ist."[366] Damit ist aber – so Barth – verbürgt, „dass die Zeit als Existenzform jedenfalls des Menschen von Gott gewollt und geschaffen, von Gott dem Menschen gegeben und also wirklich ist."[367] Zeit ist also keine Voraussetzung des Menschseins, sondern der Mensch ist, indem er in einer bestimmten Zeit ist: „Menschlichkeit ist Zeitlichkeit. Zeitlichkeit ist, soweit wir sehen und verstehen Menschlichkeit."[368]

Denn der Mensch hat offensichtlich keine Macht über die Zeit und über sein Sein in ihr, indem er nicht aus ihr heraustreten kann, auch das „spricht dafür, dass wir es in der Zeit als unserer Existenzform nicht weniger als in unserer Existenz selbst und als solcher mit einer überlegenen Setzung zu tun haben"[369]; der Mensch ist also in der ihm „gegebenen Zeit". Der Mensch *hat* die Zeit nur, indem er sie bekommt, und er bekommt sie von Gott: „Wer ‚Mensch' sagt, sagt ‚Zeit' und hat eben damit, ob er es weiß oder will oder nicht, zuerst und grundlegend ‚Gott' gesagt: Gott, der für den Menschen da ist, indem er Zeit für ihn hat – Gott, der dem Menschen seine Zeit gibt."[370]

Nachdem Barth den Charakter der menschlichen Zeit als von Gott gegeben und wirklich deutlich gemacht hat, kann er die Modi der Zeit des Menschen (Gegenwart, Vergangenheit, Zukunft) angehen.

1. „Dass der Mensch in der Zeit ist, heißt ja zunächst einfach, dass er je jetzt ist, d. h. dass er immer aufs neue die jetzt noch vor ihm, jetzt schon hinter ihm liegende Grenze zwischen seiner Vergangenheit und Zukunft überschreitet, um sie alsbald wieder vor sich zu haben, wieder überschreiten zu müssen, wieder hinter sich zu haben."[371] Die Gegenwart als Grundform der menschlichen Zeit überhaupt, das „Ich bin", erscheint am greifbarsten und aufgrund ihres *je* jetzt, ihres ständigen Schrittes über die Grenze zwischen Gewesenem und Zukünftigen am bedrohtesten. Aber – so stellt Barth fest – nicht wir sind zuerst jetzt, sondern Gott ist zuerst jetzt: „Er ist zuerst jetzt – dann sind es auch wir."[372] Damit ist das in der Zeit sein, das in der Gegenwart sein, ein mit Gott sein.

---

[366] KD III/2, 625 (im Original zum Teil gesperrt).
[367] KD III/2, 628 (im Original zum Teil gesperrt).
[368] KD III/2, 629 (im Original zum Teil gesperrt).
[369] KD III/2, 633 (im Original zum Teil gesperrt).
[370] KD III/2, 634.
[371] KD III/2, 636.
[372] KD III/2, 638 (im Original gesperrt).

2. „Ich bin jetzt der, der ich gewesen bin."[373] Und auch in diesem Bereich, im unzugänglichen Bereich des „ich war", war Gott zuerst und ist damit Garant und Bürge der Wirklichkeit unseres Seins in der Vergangenheit. Deshalb kann die Erinnerung „von jedem positiven und negativen Krampf ihr gegenüber"[374] befreit werden und deshalb darf man auch vergessen – ohne dies freilich krampfhaft zu müssen, um zu überleben. Barth sieht an dieser Stelle sehr wohl den Zusammenhang von Vergangenheit und Gegenwart, indem er darauf hinweist, dass ich jetzt der bin, der ich *gewesen* bin: „Ich bin der, der ich in dieser meiner ganzen Vorzeit geworden bin. Ob ich mich ihrer auch noch so dumpf, nur in einzelnen hellen Bildern erinnere, tut nicht davon noch dazu: wenn die Stunde schlägt und mein jetziges Jetzt anzeigt, wenn ich je den neuen Übergang antrete, dann bin ich jedenfalls der Mensch dieser Vorzeit – der Mensch, der in all jenen früheren Übergängen geformt und gebildet wurde, sich selbst geformt und gebildet hat. Was ich auch jetzt sei, tue und erfahre und nach diesem Jetzt sein, tun und erfahren werde: die Vorschüsse und die Hypotheken, die ich von der Vergangenheit her mitgebracht habe, sind für dieses Jetzt so oder so bedeutungsvoll und werden es auch bleiben für meine Zukunft."[375] In diesem Zusammenhang sind Erinnern und Vergessen nicht nur unproblematisch: Vergessen kann hier nämlich heißen, Unangenehmes (krampfhaft) auszuklammern; Erinnern kann nämlich auch heißen, aus der Gegenwart (krampfhaft) in die Vergangenheit fliehen zu wollen. Darin freilich, dass unsere Vergangenheit in Gott geborgen ist, liegt die Gewissheit und Chance, in der Gegenwart, die uns zwar auch nicht sicher, aber die uns von Gott zugedachte Form der Zeit ist, leben zu können.

3. Angesichts der Zukunft dürfen wir „damit rechnen, dass der Wille und die Tat Gottes wie der Sinn und Grund unseres Seins in der Zeit überhaupt so auch der unseres Seins in der Zukunft ist"[376]. Denn bei Gott gibt es – im Unterschied zu uns – noch kein „Noch-nicht": „Wir werden in den Händen des Herrn sein, der von Ewigkeit her unser Verbündeter und Freund gewesen ist."[377]

Der Mensch ist also in allen seinen Zeitmodi *mit* Gott. Es ist dabei bei Barth die von Gott geschaffene Zeit, die er zum Ausgangspunkt seiner Überlegungen macht, und nicht eine uns abstrakte, unzugängliche Ewigkeit Gottes.[378] Voraussetzung aller dieser Überlegungen ist, dass Gott in Jesus Mensch wurde: „Die

---

[373] KD III/2, 643 (im Original zum Teil gesperrt).
[374] KD III/2, 652.
[375] KD III/2, 643.
[376] KD III/2, 659 (im Original zum Teil gesperrt).
[377] KD III/2, 665.
[378] Gott ist also nicht zeitlos, „sondern höchst zeitlich, sofern eben seine Ewigkeit die eigentliche Zeitlichkeit und so der Ursprung aller Zeit ist"; (KD III/2, 525).

4. Die relationale Konstitution des Menschen

Existenz des Menschen Jesus in der Zeit verbürgt uns, dass die Zeit als Existenzform des Menschen von Gott gewollt und geschaffen, von Gott dem Menschen gegeben und also wirklich ist."[379] Denn in Jesus, der dadurch der Herr der Zeit ist, dass Gott in ihm „ewig für uns" ist, ist offenbar, dass es keinen Menschen ohne Gott und keinen Zeitbegriff ohne Gott gibt: „Ihm [Jesus, D.B.] ist wie keine ontologische Gottlosigkeit so auch keine ontologische Unmenschlichkeit zuzuschreiben. Auch nicht hinsichtlich der Zeitlichkeit seiner Existenz."[380]

Die dem Menschen gegebene und so wirkliche Zeit ist aber nun näher als die *befristete* Zeit zu beschreiben. Damit ist dem Menschen eine Beschränkung, eine Begrenzung gegeben, die wohl dem menschlichen Drängen nach Dauer entgegensteht, die aber, weil die Zeit die Daseinsform des Geschöpfes ist, „dem Menschen in seiner Verschiedenheit Gott[381] gegenüber angemessen ist" – und die für diesen sogar „positiv, gut und heilsam ist"[382]. Denn Begrenzung heißt hier – so Barth – Bestimmtheit: „Der Mensch wäre nicht Dieser, jetzt und hier, so und so beschaffen, das konkrete Subjekt dieser und dieser Geschichte, wenn sein Leben nicht Umriß und Bestimmtheit hätte, wenn ihm also nicht Schranken und Grenzen gegeben wären."[383] Die befristete Zeit ist also derjenige Raum, in dem der Mensch seiner Bestimmung für Gott und für die Mitmenschen nachkommen kann und soll;[384] als solche befristete Zeit ist sie eingebettet in Gottes Ewigkeit. Eben in dieser befristeten Zeit ist der Mensch auf Gottes Gnade angewiesen: „Durch seine Natur ist er gerade kraft der ihr eigentümlichen Zeitlichkeit als Befristung auf den gnädigen Gott gewiesen, an ihn gebunden, der ganz und gar außer ihm, ganz und gar für ihn ist."[385]

---

[379] KD III/2, 669 (im Original zum Teil gesperrt).
[380] KD III/2, 670.
[381] Gottes Zeit ist die Ewigkeit. Ewigkeit aber „ist freilich ihrerseits nicht einfach die Negation der Zeit. Sie ist keineswegs zeitlos. Sie ist vielmehr als Quellort der Zeit geradezu die eminente, die absolute Zeit, nämlich die unmittelbare Einheit von Gegenwart, Vergangenheit und Zukunft" (KD III/1, 72). Daher umfasst sie alle geschöpfliche Zeit und ist zu dieser gleichzeitig; vgl. KD II/2, 686.
[382] KD III/2, 683.
[383] KD III/2, 686 (im Original zum Teil gesperrt).
[384] Geschichte ist also nur in der zeitlichen Begrenzung möglich. Nur in den Grenzen von Geburt und Tod ist eine einmalige Geschichte möglich.
[385] KD III/2, 692 (im Original zum Teil gesperrt). Und diese befristete Zeit ist die Bedingung dafür, „dass Er, der Ewige, in der beschriebenen Weise unser Gegenüber, unser Nachbar sein kann und so wir sein Gegenüber, seine Nachbarn sein können" (KD III/2, 686). Barth schließt hier von der Bestimmung des Menschen zum Bundespartner Gottes auf die dieser Bestimmung entsprechende Beschaffenheit des menschlichen Seins zurück.

Letztlich ruhen Barths Überlegungen hinsichtlich der befristeten Zeit auf der Zeit des Menschen Jesus, der ja (zunächst) ein beschränktes Leben in einer begrenzten Zeit hatte. Mit der Auferstehung ist diese beschränkte und begrenzte Zeit zur erfüllten und alle Zeiten erfüllenden Zeit geworden. Damit ist er der Herr der Zeit und damit ist offenbar, dass *er* es ist, „von dem wir von allen Seiten umgeben sind"[386].

Von allen Seiten heißt zunächst von vorne, vom Anfang der befristeten Zeit her, aber auch – und das ist für die in diesem Zusammenhang zu entwickelnde Anthropologie von größerer Bedeutung – am und nach dem Ende des Lebens.

Wenn die befristete Zeit Gottes Wohltat ist, gilt das auch von ihrem Ende? – das ist die Frage, die Barth in seinen abschließenden Ausführungen leitet.[387] Zunächst nämlich stellt er fest, dass der Tod, der uns faktisch begegnet, nicht der Tod, der zur „von Gott geschaffenen und darum guten Natur des Menschen gehört"[388], ist. Denn der Tod, der uns faktisch begegnet, ist das *Zeichen*[389] des Ge-

---

[386] KD III/2, 694 (im Original gesperrt); vgl. KD II/2, 686.

[387] Zum Todesverständnis Karl Barths vgl. JÜNGEL, Tod, der allerdings darin etwas hinter Barths Todesverständnis zurückbleibt, dass er in die Gefahr gerät, den biologischen Tod mit dem natürlichen Tod zu identifizieren, weil er die faktische Ambivalenz des Todes, an der Barth festhält, nicht mehr genügend im Blick hat. Außerdem ist bei ihm eine Reflexion des Todes Jesu in Hinsicht auf die Trinität in relativ geringem Umfang ausgeführt; zum Tode Jesu als trinitarischem Geschehen vgl. MOLTMANN, Der gekreuzigte Gott, 184-267.
Über die Frage des Todes gibt es eine breite Diskussion in der neueren (protestantischen) Theologie: Ist der Tod als Gott gewollte Grenze des menschlichen Lebens, also als gute Schöpfung zu verstehen (vgl. BARTH, a.a.O., JÜNGEL, Tod) – oder nicht (vgl. HEIDLER, Ganztod; KÖBERLE; Seele)?; vgl. zur Orientierung über die Positionen THIEDE, Tod, 37-48.
Aus exegetischer wie systematisch-theologischer Sicht ist hier deutlich darauf hinzuweisen, dass Sterblichkeit nicht Folge der Sünde ist, sondern – wie oben gezeigt – zur geschöpflichen Natur des Menschen gehört. Gen 3, 19, welche von Befürwortern der These, dass der Tod Folge der Sünde sei, angeführt wird, ist bei genauem Hinsehen Sterblichkeit nicht Folge der Sünde. Wäre Sterblichkeit als Konsequenz der Sünde zu denken, würde die Unsterblichkeit des Menschen zum Ziel geschöpflichen Daseins. Es mag hier der Hinweis genügen, dass im Alten Testament Menschen „alt und lebenssatt" (vgl. Gen 25,8; 35,29), ja sogar „gerne" sterben (Gen 46,30) können. Im Neuen Testament ist zu unterscheiden zwischen dem Tod als (natürlichem) Ende des Lebens und dem Tod als der Sünde Sold (Röm 6,23), dessen Folgen in Jesus Christus überwunden geglaubt werden; vgl. KD III/2, 714-780.

[388] KD III/2, 725.

[389] Vgl. EIBACH, Recht auf Leben, 193. Unser Tod kann nicht mehr als ein Zeichen des Gerichtes sein, weil nur Jesu Tod den Charakter der Stellvertretung hat und er als einziger den Tod als völlige Gottverlassenheit ertragen hat; vgl. KD II/2, 388; vgl. zu Barths Verständnis der Stellvertretung KD IV/1, 231-311. Damit aber, dass sich Jesus diesem Tod unterwirft, bleibt dieser Tod uns erspart (vgl. KD III/2, 726); und der Tod, der uns begegnet, wird zum Zeichen des Ge-

4. Die relationale Konstitution des Menschen

richts über uns; das Gericht ist nötig aufgrund der Schuld, die wir im Laufe unseres Lebens auf uns geladen haben: „Schuld heißt Rückstand. Und der Rückstand besteht in dem Nichtgebrauch der uns von Gott gegebenen Freiheit, im Verhältnis zu ihm und zum Mitmenschen wahrhaft Mensch zu sein, in dem unbegreiflichen Verzicht auf diese Freiheit, in unserer unbegreiflichen, unbegründeten, unmöglichen Wahl der Gefangenschaft eines Seins im Versagen nach beiden Richtungen, in unserem unbegreiflichen Abfallen ins Widergöttliche und Unmenschliche."[390] Zu diesen Erkenntnissen gelangt Barth aufgrund der Exegese des Kreuzestodes Jesu.

Mit diesen Aussagen aber – so betont er nachdrücklich – ist noch nicht alles über den Tod gesagt. Zunächst ist festzustellen, dass „wir im Tode nicht nur mit dem Tode, sondern auch mit Gott konfrontiert sind: mit eben dem Gott, der gegen uns Recht hat, gegen den wir Unrecht haben"[391]. Damit ist der Tod nicht die Konfrontation mit einem Nichts oder gar mit einem „erfreuliche[n] Nichts, von dem der Buddhismus und alle seine Geistesverwandten von jeher geträumt haben, sondern das sehr gefährliche, qualifizierte und peinliche Nichts unserer Nichtigkeit vor Gott"[392]. Im Tod also ist der Mensch mit seinem Schöpfer, dem Herrn über Leben und Tod konfrontiert. Daher ist unsere Furcht vor dem Tod, in ihrem Kern auch – so Barth – die wohlberechtigte Furcht, die wir vor Gott haben müssten!

Aber nun ist der Gott, mit dem wir im Tode konfrontiert werden, kein unbekannter Gott: „Der Gott, der uns im Tode als der Herr des Todes erwartet, ist aber der gnädige Gott: der Gott, der für den Menschen ist."[393] Und so ist der Zorn Gottes, mit dem der Mensch im Tod konfrontiert wird, seine zürnende Liebe. Und so ist der Tod „wohl unsere Grenze und doch nur unsere selber begrenzte Grenze. Er kann uns Alles nehmen. Er nimmt uns auch Alles, was unser ist. Er bringt es fertig, dass wir nicht mehr sind, weil wir keine Zeit mehr haben. Er

---

richts, das er stellvertretend für uns erlitten hat. Der Tod ist also nur das Zeichen von Gottes Gericht, „weil Gott uns darin gnädig ist, dass er das Erleiden des Todesgerichtes selbst im Todes dieses Menschen zu seiner eigenen Sache gemacht, uns also davon frei gesprochen hat" (KD III/2, 763 [im Original zum Teil gesperrt]).

[390] KD III/2, 724.
[391] KD III/2, 739 (im Original zum Teil gesperrt).
[392] KD III/2, 739.
[393] KD III/2, 741. „Nicht irgendein Knochenmann wird da triumphierend die abgelaufene Sanduhr hochhalten, sein *Non plus ultra!* krähen, seine Sense schwingen und so unwiderruflichen Schluß mit ihm machen. Sondern der, an den zu glauben und den zu lieben er in der ihm gegebenen Zeit frei sein und den er in dieser seiner Zeit bezeugen durfte" (KD IV/3, 1065 [Kursiv im Original]).

bringt aber das nicht fertig, dass Gott nicht Gott, unser Gott, unser Helfer und Retter und als solcher unsere Hoffnung ist."[394] Denn in dem einen Menschen Jesus hat Gott selbst unseren Tod „zum bloßen Zeichen seines Gerichtes"[395] gemacht.

Von hier aus kann die Frage nach der Zugehörigkeit des Todes zur menschlichen Natur nun beantwortet werden. Barth stellt fest: „Tod heißt radikale Negation des Lebens und also des menschlichen Seins"[396], also Eintritt von totaler Verhältnislosigkeit[397] – wie Jüngel formuliert; damit ist der Tod Vollzug und Bestätigung der Nichtigkeit des menschlichen Lebens und so ist auch die Furcht vor ihm berechtigt, zumal es eine Unsterblichkeit der Seele nicht geben kann.[398] Im Tode nämlich wird das Leben des Menschen mit Gott konfrontiert und so wird es sichtbar als das Leben eines Schuldners: „Die Beziehung unseres Lebens und Sterbens zu Gott erklärt, warum der Tod ein Übel ist, und sie erklärt das so, dass er gerade als dieses Übel ganz und gar auf des Menschen eigene Rechnung zu stehen kommt. Sie erklärt den Tod als Zeichen des göttlichen Gerichtes, unter das wir gestellt sind."[399] Gott aber – denn hier kann Barth nicht stehen bleiben – hat sich selbst den Tod zu eigen gemacht, in dem er selbst das Todesgericht erlitten hat, und *damit* hat er uns frei gesprochen und sich als der gnädige Gott erwiesen. Darum gilt: „Eben der, der im Tode zu fürchten ist, ist auch des Menschen Hoffnung im Tode und in seinem dem Tode entgegeneilenden Leben"[400]. Durch den Tod Jesu also ist der Tod zum bloßen Zeichen des göttlichen Gerichtes geworden. Da-

---

[394] KD III/2, 744.
[395] KD III/2, 747.
[396] KD III/2, 761.
[397] Vgl. JÜNGEL, Tod, 171, u.ö. Der Tod als radikale Negation des Lebens ist der Eintritt von totaler Verhältnislosigkeit als Ende der ganzen Person. Dogmatisch ist dies als Ganztodthese zu bezeichnen. Der Mensch als Seele seines Leibes stirbt (insofern gibt es keine Unsterblichkeit der Seele), geht zu Ende. Er kann von sich aus die Grenze des Todes nicht überwinden.
[398] Eine Unsterblichkeit der Seele kann es nach Barth aufgrund der Konstitution des Menschen als Geschöpf – und damit als zeitliches Wesen – im Gegenüber zum ewigen Gott nicht geben. Die Seele des Menschen ist genauso Geschöpf wie sein Leib und somit nicht fähig, die Grenze des Todes von sich aus zu überwinden. Vgl. zur Ablehnung des Unsterblichkeitsgedankens KD III/2,768ff. u.ö., und dazu FRIES, Hoffnung, 82-86, der Barths Argumente gegen eine Unsterblichkeit der Seele zusammenträgt.
Leider kommt man bezüglich der Ablehnung des Unsterblichkeitsgedankens auch in der heutigen – sogar der protestantischen – Theologie immer noch zu anderen Ansichten; vgl. die knappe Übersicht bei THIEDE, Über den Tod hinaus, bes. 37-48; vgl. z.B. HEIDLER, Ganztod oder nachtodliche Existenz, der mithilfe lutherischer Anthropologie eine nachtodliche Existenz zu beweisen sucht.
[399] KD III/2, 762 (im Original zum Teil gesperrt).
[400] KD III/2, 763

mit aber ist die Identität von Sterben und Todesgericht nur unter Absehen des Geschehens des Todes Jesu zu behaupten. Der Charakter des Gerichts gehört also nicht notwendig zum natürlichen Ende des Menschen, auch wenn wir dieses faktisch in einer Identität vorfinden.[401] Schon in Jesu Menschsein wird ein menschliches Sein sichtbar, „dessen Endlichkeit auf keinen Fall an sich und als solche mit dem Verfallensein an jenen Tod identisch ist"[402]. Von Jesu Menschsein ist hier also mit einer Relativierung und Begrenzung des Todes zu rechnen. Dadurch, dass Jesus das Gericht für uns freiwillig auf sich nahm, ist unser Ende nur bloßes Zeichen des göttlichen Gerichts. Tod und Gericht sind also nur faktisch, nicht aber notwendig identisch. Barth betont aber stets den Doppelaspekt des Todes als natürliches Ende und als Zeichen des Gerichtes.[403] Aufgrund dieses Doppelaspektes ist eine Verharmlosung des Todes als bloßes Naturphänomen genauso wenig angebracht wie eine Eskamotierung des Gerichtes.

Die Endlichkeit ist unter dieser faktischen Ambivalenz von Gericht und Ende aber notwendig, weil „unser menschliches Sein gerade um Gegenstand, Empfänger und Gefäß der freien Gnade Gottes zu sein, die in Jesus für uns gehandelt hat, ebenfalls unter der Bestimmung seiner Endlichkeit stehen muss"[404]. Die Endlichkeit des Menschen ist somit conditio sine qua non des in Krafttretens der ein für allemal in Jesus Christus vollzogenen Erlösung in unserem Leben. Endlichkeit ist also anthropologische Notwendigkeit.[405]

---

[401] Jüngels Topos der Verhältnislosigkeit verdeutlicht das Gemeinte: Das Leben des Menschen vollzieht sich in Relation, im Verhältnis zu Gott. Die Sünde aber drängt immer wieder gegen dieses Verhältnis, also in die Verhältnislosigkeit. In dieser Verhältnislosigkeit kann nur Gott neue Verhältnisse schaffen: Im Tod Jesu Christi erträgt Gott die Verhältnislosigkeit, die Negation, kämpft mit dem Tod und geht aus diesem Kampf als Sieger hervor, indem er den Tod auf sich nimmt. Damit wird der faktische Tod zum Zeichen des Gerichts und eine Identifikation von faktischem Tod und natürlichem Tod wird aufgehoben; vgl. JÜNGEL, Tod, 121-144.
[402] KD III/2, 766.
[403] Vgl. EIBACH, Recht auf Leben, 236: „Die Unterscheidung zwischen dem Tod als Ende des Lebens und dem Tod als Gericht ist für Barth die denknotwendige Konsequenz der Zuordnung der Schöpfung zum Bund und der Ablehnung des Denkens, das die Sünde zum Rahmen und Ermöglichungsgrund des Christusgeschehens macht."
[404] KD III/2, 768. „Was würde aus uns, wenn wir in einem unendlichen Leben die Gelegenheit hätten, unser Verhältnis zu Gott und zum Mitmenschen immer wieder in unserer bekannten Weise vorläufig zu ordnen – oder vielmehr: die Ordnung dieses Verhältnisses immer wieder auf die lange Bank zu schieben – unsere Bekehrung zu Gott und die Ordnung unseres Verhältnisses zum Nächsten im besten Fall immer wieder in jenem Ersäufen des alten Adam zu vollziehen, das darum eine so fragwürdige Sache ist, weil dieses Subjekt leider schwimmen kann." (ebd.).
[405] Vgl. EIBACH, Recht auf Leben, 247.

Für Barth steht insofern fest: „eine Unterscheidung zwischen Ende und Fluch, Sterben und Strafe, Tod und Todesgericht ist nicht nur möglich, sondern notwendig, nicht nur erlaubt, sondern geboten"[406]. Und damit ist erwiesen: „Es gehört auch zu des Menschen Natur, es ist auch Gottes Schöpfung, die es so bestimmt und geordnet hat und es ist insofern gut und recht so, dass das Sein des Menschen in der Zeit endlich, dass der Mensch sterblich ist."[407] Der Tod ist also die Grenze des menschlichen Seins, der Schritt vom Sein in das Nichtsein.

Aber Nichtsein bedeutet nicht, dass der Mensch dem Nichts entgegengeht. Es ist wohl wahr: „Der Mensch als solcher hat also kein Jenseits, und er bedarf auch keines solchen; denn Gott ist sein Jenseits"[408]. Das Geschöpf ist im Gegensatz zu Gott endlich, aber es ist endlich im Sein Gottes, welches sein endliches Sein gleichsam umschließt. Der Mensch hat seine Zeit, seine endliche Zeit, aber diese ist umfangen von der Ewigkeit Gottes. Es kommt dem Menschen als Geschöpf nicht zu, unendlich zu sein, es kann jene Grenze in die Ewigkeit nicht überschreiten,[409] aber aufgrund der Tatsache, dass Jesus der Herr der Zeit ist, darf er auf „die ihm von dem ewigen Gott her bevorstehende Verherrlichung gerade seines von Natur und von rechtswegen diesseitigen, endenden und sterbenden Seins"[410] hoffen.

---

[406] KD III/2, 769 (im Original zum Teil gesperrt).
[407] KD III/2, 770 (im Original zum Teil gesperrt).
[408] KD III/2, 770 (im Original zum Teil gesperrt).
[409] Von daher kann es keine Unsterblichkeit der Seele - im platonischen oder katholischen Sinne – geben.
[410] KD III/2, 771. Wohlgemerkt die Verewigung des Seins, d.h. nicht aus dem gelebten Leben wird erlöst, sondern das gelebte Leben wird erlöst; vgl. JÜNGEL, Tod, 151f. Vgl. KD IV/3, 1065.

5. Ethische Implikationen[411]

Wenn Gott der Herr über Leben und Tod ist, weil und indem es Gottes Geist ist, der den Menschen als Seele seines Leibes konstituiert und erhält, dann hat das Auswirkungen auf die Ethik. Barth behandelt die Ethik der Schöpfungslehre in KD III/4; im dortigen „§ 55. Freiheit zum Leben" entfaltet Barth unter dem Leitsatz „Indem Gott der Schöpfer den Menschen zu sich ruft und seinem Mitmenschen zuwendet, heißt er ihn, das Leben – sein eigenes und das jedes anderen Menschen – als seine Leihgabe zu Ehren zu bringen und gegen alle Willkür zu schützen, um es in seinem Dienst und zur Zubereitung für seinen Dienst tätig ins Werk zu setzen"[412]. D.h. zunächst die „Ehrfurcht vor dem Leben" und dann den „Schutz des Lebens".

Ehrfurcht vor dem Leben ist bei Barth nicht wie bei A. Schweitzer aufgrund einer dem Leben als solchem inhärierenden Heiligkeit zu verstehen, sondern Ehrfurcht vor dem Leben ist durch die in der Menschwerdung Gottes in Jesus offenbarte *Erwählung* des Menschen zum Bundespartner Gottes begründet: „Wenn nämlich der Mensch im Glauben an Gottes Wort und Verheißung dessen gewahr wird, dass und wie Gott ihn, den Menschen, in seinem kleinen Dasein von Ewigkeit her erwählt und liebt und was er in dieser Zeit für ihn getan hat, dann wird ihm in dieser Erkenntnis das Menschenleben als solches zu einem hohen, würdigen, heiligen, geheimnisvollen Faktum, dann begegnet ihm im Menschenleben darum ein ‚Überlegenes', der Aufruf zur Ehrfurcht, weil eben der lebendige Gott es so ausgezeichnet, sich seiner so angenommen hat. Man kann ruhig sagen: es ist die Geburt Jesu Christi als solche die Offenbarung des Gebotes als Gebot der

---

[411] Es ist hier insofern sachgemäß, ethische Implikationen bereits in die Grundlegung der Anthropologie aufzunehmen, als es Barths dogmatisch-ethischem Ansatz entspricht. Barth selbst trennt ja die Systematik nicht in Dogmatik und Ethik auf, um beide Gebiete getrennt zu behandeln.
Schon der Anlage des Menschen als Bundesgenossen Gottes, seinem Sein also, entspricht seine Aufgabe. Das Miteinander von Sein und Aufgabe ist konstitutiv für Barths Theologie: Das Handeln des Menschen vollzieht sich im durch das Wort Gottes konstituierten Raum, in dem der Mensch als Gegenüber, als Bundespartner Gottes angesprochen und aufgerufen ist, dieser auch in seinen Taten zu sein. Dass der Mensch dazu geschaffen ist, Gottes Bundespartner zu sein, ist die Voraussetzung für sein dieser Konstitution entsprechendes Handeln.
Anthropologie und Ethik gründen letztlich – wiederum aufgrund der Analogie – in der Christologie, so dass sie hier ihren formalen und inhaltlichen Zusammenhang haben: „Da Gott die Analogie zu sich schenkt, die er fordert, da Gott gibt, was er fordert, darf man die Urfrage der Ethik im Sinne Barths nicht eigentlich so beantworten: Gut ist der, der Gottes Tun durch sein Tun entspricht, sondern: Gut ist der, der sich in Entsprechung seines Tuns zu Gottes Tun von Gottes Tun schenken lässt." (PÖHLMANN, Analogia, 94).
[412] KD III/4, 366 (Leitsatz).

Ehrfurcht vor dem Leben. Sie offenbart ja jene Erwählung und Liebe Gottes."[413] Diese gibt dem Menschen „in jeder, auch der zweifelhaftesten Gestalt, den Charakter des Einmaligen, Einzigartigen, Unwiederholbaren, Unersetzlichen"[414]. Es sind also nicht irgendwelche Begründungen des Humanismus, die „unter ‚Menschenleben' [...] höchst einseitig bloß das geistige Dasein des Menschen [...] Sie haben weiter den Nachteil, dass sie immer mit irgendwelchen illusionären Überschätzungen des Menschen, seiner Güte, seines Könnens und Vollbringens verbunden sind"[415]. Barth betont hingegen, dass es die Erwählung zum Bundespartner Gottes ist, die des Menschen Würde und Wert konstituiert. Zu diesem Bundespartner hat Gott aber den *„ganzen* Menschen" erwählt und nicht nur einzelne Fähigkeiten oder Leistungen: „Gottes Erwählung lässt auch ihn auch in der schwersten Krankheit Person bleiben, denn Gott hat ihn als ‚ganzen Menschen' erwählt und nicht nur seine Geistigkeit, die allenfalls Zeichen, aber entbehrliches Zeichen seines Personseins ist."[416] „Neither the intellect nor the will nor the emotions can serve as an adequate tool for understanding the human being."[417]

Ähnlich äußert sich Barth – im Zusammenhang der Frage nach der Schutzwürdigkeit des Lebens – zum Wert des Lebens von alten Menschen: „Ein nicht (oder nicht mehr) arbeits-, erwerbs-, genussfähiges, vielleicht nicht einmal mehr kommunikationsfähiges Leben ist darum kein ‚lebensunwertes' Leben: am allerletzten darum, weil es zum Leben des Staates keinen erkennbaren aktiven Beitrag leisten, sondern diesem direkt oder indirekt nur zur Last fallen kann. Was der Wert eines solchen Lebens ist, das ist Gottes Geheimnis, an dem seine Umgebung und die menschliche Gemeinschaft im Ganzen vielleicht in der Tat direkt gar nichts zu entdecken findet, das mit einer gewaltsamen Negation aufzulösen sie aber auf gar keinen Fall befugt ist."[418] Auch das Leben eines sehr verwirrten alten Menschen steht also – wie jedes menschliche Leben – unter der Erwählung Gottes. Empirische Befunde offenbaren seinen Wert genauso wenig wie sie es bei gesunden

---

[413] KD III/4, 384 (im Original zum Teil gesperrt). Barth wundert sich, dass die Theologie die Bedeutung der Inkarnation für die Ethik „nicht längst viel energischer geltend gemacht hat, statt sich in dieser brennenden Frage – warum der Mensch und das Menschenleben zu respektieren sei? – mit allgemeinen religiösen Redensarten und mit Anleihen aus den Aufstellungen des nichtchristlichen Humanismus zu behelfen" (A.a.O., 385).
[414] KD III/4, 385.
[415] KD III/4, 385.
[416] EIBACH, Wert des Lebens, 177.
[417] PRICE, Anthropology, 100. PRICE, ebd., stellt treffend fest: „Barth will not attempt to formulate an anthropology based on the individual's possession of one or more of the human faculties."
[418] KD III/4, 385.

jungen Menschen tun.⁴¹⁹ Jedes menschliche Leben ist also grundlegend schutzwürdig; leidendes Leben ist vielmehr „dem ganz besonderen Schutz und Beistand der Gemeinschaft anvertraut. Keine Gemeinschaft – keine Familie, keine Dorfgemeinschaft und so auch keine Staatengemeinschaft – ist wirklich stark, die ihre schwachen, auch ihre schwächsten Angehörigen nicht tragen will."⁴²⁰ Ein Eingriff in das Lebensrecht dieser Menschen kann – so Barth – nur „in der Verkennung des einem jeden Menschen in seiner Form und so auch in seiner Schwachheit von Gott [...] gegebenen Lebens beruhen"⁴²¹ und ist eine „frevelhafte Inanspruchnahme des Majestätsrechtes Gottes über Leben und Tod"⁴²².

Damit ist der grundlegende Schutz des menschlichen Lebens aufgewiesen. Allerdings sieht Barth auch Grenzfälle, bei denen erkennbar wird, dass „das menschliche Leben eine relative Größe, ein begrenzter Wert ist", dessen „Schutz *ultima ratione* auch in seiner Preisgabe und Dahingabe" bestehen kann.⁴²³ Barth hat allerdings bei diesem Grenzfall nicht „an unheilbar Sieche, Irre, Verblödete, Missgebildete, von Natur oder durch Unfall oder Krieg bis zu völliger Unbeweglichkeit und also Untauglichkeit Verkrüppelte [gedacht]. Die Frage, ob die Gemeinschaft das Recht hat, das Leben solcher Menschen auszulöschen, ist mit einem eindeutigen, unlimitierten Nein zu beantworten"⁴²⁴. Allerdings ist sich auch Barth bewusst, dass die medizinische Entwicklung – er hat den Band seiner Dogmatik 1951 vorgelegt – in großen Schritten vorangeht: „Man wird die weitere Entwicklung der Dinge auf diesem Gebiet noch abwarten müssen, um allgemein klar zu sehen. Es ist aber nicht unmöglich, dass sich in dieser speziellen Hinsicht [der künstlichen Lebensverlängerung, D.B.] doch noch einmal so etwas wie ein Grenzfall abzeichnen könnte. Nicht um eine willkürliche ‚Euthanasie' würde es sich dann handeln, sondern um denjenigen Respekt, den auch das sterbende Leben als solches in Anspruch nehmen darf."⁴²⁵

Der grundlegende und prinzipielle Schutz menschlichen Lebens – auch altersschwachen menschlichen Lebens – ist also aufgewiesen, über die ethischen Grenzfragen im Bereich der Lebensverlängerung bzw. Beendigung wird unten, E. 2., noch zu reden sein. Hier bleibt mit Barth festzuhalten, dass „es Gottes und nur

---

⁴¹⁹ Der hier mirakulös erscheinende Begriff „Geheimnis" ist insofern auf jedes menschliche Leben anzuwenden: Was das Geheimnis jedes menschlichen Lebens ist, liegt allein in der Verfügung Gottes.
⁴²⁰ KD III/4, 484.
⁴²¹ KD III/4, 484 (im Original zum Teil gesperrt).
⁴²² KD III/4, 483.
⁴²³ KD III/4, 454 (Kursiv im Original).
⁴²⁴ KD III/4, 483 (im Original zum Teil gesperrt).
⁴²⁵ KD III/4, 488 (im Original zum Teil gesperrt).

Gottes Sache ist, dem menschlichen Leben ein Ende zu setzen und dass der Mensch dabei nur auf seinen besonderen klaren Befehl hin mitwirken soll"[426]. Gott ist es also, der aufgrund der Erwählung der Herr des Menschen und damit auch der Herr über des Menschen Ende ist. Darum steht das Leben des Menschen unter einem besonderen Schutz. Damit ist Mensch solange Mensch, wie Gott ihn durch seinen Geist am Leben erhält, in den Grenzen der ihm gegebenen Zeit.

Befristung und Endlichkeit sind also Signatur geschöpflichen Daseins. Wie aber steht es dann mit den oft mit dieser Endlichkeit in Zusammenhang stehenden Krankheiten? Sie gehören als „Vorformen und Vorboten" des Todes zu jener Chaosmacht des Nichtigen[427].

Schon die Bezeichnung als „Nichtiges" macht deutlich, dass das Nichtige in einer besonderen Weise zu Gottes Schöpfung existiert. Es existiert als Fremdkörper in der Schöpfung: „Unter Gottes Verfügung ereignet sich auch die Bedrohung und tatsächliche Verderbnis des Weltgeschehens durch das dem Willen des Schöpfers und darum auch der guten Natur seines Geschöpfes feindselig entgegengesetzte Nichtige."[428] Das Nichtige ist also ein Fremdkörper in Gottes Schöpfung, aber dennoch unter dem Willen Gottes stehend: Indem Gott das Nichtige „durch seine in Jesus Christus erschienene und kräftige Barmherzigkeit gerichtet hat, entscheidet er darüber, wo und wie, in welchem Umfange und in welchem dienenden Verhältnis zu seinem Wort und Werk bis zur allgemeinen Offenbarung seiner schon vollbrachten Widerlegung und Erledigung auch es noch immer zur Geltung kommen darf"[429].

Barth entfaltet die besondere Wirklichkeit des Nichtigen in sieben Punkten, indem er zuerst auf das problematische Sein des Nichtigen hinweist: „Das Nichtige ist aber weder Gott noch ein Geschöpf Gottes"[430]. Das heißt nun 2. aber nicht, dass es mit dem identisch ist, was nicht ist. „Wir haben uns vielmehr angesichts des Verhältnisses, das Gott zu ihm einnimmt, damit abzufinden, dass es in seiner eigenen, in einer dritten Weise tatsächlich gar sehr ‚ist'"[431] Weil aber 3. das Nichtige in jener dritten Weise ‚ist', weil es sich „jeder ontologischen Dialektik [entzieht]"[432], kann es vom Geschöpf nicht als solches erkannt werden. Es wird vielmehr erst dadurch offenbar, dass Gottes Verhalten gegen das Nichtige in Jesus

---

[426] KD III/4, 485.
[427] Vgl. zum Verständnis des Nichtigen bei Barth KRÖTKE, Sünde und Nichtiges, 17-52.104-114.
[428] KD III/3, 327 (Leitsatz).
[429] KD III/3, 327 (Leitsatz).
[430] KD III/3, 402.
[431] KD III/3, 402.
[432] KRÖTKE, Sünde und Nichtiges, 44.

Christus offenbar ist. Das Nichtige hat sein besonderes Sein also 4. dadurch, dass und indem Gott gegen es ist: „Das Nichtige ist das, was Gott nicht will. Nur davon lebt es, dass es das ist, was Gott nicht will."[433] „5. Eben aus dieser eigentümlichen Ontik des Nichtigen folgt nun aber sein Charakter: folgt, dass es das Böse ist."[434] „Böse" heißt in diesem Zusammenhang gnadenfremd, gnadenwidrig und gnadenlos. Aufgrund dessen ist 6. „die Auseinandersetzung mit dem Nichtigen, seine Überwindung und Erledigung [...] primär und eigentlich Gottes eigene Sache"[435]. Vom Nichtigen kann aber 7. aufgrund der in Jesus Christus geschehenen Versöhnung nur noch rückblickend gesprochen werden. Es hat letztlich keinen Bestand: „Es ist das Alte, nämlich die alte Drohung, Gefahr und Verderbnis, das alte, Gottes Schöpfung verfinsternde und verwüstende Unwesen, das in Jesus Christus vergangen, dem in seinem Tod das widerfahren ist, was ihm allein gebührt: dass es an diesem Ziel des positiven Willens Gottes, weil dieses als solches auch das Ende seines Unwillens ist, zunichte gemacht wurde."[436]

Damit kann vom Nichtigen – so Barth – nur im Rückblick auf die Offenbarung Gottes in Jesus Christus gesprochen werden. „Daraus ergibt sich aber das Zweite, dass man seinem wahrhaftig noch immer bemerkbaren Dasein, Drohen und Verderben, Stören und Zerstören keine wirkliche, keine letzte Macht und Bedeutung, sondern nur noch die eines gefährlichen Scheins zuschreiben darf."[437]

„Krankheit unter diesem Aspekt [sc. des Nichtigen, D.B.] ist wie der Tod selbst reine Unnatur und Unordnung, ein Moment des Aufstandes des Chaos gegen Gottes Schöpfung"[438]. Damit ist die Krankheit „weder gut, noch überhaupt von Gott gewollt und geschaffen, sondern nur als ein Element des von ihm Verneinten, seines Reiches zur Linken, nur in ihrer Nichtigkeit wirklich, wirksam, gewaltig, gefährlich"[439]; und deshalb ist der Krankheit mit „Widerstand bis aufs Letzte" zu begegnen.[440] Die Krankheit ist für Barth kein Bereich, in dem der

---

[433] KD III/3, 402 (im Original zum Teil gesperrt).
[434] KD III/3, 407 (im Original zum Teil gesperrt).
[435] KD III/3, 409 (im Original zum Teil gesperrt).
[436] KD III/3, 419f. (im Original zum Teil gesperrt).
[437] KD III/3, 424 (im Original zum Teil gesperrt).
[438] KD III/4, 417.
[439] KD III/4, 417; vgl. a.a.O., 423.
[440] KD III/4, 418. Barth betont, dass nicht übersehen werden darf, dass Gott sich ja in Jesus Christus selbst dem Nichtigen schon entgegengesetzt hat. Deshalb ist auch der Mensch aufgefordert, „in den bescheidenen Grenzen, in denen er das immer noch kann, genau das wollen, was Gott der Krankheit wie jenem ganzen Reich der Linken gegenüber immer schon gewollt und in Jesus Christus sogar schon abschließend getan hat. Er soll mit Gott Nein zu ihm sagen" (KD III/4, 418).

Mensch mit angeblicher christlicher Demut agieren soll, sondern ein Bereich des *Widerstandes*. Barth nennt Glaube und Gebet als Taten dieses Widerstandes. Glaube und Gebet sollen freilich des Menschen andere Mittel zum Kampf gegen die Krankheit – vom sozialen Kampf bis hin zur Medizin – nicht ersetzen, vielmehr sind sie die „*conditio sine qua* non des dem Menschen in dieser Sache gebotenen Kampfes – soll dieser ein sinnvoller Kampf sein"[441]. Barth fügt seinen Ausführungen zur Krankheit abschließend den Hinweis hinzu, dass die Krankheit – wie auch die Endlichkeit – als Befristung und Begrenzung menschlichen Lebens unter der Herrschaft Gottes stehen. Krankheit ist – wie der faktische Tod – kein Zweites neben Gott, sondern diese hat trotz ihrer harten Folgen gegenüber Gott eine Relativität: auch sie untersteht letztlich Gott. Krankheit und Endlichkeit verlangen vom Menschen ein hohes Maß an geduldigem Ertragen, allerdings in dem Sinne, „als sie von Gott her – er ist auch in der Weise Herr und Sieger auf diesem Feld – einbezogen sind in das, was er von und mit dem Menschen will"[442]. Barth redet mit diesen Ausführungen nicht einer blinden und demütigen Schicksalsergebenheit das Wort, sondern gerade der umfassenden Gnade Gottes, die den Menschen auch in diesen Lebenslagen umfängt.

Allerdings kann nicht jede Abnahme der Lebenskraft und jede Beeinträchtigung der Gesundheit der Chaosmacht des Nichtigen unterliegen, wenn Sterblichkeit und Endlichkeit Signatur geschöpflichen Daseins sind.[443] Eibach weist aber darauf hin, dass es faktisch „allerdings auch nach Barth nicht auszumachen [ist], welches Maß an Beeinträchtigung der Gesundheit zum natürlichen Tode gehört"[444], denn es fehlt hier ein christologisches Kriterium, mit dessen Hilfe hier zwischen Natur und Unnatur unterschieden werden könnte. Trotzdem bleibt hier festzuhalten, dass ein gewisser Abbau an Gesundheit also notwendig zum endlichen Wesen des Menschen gehört; allerdings ist derjenige Punkt, an dem es dies in Geduld anzunehmen gilt bzw. an dem die Situation als Krankheit bis auf das Letzte zu bekämpfen ist, ein individuell festzusetzender: „Es geht in Gesundheit und Krankheit hier und dort nicht um zwei getrennte Bereiche, sondern jedes Mal

---

Insofern ist „die Bekämpfung der Krankheit *zeichenhaftes* Tun des Menschen gegen die Macht des Nichtigen" (EIBACH, Recht auf Leben, 242 [Kursiv im Original]). Somit wird eine Heilung zum „*zeichenhaften Geschehen* für die endgültige Vernichtung des Nichtigen, die nur Gott selbst vollziehen kann" (ebd. [Kursiv im Original]). Damit aber vollzieht sich das Handeln des Arztes „in *Entsprechung* zum Tun Jesu [...], der die Krankheit als eine dem Willen Gottes widersprechende Macht bekämpfte" (ebd. [Kursiv im Original]).

[441] KD III/4, 419 (Kursiv im Original).
[442] KD III/4, 426 (im Original zum Teil gesperrt).
[443] Vgl. KD III/4, 425.
[444] EIBACH, Recht auf Leben, 238.

ums Ganze, um ihn [den Menschen, D.B.] selbst, um seine größere oder kleinere Kraft und um seine sie mehr oder weniger schwer bedrohende oder bereits mindernde Unkraft."[445] Dass aber eine Abnahme von Lebenskräften ebenso wie ein nicht vom Individuum unabhängiges, jedoch theologisch kriterienloses Maß an Leiden zur Endlichkeit des Menschen gehört, darf nicht davon ablenken, dass sich der gebotene Kampf gegen das Leiden innerhalb der Grenzen vollzieht, die dem Menschen als Geschöpf gesetzt sind. Denn „die Gesundheit [ist] wie das Leben überhaupt kein ewiges, sondern ein zeitliches und also ein begrenztes Gut [...], dem Menschen anvertraut, aber nicht dem Menschen gehörig, vom Menschen als Gottes Gabe zu bejahen und zu wollen, aber nun wirklich nicht etwa an sich und absolut, sondern so, wie er sie und in dem Umfang, in dem er sie gibt, so bejahen und zu wollen"[446]. Damit kann das Ziel ärztlichen Handelns nicht in der Überwindung des Todes bzw. im Abtrotzen einer Verlängerung des Lebens liegen, sondern hat ihr Ziel darin, die „Integrität seiner Organe zur Ausübung seiner leibseelischen Funktionen"[447] und damit zur Erfüllung der dem Menschen zukommenden Bestimmung und Aufgabe beizutragen.[448]

Nun, nachdem die Grenzen des Geschöpfes deutlich wurden, ist hier im Bereich der Ethik noch einmal nach der *Aufgabe* und *Bestimmung* des Menschen zu fragen. Dass der Mensch Leben hat, dient ihm zur Verwirklichung seines Seins *für* Gott und seines Seins *für* den Mitmenschen. Dieses Sein wurde oben als Sein in der Verantwortung beschrieben. Deshalb kann der Mensch, der in Zuordnung zum anderen Menschen lebt, dessen Leben und Leiden nicht neutral gegenüber stehen. Auf die der Arbeit zu Grunde liegenden Frage nach der Demenz kann Sein in der Verantwortung hier nicht anders beschrieben werden als Sein in der Verantwortung für die Würde und den Wert derjenigen Menschen, die auch mit einer Demenz von Gott erwählte und damit einem besonderen Schutz unterliegende Menschen sind. Dieses Sein in der Verantwortung kann allerdings nicht wie bei Jesus bis zur Stellvertretung gehen, sondern es geht um einen Beistand, der bei der Offenheit für das Gegenüber beginnt und der im Barthschen Sinne „gerne" geleistet werden soll. Sein in der Verantwortung heißt hier also Begegnung, Beistand und besonderer Schutz – und eben auch einen gemeinsamen Kampf gegen das Nichtige, der wiederum oben dargestellten Grenzen unterliegt. Ein Beistand innerhalb dieser Grenzen unterliegt insofern auch diesen Grenzen, als Krankheit und Sterben oft einer besonderen Geduld bedürfen: „[D]enn es gibt Leiden [...], in der

---

[445] KD III/4, 407 (gesperrt im Original).
[446] KD III/4, 422f.
[447] KD III/4, 405 (im Original zum Teil gesperrt).
[448] Vgl. EIBACH, Recht auf Leben, 255.

die rastlose ‚Actio' des Menschen nicht mehr am Platze ist, weil *Gott* hier allein handelt, und es gibt *Leiden*, da ist der Mensch ‚zur Ohnmacht verdammt', da versagen alle Mittel zur aktiven Hilfe, da verschlägt es einem die Sprache, da muss man – die Freunde Hiobs saßen immerhin noch 7 Tage und Nächte schweigend in Sack und Asche, ehe sie ihren Mund auftaten (Hiob 2,12) – in dieser Ohnmacht beim Nächsten *aushalten*, stille sein und doch vor dem Elend nicht weglaufen, weil auch die scheinbar hilflose und passive Anwesenheit noch ein Hilfe für den leidenden Menschen ist."[449]

Der Beistand für diese Menschen, besonders für Menschen, die unter einer Demenz leiden, weiß sich aber aufgrund der relationalen Konstitution des Menschen getragen von der Gewissheit, dass der Mensch durch eben jene relationale Konstitution nicht verloren gehen kann. Solange der Mensch existiert, ist er – auch in den schwersten Formen der Beeinträchtigung – von Gott erwählter Bundespartner und damit grundsätzlich, ontologisch, relational konstituiertes Wesen. Die theologische Anthropologie weiß um diese – der empirischen Wirklichkeit oft nicht entsprechende – Perspektive auf den Menschen und zieht aus eben dieser die Kraft, um für den Wert und die Würde dieser Menschen einzustehen und mit ihnen so umzugehen, wie es als ‚Sein in der Begegnung' Aufgabe des Menschen ist.

Die materiale Entfaltung dieser Einsichten erfolgt noch nicht hier im Bereich der Grundlegung, sondern im folgenden Kapitel, welches die Einsichten der theologischen Anthropologie und Ethik auf die besonderen Herausforderungen durch die (Alzheimer-)Demenz reflektiert.

6. Fazit: Die ontologische Relationalität des Menschen

Wer ist der Mensch (im Lichte des Wortes Gottes)? – das war die Ausgangsfrage der vorausgegangenen Überlegungen. Zur Beantwortung dieser Frage aus der Sicht der theologischen Anthropologie erwies sich eine Bewegung als notwendig: Die Bewegung von uns Menschen weg hin auf Jesus als dem wahren Menschen und von diesem wieder zurück zu uns. Hinter dieser Bewegung steht die Einsicht, dass des Menschen Wesen nicht unabhängig von dessen Bestimmung zu verstehen ist; diese Bestimmung ist aber im Sein des Menschen Jesus offenbart (und erfüllt) worden.

Aufgrund dieser Bewegung erschließt sich des Menschen Wesen als grundsätzlich relational, und zwar in einer doppelten Dimension, bei der die erste die zweite konstituiert: Der Mensch kann unter Absehung seiner Relation zu Gott und (dann) zu den Mitmenschen nicht erkannt bzw. beschrieben werden.

---

[449] EIBACH, Recht auf Leben, 263f. (Kursiv im Original).

6. Fazit: Die ontologische Relationalität des Menschen

Die Relation zu Gott ist als die grundlegende Relation zu beschreiben, als Woher und als Wohin des Menschen. Denn der Geist Gottes ist es, der den Menschen als Seele seines Leibes konstituiert und erhält und diesen zu einem seiner Bestimmung zum Bundespartner gemäßen Leben befähigt.

Dieser Bestimmung zum Bundespartner Gottes, die – wie sich noch deutlicher zeigen wird – Würde, Wert und Identität des Menschen konstituiert, entspricht die Bestimmung des Menschen als Mitmensch, also als Mensch, der anderen Menschen grundsätzlich begegnen kann und soll. In diesem Sinne ist die Barthsche Aussage vom Menschen als Menschen *für Gott* und als Menschen *für den Mitmenschen* zu verstehen. Der Mensch ist also ein Beziehungswesen, es entspricht seiner Bestimmung, in diesen Beziehungen, die näher als Begegnungen zu beschreiben sind, zu leben.

Die theologische Anthropologie beschreibt den Menschen also grundlegend als in Verhältnissen lebend und durch diese konstituiert. Diesem entsprechend ist der Mensch als Seele seines Leibes zu verstehen, der aufgrund dieser leibseelischen Konstitution in der Lage ist, dem anderen Menschen und Gott zu begegnen. Seele und Leib sind in ihrer stets aufeinander bezogenen und miteinander sich vollziehenden Zusammengehörigkeit als Bedingung der Möglichkeit der grundlegenden Relationen und damit der Bestimmung des Menschen zu verstehen; ebenso auch die – gegenüber Gott – begrenzte Zeit des Menschen, die diesem dazu dienen soll, gemäß der in den grundlegenden Relationen sich erfüllenden Bestimmung zu sein.

Heißt menschliches Leben also grundlegend, in Verhältnissen zu existieren, dann gilt es dafür zu sorgen, dass *jeder* Mensch verhältnisgerecht leben kann. Eine theologische Anthropologie stellt hierzu grundlegend die Einsicht zur Verfügung, dass der ganze Mensch – und nicht nur bestimmte (kognitive) Fähigkeiten – von Gott erwählt sind; somit steht jeder Mensch aufgrund dieser so konstituierten Würde[450] unter einem besonderen Schutz. Diese Würde, die durch die Erwählung eines jeden Menschen zum Mitmenschen Jesu begründet wird, kann somit auch nicht durch Alter, Krankheit oder Demenz, also durch den Verlust einiger menschlicher Möglichkeiten, verloren gehen.

Der Mensch als Beziehungswesen – auch wenn er unter den Beeinträchtigungen seiner Zeitlichkeit leidet – bleibt bis zu seinem Tod unter dem besonderen Schutz seiner durch Gott konstituierten Würde. Allerdings ist der Tod als (gute) Grenze des Menschen auch die Grenze der menschlichen Heilungsversuche, die ihr gutes, schöpfungsgemäßes Ziel darin haben, den Menschen zu seiner Bestimmung als Mensch *für* Gott und *für* den Mitmenschen zu erhalten. Bis zu

---

[450] Vgl. zur Konstitution von Würde und Identität unten, D 2.

dieser Grenze des Todes gilt es, Beistand zu leisten und für Verhältnisse zu sorgen, in denen auch ein Mensch, der unter Demenz leidet, menschlich und d.h. in der Begegnung sein und leben kann. Gegenüber Strömungen, die (diesen) Menschen ihr Menschsein absprechen, gilt es an der grundsätzlichen relational konstituierten Menschlichkeit festzuhalten, Beistand zu leisten und dem Anderen „gerne" zu begegnen.

Gemeinsam mit Medizin, Pflege- und Sozialwissenschaften kämpft eine theologische Anthropologie also für Würde und Wert gerade auch von Menschen, die unter einer Demenz leiden. Dabei hat sie aufgrund der Geschichte Jesu Christi eine eigene Perspektive, die aber sehr wohl im inter- bzw. transdisziplinären Diskurs als ‚Sein in der Begegnung' bzw. grundsätzliche, ontologische Relationalität des Menschen eingebracht und fruchtbar gemacht werden kann – wie sich in beiden folgenden Kapiteln zeigen wird.

D) Standortbestimmung: Sein in der Begegnung

Ein Beitrag theologischer Anthropologie zur (Alzheimer-)Demenz

1. Einleitung und methodische Vorbemerkungen

Das folgende Kapitel hat das Ziel, auf Grundlage der bisherigen Überlegungen den Beitrag der theologischen Anthropologie für die (Alzheimer-)Demenz zu erarbeiten. Grundlegend geht es dabei von den in Kapitel B – der Analyse des gegenwärtigen gesellschaftlichen Demenz-Konzeptes – benannten Schwierigkeiten hinsichtlich der (gesellschaftlichen) Wahrnehmung von Menschen mit (Alzheimer-)*Demenz* aus, um diesen mit einer theologischen Perspektive auf den *Menschen* mit Demenz zu *begegnen*; der Beitrag der theologischen Anthropologie besteht hierbei in einer Perspektive auf den Menschen (mit Demenz), die diesen – wie in Kapitel C herausgearbeitet – in seiner ontologischen Relationalität und so die (Alzheimer-)Demenz als Beziehungsgeschehen (Schockenhoff/Wetzstein) versteht.

Das hier vorliegende Kapitel D befasst sich dabei vorwiegend mit den anthropologischen Ergebnissen, während das folgende Kapitel E eher den ethischen Ergebnissen vorbehalten ist; wobei selbstverständlich Anthropologie und Ethik nicht getrennt werden können und sollen, aber hier der Klarheit der Darstellung wegen in unterschiedlich akzentuierten Kapiteln behandelt werden.

Des Menschen Sein erschließt sich – so der Duktus der bisherigen theologischen Überlegungen – in der Begegnung des Menschen mit Gott und in der Begegnung des Menschen mit dem Mitmenschen. Dabei kommt der Begegnung des Menschen mit Gott ein sachliches und inhaltliches Prä zu. In der Begegnung des Menschen mit Gott, hier christologisch verstanden als die *Geschichte* Jesu Christi, des wahren Menschen und des wahren Gottes, erschließt sich das Wesen des Menschen und das Wesen Gottes (als relationales) – insofern ist Jesus Christus als der Quelltext der Anthropologie verstanden worden.

Entsprechend ist im Folgenden, wenn es um Aussagen über die Begegnung mit Menschen mit Demenz, über deren Würde und Wert und über deren Identität, gehen soll, zunächst und grundlegend christologisch zu argumentieren. In Anwendung der Grundstruktur der Arbeit wird mit den Implikationen für Identität und Würde des Menschen begonnen (2.), die sich aus der Begegnung Gottes mit dem Menschen (mit Demenz) ergeben; von hier aus ist dann die Begegnung von Mensch und Mitmensch (mit Demenz) in den Blick zu nehmen (3.):

In Kapitel B hat sich gezeigt, dass Würde und Wert von Menschen mit Demenz angesichts des fortschreitenden Verlustes kognitiver Fähigkeiten fraglich geworden sind. Ebenso wird auch die Identität des Menschen mit Demenz in Frage gestellt – jedenfalls da, wo sie diesen Menschen nicht vollkommen abgesprochen wird, so dass ein Mensch mit Demenz als ‚Hülle', als ‚tot bei lebendigem Leib' angesehen wird. Das folgende Kapitel soll vor dem Hintergrund der in Kap. C grundsätzlich angestellten Überlegungen ein relationales, in und aus der Begegnung sich erschließendes Identitäts- und Würdekonzept entwickeln, welches von Identität und Würde von Menschen, auch denen, die unter einer schweren Demenz leiden, *ausgeht* und nach den Bedingungen ihrer Konstitution und Aufrechterhaltung in der Begegnung von Mensch und Mitmensch (mit Demenz) fragt.

2. Relationale Identität und Würde (der Mensch für Gott)

2.1. Einleitung und methodische Vorbemerkungen

Dass Identität und Würde in einer gewissen Nähe zueinander expliziert werden (können), hat seinen Grund in ihrer parallelen Struktur.

Identität und Würde erweisen sich beide als dahingehend parallel, dass sie keine Eigenschaften, kein Besitz des Menschen in dem Sinne, dass sie ihm eigen und zugänglich wären, sind, sondern Identität und Würde kommen dem Menschen zu – und zwar von Gott. Damit sind sie dem Menschen wohl zugehörig, aber darin auch entzogen. Sie sind insofern Akte der Begegnung Gottes mit den Menschen. Gott stiftet (in der Begegnung mit den Menschen) Identität und Würde.

Die zweite Parallele findet sich ebenfalls in der Struktur von Identität und Würde: Beiden inhäriert neben dem Modus des *Zukommens* ein *Gestaltungsauftrag*. Aus dem Zuspruch der Würde folgt der Anspruch, für Verhältnisse zu sorgen, in denen jeder Mensch „würdevoll" leben kann. Aus der in und bei Gott gehaltenen Identität des Menschen als Identität, der eine Vielzahl von Entfaltungsmöglichkeiten der ontologischen Relationalität inhärieren, folgt der Anspruch, dem Mitmenschen so zu begegnen, dass dieser seine Identität in der Begegnung entfalten kann.

Die dritte Parallele ist zugleich der Ursprungs- und Zielpunkt der beiden eben genannten. Identität und Würde des Menschen erschließen sich in der Begegnung des Menschen mit Gott in Jesus Christus, dem wahren Menschen und wahren Gott. In ihm, dem Quelltext anthropologischer Aussagen, ist offenbar, was es um die Identität und Würde des Menschen ist. In ihm ist die Fülle der Möglichkeiten zur Verwirklichung der ontologischen Relationalität offenbar; in ihm als dem neuen Menschen sind die Möglichkeiten des Menschseins offenbar, die auch wir entfalten könn(t)en.

Barth denkt von der Wirklichkeit Jesu Christi hin zu unseren Möglichkeiten der Entfaltung unseres Menschseins: „Wie es unser Sein und Wesen, unsere Art und Natur ist, die der Sohn Gottes in dieser einen von ihm bestimmten, erwählten und zubereiteten Möglichkeit menschlicher Existenz verwirklichen wollte und verwirklicht hat, darum geht seine Existenz als menschliche, seine Existenz als dieser eine Mensch unmittelbar alle Menschen an [...] In Jesus Christus ist nicht nur ein Mensch, ist vielmehr das Menschliche aller Menschen als solches in die Einheit mit Gott versetzt und erhoben."[1] Dass mit Blick auf Jesus Christus selbstverständlich auch Schwachheit und Hilflosigkeit zum Menschsein gehört, darauf weist gerade für den Umgang mit Menschen mit Behinderung U. Bach mit großen Nachdruck hin.[2] In Jesus Christus ist eine Fülle von Entfaltungsmöglichkeiten der ontologischen Relationalität verwirklicht und damit verbürgt, die ihn als den *wahren* Menschen erweisen, als den Mensch *für* Gott und der Mensch *für* den Menschen.

Deshalb ist hermeneutisch auch bei Jesus Christus, dem *wahren* Menschen, zu beginnen.

2.2. Relationale Identität

Eine relationsontologische Anthropologie versteht Identität nicht ohne das Beziehungsgefüge des Menschen als Mensch *für* Gott und Mensch *für* den Mitmenschen. Dabei geht sie von der das Sein des Menschen als Seele seines Leibes überhaupt erst konstituierenden Identität Gottes aus, die die „ontische und ontologische Voraussetzung menschlicher I[dentität, D.B.] ist"[3]. Gottes Identität erschließt sich (uns) in Jesus Christus, der als *wahrer Mensch* und *wahrer Gott* der Quelltext anthropologischer Aussagen auch hinsichtlich der Identität ist. Mit Blick auf Jesus Christus ist so nach einem Verständnis von Identität zu fragen, welches den ganzen

---

[1] Vgl. KD IV/2, 52 (im Original zum Teil gesperrt).
[2] BACH, Schwächsten, 45ff. Bach kann sagen, dass der Mensch „als gutes Geschöpf Gottes [...] defizitär [ist]; wir dürfen dem Traum entsagen, mehr als ein Mensch zu sein. Das Defizitäre gehört mit in die Definition des Humanum" (a.a.O., 47). Bachs Überlegungen ist gerade in ihren Konsequenzen und ihrer Einsicht in die Reziprozität der Begegnung mit Menschen mit Behinderung oder Krankheit zuzustimmen, wenn sie auch letztlich noch zu sehr als Gegenmodell und damit letztlich an nicht wenigen Stellen den gleichen Strukturen verhaftet bleibend dargestellt werden, die sie doch überwinden wollen. Schon die Bezeichnung ‚Defizitäres' weist (leider) in diese Richtung; an anderen Stellen kann er allerdings deutlich offensiver sagen: „Behindert-Sein und Nicht-Behindert-Sein werden jetzt zwei nebeneinanderstehende Möglichkeiten für jedes menschliche Leben, wie es unser uns allen väterliche Gott uns zuweist und zumutet." (a.a.O., 165; vgl. 289f.; vgl. 365; u.ö.).
[3] SCHLAPKOHL, Identität, 23. Vgl. FRAAS, Identität, 59: „In Gott als der alles bestimmenden Wirklichkeit gründet die Möglichkeit von Identität [...], in Jesus Christus wird diese Bedingungsstruktur offenbar und damit Identität im Vollsinn vollzogen und anschaulich, womit zugleich die anthropologisch eigenmächtigen Identitätsversuche der Kritik unterzogen sind".

Menschen im Gefüge seiner Beziehungen und vor dem Hintergrund seiner diese Beziehungen ermöglichenden Beschaffenheit als Seele seines Leibes versteht.

Das hier zu entwickelnde Konzept einer relationalen Identität umfasst vor allem zwei Dimensionen: Zunächst die Konstitution der Identität des Menschen als Seele seines Leibes durch Gott, den Schöpfer des Menschen, samt den dieser Konstitution inhärierenden Möglichkeiten der Entfaltung von Identität (2.2.1.); danach das Erhalten dieser relationalen Identität über die Zeit(en) des Lebens (und den Tod hinaus) durch Gott, den Erhalter des Menschen (2.2.2.).

2.2.1. Von Gott konstituierte Identität

Hermeneutisch ist also wiederum bei Jesus Christus dem Quelltext der Anthropologie zu beginnen, um zu Aussagen über die Identität des Menschen zu gelangen.

Karl Barth versteht Jesus Christus als den Menschen, „in dessen Identität mit sich selber wir sofort auch die Identität Gottes mit sich selber feststellen müssen", d.h., dass in diesem *Menschen* Jesus Christus „die Anschauung und der Begriff des Schöpfers im Geschöpf"[4] ist. Jesus Christus ist so Kriterium hinsichtlich der Erkenntnis des Menschen und hinsichtlich der Erkenntnis Gottes. Diese Erkenntnis vollzieht sich in der Geschichte als *Geschichte*. Diese Geschichte wurde bereits als *Begegnung* verstanden.[5]

In der Geschichte Gottes mit den Menschen, wie sie sich in Jesus Christus ereignet hat, findet nun eine Begegnung statt, die für die Identität beider sich Begegnender Entscheidendes offenbart.

Gott offenbart sich in dieser Begegnung als einer, der *Gott für* die Menschen ist und der Mensch als einer, der als erwählter Bundesgenosse *für Gott* und *für die Menschen* bestimmt ist. In dieser Begegnung erweisen sich Gott und Mensch als relational konstituiert, als Verhältniswesen[6], wobei der erwählende Gott als der den Menschen überhaupt erst Konstituierende, als der Schöpfer des Menschen, zu verstehen ist.[7] Gott ist so das ursprüngliche Subjekt, der unser Subjektsein ermöglicht und so auch diejenige Identität, die unsere Identität ermöglicht.

Wie in Kapitel C gezeigt, sind Aussagen über die Konstitution des Menschen und damit auch über dessen Identität nur in einem gewissen Rückschluss von der Bestimmung des Menschen zum Bundespartner Gottes aus zu gewinnen. Der Mensch – als durch Gottes Geist konstituierte Seele seines Leibes – ist zum

---

[4] KD III/2, 79.
[5] Vgl. zum Barthschen Geschichtsbegriff oben, C 4.2.
[6] Vgl. die Überlegungen SCHLAPKOHLS, Persona, 225.
[7] Vgl. KD III/1, 103, u.ö.

Bundespartner Gottes, als Mensch *für* Gott und Mensch *für* den Mitmenschen geschaffen. Seine Identität ist also von Anfang an nicht anders als in dieses Beziehungsgefüge eingebunden zu verstehen. Sie kommt aus der Begegnung Gottes mit dem Menschen und ist auf Begegnung angelegt: Der Mensch als durch Gottes Geist konstituierte Seele seines Leibes ist grundlegend dazu geschaffen und entsprechend befähigt, mit Gott *und* den Mitmenschen in Beziehung zu sein. Dies ist die erste und grundlegende Antwort auf die Frage nach der Identität des Menschen.

Dieser Bestimmung zum Bundespartner Gottes entsprechend existiert der Mensch als von Gottes Geist konstiuierte Seele seines Leibes; der Mensch existiert also überhaupt erst, weil Gott ihm seinen Geist *gibt*. Der Geist Gottes ist dabei „geradezu der Inbegriff von Gottes Wirken seinem Geschöpf gegenüber."[8] Der Geist Gottes nämlich erschließt dem Menschen – wie es in Jesus Christus offenbar und wirklich ist – eine Fülle von Möglichkeiten zur Verwirklichung seiner Bestimmung zum Bundespartner Gottes: „Geist ist in seiner Grundbedeutung das Element, in dessen Kraft der Mensch als Genosse des Gnadenbundes aktiv und passiv auf den Plan geführt, in welchem er in den besonderen Stadien und Entscheidungen der Geschichte dieses Bundes in seine Stellung als Gottes Partner eingesetzt und für seine Funktion als solcher ausgerüstet wird, um dann in dieser Stellung und Funktion seinerseits zum Wort und zum Handeln zu kommen"[9]. Der Geist erschließt dem Menschen also Möglichkeiten zur Verwirklichung seiner ontologischen Relationalität als Mensch *für* Gott und Mensch *für* den Menschen.

Auf die Frage nach der Identität des Menschen ist an dieser Stelle also zunächst zu antworten, dass die Identität des Menschen überhaupt erst ermöglicht durch den Geist Gottes, der „die Wirkung Gottes auf sein Geschöpf, und speziell die Bewegung Gottes zum Mensch hin"[10] ist, konstituiert wird. Durch den Geist erschließt Gott dem Menschen – wie sich unten noch näher zeigen wird – Möglichkeiten zur Verwirklichung seiner Bestimmung und damit Möglichkeiten seiner Identität.

Aufgrund dieser Konstitution ist der Mensch also eigenständige Person, selbstständiges, sich selbst erkennendes und selbstverantwortliches Subjekt vor Gott *und* den Menschen: „Der Mensch ist in und mit seiner Erschaffung und also indem er als Mensch existieren darf, dazu bestimmt, Gottes Bundesgenosse zu sein,

---

[8] KD III/2, 428.
[9] KD III/2, 429 (im Original zum Teil gesperrt).
[10] KD III/2, 427 (im Original zum Teil gesperrt).

D) Standortbestimmung: Sein in der Begegnung

und diese seine Bestimmung charakterisiert sein Sein als ein Sein in der Begegnung mit dem anderen Menschen."[11]

Der Mensch ist also aufgrund seiner Beschaffenheit in der Lage zur Verantwortung, d.h. dazu, Gott *und* seinem Nächsten antwortend gegenüber zu sein. Die Beschaffenheit des Menschen ist also von vornherein in einen relationalen Kontext gestellt.

Dies wird deutlich, wenn Barth die beiden Voraussetzungen der menschlichen Natur, die er immer zuerst gegenüber Gott und dann entsprechend[12] gegenüber den Mitmenschen versteht, benennt: *Vernehmen und Tätigsein*. Oben, Kap. C, wurde der Mensch entsprechend als „vernehmende und tätige Seele seines sein Vernehmen und Tun ins Werk setzenden Leibes"[13] beschrieben.[14]

Die Identität erschließt sich nun näher im *Vernehmen* und *Tätigsein*: Denn Vernehmen und Tätigsein vollziehen sich in der Begegnung mit Gott und den Mitmenschen. Der Mensch erkennt sich als einer, der Gott und den Nächsten vernimmt und entsprechend tätig ist. Im Vollzug von Vernehmen und Tätigsein kristallisiert sich die Identität des Menschen heraus, hier wird der Mensch sich selbst und seinem Gegenüber – sei es Gott oder ein Mensch – offenbar. Im Vernehmen und Tätigsein realisiert bzw. aktualisiert er also seine ontologische Relationalität.

Zur Verwirklichung dieser ontologischen Relationalität, also zur Verwirklichung seiner Identität als relational konstituiertes Wesen, hat der Mensch eine Vielzahl von Entfaltungsmöglichkeiten, die sich (inter)subjektiv wohl unterscheiden, die jedem Menschen aber aufgrund seiner Konstitution als von Gottes Geist konstituierte Seele seines Leibes zukommen. Wahrnehmen und Denken einerseits und Begehren und Wollen andererseits sind also keine abstrakten und absoluten Fähigkeiten des Menschen, sondern dienen diesem zur Verwirklichung seiner ontologischen Relationalität in der Begegnung.

Und so gebraucht Barth den – in der Geschichte der Theologie und Philosophie – oft einseitig verwandten Begriff „Vernunftwesen" auch nicht für eine abstrakte, gegenüber anderen Geschöpfen herausragende kognitive Fähigkeiten des Men-

---

[11] KD III/4, 127 (im Original zum Teil gesperrt).
[12] „Dass er dazu bestimmt ist, im Bunde mit Gott zu sein, das hat seine Entsprechung darin, dass seine Menschlichkeit, die besondere Art seines Seins, von Natur, von Hause aus, dass sie als solche Mitmenschlichkeit ist." (KD III/4, 127 [im Original zum Teil gesperrt]).
[13] KD III/2, 500 (gesperrt im Original).
[14] Vgl. dazu ausführlich oben, C 4.4.

schen, sondern für die *vernünftige Ordnung* von Seele und Leib als Voraussetzung für Vernehmen und Tätigsein im Vollzug seiner Bestimmung zum ‚Sein in der Begegnung'. Das nämlich, was die Identität des Menschen aus theologischer Sicht ausmacht, ist seine Bestimmung zum Bundespartner Gottes; die dieser Bestimmung entsprechende Beschaffenheit des menschlichen Seins dient dieser Bestimmung zum in-Beziehung-Sein, so dass es keine über diese Bestimmung hinaus und von dieser Bestimmung absehenden (absoluten) Fähigkeiten des Menschen – etwa im Singerschen Sinne – geben kann. Der Mensch ist also aus dieser Sicht gerade darin ein Vernunftwesen, dass er in der sinnvollen, seiner Bestimmung entsprechenden Ordnung aus Seele *und* Leib lebt; und gerade *nicht* darin, dass er das Eine auf Kosten des Anderen überhöht. „Der Mensch ist darum ein Vernunftwesen, weil er von Gott als ein solches angeredet und weil darin – wir müssen hier noch einmal denselben Rückschluss ziehen, mit dem wir schon bisher gearbeitet haben – vorausgesetzt ist, dass er von Gott als solches geschaffen ist."[15] Der Mensch wird von Gott als ganzer Mensch, als Seele seines Leibes angesprochen. Nicht nur ein Teil des Menschen ist zur Begegnung mit Gott geschaffen, sondern der *ganze* Mensch.

Wiederum ist es also die über das Wort Gottes vermittelte – und in Jesus Christus konkretisierte – Außenperspektive und nicht eine immanente, bestimmte empirisch aufweisbare bzw. kulturell gerade bevorzugte Eigenschaften (Rationalität, Leistungsfähigkeit) überhöhende Selbstinterpretation des Menschen, die Aussagen über das Wesen des Menschen ermöglicht. Das also, was das Wesen des Menschen ausmacht, seine seiner Bestimmung entsprechende Beschaffenheit als Beziehungswesen, bleibt der Rahmen des Bildes, in das seine Fähigkeiten einzuzeichnen sind. Und dieser Rahmen, die ontologische Relationalität des Menschen, ist unverlierbar, weil sie von Gott konstituiert und garantiert wird. Die einzelnen Fähigkeiten und Möglichkeiten, die ein Mensch aufgrund seiner Anlage als Beziehungswesen zur Verfügung hat, sind seiner Relationalität gegenüber sekundär, sie sind Möglichkeiten seiner ontologischen Relationalität – und mögen sie auch noch so verschüttet oder unerkennbar sein, über den Wert und die Würde eines Menschen, die dem Menschen von Gott her zukommen, sagen diese nichts aus.

Daher ist es auch unmöglich, ein Leben aufgrund des Verlustes, des Nicht-Vorhandenseins oder der Verschüttung solcher Fähigkeiten als „lebensunwert" zu klassifizieren: „Was der Wert eines solchen Lebens ist, das ist Gottes Geheimnis, an dem seine Umgebung und die menschliche Gemeinschaft im Ganzen vielleicht in der Tat direkt gar nichts zu entdecken findet, das mit einer gewaltsa-

---

[15] KD III/2, 507.

men Negation aufzulösen sie aber auf keinen Fall befugt ist. Wer sieht denn in das Innere und Eigentliche eines solchen Menschenlebens? Wer kann denn wissen, ob es vor Gottes Augen nicht viel köstlicher ist und ob es nicht in der Ewigkeit viel herrlicher offenbar werden wird als das von hunderten der dem Staat so teuren gesunden Arbeitern und Bauern, Techniker, Wissenschaftler, Künstler und Soldaten?"[16]

Im Bereich der Demenz sind bereits Stimmen laut geworden, die ein Leben mit Demenz aufgrund des Verlustes kognitiver Fähigkeiten als lebensunwert bezeichnen und Menschen mit Demenz Identität grundsätzlich absprechen.[17] Für viele Menschen ist es aber deshalb nicht lebenswert, weil es – wie in Kap. B. 3. gezeigt – letztlich den gängigen gesellschaftlichen Leitvorstellungen hinsichtlich bestimmter kognitiver Leistungsansprüche des herrschenden Menschenbildes nicht entspricht; insofern ist es vermutlich auch zu erklären, dass die Demenz als eine Krankheit angesehen wird und nicht mehr (!) als zum Alter gehöriger Abbauprozess. Solche Leitvorstellungen müssen aber aufgrund des hier Gesagten wieder eingeordnet werden in das wirkliche Wesen des Menschen als Beziehungswesen wie es in Jesus Christus verwirklicht und offenbar ist: Logisches Denkvermögen, Vernunft- und Sprachgebrauch, Bewusstsein etc. sind hier als *Möglichkeiten* des Beziehungswesens Mensch zu verstehen – nicht als notwendig sein Wesen konstituierend oder zur Wahrung seiner Identität unbedingt notwendig.

Garant für ein solches Verständnis der Möglichkeiten des Menschen ist das (wahre) Menschsein Jesu Christi. In Jesus Christus sind die Fähigkeiten als wirklich zum Menschen gehörig erwiesen und offenbar: In Jesus Christus als dem wahren Menschen ist die wahre Menschheit nicht nur bezeugt, sondern auch in dem Sinne verwirklicht, dass „sie verbindlich für alle – für alle Menschen also [...] – verwirklicht ist.[18] In ihm ist also das, was bei uns Möglichkeit ist bzw. sein kann, Wirklichkeit. Jesus Christus ist also auch in dieser Hinsicht Quelltext für die Aussagen der Anthropologie. Aufgrund seines Menschseins erweisen sich Wahrnehmen, Denken, Wollen und Begehren bzw. deren Explikation in weitere Fähigkeiten als grundsätzlich zur Wirklichkeit des Menschen gehörend. In ihm aber sind sie in engstem Zusammenhang mit seiner Bestimmung als relationales Wesen zu verstehen.

---

[16] KD III/4, 483 (im Original zum Teil gesperrt).
[17] Vgl. die Zusammenstellung oben, C 2.3., und die dort folgenden Ausführungen zu den gesellschaftlichen Leitvorstellungen, C 3.; vgl. grundsätzlich POST, Moral Challenge, bes. 110-126.
[18] Vgl. KD IV/2, 587 (im Original zum Teil gesperrt); vgl. a.a.O., 586f., u.ö.

Mithilfe des in dieser Arbeit angewandten (Analogie-)Modells von Entsprechung und Ähnlichkeit kann nun der Blick auf *unsere* Fähigkeiten gelegt werden. Sie erweisen sich damit ebenfalls im grundlegenden relationalen Kontext verortet und zur Verwirklichung unserer Relationalität als Menschen für Gott und Menschen für den Mitmenschen gehörig. Damit aber sind sie im Vergleich zur ontologischen Relationalität sekundär, d.h. sie dienen – in unterschiedlicher Kombination und Ausprägung der Verwirklichung dieser Relationalität – und sind insofern als *Möglichkeiten* des Menschen zur Verwirklichung seiner ontologischen Relationalität zu verstehen.[19]

Der Begriff *Möglichkeiten* bietet über seine theologische Verortung im Denken Barths, das sich als ein Denken von der Wirklichkeit Jesu Christi her erweist und von dorther[20], also von den in Jesus Christus „ermöglichten Möglichkeiten" (Jüngel) des Menschseins nach unseren Möglichkeiten fragt, auch pädagogische Implikationen.

Das Verständnis der Fähigkeiten als Möglichkeiten fragt nicht zuerst nach dem, was ein Mensch alles nicht kann, sondern hat eine andere Blickrichtung, die dieser in gewisser Weise entgegengesetzt ist: Der Mensch muss nicht als defizitäres Mängelwesen verstanden werden, bei dem es wohl unterschiedliche Grade einer ontologischen Defizienz gibt, sondern der Mensch wird als mit einer Vielzahl durchaus unterschiedlicher Ressourcen begabt verstanden, die er individuell und in seiner konkreten Lebenswirklichkeit entfalten kann. Im psychologischen bzw. pädagogischen Kontext wird hier von „Empowerment"[21] gesprochen – eine Haltung gegenüber dem Menschen also, welche trotz vieler Beeinträchtigungen an diesen vorbei nach seinen Möglichkeiten fragt: „Das Empowerment-Programm ist nach

---

[19] Vgl. SCHLAPKOHL, Persona, 225: „Ein Relat kann nicht auf die Relationen, in denen es steht, reduziert werden, wodurch auch die Möglichkeit ausgeschlossen wird, dass einem Menschen der Personstatus etwa aufgrund des Verlustes bestimmter Fähigkeiten oder Eigenschaften von anderen Menschen abgesprochen werden kann." Vgl. a.a.O., 236.

[20] Vgl. KD IV/2, 80: „Konkret in dem einen Jesus Christus ist Alles zu sehen, konkret von Ihm ist Alles zu denken und zu sagen, was zum göttlichen, und wieder Alles, was zum menschlichen Wesen gehört." (im Original zum Teil gesperrt). Vgl. ferner Stock, Funktion, 531; vgl. STOCK, Anthropologie, 28f.

[21] Insgesamt sind einige anthropologische Annahmen, die hinter dem Gedanken des Empowerment stehen, nicht mit dem hier vorgeschlagenen anthropologischen Modell korrelierbar. Aber darum geht es hier auch letztlich nicht, sondern darum, die Strukturparallele aufzuzeigen, die nach den Möglichkeiten des Menschen fragt. Eine theologische Anthropologie hat in diesem Rahmen immer Jesus Christus im Blick, sie kann sich mit anderen Anthropologien hier und da treffen – und wird dies bei Ressourcenorientierung und Empowerment auch oft tun, allerdings nicht auf Kosten einer Anthropologie, die im Humanum aufgeht und die so aus theologischer Perspektive letztlich defizitär bleiben muss.

eigenem Verständnis ein Gegenrezept gegen den Defizit-Blickwinkel."[22] Ähnlich wie das Empowerment-Konzept betonen verschiedene pädagogische, psychologische und gerontologische Konzepte die Ressourcenorientierung: „Die Ressourcen demenzkranker Menschen werden vielfach unterschätzt. Dies hat vor allem damit zu tun, dass die Form der Kommunikation den kognitiven, sprachlichen und emotionalen Besonderheiten demenzkranker Menschen in der Regel nicht gerecht wird."[23] Ein Blick auf die Ressourcen des Menschen im Sinne einer individuumzentrierten Betreuung kann hier helfen, nach den Möglichkeiten des Menschen mit Demenz zu fragen.

Ein solches Verständnis der Fähigkeiten des Menschen erlaubt es, einerseits den Verlust dieser Fähigkeiten zu bedauern und auch zu betrauern – denn dieser Verlust ist mit einer enormen Verunsicherung sowie Schmerz und Verzweiflung verbunden –; andererseits aber ermöglicht ein Verständnis der Fähigkeiten des Menschen als Möglichkeiten seiner Relationalität eben diese Relationalität als grundsätzlich zum Menschsein gehörig zu verstehen und von hier aus nach anderen, noch immer und prinzipiell bestehenden Möglichkeiten der Relationalität Ausschau zu halten und diese zu fördern, zu bestärken und zu validieren.[24]

Angesichts des (progredienten) Verlustes kognitiver Fähigkeiten ist im Zusammenhang einer (Alzheimer-)Demenz mehr und mehr nach nonverbalen, auf Emotionen basierenden Wegen der Kommunikation zu suchen; denn ein Mensch mit einer Demenz kann sich nonverbal bis in das Endstadium seiner Demenz mitteilen.

Die Identität des Menschen ist also nicht von bestimmten Fähigkeiten oder höheren Hirnfunktionen abhängig, sondern erschließt sich grundlegend in der Begegnung Gottes mit den Menschen. Gottes Geist, als dem Menschen von Gott Zukommender, konstituiert dessen Identität als Seele seines Leibes und die Möglichkeiten zur Verwirklichung dieser Identität.

Insofern ist die Identität eines Menschen unverlierbar, weil sie von Gott konstituiert wird – in der steten dynamischen konstituierenden Begegnung des Geistes Gottes.

An der Frage nach der Identität über die Zeit(en) hinweg, soll das bisher Gesagte noch einmal in etwas anderer Weise fokussiert werden.

---

[22] HERRIGER, Empowerment, 70; vgl. a.a.O., 70-82.
[23] KRUSE, Lebensqualität, 50.
[24] Vgl. dazu die Überlegungen zu den Betreuungskonzepten oben, B 4.

2.2.2. Von Gott erhaltene Identität

Neben den Bedingungen der Konstitution der Identität als relationaler ist die Frage nach der Identität über die Zeit hinweg, gerade mit Blick auf die Identität von Menschen mit Demenz, besonders zu reflektieren. Um die Frage nach der diachronen Identität anzugehen, ist hier etwas weiter auszuholen.

Oben in Kap. C 4.4. wurde die Zeitlichkeit als Form der Menschlichkeit verstanden.[25] Der Mensch existiert also in dem ihm gegebenen Raum in der ihm gegebenen Zeit. Des Menschen Zeit ist dabei als eine von Gott umfangene Zeit zu verstehen. Gottes Zeit zerfällt allerdings nicht wie die unsere in die Zeitmodi Vergangenheit-Gegenwart-Zukunft. Aufgrund dieses Zerfallens ist die Gegenwart die Zeit, in der wir leben; doch diese erweist als „Zeit zwischen den Zeiten, d. h. aber, streng genommen und wirklich erlebt, so wie sie wirklich ist, ist [sie, D.B.] gerade keine Zeit, keine Dauer, keine Folge von Augenblicken, sondern gerade nur die nie stillstehende, immer weiterrückende Grenze zwischen Vergangenheit und Zukunft: der Augenblick, zu dem niemand mit keiner Macht der Welt sagen kann, dass er verweilen möchte, weil gerade er immer nicht mehr, immer noch nicht da ist"[26]. Die Gegenwart stellt sich also als „der Schritt aus dem Dunklen ins Dunkle, aus dem Nicht-mehr ins Noch-nicht und also ein ständiges Beraubtwerden von dem, was wir waren und hatten, zugunsten eines ständigen Ergreifenwollens dessen, was wir (vielleicht!) sein und haben werden"[27] heraus. Von dieser aus erscheint uns die Vergangenheit dauerhaft und die Zukunft (vielleicht) auch, aber der Augenblick, in dem wir gerade leben, die Gegenwart, ist stets im Vergehen begriffen: „Wir sind und leben je nur das, was wir, teils vergessen, teils erinnert, waren und (vielleicht! unbekannt, in welcher Gestalt!) sein werden: in der ganzen Fragwürdigkeit unseres [sic!] Seins in der vergangenen und künftigen Zeit."[28]

Was garantiert – und dies ist die Kernfrage der analytischen Metaphysik hinsichtlich der personalen Identität – angesichts eines solchen Seins in der Zeit unsere Kontinuität als Individuum?

Die analytische Metaphysik behandelt die personale Identität unter der Fragestellung, „was die Bedingungen der diachronen Identität, d.h. der Identität im Zeitablauf, von Personen sind. Welche Bedingungen müssen erfüllt sein, um von einer Entität X zu einem Zeitpunkt t und von einer Entität Y zu einem von t unterschiedenen Zeitpunkt t', sagen zu können, es handele sich um ein und diesel-

---

[25] Vgl. KD III/2, 629.
[26] KD III/2, 619.
[27] KD III/2, 619.
[28] KD III/2, 619.

be Person?"²⁹ Die gegenwärtige, vor allem im angelsächsischen Bereich geführte Diskussion kann hier nicht referiert werden; zumal sie oft mit längerer Erklärung bedürftiger, zum Teil grotesk wirkender „puzzle cases", d.h. anhand jenseits jeder empirischen Prüfung liegender hypothetischer Fälle argumentiert. Solche Beispiele brauchen hier aber schon deshalb nicht erwähnt werden, weil sie zum großen Teil mit einem dualistischen Menschenbild arbeiten, was wiederum zu einem nicht geringen Teil auf den immer noch großen geistigen Einfluss auf diese Diskussion nehmenden und diese überhaupt erst angestoßen habenden John Locke zurückgeht. John Locke schlägt vor, die Identität einer Person im Bewusstsein festzumachen und so die diachrone Identität auf der Basis von Erinnerung zu definieren: „Denn da das Bewußtsein das Denken stets begleitet und jeden zu dem macht, was er sein Selbst nennt und wodurch er sich von allen anderen denkenden Wesen unterscheidet, so besteht hierin allein die Identität der Person, das heißt das Sich-Selbst-Gleich-Bleiben eines vernünftigen Wesens. Soweit nun dieses Bewußtsein rückwärts auf vergangene Taten oder Gedanken ausgedehnt werden kann, so weit reicht die Identität dieser Person. Sie ist jetzt dasselbe Selbst wie damals; jene Handlung wurde von demselben Selbst ausgeführt, das jetzt über sie nachdenkt."³⁰ In entgegengesetzter Richtung kann aber auch die Identität des Körpers bzw. des Gehirns als Basis einer diachronen Identität verstanden werden. In ihrer jeweiligen Zuspitzung bleiben beide Kriterien letztlich aber doch reduktionistisch. Derek Parfit, einer der führenden Vertreter in diesem Diskurs, ist der Ansicht, dass Personen auf Körper, Gehirn und bestimmte Erfahrungen reduziert werden können und kommt zu dem Ergebnis, dass der Frage nach der diachronen Identität keine zentrale Rolle zuerkannt werden müsse. Er gibt den Gedanken der Identität über die Zeit hinweg also letztlich auf, zugunsten unterschiedlicher „Grade des psychologischen Verknüpftseins"³¹. Statt von diachroner Identität spricht Parfit von „zumeist graduellen Relationen [...], auf die es bei der kontinuierlichen Existenz einer Person ankommt"³². Parfits reduktionistische Sichtweise führt also letztlich dazu, „dass Identität stets unbestimmt ist [...] Das, was wir als das Leben einer Person bezeichnen, kann nach Parfit mehrere Identitäten enthalten"³³. So bleibt also die Frage letztlich unbeantwortet, wie personale Identität über die Zeit hinweg zu denken ist bzw. welche Kriterien hierzu angelegt werden. Hinzu kommt, dass die im Diskurs vorgeschlagenen Kriterien: Erinnerung, Bewusstsein, Gehirn, Körper,

---

[29] QUANTE, Personale Identität, 9.
[30] LOCKE, Versuch, 420 (Buch II, Kapitel 27,9).
[31] PARFIT, Identität, 95.
[32] PARFIT, Identität, 96.
[33] SCHLAPKOHL, Persona, 240.

Beziehungen zu anderen Menschen – über den mit diesen teilweise einhergehenden Reduktionismus hinaus – letztlich problematisch bleiben. Schlapkohl stellt lakonisch fest: „Allerdings lässt sich keines dieser Kriterien problemlos anwenden. Bei allen sind Fälle denkbar, in denen das genannte Moment aufhört, mit sich identisch zu sein, ohne dass wir unbedingt annehmen müssen, dass auch die entsprechende Person aufhört, sie selbst zu sein."[34] Sie gelangt zu dem Schluss, der auch hier gezogen werden muss: Angesichts dessen, dass alle anderen Beziehungen, seien es Selbstbeziehungen oder Beziehungen zur Welt, abbrechen können oder sich grundlegend verändern können, ist das einzige, was die Identität über die Zeit hin gewährleisten kann, „[d]ie Beziehung Gottes zu einer Person hält sich beständig durch"[35]. Ähnlich wird auch Barth argumentieren, wie im Folgenden gezeigt wird. Personale Identität ist also nicht etwas, was wir selbst herstellen müssen, sondern etwas, das uns von Gott her zukommt.

Barth rekurriert zur Beantwortung dieser Frage nach dem Garanten unserer Identität in der Zeit und über die Zeiten hinweg wiederum auf Jesus Christus. Dessen Existenz in unserer Zeit „verbürgt uns, dass die Zeit als Existenzform jedenfalls des Menschen von Gott gewollt und geschaffen ist, von Gott dem Menschen gegeben und also wirklich ist"[36] Die Zeit ist von Gott also mitgewollt und mitgeschaffen als eine von ihm verschiedene Wirklichkeit, in der wir unserer Bestimmung gemäß *sein* sollen. Angesichts dessen aber darf – so Barth – nicht aus den Augen verloren werden, dass Gott in Bezug auf alle unsere Zeitmodi „zuerst" war. „Aber nicht zuerst wir sind jetzt, sondern zuerst ist Gott jetzt."[37] Damit ist unser Jetzt – wie auch unser Damals und unser Noch-Nicht im Verhältnis zu Gott immer „uneigentlich".

Eine Kontinuität mit Blick auf dieses Sein in der Zeit lässt sich nur im Blick auf Gott als den Schöpfer und Erhalter des Menschen (und der Zeit) behaupten: „Und eben der ewige Gott war auch der Garant und Bürge der Wirklichkeit unserer, der geschaffenen Zeit und unseres wirklichen Seins in ihr: damals, in unserer Vergangenheit."[38] Gott, der den Menschen als Seele seines Leibes konstituiert und als zeitliches Wesen geschaffen hat, bürgt also für die Erhaltung unserer Wirklichkeit in ihrer Gesamtheit aus Vergangenheit, Gegenwart und Zukunft – und damit für unsere Kontinuität über die Zeitmodi hinweg. Denn Gottes Zeit –

---

[34] SCHLAPKOHL, Persona, 242; vgl. die Diskussion dieser Kriterien a.a.O., 242ff.
[35] SCHLAPKOHL, Persona, 248.
[36] KD III/2, 628.
[37] KD III/2, 638 (im Original zum Teil gesperrt).
[38] KD III/2, 647.

D) Standortbestimmung: Sein in der Begegnung

die Ewigkeit – ist „nicht Zeitlosigkeit, sondern die Kraft, alle Zeitmomente zu umgreifen"[39]. Gottes Zeit umgreift also unsere Vergangenheit, Gegenwart und Zukunft – und garantiert so unsere Identität über die Zeit(en) hinweg.

Von dieser Basis aus sind nun mit Blick auf eine Demenz Erinnern und Vergessen in den Blick zu nehmen. In der Gegenwart, also der Zeit, in der ich mich erinnern bzw. vergessen kann, bin ich der, *der ich gewesen bin*: „Ich bin der, der ich in dieser meiner ganzen Vorzeit geworden bin. Ob ich mich ihrer auch noch so dumpf, nur in einzelnen hellen Bildern erinnere, tut nicht davon noch dazu: wenn die Stunde schlägt und mein jetziges Jetzt anzeigt, wenn ich je den neuen Übergang antrete, dann bin ich jedenfalls der Mensch dieser Vorzeit – der Mensch, der in all jenen früheren Übergängen geformt und gebildet wurde, sich selbst geformt und gebildet hat. Was ich auch jetzt sei, tue und erfahre und nach diesem Jetzt sein, tun und erfahren werde: die Vorschüsse und die Hypotheken, die ich von der Vergangenheit her mitgebracht habe, sind für dieses Jetzt so oder so bedeutungsvoll und werden es auch bleiben für meine Zukunft."[40]

Dass unsere Vergangenheit schon in Gott geborgen ist, „dass bedeutet die Befreiung von jedem positiven oder negativen Krampf ihr gegenüber" und das heißt umgekehrt, dass man auch „vergessen darf"[41]. Bei Gott gibt es kein Vergessen, und er bedarf auch keiner Erinnerung, aber wir bedürfen beider, was freilich nicht heißt, dass wir vergessen müssen, um zu leben.

Hinter diesen Überlegungen steht die Frage nach der Integration von Erlebnissen bzw. Erinnerungen in unser Lebenskonzept. Erik H. Erikson schlägt in diesem Zusammenhang ein Konzept der Persönlichkeits- bzw. Identitätsentwicklung vor, auf welches auch Betreuungskonzepte für Menschen mit Demenz, beispielsweise Naomi Feils Validationskonzept[42], zurückgreifen. Nach Erikson ist es die Entwicklungsaufgabe des (höheren) Erwachsenenalters zu einer Integrität bzw. Integration der Erfahrungen des bisherigen Lebens zu gelangen. Obwohl Erikson selbst zugibt, dass er an „dieser Stelle [...] nun sehr dicht an die Grenzen geraten [sei, D.B.] – manche werden sagen, ich hätte sie längst und wiederholt überschritten –, die die Psychologie von der Ethik trennt"[43], sieht er „die Annahme seines einen und einzigen Lebenszyklus und der Menschen, die in ihm notwendig da sein mussten und durch keine anderen ersetzt werden können"[44] als Entwicklungsauf-

---

[39] TILLICH, Theologie I, 315.
[40] KD III/2, 643.
[41] KD III/2, 652 (im Original zum Teil gesperrt).
[42] Vgl. oben, B 4.1.1.
[43] ERIKSON, Wachstum, 120.
[44] ERIKSON, Wachstum, 118.

gabe des (höheren) Erwachsenenalters an. Ob dies nicht eine Entwicklungsaufgabe ist, die bereits mit dem Stadium der Adoleszenz, Eriksons Stadium des Abschlusses der Identitätsentwicklung, eine zu lösende Aufgabe ist, sei hier dahingestellt. Aufgabenmodelle sind im Gegensatz zu Phasenmodellen variabler zu verstehen, inhaltlich trifft sich aber Eriksons Aufgabe mit dem, was Barth die Befreiung des „negativen und positiven Krampfes"[45] der Vergangenheit gegenüber nennt – auch wenn Erikson von anderen anthropologischen Grundlagen ausgeht, als es hier getan wird. Eriksons Ausführungen bleiben knapp: „Dies möge ein erster Versuch sein, den Begriff Integrität zu formulieren [...]; hier vor allem muss nun jeder Leser, jede Studiengruppe in ihren eigenen Worten weiterentwickeln, was ich tastend mit meinen begonnen habe."[46]

Barths Ansatz macht die Freiheit des Menschen gegenüber seiner Vergangenheit und seiner Zukunft stark. Eine Freiheit, die in der an Jesus Christus gewonnenen Einsicht besteht, dass die Zeit des Menschen die Gegenwart ist – so schwierig sich dies in der konkreten Alltagspraxis auch anschicken mag.

Die Hl. Schrift hat ein tiefes Wissen um das Sein des Menschen *hier* und *jetzt*. (Damit trifft sie sich mit den Weltreligionen und deren Erfahrungen des Im-Hier-und-Jetzt-Seins.) Dass wir so leben können und sollen, verbürgt *uns* Jesu Christi Sein in der Zeit.

Gerade angesichts einer Demenz wird es immer schwieriger, eine gemeinsame Gegenwart – hier verstanden als Gleichzeitigkeit – zu erleben. R. Schwerdt spricht in diesem Zusammenhang von der „Autonomie des Augenblicks"[47]. Im unten noch näher zu entfaltenden ‚Sein in der Begegnung' wird sich zeigen, dass Begegnung Gegenwart, ja Gegenwärtig-Sein, stiftet. Dabei ist die Vergangenheit immer – auf die eine oder andere Weise – präsent. Von Menschen mit Demenz gilt es zu lernen, dass wir trotz des zunehmenden Verlustes einer gleichsam gleichzeitig erlebten Gegenwart einander gegenwärtig sein können. Mit Blick auf Jesus Christus als den Herrn der Zeit dürfen wir darauf hoffen, dass unsere Vergangenheit wie unsere Zukunft in Gott geborgen ist.

Barth versteht also Gott als Garanten und Bürgen für unser Sein in der Zeit. Nur im Blick auf ihn können Erinnerung und Vergessen richtig verstanden werden. Er ist Herr der Zeit unserer Vergangenheit, unserer Gegenwart und – wie schon in Kapitel C. gezeigt – unserer Zukunft. Uns kommt ein solches alle Zeitmodi umfas-

---

[45] KD III/2, 652.
[46] ERIKSON, Wachstum, 119.
[47] SCHWERDT, Lernen der Pflege, 61 (Kursiv im Original).

sendes Sein nicht zu, unsere Zeit ist die Gegenwart, in der wir unsere Bestimmung als Menschen für Gott und den Mitmenschen erfüllen sollen.

Allerdings dürfen wir auf eine Teilhabe unseres in diese Zeitmodi zerfallenden Lebens an Gottes Ewigkeit hoffen. Der theologische Terminus hierfür ist die Auferstehung. Auferstehung „heißt Versammlung, Verewigung und Offenbarung gelebten Lebens" in Gottes Leben.[48] Nicht aus dem Leben werden wir erlöst werden, sondern das Leben des Menschen wird in Gott versammelt, verherrlicht und offenbart.

Karl Barth formuliert dies so: „Der Mensch als solcher hat kein Jenseits, und er bedarf auch keines solchen; denn Gott ist sein Jenseits [...] Er, der Mensch als solcher aber ist diesseitig und also elend und sterbend und wird also einmal nur noch gewesen sein, wie er einmal noch nicht war. Dass er auch als dieser Gewesene nicht Nichts, sondern des ewigen Lebens Gottes teilhaftig sein werde, das ist die ihm in diesem Gegenüber mit Gott gegebene Verheißung, das ist seine Hoffnung und Zuversicht. Ihr Inhalt ist also nicht seine Befreiung von seiner Diesseitigkeit, von seinem Enden und Sterben [also von seinem Sein in der Zeit, D.B.], sondern positiv: die ihm von dem ewigen Gott her bevorstehende Verherrlichung gerade seines von Natur und von Rechts wegen diesseitigen, endenden und sterbenden Seins. Nicht dem sieht und geht er entgegen, dass dieses sein Sein in seiner Zeit irgendeinmal vergessen oder ausgelöscht zurückbleiben und dann gewissermaßen ersetzt sein werde durch ein ihm folgendes jenseitiges, unendliches, unsterbliches Sein nach dieser Zeit, sondern positiv: dass eben dieses sein Sein in seiner Zeit und also mit seinem Anfang und Ende vor den Augen des gnädigen Gottes und so auch vor seinen eigenen und vor aller Anderen Augen – in seiner verdienten Schande, aber auch in seiner unverdienten Ehre offenbar werde und so von Gott her und in Gott ewiges Leben sein möchte. Er hofft nicht auf eine Erlösung aus der Diesseitigkeit, Endlichkeit und Sterblichkeit seiner Existenz, sondern positiv: auf die Offenbarung ihrer in Jesus Christus schon vollendeten Erlösung: der Erlösung seines diesseitigen endlichen und sterblichen Wesens. Eben dieses seelisch-leibliche Wesen in seiner Zeit ist er selbst."[49]

In der Offenbarung, Verherrlichung und Verewigung unseres gelebten Lebens werden wir uns selbst schließlich so erkennen, wie wir immer schon von Gott erkannt sind (vgl. 1. Kor 13,12): „Unsere Person wird dann unsere offenbare Geschichte sein."[50] Unsere Identität (über die Zeit hinweg) bleibt aufgrund des Auseinanderfallens der Zeitmodi für uns selbst immer wieder bruchstückhaft, für

---

[48] JÜNGEL, Tod, 153.
[49] KD III/2, 770f. (im Original z.T. gesperrt).
[50] JÜNGEL, Tod, 152 (im Original z.T. kursiv).

Gott jedoch ist unser Leben als Ganzes erkennbar. Er ist der Garant und Erhalter unserer Identität über die Zeit(en) hinweg.

Damit wurde die Konstitution und die Erhaltung der Identität durch Gott beschrieben; in einem letzten Abschnitt soll nun die der Identität inhärierende Dimension des Gestaltungsauftrages in den Blick genommen werden.

2.2.3. Identität als Gestaltungsauftrag

Die bisherigen Überlegungen haben gezeigt, dass Identität grundlegend im *relationalen* Kontext der Bestimmung des Menschen zum Bundespartner Gottes zu verstehen ist: Der Mensch ist dazu bestimmt – und entsprechend geschaffen – in der Begegnung mit Gott und den Menschen zu sein. In dieser Begegnung erschließt sich seine Identität als Mensch *für* Gott und als Mensch *für* den Mitmenschen. Gemäß dieser Bestimmung ist der Mensch mit den Fähigkeiten des Vernehmens und Tätigseins zur Verwirklichung seiner ontologischen Relationalität ausgestattet.

Insofern ist die Konstitution von Identität ein relational-dynamisches Geschehen, an dem der Mensch – gleichsam ontologisch – aktiv beteiligt ist. Er kann gar nicht anders als in-Beziehung-Sein, eben weil er ontologisch in Beziehung ist; er kann gar nicht anders, als Gott und seinen Nächsten zu vernehmen und tätig-sein – und so seine Identität in diesen Beziehungen, in denen er *ist*, zu explizieren. Es ist also gerade der Vollzug der Bestimmung des Menschen, seine ontologische Relationalität zu verwirklichen. Er ist Mensch, indem er seiner *Bestimmung* gemäß in der Begegnung *ist*. Insofern ist eine relationale Identität grundlegend als *Gestaltungsauftrag* zu verstehen. Eine relationale Identität erschließt sich in der Begegnung, sie gestaltet sich in der Begegnung. In der Begegnung werden beide sich-Begegnende einander und sich selbst gegenüber offenbar.[51]

Entsprechend gilt es mit Blick darauf, dass jeder Mensch – so wie Ehre, Würde und Wert – auch Möglichkeiten zur Verwirklichung seiner relationalen Identität

---

[51] Unten, D 3., wenn die Konsequenzen des hier Gesagten für die (Alzheimer-)Demenz angegangen werden, ist dann nach den Bedingungen zu fragen, die die Konstitution von Identität in der Begegnung mit Menschen (mit Demenz) erleichtern bzw. fördern. Diese Faktoren haben ihren Grund in den in Jesus Christus als zum wirklichen Wesen des Menschen gehörig erwiesenen Verwirklichungsmöglichkeiten der ontologischen Relationalität. Denn in Jesus Christus wurde offenbar, dass die Identität des Menschen nicht ohne Gott und ohne den Mitmenschen zu verstehen ist.

inne hat, für Bedingungen zu sorgen, in denen jeder Mensch (mit und ohne Demenz) seine Identität entfalten kann.[52]

Grund dieser Erkenntnis ist Jesus Christus, der darin der wahre und der neue Mensch ist, dass er eines jeden Menschen Sein als Bundesgenossen Gottes, als Heiligem Gottes, schon in Kraft gesetzt hat: „Die Erschaffung der neuen Existenzform des Menschen als Gottes Bundesgenosse steht also, auch was uns angeht, nicht erst vor uns. Wir haben sie nicht erst durch Nachvollzug in Kraft zu setzen [...] [u]ns kann ja nur übrig bleiben [...] des Menschen neue Existenzform als geschaffen, unsere Heiligung als vollzogen einzusehen und gelten zu lassen und uns danach auszurichten! Er [Jesus Christus, D.B.] hat sie mächtig und verbindlich für alle, für sein ganzes Volk und für jeden Einzelnen von dessen Menschen, er hat sie ja letztlich mächtig und verbindlich für die ganze Welt verwirklicht."[53]

Insofern ist es berechtigt zu sagen, dass Gott in Bezug auf den Menschen „mehr" als die uns gegenwärtig vorfindlichen und verwirklichten Strukturen unseres Menschenseins sieht und kennt; Gott sieht – und garantiert ! – Möglichkeiten, die der Mensch selbst unter seinen – systemtheoretisch gesagt – systemimmanenten Rollen, Strukturen und Handlungsmustern oft nicht einmal mehr erahnen kann. Eine Identität, die sich der Beziehung Gottes zum Menschen verdankt, kennt eine Vielzahl von Facetten des Menschenseins,[54] sie weiß um eine Vielzahl von Möglichkeiten des Menschen, und sie kennt Gott als den, der um diese Möglichkeiten weiß, dem sie offenbar sind und bei dem sie schon verwirklicht sind.

So fragt auch die Bibel niemals allein nach des Menschen Selbst, sondern sie fragt stets in einem relationalen Kontext nach dem Selbst des Menschen *in* der Beziehung: Wer ist der Mensch in Beziehung zu Gott, wer ist der Mensch in Beziehung zu seinen Mitmenschen? In diesen Koordinaten erschließen sich die Möglichkeiten des Menschseins – und Beziehungslosigkeit als „unmögliche Möglichkeit" (Barth).

Hier können nur einige biblische Stellen angeführt werden, um das Gemeinte zu verdeutlichen: Etwa Ps 8,5: „Was ist der Mensch, dass du an ihn denkst, des Menschen Kind, dass du dich seiner annimmst." Der Mensch ist nicht ohne die Beziehung Gottes zu ihm zu verstehen. Die Frage nach dem Menschen kann hier gar nicht absolut gestellt werden, sondern sie verlangt grundsätzlich nach einem relationalen Kontext: dass Du, Gott, seiner gedenkst und dich seiner annimmst. Ps 139 spricht davon, dass und wie Gott den Menschen kennt: „Ob ich

---

[52] Im nächsten Abschnitt wird dieser Gestaltungsauftrag als Vollzug der Würde des Menschen erwiesen.
[53] KD IV/2, 584f.
[54] Vgl. die Zusammenstellung bei WOLFF, Anthropologie.

sitze oder stehe, du weißt von mir. Von fern erkennst du meine Gedanken. Ob ich gehe oder ruhe, es ist dir bekannt; du bist vertraut mit all meinen Wegen. Noch liegt mir das Wort nicht auf der Zunge – du, Herr kennst es bereits [...] Denn du hast mein Inneres geschaffen, mich gewoben im Schoß meiner Mutter [...] Deine Augen sahen, wie ich entstand, in deinem Buch war schon alles verzeichnet; meine Tage waren schon gebildet, als noch keiner von ihnen war" (Ps. 139, 2-4.13.16) Der Psalm ist ein Bekenntnis zu Gott, der den Menschen geschaffen hat und ihn auch dort kennt, wo er sich selbst nicht kennt.

Zu den eindrücklichsten Zeugnissen besagten „mehr"-Sehens gehört der Umgang Jesu Christi mit Zöllnern, Aussätzigen, Huren und/also denen, die gemäß der damaligen Vorstellungen als „Sünder" galten (vgl. Lk 15,1f.). Jesus Christus nimmt diese über ihr Festgelegt-Sein auf eine defizitäre Rolle an, indem er mehr in ihnen sieht als sie selbst und ihre Umwelt: Gerade an den Krankenheilungen[55] wird dies deutlich. Auch zu biblischen Zeiten wurden Kranke stigmatisiert und ausgegrenzt: „Wenn im NT von Aussatz, Blindheit oder Besessenheit die Rede ist, dürfen wir nicht einfach an Lepra, Blindheit oder Psychosen denken. Vielmehr werden Krankheiten in jeder Gesellschaft verschieden definiert, Erzählungen von Krankheit und Heilung entsprechend stilisiert. ‚Aussatz' umfaßt im NT wahrscheinlich alle möglichen Formen von Hautkrankheit, Blindheit jede Sehstörung [...] Am unverkennbarsten aber wirkt sich die definitions- und wirklichkeitssetzende Macht der Gesellschaft bei der ‚Besessenheit' aus."[56] Bei der Etikettierung eines Verhaltens als Besessenheit geht es um die „Angst vor Kontrollverlust"[57], wobei die

---

[55] Vgl. zu den Krankenheilungen und ihrem theologischen Stellenwert die auch für den Kontext der vorliegenden Arbeit wichtigen Überlegungen und Einsichten von BACH, Schwächsten. Bach widerspricht einer Interpretation der neutestamentlichen Heilungsgeschichten, die besagt, dass „[d]adurch, dass Jesus heilte, [...] er doch gezeigt [habe], dass Behinderungen [und Krankheiten, D.B.] nicht im Sinne Gottes sind; es gehörte angeblich zu seinem Auftrag, Behinderungen als Teil des Bösen zu bekämpfen" (a.a.O., 487, u.ö.). Demgegenüber verweist Bach aufgrund seiner Exegese von Mk 1f. (seinem Basis-Text für eine Theologie nach Hadamar) und Mk 9; Joh 9 darauf, dass Jesus „keinen Auftrag, kranke Menschen gesund zu machen [hatte]; Jesus kämpfte nicht gegen Krankheiten; Krankheit und Behinderung haben nichts zu tun mit ‚dem Bösen'; Gottes Heil kann einem behinderten Menschen auch ohne Heilung ganz gehören" (a.a.O., 489, u.ö.). Jesu Vollmacht bezieht sich nicht auf das Heilen, sondern auf das Predigen und den Exorzismus, die allerdings zusammengehören (vgl. a.a.O., 449).
[56] THEIßEN/MERZ, Jesus, 280f. Bach, Schwächsten, 429f., weist darauf hin, dass Gerd Theißen erfreulicherweise an anderer Stelle eine klare Trennung von Heilungen und Exorzismen fordert (vgl. Theißen, Wundergeschichten, 94-102), diese aber auch dort – wie auch in der hier zitierten Stelle – nicht durchhält (vgl. a.a.O., 95.98.102.274ff.). Allerdings geht es in dem hier vorliegenden Kontext um die Stigmatisierung von Menschen, die bei Krankheit *und* Besessenheit in ähnlichen Mustern verläuft, so dass der kurze Hinweis an dieser Stelle genügen mag.
[57] THEIßEN/MERZ, Jesus, 281.

Symptome auf Dämonen zurückgeführt wurden, die „den Menschen aus seinem Leben herausdrängen: Starke Schmerzen oder Behinderungen berauben ihn seiner Selbststeuerung. Erst recht aber ist das der Fall, wo ein Mensch aufgrund psychisch abweichender Verhaltensweisen nicht mehr als der erscheint, der er sonst war – also bei ‚Besessenheit' im engeren Sinne, bei der ein fremdes Subjekt das Subjekt des Kranken verdrängt"[58]. Mit dem Etikett ‚besessen' versehen, wurden diese Menschen aus der Gesellschaft ausgegrenzt und galten als unrein. Jesus aber gibt sich dennoch mit ihnen ab und sieht mehr in ihnen als ihnen von der Gesellschaft zugedacht ist. Jesus speist auch mit den sog. „Sündern", denn „[n]icht die Gesunden brauchen den Arzt, sondern die Kranken" (Mt 9, 12). So sagt Jesus über den Zöllner Zachäus, bei dem er eingekehrt ist: „Denn der Menschensohn ist gekommen, um zu suchen und zu retten, was verloren ist." (Lk 19,10). Jesus setzt sich hier über die Gepflogenheiten der Gesellschaft, die mit Zöllnern, d.h. damals Betrügern, nichts zu tun haben will, hinweg, und konstituiert so Zachäus' soziale Identität ganz neu, indem er ihm durch seinen Besuch nicht in seiner Rolle als Zöllner, sondern in seiner Rolle als „Sohn Abrahams" (Lk 19,9) also als vollwertiger und ganzer Mensch und nicht bloß in seiner „beschädigten Identität" (Goffman) als Zöllner anspricht. Jesus Christus, wahrer Mensch und wahrer Gott, hat offenbar gemacht, dass und wie Gott mehr in den Menschen erkennt als diese. 1Kor 13,12 fasst das Gemeinte zusammen: „Jetzt schauen wir in einen Spiegel und sehen nur rätselhafte Umrisse, dann aber schauen wir von Angesicht zu Angesicht. Jetzt erkenne ich unvollkommen, dann aber werde ich durch und durch erkennen, so wie auch ich durch und durch erkannt bin."

Die letzten Ausführungen haben gezeigt, in welche Richtung ein der relationalen Identität inhärierender *Gestaltungsauftrag* auszufüllen ist: Es geht darum, im Wissen um die in Jesus Christus verwirklichten Möglichkeiten des Menschseins dem Anderen so zu begegnen, dass dieser seine ontologische Relationalität und damit seine Identität – *auch* über das hinaus, was ihm – angesichts seiner Demenz – gerade als Identität zugeschrieben wird[59] – entfalten kann. Im Wissen um die in Jesus Christus schon erfüllte Wirklichkeit und die daraus sich ergebenden Möglichkeiten, die Gott dem Menschen in der Begegnung zur Verwirklichung seiner relationalen Identität erschließt, wie sie in Jesus Christus offenbar geworden sind – und von denen der Mensch immer nur einen Teil zur Verwirklichung bringt – soll auch der Mensch seinem Mitmenschen begegnen und zur Verwirklichung seiner Identität beitragen. Angesichts einer Demenz haben wir also die Aufgabe, dazu

---

[58] THEIßEN/MERZ, Jesus, 281.
[59] Siehe dazu unten, 3.3., und vor allem 3.3.2.2, die Überlegungen zu Identität und Demenz.

beizutragen, dass Menschen, die unter einer Demenz leiden, auch unter den erschwerten Bedingungen einer Demenz Identität entfalten können.

Weil in Jesus Christus offenbar geworden ist, was die Identität des Menschen ist, dass sie eine in der Begegnung zur Gestalt kommende Identität ist, weiß die theologische Anthropologie also um eine von Gott konstituierte und gehaltene Identität. Mit Blick darauf kann die Begegnung von Mensch und Mitmensch frei über die scheinbaren Grenzen dieser Welt hinaus gestaltet werden, die das Gegenüber nicht nur auf die in dieser Welt verwirklichten Aspekte seiner Identität reduziert bzw. festlegt, sondern auch auf noch nicht verwirklichte Möglichkeiten seiner ontologischen Relationalität verweist.

Bevor die Konsequenzen dieses relationalen Identitätskonzeptes für die Begegnung mit Menschen (mit Demenz) angegangen werden sollen, ist hier das für diese Begegnung wie für den Gesamtaufbau der Arbeit ebenso relevante relationale Konzept von Würde zu entwickeln.

2.3. Relationale Würde

Wie bereits in den methodischen Vorbemerkungen zu diesem Kapitel deutlich gemacht, weisen das hier zu erarbeitende Identitäts- und Würdekonzept enge Parallelen auf. Wie die Identität des Menschen als eine von Gott konstituierte, im Sinne einer von Gott dem Menschen zukommenden Identität (freilich samt den Möglichkeiten ihrer Entfaltung) verstanden wurde, der ein Gestaltungsauftrag einhergeht, ist nun auch die Würde nicht als des Menschen Besitz und Eigenschaft in dem Sinne zu verstehen, dass der Mensch – etwa aufgrund bestimmter Fähigkeiten oder evolutionärer Entwicklungsstufen – Würde *hat*. Im Kontext einer relationsontologischen Anthropologie ist die Würde des Menschen im Modus des *Zukommens* zu verstehen, die ihm freilich dadurch in gewisser Weise entzogen, d.h. nicht als sein – etwa empirisch – aufweisbarer Besitz zu verstehen ist; trotz dessen inhäriert der Würde allerdings ein Gestaltungsauftrag.

Bereits in der Grundlegung wurde deutlich, dass gemäß der theologischen Anthropologie dem Menschen Würde aufgrund der Beziehung Gottes zu ihm *zu*kommt, d.h., dass die Würde aus dieser Sicht relational bzw. relationsontologisch zu verstehen ist. Allerdings versteht nun eine – auf der Basis der relationalen Anthropologie Karl Barths fußende – relationsontologische Würde-Konzeption den Modus dieses Zukommens nicht nur passiv, d.h. allein in der Dimension, dass dem Menschen etwas von Gott *zu*kommt, sondern auch aktiv, d.h. als einen diesem Zukommen inhärierenden Gestaltungsauftrag, als Aufgabe.

Da die Bibel aber den Begriff der Menschenwürde nicht kennt, können Aussagen, die in diese Richtung gehen, nur aus größeren systematischen Zusammenhängen entnommen werden. Einen solchen, der zugleich die konstitutive Zusammengehörigkeit von Sein *und* Aufgabe in der relationalen Verortung der Würde verdeutlicht, hat Karl Barth in seinen Ausführungen über die Ehre[60] vorgelegt, die im Folgenden leitend sein sollen.

2.3.1. Die Ehre des Menschen als Reflex der Ehre Gottes – Das christologisch begründete Würdeverständnis Karl Barths

Barth schließt seine Ethik der Schöpfungslehre (KD III/4) mit Erwägungen zur Ehre, an denen sich deren konstitutive Einbettung in das relationale Gefüge der Beziehung Gottes zu den Menschen und die damit verbundene Zusammengehörigkeit von Sein und Aufgabe, von Schöpfung und Berufung, d.h. das, was im vorigen Kapitel unter *Bestimmung* verstanden wurde, noch tiefergehend verdeutlichen lässt.[61]

Barth spricht von der Ehre des Menschen in einem doppelten Sinn: „von der Ehre, die ihm als von Gott geschaffener Mensch *und* von der, die ihm durch seine Berufung in den Dienst Gottes zukommt", allerdings kann man von beiden Dimensionen immer nur im Blick darauf reden, „dass G o t t sie ihm zuspricht und verleiht"[62]. Beide Dimensionen gehören zusammen und beide Dimensionen sind *nur* in der Weise zu verstehen, dass die Ehre Gottes Ehre ist und dem Menschen von Gott *zukommt*.[63] Barth wehrt damit einem – in der Theologie- und Kirchen-

---

[60] Barths Verständnis der Ehre enthält – wie sich zeigen wird – in ihrer doppelten Dimension Überlegungen zur Würde und zum Auftrag des Menschen.
[61]. Der hier zu bearbeitende Abschnitt aus KD III/4 schließt insofern an die Überlegungen aus Kap. C 4.1. an, als er Freiheit zum Thema hat: Es ist also ein Aspekt des Barthschen Freiheitsverständnisses, über das oben schon gehandelt wurde, den der folgende Abschnitt näher beleuchtet: „'Freiheit' in der Beschränkung' ist das Thema, mit dem wir nun zu Ende zu kommen haben. Gottes Gebot ruft Jeden in die Freiheit in der Beschränkung der einmaligen Gelegenheit des ihm zugemessenen zeitlichen Daseins, und wiederum in die Freiheit in der Beschränkung seines Berufes, d. h. der Lebensstufe, auf der sich ein Jeder jetzt eben vorfindet, der ihm zugemessenen geschichtlichen Situation, seiner persönlichen Tüchtigkeit, seines besonderen Wirkungskreises." (KD III/4, 744f.) Die folgenden Überlegungen schließen (und runden) Barths Ausführungen zur Freiheit und damit die Schöpfungsethik ab: „Wir reden in diesem letzten Abschnitt von der Ehre, die Gott dem Menschen in seinem Gebot erweist und davon, wie auch sie sich in der Grenze schon abzeichnet, die er ihm als sein Schöpfer und Herr abgesteckt hat." (KD III/4, 746 [im Original zum Teil gesperrt]).
[62] KD III/4, 751 (gesperrt im Original; kursiv D.B.).
[63] Diesen Aspekt der Ehre betont Barth mit besonderem Nachdruck: „Das ist in der Bibel allerdings unzweideutig klar: dass es eine Ehre und also eine Geltung, Würde, Auszeichnung, Bedeutung, Wichtigkeit, einen Grund zur Anerkennung des Menschen nur von Gott und nur von ihm her gibt, der das Alles ursprünglich und in Fülle hat, nur in Gestalt seiner dem Menschen zuge-

geschichte bis heute immer wieder auftauchenden – substanzontologischen Denken, welches die Ehre als dem Menschen (substanzhaft) inhärierende Eigenschaft versteht.

Das Gemeinte lässt sich an dem biblischen Begriff für Ehre, kabod bzw. gloria, der mit (Licht-) Glanz, Herrlichkeit u.ä. zu übersetzen ist, verdeutlichen: Der Lichtglanz *Gottes* – denn die Ehre kommt im biblischen Zeugnis in der Regel Gott allein zu – strahlt in die Schöpfung und so wird der Mensch „teils als sein Geschöpf b e l e u c h t e t (und das ist es, was des Menschen Ehre in jenem ersten Sinne ausmacht, das ist der Grund seiner Menschenwürde), teils als sein[...] Bundesgenosse[...] e r l e u c h t e t (und das ist die Ehre des Menschen in jenem zweiten, eigentlich Sinn, der Grund der Ehre seiner Berufung)"[64].

Entsprechend kann von der Ehre des Menschen nur als „*Reflex der Ehre Gottes*"[65], also nur von Gott her gesprochen werden: „Alle Ehre des Menschen ist und bleibt Gottes Ehre. Aber eben Gott lässt den Menschen an seiner Ehre teilnehmen: keinen Augenblick so, dass diese Teilnahme aufhörte, seine Gnade zu sein, aber auch keinen Augenblick so, dass er sie ihm in seiner Gnade versagen würde."[66] Die Ehre des Menschen ist also die Erhellung eben dieses Menschen durch die Ehre Gottes, der Abglanz, der Reflex der Ehre Gottes.

Erkenntnisgrund hierfür ist (wiederum) Jesus Christus, der schon in der Anthropologie als Quelle aller Aussagen über das Wesen des Menschen, verstanden wurde. Denn Jesus Christus ist „das Ereignis dieser Erhellung"[67] durch den Lichtglanz Gottes: In Jesus Christus treffen sich die beiden Linien, die des Bundesgenossen *und* die des Geschöpfes, die Linien von Sein *und* Aufgabe, so dass Jesus Christus auch „ihre Bewährung nach beiden Seiten"[68] ist: Von Jesus Christus her wird also die Höhe der Ehre des Menschen – in ihrem doppelten Sinn – erst offenbar und sichtbar.

---

wendeten allgemeinen Gnade der von ihm beschlossenen und durchgeführten Erneuerung, Befreiung und Erhöhung des Menschen. Das ist also klar, dass man von einer Ehre des Menschen im Sinne der Bibel keinen Augenblick (weder uneigentlich noch eigentlich!) reden kann, ohne des göttlichen Sprechens und Handelns im Verhältnis zu ihm zu gedenken." (KD III/4, 752).

[64] KD III/4, 752 (gesperrt im Original). Barth spricht hier explizit vom „eigentlichen" Sinn, was aufgrund seiner in Kap. C 1. dargestellten Hermeneutik zu verstehen ist. Der Mensch ist zum Bundespartner Gottes bestimmt, erst von diesem Wozu her kann Barth nach dem Wie des Geschaffen-Seins, um eben diese Bestimmung zu erfüllen, fragen.
[65] KD III/4, 748 (Kursiv D.B.).
[66] KD III/4, 752.
[67] KD III/4, 752.
[68] KD III/4, 752.

D) Standortbestimmung: Sein in der Begegnung

Das an Jesus Christus gewonnene Ehrverständnis weist nun eine doppelte Dimension auf: Die Dimension der Ehre als Geschöpf, dadurch, dass Gott selbst sich in Jesus Christus den Beschränkungen des *Geschöpfes* unterzogen hat, *und* die Dimension der Ehre des zum *Bundespartner Berufenen*, die darin besteht, dass Gott selbst in Jesus Christus diese Berufung erfüllt und für uns verwirklicht hat, so dass wir entsprechend handeln können.

Im Folgenden sollen die beiden Dimensionen noch etwas näher betrachtet werden:
Die Dimension der *Ehre des Geschöpfes* wird deutlich, indem das *eine* „Unausdenkliche geschieht: Gott selbst wird in Jesus Christus Mensch – ein Mensch in der ganzen Beschränkung, in der auch jeder andere Mensch Mensch ist."[69]

„Lohnt es sich, auch nur ein Wort darüber zu verlieren, was das für die unverlorene und unverlierbare Auszeichnung bedeutet, die jedem Menschen in seiner Beschränkung, wie er sich auch zu ihr stelle, eigentümlich ist? Was sind alle humanistischen Deklamationen über eine dem Menschen an sich zukommende Würde neben der Begründung, die ihr nach dem Zeugnis der Bibel widerfahren ist? Und wie könnte sie andererseits angesichts dieser Begründung übersehen, vergessen, geleugnet, wie könnte die ‚Menschenwürde' von hier aus auch dem erbärmlichsten Menschen abgesprochen werden? Wo die Ehre Gottes selbst die Ehre dieses in höchster Erbärmlichkeit ans Kreuz genagelten Menschen ist!"[70]

Ohne die Erwählungslehre[71] ist diese Aussage schwerlich zu verstehen: Gott wählte den Menschen darin zu seinem Gegenüber, „dass Gott sich selbst gewählt hat zum Freund und Partner des Menschen, dass er für sich selbst die Gemeinschaft mit dem Menschen gewählt hat"[72]. Schon das wäre eine enorme Auszeichnung für den Menschen: Gott, der auch an sich genug hätte, will Gott gerade *für* den Menschen sein, deshalb erwählt er den Menschen zu seinem Bundespartner: Gott „hält den Menschen für würdig, ihm als sein Gebieter gegenüberzutreten, sich nun gerade auf diesem Fuß, als Partner mit einem Partner, mit ihm abzugeben"[73]. Aber Gott will noch mehr für den Menschen: er hat ihn „erwählt zur Teilhabe an seiner Herrlichkeit"[74]. Aber auch als sein Bundespartner den Bund gebrochen hat, will Gott an ihm festhalten. Damit sind wir in das *Zentrum der* (Barthschen) *Theologie* vorgedrungen, in die Versöhnungslehre. Von hier her wird

---

[69] KD III/4, 752.
[70] KD III/4, 752.
[71] Vgl. oben, Kap. C 4.2.
[72] KD II/2, 177 (im Original zum Teil gesperrt).
[73] KD III/4, 747.
[74] KD III/4, 101 (Leitsatz).

2. Relationale Identität und Würde (der Mensch für Gott)

die besondere Ehre und Würde des Menschen gerade darin erkannt, dass Jesus Christus, Gottes Sohn, „sich selbst dazu hergab und erniedrigte, des Menschen Bruder zu werden, sich neben ihn, den Übertreter zu stellen"[75]. Gott wird um des Menschen willen *Mensch*. Allerdings erleidet das „göttliche Wesen [...] dabei keine Veränderung oder Verminderung, keine Verwandlung in ein anderes, keine Vermischung mit einem anderen, geschweige denn eine Aufhebung. Die Gottheit Christi ist die eine, unveränderte, weil unveränderliche Gottheit Gottes."[76] *Gott erniedrigt sich also in Jesus Christus um des Menschen willen*, er leidet, wird gekreuzigt und stirbt. Darin vollendet er seinen Auftrag: Die Versöhnung der Welt mit Gott.[77] Neben den soteriologischen Fragen, die hier nur angerissen werden können, ist das Augenmerk auf die Passion zu richten. Nicht etwa in dem Sinne, dass die Passion einen Wert an sich gewönne, sondern darin, dass gerade in der tiefsten Not, im entwürdigsten Leiden am Kreuz Gott als Gott handelt und erkennbar wird. Wenn Gott seine Ehre in dieser – entwürdigenden, erbärmlichen – Situation offenbar macht (und wiederherstellt), dann sind Gott selbst solche Situationen nicht fremd und gerade dann dürfen Menschen in „höchster Erbärmlichkeit"[78] nicht von der Ehre Gottes ausgeschlossen werden, weil Gott gerade in solch „höchster Erbärmlichkeit" seine Ehre aufgerichtet hat.[79]

Die Ehre des Menschen als Geschöpf besteht also darin, dass Gott selbst Mensch wird und sich so der Beschränkung unterstellt, die dem Geschöpf Mensch aufgrund seiner geschöpflichen Bestimmung zukommt, um seinem Bundespartner, auch als dieser den Bund bricht, die Treue zu halten. Denn der „Mensch kann gottlos sein. Gott aber – und das entscheidet – wird nicht menschlos. Er ist und bleibt ja des Menschen Schöpfer und Herr. Und weil er nicht menschlos wird, darum [...] gibt es keine ontologische Gottlosigkeit [...] Und das ontologische Band, das jeden Menschen mit Gott verbindet, ist eben die Ehre, die Gott ihm [...] damit erweist, dass er sein Schöpfer und Herr ist und bleibt, und dass er seinerseits wohl oder übel sein Geschöpf war, ist und bleiben wird"[80].

Und in dieser Treue des Schöpfers ist es gerade nicht eine besondere Höhe des Geschöpfes, in der er sich mit ihm versöhnt, sondern es ist gerade dessen höchste Erniedrigung (im Tod am Kreuz), in der Gott seine Ehre – und damit die dem Geschöpf dadurch zukommende Ehre – offenbart. Allerdings ist die Ehre, die

---

[75] KD IV/1, 171 (Leitsatz).
[76] KD IV/1, 196.
[77] Vgl. KD IV/1, 271.
[78] KD III/4, 752.
[79] Vgl. den Gesamtzusammenhang der Versöhnungslehre Barths (KD IV), und hier vor allem den § 59. „Der Gehorsam des Sohnes Gottes" in: KD IV/1, 171-394.
[80] KD III/4, 750.

dem Menschen als Geschöpf zukommt – wiewohl sie, weil von Gott kommend, wahre Ehre ist –, mit Barth doch „uneigentlich" zu nennen, „weil sie eben doch nur die *Voraussetzung* ist, auf die Gott zurückkommt und zurückgreift, wenn es um das Wort seines Erbarmens, um die Erhöhung des Menschen durch seine Berufung in seinen Dienst geht"[81]. Darin also, dass Gott Mensch wird, erweist sich für Barth die Ehre, die dem Menschen als Geschöpf zukommt. Auf diese Ehre greift Gott nun, wenn er den Menschen als seinen Bundespartner in die Verantwortung ruft – und ihm so seine eigentliche Ehre erweist –, zurück.

Des Menschen Ehre nämlich in ihrer – so Barth – „eigentlichen Gestalt" ist die Ehre, die dem Menschen dadurch von Gott zukommt, dass er ihn als seinen *Bundespartner* beruft. Diese Ehre, die bereits in Jesus Christus für jeden Menschen verwirklicht ist, wird „darin sichtbar, dass das andere Unausdenkliche geschieht: Der Mensch, ein Mensch in der ganzen Beschränkung, in der auch jeder andere Mensch Mensch ist – existiert in Jesus Christus, in Gottes Dienst gestellt, als der von ihm Berufene in der Weise G o t t e s. Er realisiert, betätigt und offenbart Gottes Ewigkeit in der Zeit, seine Heiligkeit und unter seinen Brüdern, den Sündern, seine Wahrheit inmitten der Gottverlassenheit, seine Barmherzigkeit gegenüber aller menschlichen Verzweiflung und Überheblichkeit, seine Allmacht in der Ohnmacht des Geschöpfes. Wieder kann ja kein Wort stark genug sein, um zu bezeichnen, was das für die Ehre jedes von Gott berufenen Menschen bedeutet."[82]

Von Jesus Christus als dem wahren Träger der eigentlichen (und der uneigentlichen) Ehre ist also auch auf uns als die in ihm erwählten und berufenen Menschen zu blicken. Denn in Jesus Christus realisiert Gott das, was dem Menschen als Bundespartner Gottes *zukommt*: das Menschsein *für* Gott und das Menschsein *für* den Menschen. Jesus Christus als der wahre Mensch ist hier für uns Handelnder und an unserer statt Handelnder, der so unser Handeln als das Handeln des Berufenen und damit die Ehre des Berufenen für uns (bereits) verwirklicht hat – mit Blick darauf sollen und dürfen wir handeln.

Von hieraus lassen sich dann drei Konkretionen für die Ehre aufgrund der Berufung ins Auge fassen: Die Ehre der Berufung zum Bundespartner Gottes besteht zunächst darin, dass Gott den Menschen für würdig hält, sein Bundespartner zu sein. Aber es lässt sich hier noch mehr sagen: Indem Gott den Menschen als seinen Bundespartner erwählt, behaftet er ihn mit der Ehre des Dienstes, in den er ihn

---

[81] KD III/4, 750 (Kursiv D.B.).
[82] KD III/4, 752f. (gesperrt im Original; kursiv D.B.).

damit beruft.[83] Der Dienst, in den Gott den Menschen stellt, besteht darin, „dass er, in seiner beschränkten Zeit und an seinem beschränkten Ort sein Zeuge sei"[84]. Gott will also in der Weise Gott sein, dass der Mensch ihm den Dienst seines Zeugnisses leistet. Damit bestimmt Gott den Menschen für sich, und *damit* – und nicht etwa durch ein Vermögen, eine Leistung oder eine Fähigkeit oder gar der Zugehörigkeit zur Spezies Mensch – kommt dem Menschen gegenüber allen Geschöpfen die besondere Anerkennung und Auszeichnung des Zeugendienstes zu. Diese Bestimmung erhält der Mensch von Gott, er bringt sie also nicht selbst hervor.[85]

Damit ist implizit schon die zweite Konkretion angeklungen: Da der Mensch nicht ohne seine Beziehung zu Gott *ist*, kann es kein Sein – und damit auch keine Ehre – des Menschen außerhalb dieser Beziehung zu seinem Schöpfer geben „und kein habituelles Haben, d.h. kein solches, das ein Besitzen wäre außerhalb des göttlichen Gebens und seines Nehmens aus Gottes Hand [...] Der Mensch ‚ist' und ‚hat', indem der lebendige Gott als solcher sein Lebenspartner ist und ihn hat"[86]. Insofern lässt sich die Ehre als „die Bedeutung, die Geltung, die Auszeichnung, die er eben jetzt in den Augen Gottes hat, der Wert, der ihm eben jetzt durch den Mund und im Worte Gottes zugesprochen wird, der Schmuck, das Ehrenkleid, die Krone, mit der er eben jetzt von Gott angetan wird"[87] beschreiben; auf diese Weise ist die Ehre des Menschen der Reflex der Ehre Gottes. Damit aber, dass die Ehre des Menschen in Gottes Hand bleibt, ist sie grundsätzlich gesichert und garantiert, sie bleibt damit an einen Geber gebunden, der diese gewährleistet – und so dem Menschen in gewisser Weise entzogen. Die Ehre des Menschen besteht also nicht in irgendeiner Mächtigkeit seines Seins, in einem ontologischen

---

[83] Vgl. KD III/4, 756.
[84] KD III/4, 756. Wobei es Barth selbst „merkwürdig genug" findet, „dass Gott Zeugen braucht" (ebd.).
[85] „Es braucht das Wort, den Ruf, das Gebot Gottes, damit der Mensch seinen Schöpfer und Herren und damit sich selbst als sein Geschöpf erkenne und damit seine kreatürliche Ehre entdecke. Es braucht, damit diese seine erste Ehre sich bewähre, damit der besondere Gedanke, in welchem Gott ihn erschuf und bisher führte, an den Tag komme, seine Erleuchtung durch jene zweite, höhere Ehrung durch Gottes Wort und Gebot dessen, dass er sich ihrer nicht entziehe, sondern sie annehme. Als durch sie Geehrter und Entsprechender, aber hineingerufen in eine Gestalt des Zeugendienstes, in dem Gott auch ihn braucht, auch seiner bedarf, indem er in diesem Dienst tätig wird, wird mit einem Schlag auch seine kreatürliche Ehre zum Leuchten kommen, wird er sich in ihr als von dem erkannt finden, der sie wahrhaft kennt, weil sie von ihm kommt, und wird auch er selbst sie wahrhaft erkennen." (KD III/4, 758 [gesperrt im Original]).
[86] KD III/4, 762 (im Original zum Teil gesperrt).
[87] KD III/4, 762.

Habitus, sondern „in der Mächtigkeit des ihm zugesprochenen Wortes"[88]. Der Mensch ist also in der Weise ehrenhaft, dass er seine Ehre von Gott her hat.

Damit entscheidet aber Gott – und das ist die letzte Konkretion – über die Gestalt dieser dem Menschen zukommenden und in der Berufung zum Dienst bestehenden Ehre. Entscheidet aber Gott über die Gestalt, dann steht die Ehre nicht „in des Menschen Verfügung"[89], sondern unterliegt einem „höheren Gesetz": Die Ehre richtet sich also nicht nach den Vorstellungen des Menschen und den ihnen entsprechenden Wünschen; vielmehr hat sich der Mensch mit seinen Vorstellungen bezüglich der Ehre nach jenem Gesetz zu richten, welches die Ehre des Menschen und die Gestalt dieser Ehre von Gott her, also dem Menschen entzogen, beschreibt.

Die Ehrbegriffe, die in der Geschichte entwickelt worden sind, dürfen – so Barth – wohl Material sein für die Überlegung, was Ehre in einer bestimmten geschichtlichen Situation bedeutet, sie „dürfen aber keine Bedingungen sein, mit denen er [...] [die] Ehre, die Gott ihm verleihen will, eingrenzen, deren Erfüllung er sich auch dem Worte Gottes gegenüber vorbehalten wollte. Sie müssen sich nach dem Worte Gottes richten, und zwar unbedingt und vorbehaltlos, nicht umgekehrt"[90]. Barth spricht sich hier für eine kritisch-korrektive Funktion der christlichen Ehre-Konzeption aus, die wohl in bestimmten Situationen in Nachbarschaft und Aufnahme ihrer weltlichen Nachbarn argumentiert, aber nicht in den Bedingungen dieser Welt aufgeht.

Das Wort Gottes, das den Menschen zu seinem Bundespartner bestimmt, bleibt der Kern der christlichen Ehr-Konzeption; von diesem her erweist sich Ehre als „die Ehre des konkreten und also je des einzelnen Menschen: diejenige Geltung und Wertschätzung, die jedem Menschen, aber eben ihm als diesem Menschen, ihm nicht nur als Exemplar der Gattung, sondern direkt und persönlich und so nur ihm zukommt"[91]. Und sie kommt ihm zu als Abglanz der Ehre Gottes, somit gehört sie „zum *character indelebilis* seiner menschlichen Existenz"[92]. Kein Mensch muss also – so Barth – der Ehre, die ihm von Gott her zukommt, entbehren: „Keine Umstände und kein Mensch können sie mehren noch mindern, können sie ihm geben noch nehmen. Auch er selbst kann das nicht. Gott allein ist in der Frage

---

[88] KD III/4, 763.
[89] KD III/4, 769.
[90] KD III/4, 771 (im Original zum Teil gesperrt).
[91] KD III/4, 753 (im Original zum Teil gesperrt).
[92] KD III/4, 749f. (kursiv im Original).

zuständig, was gerade er gilt und wert ist."⁹³ Eine Beurteilung der Qualität und der Quantität, ja des ob oder des ob nicht der Ehre ist dem Menschen also entzogen. Und so kann eine „gefährliche, eine wirksame Bedrohung der Ehre des Menschen [...] nur von Gott ausgehen. Er hat sie ihm in seiner Freiheit geschenkt, um sie ihm, wieder in seiner Freiheit, neu zu schenken. Sie ist die Freiheit seiner Gnade."⁹⁴ Der Mensch hat also keinen Anspruch auf die Ehre, aber als Abglanz der Ehre Gottes, als geschenkte, zukommende Ehre ist sie unanfechtbar.

Barth schließt seine Überlegungen zur Ehre mit Überlegungen zur Gefährdung der Ehre und betont, dass zuerst im Auge behalten werden muss, dass der andere Mensch seine Ehre genauso bei Gott hat wie ich selbst; Auseinandersetzung über Ehrbegriffe gelingen entsprechend nur auf der Grundlage reziproker Anerkennung: „Die Ehre aller Beteiligten ist der einzige Boden, auf dem ein Streit um die Ehre, wenn es denn zu einem solchen kommen soll, mit einiger Aussicht auf Erfolg durchgefochten werden kann. Und das Maß des in diesem Streit Rechten und Gebotenen, die Regel des auch in diesem Streit zu bewährenden Gehorsams wird viel weniger der Gedanke an irgendwelche formale Behutsamkeit, Mäßigung, Schicklichkeit und dergleichen sein, als material der Blick auf den Mitmenschen, der ja in seiner Weise bestimmt auch ein in seiner Ehre Bedrohter ist, dem es also einleuchtend werden muss, dass es in diesem Streit auch um seine Sache geht, dass ich ihn nicht gegen ihn und nicht nur für mich, sondern im tiefsten Grund gerade für ihn und nur so dann auch für mich führe."⁹⁵

Insgesamt hat sich gezeigt, dass Barth die Ehre des Menschen als Abglanz der Ehre Gottes selber versteht: „Ohne die Ehre Gottes keine Ehre des Menschen, keine Menschenwürde."⁹⁶ Gottes Ehre ist in Jesus Christus in ihrer doppelten Dimension offenbar geworden: Denn in Jesus Christus treffen beide Linien, die untrennbar zusammengehören, zusammen, ja, sie fallen in eins: „die Ehre des menschlichen Geschöpfes und die Ehre des von Gott berufenen Menschen"⁹⁷ – beides gehört in seiner Unterschiedenheit zusammen, aber beides kann auch in seiner Unterschiedenheit gesehen werden.

Barth ist mit seinen Erwägungen zur Ehre sachlich und formallogisch in der Nähe einer neuzeitlichen Menschenwürde-Konzeption, die ein egalisierendes

---

⁹³ KD III/4, 780.
⁹⁴ KD III/4, 781.
⁹⁵ KD III/4, 788 (im Original zum Teil gesperrt).
⁹⁶ KD III/4, 789.
⁹⁷ KD III/4, 753 (gesperrt im Original).

Verständnis von Menschenwürde relationsontologisch verortet. Barth selbst benutzt den Begriff Würde an einigen Stellen seiner Ausführungen zur Ehre,[98] ein eigenes Kapitel zur Würde bzw. Menschenwürde findet sich bei ihm nicht. Sachlich finden sich aber in Barths Ehr-Konzeption alle Aspekte für das hier vorzulegende Verständnis einer relational verorteten egalisierenden Menschenwürde.

Barths Konzeption von Ehre inhäriert besonders mit dem Gedanken der Ehre des (Zeugen-) Dienstes die Einsicht in die Ehre als Gestaltungsauftrag, die im folgenden Abschnitt nun noch eingehender zu betrachten ist.

2.3.2. Würde als Gestaltungsauftrag

Die „eigentliche" Ehre – so Barth – ist diejenige, die dem Menschen aufgrund seiner Berufung zum Bundespartner Gottes und näherhin zum Zeugendienst Gottes zukommt. Gott will – und hier hat Barth jeden Einzelnen im Blick – den Menschen für sich: „Er [Gott, D.B.] will, dass er [der Mensch, D.B.] in seiner beschränkten Zeit und an seinem beschränkten Ort sein Zeuge sei."[99] Die Ehre des Menschen vollzieht sich im Handeln des Menschen als Bundespartner Gottes, der diesen bezeugen soll: „Das Handeln im gebotenen Dienst ist das ehrenhafte [...] Handeln."[100] Ehre kommt dem Menschen also nicht nur – gleichsam passiv – zu, sondern sie besteht geradezu in der „Indienststellung" des Menschen als Bundespartner Gottes, als Mensch *für* Gott und Mensch *für* den Menschen.

Im Bereich Mensch *für* den Mitmenschen steht der in den Zeugendienst berufene und so geehrte Mensch also vor der Frage: „Was tust du, um ihnen, den Anderen, zu ihrer Ehre zu verhelfen?"[101]

Dieser Zeugendienst wird im Bereich der Menschenwürde vor allem dahingehend zu leisten sein, dass der Mensch zu *bezeugen* hat, dass die Entscheidung über die Gestalt der Ehre bzw. Würde dem Menschen entzogen ist, weil sie ihm – wie auch der Geist Gottes – von Gott stets *zukommt*. Barth betont, dass es in diesem Zusammenhang nur eine Regel gibt, dass nämlich die Ehre eines jeden Menschen wahr, wirklich und gesichert ist, indem sie jedem Menschen von Gott zukommt: „[K]ein Mensch [muss] der ihm zukommenden Ehre als Gottes Geschöpf,

---

[98] Eine Untersuchung des Ehrverständnisses Karl Barths steht als Desiderat der Forschung noch aus. Eine erste Annäherung hat G. Plasger mit seiner Antrittsvorlesung in Siegen: „Dankbarkeit, Demut und Humor. Überlegungen zur Ehre des Menschen in Anschluss an Karl Barth" vorgenommen.
[99] KD III/4, 756.
[100] KD III/4, 757.
[101] KD III/4, 787 (im Original zum Teil gesperrt).

kein durch Gottes Gebot zum Gehorsam Gerufener der Ehre seines Dienstes entbehren, [... weil] derselbe allmächtige und barmherzige Gott, der den Menschen geehrt hat und zu neuer Ehre bringt, auch darüber verfügt, in welcher Gestalt ein jeder Mensch seine Ehre und in welcher Gestalt derselbe Mensch sie heute, hier, in dieser Lebenssituation, und in welcher er sie morgen und übermorgen, dort unter so und so veränderten Umständen haben soll"[102]. Insofern gilt es mit Blick auf Jesus Christus als dem Quelltext dieser Ehr- bzw. Würdekonzeption die Würde des Menschen – ob dieser nun eine Demenz hat oder nicht – als *character indelebilis* in Wort *und* Tat zu bezeugen.

Dieses Zeugnis über die Ehre bzw. Würde hat der zum Zeugendienst berufene Mensch in den Diskurs über die Menschenwürde einzubringen und entsprechend für Bedingungen zu sorgen, unter denen Menschen (mit und ohne Demenz) würdevoll leben können.

Wolfgang Huber geht der Frage nach der Begründbarkeit von Würde im gesellschaftlichen Diskurs nach und kommt zu dem Ergebnis: „Der Verzicht auf jede theologische Begründung scheitert daran, dass die Würde jeder menschlichen Person aus Gründen der profanen Vernunft allein nicht einsichtig gemacht werden kann"[103], weil die „Vernunft ethische Normen zwar prüfen, nicht aber hervorbringen kann"[104]. Huber betont in diesem Zusammenhang die Begründungsoffenheit der Menschenwürde bzw. -rechte, wobei die „Begründungsoffenheit [...] nicht mit Unbestimmtheit zu verwechseln [ist]. Vielmehr ist es um der Klarheit und Stringenz des Menschenrechtskonzeptes willen notwendig, den in ihm vorausgesetzten Begriff menschlicher Würde inhaltlich zu bestimmen; jede Tradition hat dazu das Ihre beizutragen"[105].

Als Rahmen für die Beantwortung dieser Fragen können somit jene Überlegungen herangezogen werden, die oben über das Verhältnis von theologischer und nicht-theologischer Anthropologie angestellt wurden (vgl. Kap. C 3.).

Die der Theologie eigene Perspektive auf den Menschen, dessen Würde in seiner Bestimmung zum Bundespartner Gottes diesem *von* Gott *zu*kommt, ist gerade da fruchtbar zu machen und engagiert zu vertreten, wo die anderen Traditionen – etwa die des vernunftbegabten autonomen Wesens – nicht zum Schutz der Würde *jedes* Menschen beitragen können. So hat die theologische Perspektive neben ihrer binnentheologisch verstanden grundsätzlichen Gestalt eine im begrün-

---

[102] KD III/4, 773 (gesperrt im Original).
[103] HUBER, Menschenrechte/Menschenwürde, 593.
[104] HUBER, Menschenrechte/Menschenwürde, 591.
[105] HUBER, Menschenrechte/Menschenwürde, 581.

dungsoffenen Diskurs kritisch-begrenzende Gestalt. Da, wo andere – seien es philosophische, politische oder theologische – Traditionen die Würde und den Wert nicht aufweisen, sehen oder plausibilisieren können (oder diesen gar in Abrede stellen), hat die theologische Perspektive ihren besonderen Platz. Sie wird also niemals deckungsgleich mit den anderen Perspektiven sein, weil eine relational im Beziehungsgeschehen von Gott und Mensch verortete Würde niemals in den Bedingungen dieser Welt aufgeht; sie hat mit diesen wohl durchaus ihre Übereinstimmungen, aber vor allem auch kritische Funktion, die sich durch den Anspruch und die Aufgabe, für Verhältnisse zu sorgen, in denen Menschen menschenwürdig leben können, ergibt.

Damit ist der Charakter der Menschenwürde und der auf dieser als Geltungsgrund fußenden Menschenrechte im Sinne von Huber und Tödt als regulatives Prinzip ausgemacht:[106] Menschenrechte (bzw. die ihnen vorgeordnete Menschenwürde) haben nicht die Aufgabe, bestimmte Normen hervorzubringen, sondern sie dienen als Kriterien, an denen sich die Verfassung als rechtsgebende Instanz und auch die Gesellschaft als Handlungsraum messen lassen muss. Menschenwürde bzw. Menschenrechte werden also von ihrer Funktion bzw. ihrem Zweck her verstanden, der im Schutz der Würde jedes Menschen liegt. Und von ihrem Zweck her sind sie auch – begründungsoffen – erst zu füllen; was – allerdings auf einer anderen Ebene – auch der Tatsache Rechnung trägt, dass ein egalitäres Verständnis von Menschenwürde keine rein und allein christliche Erfindung ist.

Christian Link ist der Ansicht, dass eine biblisch-theologisch verortete Menschenwürde keine Absolutheitsansprüche evozieren darf, aber auch keine Relativierung ihrer Aussagen vornehmen muss, „sondern sie als ein offenes Angebot auslegen [soll, D.B.], das Antworten aus anderen Traditionen nicht das Wort abschneiden darf. Die Behauptung der Bibel, mit der Bestimmung des Menschen als Gottes Geschöpf das Sein *aller* Menschen zu treffen, braucht deshalb niemand zu relativieren; wohl aber soll er sie so interpretieren, dass sie auch Nicht-Glaubenden etwas zu sagen hat"[107]. Link erkennt hier Wesentliches, ist aber, was die kritisch-korrektive Sicht der Theologie betrifft, m.E. etwas zu defensiv: Da, wo die Würde des Menschen in Gefahr ist, darf die Theologie sehr wohl absolute Maßstäbe geltend machen. Es geht dabei nicht um Fundamentalismus bzw. um den Absolutheitsanspruch *eo ipso*, sondern um eine Ethik der Schwachen, Armen und Ausgegrenzten, die in der biblischen Tradition unter einem besonderen Schutz stehen. Sicher gibt es konfliktethische Fälle, in denen keine „unschuldige Lösung" (Bon-

---

[106] HUBER/TÖDT, Menschenrechte, 75ff.147.
[107] LINK, Gottesbild, 152 (kursiv im Original).

hoeffer) gefunden werden kann (vgl. dazu unten Kap. E 2.2.), aber, wo die Würde eines Menschen in Gefahr ist, darf sich die Theologie um dieses Menschen willen gar nicht zurücknehmen. „Gegenüber dieser Willkür [bestimmten Menschen(gruppen) den Titel ‚Mensch' abzusprechen, D.B.] erinnert Gen. 1,26 daran, dass die Bestimmung ‚zum Bilde Gottes' ohne Unterschied jeder und jedem gilt, der menschliches Antlitz trägt. Die Definitionsmacht über ‚den' Menschen ist uns, die wir nicht unsere eigenen Schöpfer sind, radikal entzogen [...] Der Name ‚Gott' steht für die nicht einzuschränkende, also unlimitierbare *Universalität* der menschlichen Würde"[108]. Und gerade eine theologische Begründung – nämlich Gottes Recht auf den Menschen – beschneidet nicht die Freiheit, „sondern bekräftigt symbolisch deren unverfügbaren Geltungsgrund" und „darf uneingeschränkt als eine Figur legitimer Letztbegründung der Menschenrechte in Anspruch genommen werden und braucht den Vorwurf theokratischer Bevormundung nicht zu fürchten"[109]. Eine so begründete, unverfügbare Würde kann nicht durch Leistung, Qualifikation oder Fähigkeiten erworben und damit auch nicht verwirkt werden, sondern sie eignet jedem Menschen als Status: „Als Gottesebenbild wird dem Menschen ein bestimmter, de jure unverlierbarer, wenn auch de facto gefährdeter und oft genug schlichter Status verliehen."[110] Allerdings ist der Statusbegriff hier im Horizont von Sein und Aufgabe und also aktiv und dynamisch zu verstehen, es geht also darum, für die Anerkennung dieses Status zu kämpfen. Auch hier sind Sein und Aufgabe also untrennbar verwoben.

In diesem Zusammenhang ist – in einem gewissen Vorausgriff auf Kap. E 2.2. – schon auf die diskursive Umsetzungsmöglichkeit der theologisch begründeten Einsichten in die Würde des Menschen zu verweisen: „Die" Kirche als gesellschaftlicher Vollzugsraum der Theologie ist mit G. Plasger Subjekt ethischer Aussagen;[111] Kirche hat also in diesem Zusammenhang die Aufgabe, die Einsichten, die die theologische Anthropologie bezüglich der Würde des Menschen gewonnen hat, in die Welt bzw. Gesellschaft zu tragen (vgl. zur ethischen und praktischen Umsetzung der in der Arbeit gewonnenen Einsichten unten Kap. E). Die Gesellschaft möchte Plasger in seinem Modell in Anlehnung an Amitai Etzioni als „Gemeinschaft von Gemeinschaften"[112] verstehen. Plasger schlägt aufgrund dessen einen Diskurs vor, in dem „sich die Gemeinschaften innerhalb der Gesellschaft in Diskurse begeben, um andere von ihren Wertvorstellungen zu überzeugen mit der

---

[108] LINK, Gottesbild, 158 (kursiv im Original).
[109] LINK, Gottesbild, 167.
[110] LINK, Gottesbild, 168.
[111] Vgl. PLASGER, Ethik, 144.
[112] ETZIONI, Verantwortungsgesellschaft, 243, u.ö.

D) Standortbestimmung: Sein in der Begegnung

Möglichkeit, dass sich in eben diesem Diskurs auch ihre eigene Position verändert"[113]. In Bezug auf die Universalisierbarkeit von theologischen Aussagen im gesellschaftlichen Diskurs ist nun die Frage zu stellen, ob „einer Position nur dann zugestimmt werden kann, wenn auch ihrer Begründung zugestimmt werden kann"[114]. Plasger hält diese Verknüpfung für nicht konsistent. Zwar muss der Argumentationsgang mit den Mitteln der Vernunft nachvollziehbar sein, aber die Vernunft selbst ist kritisches Korrektiv und nicht handlungs- und erkenntnisleitendes Moment. Für den Diskurs eröffnen sich auf dieser Basis große Freiräume: „Und sie [die Kirche, D.B.] hat ihre Erkenntnisse offensiv in die Gesellschaft einzutragen, um in größere und vertiefte Zusammenhänge einzuladen, wobei sie natürlich hofft, dass ein größtmöglicher Teil der Gesellschaft dieser Präferenz zustimmt. Dabei kann und wird es sich ergeben, dass andere Gemeinschaften in der pluralen Gesellschaft gleiche Handlungen präferieren, auch wenn sie auf anderen Wegen zu diesem Ergebnis gekommen sein mögen – mit diesen Gemeinschaften dann zusammen zu arbeiten, ist sinnvoll und gut, auch wenn sie aus anderen Quellen, seien es religiöse, seien es agnostische, trinken. Die Mitarbeit an der ethischen Frage schließt keine gesellschaftliche Interpretationsgemeinschaft und kein Individuum aus. Um gesellschaftliche Koalitionen in ethischen Fragestellungen zu entwickeln, steht wohl die Frage nach dem jeweils Geziemenden, nicht aber die Frage nach dem Absoluten, d.h. dem Guten bzw. höchsten Gut, Bedingungen der Möglichkeit ihres Zustandekommens dar [sic!]."[115] Plasgers Ausführungen ergänzen die oben skizzierte kritisch-korrektive Sicht der Theologie um eine Möglichkeit diskursiver Umsetzung, die unten Kap. E noch eingehender zu behandeln ist.

Insgesamt zeigt sich, dass eine theologische Menschenwürde-Konzeption einen plausibilisierbaren und kritisch-korrektiven Beitrag im begründungsoffenen Menschenwürde-Diskurs leisten kann.

Gerade mit Blick auf die angesichts der gesellschaftlichen Leitvorstellungen – wie sie im Kap. B. herausgearbeitet wurden – zunehmenden Fraglichkeit von Würde und Ehre (und so letztlich auch von Lebensschutz und Lebensrecht) von Menschen mit Demenz gilt es an dieser Stelle den Gestaltungsauftrag der Ehre des Menschen noch einmal hervorzuheben: Es ist der Vollzug der Ehre des Menschen, für Verhältnisse zu sorgen, in denen *jeder* Mensch, also auch der Mensch mit Demenz, ehren- und würdevoll leben kann. Der Ehre bzw. Würde als dem Menschen von Gott zukommender und damit gleichsam entzogener Größe inhäriert dieser

---

[113] PLASGER, Ethik, 140.
[114] PLASGER, Ethik, 146.
[115] PLASGER, Ethik, 147f.

Gestaltungsauftrag. Dem Sein des Menschen entspricht also auch im Bereich der Ehre – wie auch im Bereich Identität – eine Aufgabe; beides gehört zu seiner Bestimmung zum Bundespartner Gottes.

2.3.3. Fazit: Relationale Menschenwürde aus christologischer Sicht

Die in diesem Abschnitt des Kapitels angestellten Überlegungen haben gezeigt, dass sich die Würde eines Menschen aus christologischer Sicht nicht an dessen Fähigkeiten, Leistungen oder aufgrund der Zugehörigkeit zur Spezies Mensch festmachen lässt, sondern als „Reflex der Ehre Gottes" (Barth), die diesem von Gott her *zukommt*.

Ein solches relationsontologisches Verständnis von Würde muss keine Rechenschaft über den empirisch aufweisbaren oder durch Kriterien erhebbaren Befund machen, der die Würde des Menschen verbürgt. Vielmehr wird in einer relationsontologischen Sicht die Würde und somit auch deren inhaltliche Füllung dem Zugriff des Menschen entzogen und als diesem *zukommend* verstanden. Diese Sicht ermöglicht es, von jedem, der menschlich ist (Bonhoeffer), Würde – und den daraus resultierenden Schutz – auszusagen.[116]

Singers Vorwurf des Speziezismus[117] greift hier ebenso wenig wie hyperkognitivistische Tendenzen, die die Würde an Rationalität, Selbstbewusstsein und/oder Autonomie festmachen, denn die Würde eines Menschen geht aufgrund ihrer relationalen Verortung in diesen Größen nicht auf, und sie hat auch nichts mit der (biologischen) Zugehörigkeit zur Spezies Mensch und den sich daraus ergebenden evolutionären Fertigkeiten bzw. Merkmalen zu tun.

Ein relationsontologisches Würdeverständnis hat also (auch) die Menschen im Blick, deren Menschenwürde aufgrund bestimmter gesellschaftlicher Vorstellungen fraglich geworden ist: Menschen, die unter (Alzheimer-)Demenz leiden, laufen Gefahr, dass ihnen aufgrund von Abweichungen im kognitiven Bereich – wobei hier implizit oder explizit der „Vollbesitz aller geistigen Kräfte" als Normalität vorausgesetzt wird – ihre Würde und damit letztlich auch ihr Recht auf Leben abgesprochen wird. Aber, und das ist die Einsicht aus den bisherigen Überlegungen, Würde kommt dem Menschen nicht aufgrund einer spezifischen Seinsweise – und so nicht aufgrund von spezifischen Kognitionsleistungen zu –,

---

[116] Es ist hier bewusst nur von *Kopplung* und nicht von einer Identifikation zu sprechen, da aus christlicher Perspektive das Leben nicht „der Güter höchstes" ist; vgl. zu diesem Gedankengang die ethischen Erwägungen unten, Kap. E. Insgesamt geht es hier nicht um eine „Heiligkeit des Lebens" im römisch-katholischen oder Schweitzerschen Sinne, sondern vielmehr um die Heiligkeit dessen, der das Leben gibt – und damit die Würde.

[117] Vgl. dazu oben, B 3.1.

D) Standortbestimmung: Sein in der Begegnung

sondern der Letztgrund der Würde liegt jenseits von empirisch aufweisbaren Merkmalen. Würde gehört insofern zum *character indelebilis*, also zum unzerstörbaren Charakter des Menschen, sie ist diesem in gewisser Weise entzogen, aber gerade dadurch ist sie *jedem* Menschen sicher und garantiert.

Eine christologisch begründete relationale Würde-Konzeption sieht diesen dem Menschen entzogenen Letztgrund der Würde in Gott, der den Menschen – in Jesus Christus – zu seinem Gegenüber bestimmt und dieser Bestimmung entsprechend *relational* erschaffen *und* beauftragt hat. Andere Konzeptionen – wie die von Lévinas, die im folgenden Abschnitt, allerdings unter einer anderen Fragestellung behandelt werden soll – scheinen ohne metaphysische Letztbegründungen auszukommen. Und wenn sie es vermögen, die Würde jedes Menschen zu begründen und zu schützen, dann stellt sich die theologische Würde-Konzeption gerne an ihre Seite, aber wo die Würde eines Menschen in Gefahr ist und wo andere Begründungen nicht tragen, wird sie ihre Position nur um so stärker einbringen.

Dazu verpflichtet auch die biblisch-christliche Tradition, der in besonderer Weise am Schutz der Schwachen, der Armen und der Leidenden gelegen ist. Denn eine biblisch-christliche Würde-Konzeption sieht die Würde des Menschen, die ihm von außen zukommt, nicht nur als dieses Zukommende, sondern auch als mit diesem Zukommenden verbundenen *Gestaltungsauftrag*: Der in Relationen seiende und durch Relationen konstituierte Mensch wird seinem diesen Verhältnissen entsprechenden Auftrag dann gerecht und realisiert seine Würde gerade darin, wenn er für Verhältnisse sorgt, in denen jeder Mensch würde- und ehrenvoll leben kann.[118]

Und so gilt es gerade bei der die Grundverhältnisse des Menschen erschwerenden (Alzheimer-)Demenz hier besondere Sorge für diese Menschen und ihre Angehörigen zu tragen. Dabei müssen nicht – im Sinne einer defizitorientierten Sichtweise – die empirisch aufweisbaren Defizite im Vordergrund stehen, sondern die relationsontologische Sicht auf Menschen, die unter einer Demenz leiden, stellt deren grundsätzliches In-Beziehung-Sein heraus und somit die positive und konstruktive Aufgabe, Beziehung zu suchen und zu leben und nicht die negative und destruktive Aufgabe, festzustellen, an welchen Stellen Beziehung erschwert ist und von da womöglich noch Abstriche an der Menschlichkeit vorzunehmen.

---

[118] Natürlich beziehen sich diese Überlegungen auch auf die Um- und Mitwelt des Menschen! Das ist allerdings eine andere Frage, die hier nicht behandelt werden kann, wiewohl sie mit dieser auf das Engste zusammenhängt

Eine hier vorgeschlagene relationsontologisch verortete, in Jesus Christus begründete Würde und Menschlichkeit kann, eben weil es die Würde und Ehre Gottes ist, von der sie herkommt, nicht verloren gehen. Der Mensch kann des Mitmenschen Würde höchstens verdunkeln oder verschütten, nehmen kann er sie ihm nicht. Und so kann auch niemand einem Menschen, der unter einer Demenz leidet, oder einem Menschen, der eine Behinderung hat, diesem seine Würde absprechen – sie ist *beiden* entzogen. Horizontal in der Begegnung Gottes mit den Menschen konstituiert, zielt sie auf die horizontale Begegnung von Mensch und Mitmensch, wie sie im Abschnitt 3 als ‚Sein in der Begegnung' entfaltet wird.

2.4. Fazit und Überleitung: Identität und Würde – von der Wirklichkeit zur Möglichkeit

Identität und Würde des Menschen werden grundlegend von Gott konstituiert, erhalten und aufrechterhalten. Erkenntnisgrund dessen ist Jesus Christus, der als der wahre Mensch den dem Menschen in seiner Bestimmung zum Bundespartner Gottes mit Identität und Würde einhergehenden Gestaltungsauftrag stellvertretend für uns erfüllt hat und so für jeden Menschen Identität und Würde verwirklicht und so als Möglichkeit erschlossen hat. Mit Blick auf die in Jesus Christus als zur Wirklichkeit des Menschen gehörende weil von Gott konstituierte Identität und Würde sollen wir den mit Identität und Würde einhergehenden Gestaltungsauftrag an unserem Ort und in unserer Zeit angehen.

Dieser Gestaltungsauftrag besteht gemäß der Bestimmung des Menschen zum Bundespartner Gottes nun näher in der Indienststellung des Menschen zum Zeugen des in Jesus Christus verwirklichten und so für jeden erschlossenen Menschseins als Mensch für Gott und Mensch für den Menschen, also in der Zeugenschaft für die ontologische Relationalität des Menschen. Identität und Würde des Menschen erschließen sich nämlich nur mit Blick auf diese ontologisch zu nennende Relationalität.

Zeugendienst heißt aber in diesem Zusammenhang nicht nur ein Bezeugen dieser Wirklichkeit, sondern heißt, im Wissen um diese Wirklichkeit Schritte zu tun, heißt in seiner beschränkten Zeit und an seinem beschränkten Ort für Verhältnisse, für Relationen, zu sorgen, in denen jeder Mensch würde- und ehrenvoll leben kann und damit auch für Begegnungen zu sorgen, in denen die Identität des Menschen (mit und ohne Demenz) mindestens nicht beschädigt wird, sondern vielmehr als relationale sich entfalten kann.

Mit den letzten beiden Aspekten wird sich der folgende Abschnitt des Kapitels „Sein in der Begegnung – Konsequenzen für die Begegnung mit Menschen mit Demenz (der Mensch *für* den Menschen)" beschäftigen, der nach einem Begegnungsbegriff fragt, der im Bereich von Mensch und Mitmensch entsprechend der in Jesus Christus verwirklichten Wirklichkeit nach Möglichkeiten der Begegnung fragt, die die Identität und Würde eines jeden Menschen ermöglicht.

3. Sein in der Begegnung
– Konsequenzen für die Begegnung mit Menschen mit Demenz (der Mensch für den Menschen)

3.1. Einleitung und methodische Vorbemerkungen

Der folgende Abschnitt hat das Ziel, nach Möglichkeiten der – mit Blick auf Jesus Christus bereits als Wirklichkeit erkannten – ontologischen Relationalität des Menschen zu fragen. Konstituieren sich Identität und Würde grundlegend in der Begegnung – bisher verstanden in der Begegnung Gottes mit den Menschen, der ein Gestaltungsauftrag für die Begegnung von Mensch und Mitmensch einhergeht –, ist nun nach der Konstitution von Begegnung von Mensch und Mitmensch (mit Demenz) zu fragen, die die in Jesus Christus bereits verwirklichte Identität und Würde zum Leuchten bringt.

Dazu ist es zunächst vonnöten, den Begegnungsbegriff näher zu bestimmen: Bereits in Kapitel C 4.3. wurden Ich und Du als Grundform der Menschlichkeit beschrieben. Aufgrund der soeben (D 2.) gewonnenen Erkenntnisse über Identität und Würde einerseits und der hier anzustrebenden Fokussierung auf die Begegnung mit Menschen mit Demenz (3.3.) andererseits ist allerdings eine Vertiefung notwendig, um die besonderen Bedingungen für eine Begegnung mit Menschen mit Demenz zu reflektieren; insbesondere der Frage nach der Asymmetrie in einer reziproken Begegnung gilt es hier nachzugehen (3.2.)

Erst nach diesen Überlegungen kann die eigentliche Aufgabe des Abschnittes, die Frage nach der in der Begegnung sich konstituierenden Identität von Menschen mit Demenz angegangen werden und nach einem ‚Sein in der Begegnung' gefragt werden, welches von der Identität und Würde von Menschen, die unter einer Demenz leiden, ausgeht und nach Strukturen fragt, die die Konstitution und Explikation dieser in der Begegnung erleichtern (3.3.). In diesem Zusammenhang wird ein explizit relationales Konzept von Identität im Bereich von Mensch und Mitmensch entwickelt (3.3.1.) und auf seine Implikationen für Menschen mit Demenz hin befragt (3.3.2.).

3.2. Sein in der Begegnung

Bereits in Kap. C wurde über die Bestimmung des Menschen als Beziehungswesen in seiner Beziehung zu Gott und zu den Mitmenschen gehandelt. Ausgangspunkt der Überlegungen und Quelle der Erkenntnis hinsichtlich der Bestimmung des Menschen ist Jesus Christus, der als wahrer Mensch und wahrer Gott diese Bestimmung erfüllt und als konstitutiv zum Menschsein gehörig erwiesen hat. Ausgehend von der Humanität Jesu, die „in seinem Sein für den Menschen" besteht, ist die Humanität jedes Menschen als „Bestimmtheit seines Seins als Zusammensein mit dem anderen Menschen"[119] zu verstehen. Dass der Mensch nicht solipsistisch, sondern zum Sein mit dem Mitmenschen geschaffen ist, ist im Sein Gottes selbst, der in sich auch Gegenüber und somit „kein Einsamer" ist, sondern der vielmehr –„zuerst und ursprünglich – in Beziehung und Gemeinschaft ist", begründet.[120]

Der Mensch ist also wesensmäßig zum „Zusammensein mit dem anderen Menschen"[121] bestimmt und dieser Bestimmung entsprechend geschaffen. Bei dieser Bestimmung zum Zusammensein mit dem anderen Menschen handelt es sich somit um einen Sachverhalt ontologischer Natur: Der Mensch ist ontologisch, also wesensmäßig *Mitmensch*. Der Modus dieser ontologischen Mitmenschlichkeit als ‚Sein in der Begegnung' zwischen einem Ich und einem Du ist bereits oben Kap. C 4.3. entfaltet worden und braucht hier nur kurz in Erinnerung gerufen zu werden.

Ausgangspunkt dieser Überlegungen war die von Barth in Anlehnung an M. Buber[122] formulierte These „Ich bin, *indem* Du bist", die Barth – freilich christologisch begründet – zu seiner Explikation der Art und Weise des Zusammenseins von Mensch und Mitmensch als ‚Sein in der Begegnung' aufgreift:[123] „In the humanity of Jesus, in his being as a man for others, Barth finds the basis of human encounter."[124]

Humanität ist für Barth also die „Bestimmtheit unseres Seins als ein ‚Sein in der Begegnung' mit dem anderen Menschen [...] Die Grundformel zu ihrer Beschreibung muss lauten: Ich bin, indem Du bist"[125]. Barth betont, dass das „Indem" nicht die Ursache des „Ich bin", sondern das „Wie" der Beschaffenheit dieses Seins bezeichnet: „[E]s sagt, dass alles ‚Ich bin' durch das ‚Du bist' qualifiziert, ausgezeichnet und bestimmt ist."[126] Begegnung ist also das grundlegende Geschehen zwischen Ich und Du, verstanden als Begegnung „zweier aus sich herausgehender, zweier existierender – und nun eben zweier in ihrem Existieren aufeinan-

---

[119] KD III/2, 290 (im Original zum Teil gesperrt).
[120] KD III/2, 390. Vgl. PRICE, Anthropology, 143.
[121] KD III/2, 290.
[122] Vgl. BUBER, Ich und Du, 12, u.ö.
[123] Vgl. oben, Kap. C 4.3., die dortigen Überlegungen zum Verhältnis von Barth und Buber.
[124] PRICE, Anthropology, 130.
[125] KD III/2, 296 (im Original zum Teil gesperrt).
[126] KD III/2, 296. Es könnte ja schon deshalb nicht Ursache sein, weil es Gott ist, dem Ich (und auch Du) ihr Sein zu verdanken haben.

der treffender, sich begegnender Seinskomplexe"[127]; und diese Begegnung zweier Geschichten, der Geschichte des „Ich bin" und der des „Du bist", macht die Humanität des Menschen aus.[128]

In dieser Begegnung konstituiert sich nun Identität, indem sich zwei Geschichten begegnen, die offen für *einander* sind, sich *einander* mit-teilen, von denen *beide* der Mitteilung des Gegenübers geradezu bedürfen. Nach der grundsätzlichen Offenheit ist die Sprache die Gewähr dafür, dass das Ich das Du auch erreicht, so dass eine „wirkliche Begegnung" stattfindet: „Humanität als Begegnung muss zum Ereignis der Sprache werden"[129], wobei Barth (wiederum) besonderes Gewicht auf die Reziprozität legt: Gegenseitigkeit im Aussprechen und Vernehmen des Ausgesprochenen.[130] Gemäß der mit der Bestimmung zum Bundespartner Gottes des Menschen einhergehenden Bestimmung als Mensch für den Mitmenschen dient die sprachliche Begegnung dazu, „dass man einander in der Tat seines Seins gegenseitig Beistand leistet"[131].

Nach Barth ist uns Menschen ein „beschränktes Füreinander" – im Unterschied zu Jesus Christus, der mit seinem ganzen Wesen Mensch „für" den Mitmenschen ist – möglich. „Und menschliches Sein ist nicht menschlich, wenn es nicht auch dieses Füreinander in sich schließt."[132] Dieses „beschränkte Füreinander" entsteht dann, wenn sich Menschen gegenseitig zur Tat rufen. Hier geht es jetzt um das konkrete menschliche Handeln, welches dabei aber zwei Dimensionen in sich schließt: „[I]ch handle als Einer, der den Ruf des Anderen vernommen hat, und ich handle als Einer, der seinerseits den Anderen gerufen hat und immer wie-

---

[127] KD III/2, 297 (gesperrt im Original). Barth versteht den Menschen also durchaus als ein Individuum, freilich nicht aufgrund der Begegnung mit dem Mitmenschen, sondern, weil Gott den Menschen als Individuum anspricht: „Barth accepts the way the Word addresses persons indicates that they are indeed individuals [...] The notion of the individuals is theologically grounded in God's own action towards us [...] God's dealing with persons indicates the enduring reality of individuals, yet never of individuals alone, but in relationship, most especially in relationship to God." (DEDDO, Theology of Relations, 110).

[128] Das in-Beziehung-Sein, das auf-das-Du-bezogen-Sein ist für Barth Humanität, alles Sein ohne den Mitmenschen kann er nicht als Humanität bezeichnen. Damit macht auch keine Leistung oder Arbeit des Menschen Humanität aus – „Das alles kann höchst inhuman sein." (KD III/2, 298), denn Humanität kann auch da stattfinden, wo dies alles nicht ist, nicht aber wirkliche Begegnung.

[129] KD III/2, 303. „Und Sprache heißt umfassend: gegenseitige Aussprache und gegenseitiges Vernehmen von Aussprache, gegenseitige Ansprache und gegenseitiges Vernehmen von Ansprache." (ebd.).

[130] Vgl. PRICE, Anthropology, 149: „Reciprocity is essential to human speech and listening."

[131] KD III/2, 312 (im Original zum Teil gesperrt).

[132] KD III/2, 312.

3. Sein in der Begegnung

der rufen muss."[133] Wiederum ist es die grundsätzliche Gegenseitigkeit, das gegenseitige Aufeinander-angewiesen-Sein, das Barth hier betont.

Unmenschlich wäre es in diesem Zusammenhang, dem Anderen diesen Beistand zu verweigern bzw. umgekehrt auf diesen Beistand verzichten zu wollen.[134] „Menschlichkeit für uns aber besteht darin, dass wird des gegenseitigen Beistandes bedürfen und fähig sind."[135]

Diese Art von Humanität ist für Barth kein Ideal und solches Handeln keine Tugend, sondern ergibt sich für ihn schlicht aus der Tatsache, dass der Mensch nicht allein ist, sondern zusammen mit seinem Mitmenschen; denn als grundlegender Modus dieses ‚Seins in der Begegnung' erweist sich das „gerne" als *conditio qua non* solcher Humanität.

Der Mensch ist also seiner Bestimmung entsprechend dazu geschaffen, dem Anderen zu begegnen. Dieser Begegnung bedarf er für sein eigenes Sein, für die Explikation seiner Identität genauso wie sein Gegenüber. Denn im Vollzug der Bestimmung des Menschen zur Verwirklichung seiner ontologischen Relationalität erschließt sich die Identität der Sich-Begegnenden. Und darin vollzieht sich aber nun die dem Menschen von Gott zukommende Ehre und Würde des Menschen, dass er dieses ‚Gerne', dieses ‚Sein in der Begegnung' auch lebt.

Für das Handeln folgt aus diesen Überlegungen, dass, wenn Humanität in Jesus Christus ihren Grund und ihre Verwirklichung hat, wenn Jesus Christus die Offenbarung und Erfüllung der Bestimmung des Menschen zum Zusammensein mit dem Mitmenschen ist, es notwendig zum Sein *und* zur Aufgabe des Menschen gehört, in der Begegnung zu *sein*: „We see that for Barth, the fact of human existence rooted in a history creates an ought, a moral obligation that has been created by the ontological reality of humanity revealed in Christ [...] In sum: to be is to act, and to act rightly is to act in correspondence with the act of God towards us in the humanity of Jesus."[136]

Anhand des stärker verantwortungsethisch akzentuierten Ansatzes von E. Lévinas sollen diese Einsichten zunächst vertieft und dann auf die für die Begegnung mit Demenz sich stellende Frage der Asymmetrie fokussiert werden.

Lévinas legt den Fokus auf die Ethik, da für ihn „nicht mehr die Ontologie, sondern die Ethik in der Philosophie an erster Stelle steht"[137].

---

[133] KD III/2, 313.
[134] „Denn Einsamkeit und Verharren in Einsamkeit wäre beides." (KD III/2, 314).
[135] KD III/2, 314.
[136] PRICE, Anthropology, 144.
[137] RICŒUR, Wege der Anerkennung, 201.

D) Standortbestimmung: Sein in der Begegnung

Ohne hier in eine allzu umfangreiche inhaltliche Diskussion des Verhältnisses von Lévinas zu Buber bzw. Barth einsteigen zu können, sollen hier Elemente von Lévinas' Einsichten in das Wesen von Begegnung aufgegriffen werden, die das bisher Dargelegte vertiefen.[138] Lévinas' Schwerpunkt liegt sicherlich auf der ethischen Wirkung der Begegnung von Mensch und Mitmensch als einer Begegnung von Angesicht zu Angesicht. Allerdings ist gerade die recht „schmale phänomenologische Basis"[139], auf der Lévinas seinen ethischen Ansatz begründet, hier von Bedeutung: In der Begegnung mit dem Anderen stellt sich beim Blick in das Angesicht des Anderen die Erkenntnis ein: „Du wirst/sollst nicht töten." Beim Blick in die Augen des Anderen nehme ich dessen Schutzlosigkeit wahr und verhalte mich ihm gegenüber „aufrichtig". „Dabei ist die Aufrichtigkeit, die Redlichkeit (eigentlich ‚Geradheit', droiture) des Blicks, der Blick ohne Hintersinn, nicht die Bedingung des moralischen Bewußtseins, das in Lévinas' Sinn ja ohne Bedingung ist, sondern seine Wirkung: Ich sehe die Schutzlosigkeit in den Augen des Andern nicht dann, wenn ich aufrichtig bin, sondern dann, wenn ich in die schutzlosen Augen des Andern sehe, ertappe ich mich in meinen gewohnten Vorgriffen und hintersinnigen Absichten und werde, von mir selbst überrascht, aufrichtig"[140].

Im Antlitz des Anderen – so Lévinas – erkenne ich dessen Abstraktheit und Nacktheit: „Seiner Form entkleidet, ist das Antlitz durch und durch Nacktheit. Das Antlitz ist Not, und in der Direktheit, die auf mich zielt, ist es schon inständiges Flehen."[141]. So ist das Antlitz des Anderen *Heimsuchung*. Das Antlitz nötigt sich mir auf, „ohne dass ich gegen seinen Anruf taub sein oder ihn vergessen könnte, d. h. ohne dass ich aufhören könnte, für sein Elend verantwortlich zu sein"[142]. Insofern ist die Anwesenheit des Anderen eine „nicht abzulehnende Anordnung, ein Gebot, das die Verfügungsgewalt des Bewußtseins einschränkt. Das Bewußtsein wird durch das Antlitz in Frage gestellt"[143]. Das Antlitz des Anderen nötigt das Ich geradezu, von sich abzusehen, das Ich wird aus der Koinzidenz, aus der Ruhe des Bei-sich-Seins herausgetrieben. „Die Epiphanie des absolut Anderen ist Antlitz, in dem der Andere mich anruft und mir durch seine Nacktheit, durch seine Not, eine Anordnung zu verstehen gibt. Seine Gegenwart ist Aufforderung zu

---

[138] Allerdings dürfen hier nicht die (methodischen) Schwierigkeiten außer Acht gelassen werden, die sich daraus ergeben, dass wohl Buber und Lévinas in eine explizite, gegenseitige Auseinandersetzung getreten sind, ebenso hat auch Barth Buber aufgenommen und kritisch weitergeführt. Allerdings liegt keine Aufnahme Lévinas' seitens Barth vor.
[139] STEGMAIER, Lévinas, 129.
[140] STEGMAIER, Levinas, 92.
[141] LÉVINAS, Die Spur des Anderen, 222.
[142] LÉVINAS, Die Spur des Anderen, 223.
[143] LÉVINAS, Die Spur des Anderen, 223.

[sic!] Antwort. Das Ich wird sich nicht nur der Notwendigkeit zu antworten bewußt, so als handele es sich um eine Schuldigkeit oder eine Verpflichtung, über die es zu entscheiden hätte. In seiner Stellung selbst ist es durch und durch Verantwortlichkeit oder Diakonie"[144]. Ich-Sein bedeutet für Lévinas, sich dieser Verantwortung nicht entziehen zu können: „Die Infragestellung meiner Selbst durch den Anderen macht mich dem Anderen in unvergleichlicher und einziger Weise solidarisch [...] Hier ist die Solidarität Verantwortung, als ob das ganze Gebäude der Schöpfung auf meinen Schultern ruhte. Die Einzigkeit des Ich liegt in der Tatsache, dass niemand an meiner Stelle antworten kann."[145] Das Ich ist also gegenüber dem Anderen in unendlicher Weise verantwortlich. Der Andere ruft im Ich durch seine Anwesenheit eine umfassende Ver-antwortung (bei Lévinas im etymologischen Sinne des Wortes als Antwort) – verstanden als eine ethische Bewegung – hervor: „Sich der Verantwortung nicht entziehen können, kein Versteck der Innerlichkeit haben, in dem man in sich zurückgeht, vorwärts gehen ohne Rücksicht auf sich. Anwachsen der Forderungen an sich selbst: je mehr ich mich meiner Verantwortung stelle, um so mehr bin ich verantwortlich."[146]

Für Lévinas ist die Beziehung zwischen mir und dem Anderen, „[d]iese Beziehung der Nähe, dieser Kontakt, der nicht in noetisch-noematische Strukturen umgemünzt werden kann und der schon das Worin für alle Übertragung von Botschaften ist – um welche Botschaften es sich auch handele – [...] die ursprüngliche Sprache, Sprache ohne Worte und Sätze, reine Kommunikation"[147]. Hier, im Blick in das Antlitz des Anderen, in der Begegnung ist Kommunikation und damit auch deren ethische Konsequenz, die Verantwortung: „Die Berührung, in der ich mich meinem Nächsten nähere, ist weder Erscheinung noch Wissen, sondern das ethische Ereignis der Kommunikation; für alle Übertragung von Nachrichten wird dieses Ereignis vorausgesetzt; es stellt die Universalität her, in der Wörter und Aussagen ausgesprochen werden."[148]

Lévinas' Einsichten können hier als eine Erweiterung zu Barths 1. Stufe des ‚Seins in der Begegnung' verstanden werden – und zwar dahingehend, dass es auch Lévinas um eine grundsätzliche Offenheit zwischen Mensch und Mitmensch geht. Bereits im Blick in das Angesicht des Anderen findet Begegnung, ja „reine Kommunikation", „ursprüngliche Sprache" (Lévinas) statt. Hier erkenne ich dessen

---

[144] Lévinas, Die Spur des Anderen, 224.
[145] Lévinas, Die Spur des Anderen, 224.
[146] Lévinas, Die Spur des Anderen, 225f.
[147] Lévinas, Sprache und Nähe, 280.
[148] Lévinas, Sprache und Nähe, 293.

Not, dessen Nacktheit; der Andere erhebt bereits bei diesem Von-Angesicht-zu-Angesicht-Sehen einen enormen Anspruch an mich, dem „ich passiv ausgesetzt bin und den ich in kein totalisierendes Deutungsmuster integrieren kann"[149]. Dieser Anspruch ist allerdings ungleich größer als der Barths. Lévinas spricht von einem „Primat des Anderen"[150], also von einem Primat des Du, dessen Anspruch das Ich ausgesetzt ist – auch indem es in dieser nicht-symmetrisch-reziproken Beziehung einen Zugang zur Andersheit des Anderen finden muss. Fürsorge, die Not des Anderen zu stillen, ist – so Lévinas – solch ein konkreter Zugang zum Anderen.[151]

Letztlich kritisiert Lévinas also „die Gegenseitigkeit des Ich-Du"[152], indem er die Begegnung vom Anderen her versteht: Lévinas geht von einem „Primat des Anderen" aus, nicht von einer Reziprozität zwischen mir und dem Anderen, zwischen Ich und Du. Ein solch enormer Anspruch des Anderen lässt letzten Endes wenig Spielraum für die Barthsche Kategorie des „Gerne", also die Befreiung zur Freiheit in der Begegnung, als Movens und Grundmodus der grundsätzlich reziproken Begegnung.

Aufgrund dieser Kritik soll aber nicht das Verdienst Lévinas' geschmälert werden, bereits das von Angesicht-zu-Angesicht sehen als Kommunikation, als Begegnung im vollen Sinne verstanden zu haben. Darüber hinaus wirft Lévinas mit seinen Einwänden, mit denen Buber sich übrigens explizit auseinandersetzt,[153] eine wichtige Frage auf, nämlich die nach der Asymmetrie von Ich und Du in einer Gegenseitigkeit der Begegnung – wie sie sich etwa in Betreuungs- und Pflegesituationen immer wieder stellt. Zur Klärung dieser Frage sollen hier – den Abschnitt abschließend – einige Einsichten Paul Ricœurs herangezogen werden.

---

[149] LESCH, Ethik, 15.
[150] LÉVINAS, Martin Buber, 131.
[151] Vgl. LÉVINAS, Martin Buber, 131. Vgl. zum Begriff „Fürsorge" unten, E. 2.3.
[152] Vgl. LÉVINAS, Martin Buber, 131.
[153] BUBER, Antwort, 596, stellt klar, dass das Ich seinen Platz nicht dem Du verdankt, „sondern der Beziehung zu ihm. Nur in der Beziehung ist er mein Du, außerhalb der Beziehung zwischen uns existiert dieses Du nicht [...] Weder ist mein Du identisch mit dem Ich des Andern noch dessen Du mit meinem Ich. Der Person des Anderen verdanke ich, dass ich dieses Du habe; aber mein Ich – worunter hier das Ich des Ich-Du-Verhältnisses zu verstehen ist, verdanke ich dem Dusagen, nicht der Person, zu der ich Du sage."
Auch greift BUBER, Antwort, 620, die Fürsorge als Zugang zur Andersheit des Anderen auf: „Die Erfahrungswahrheit scheint mir zu sein, dass wer diesen Zugang ohnedies hat, ihn auch in der von ihm geübten Fürsorge finden wird, – wer ihn aber nicht ohnedies hat, der mag den ganzen Tag Nackte kleiden und Hungrige speisen, es wird ihm schwer bleiben, ein wahres Du zu sprechen." Vgl. zum Begriff „Fürsorge" unten, E. 2.3.

P. Ricœur sucht nach Möglichkeiten, Wechselseitigkeit mit bzw. in der Asymmetrie der Begegnenden zu verstehen. Sein Vorschlag geht nicht dahin, die Asymmetrie zu überwinden, sondern seine „These ist, dass es für die wechselseitige Gestalt der Anerkennung im Gegenteil ein Segen ist, wenn das Vergessen der originären Asymmetrie aufgedeckt wird"[154]. Ricœur stellt damit Entscheidendes heraus, was in den bisherigen Überlegungen mehr oder weniger implizit vorhanden war: Das Eingeständnis der Asymmetrie als zum Wesen der Begegnung gehörig verdeutlicht zum einen „die Unersetzlichkeit jedes einzelnen Tauschpartners: Der eine ist nicht der andere; man tauscht Gaben, aber nicht den Platz"[155]. Zum anderen schützt es „die Wechselseitigkeit vor den Fallen der Verschmelzungseinheit, ob in der Liebe, in der Freundschaft oder in der Brüderlichkeit in kommunitaristischem oder kosmopolitischem Maßstab; so bleibt in der Wechselseitigkeit der richtige Abstand gewahrt, der neben der Nähe auch Achtung zulässt."[156] Mit Ricœur erschließt sich also eine vertiefende Weiterführung von Barths 3. Stufe des ‚Seins in der Begegnung': einander (begrenzten) Beistand zu leisten. Das Ich wird in der Begegnung zum Du niemals an die Stelle des Du treten können, wiewohl es in der Begegnung mit dem Du und in begrenzter Verantwortung für das Du ist. Damit bleibt die Einmaligkeit des Du – genauso wie die des Ich – gewahrt. Das ‚Sein in der Begegnung' beinhaltet in diesem Sinne also durchaus eine Asymmetrie, die grundlegend darin besteht, dass Ich und Du – wiewohl grundsätzlich in der Beziehung – gerade in dieser Beziehung aber eben Ich und Du bleiben. Insofern darf und muss die Asymmetrie – in Ricœurs Terminologie gesprochen – nicht „verkannt" werden, sondern ist reflektiert in die Begegnung einzubringen. Jede Begegnung findet also grundsätzlich in einer solchen Asymmetrie statt, gerade die Reflexion dessen – zumal unter den erschwerten Bedingungen einer Demenz – kann die Gegen- und Wechselseitigkeit nur *bereichern*. In der Reflexion des „Zwischen" zwischen Ich und Du bleibt die „doppelte Alterität" (Ricœur) von Ich und Du gewahrt und ermöglicht so ein tieferes Verständnis des ‚Seins in der Begegnung'.

Mit den letzten Ausführungen ist schon ein Schritt in die Richtung gemacht, die der nächste Abschnitt leisten soll, nämlich die Frage nach (den Bedingungen der) Konstitution und Explikation der relationalen Identität im ‚Sein in der Begegnung' (mit Menschen mit Demenz).

---

[154] RICŒUR, Wege der Anerkennung, 324.
[155] RICŒUR, Wege der Anerkennung, 324.
[156] RICŒUR, Wege der Anerkennung, 324.

3.3. Zur Konstitution und Explikation von Identität im Sein in der Begegnung

Identität konstitutiert und expliziert sich in der Begegnung von Mensch und Mitmensch – so die Grundthese dieses Abschnittes. Zunächst geht es hier nun darum, die Begegnung als denjenigen Raum zu verstehen, in dem sich Identität als relationales Geschehen konstituiert und expliziert (3.3.1.). In einem zweiten Schritt ist sodann nach Implikationen des ‚Sein in der Begegnung' für die Begegnung mit Menschen mit Demenz bzw. für die Gestaltung dieser Begegnung zu fragen (3.3.2.).

3.3.1. Begegnung als Raum der relationalen Identität

In der Begegnung ist Identität einerseits als Nichtidentität des Individuums mit dem Anderen und andererseits als Identität des Individuums mit sich selbst zu beschreiben: Dass das Ich nicht Du ist, entspricht dabei der Nichtidentität; aber gerade darin ist das Ich Ich, ist das Ich identisch mit sich selbst, dass es dem Du begegnet: als begegnendes Ich.

Dabei ergibt sich für die Identität eine doppelte Konstitution. Zum einen eine prozessuale, gewachsene Konstitution: Das Ich begegnet dem Du als Geschichte. Und zum anderen eine aktual-dynamische: Was es um die Identität des Ich ist, wird (auch) dem Ich erst in der Begegnung (deutlicher) erkennbar und erfahrbar. Insofern ist Identität relational zu verstehen. Eine Identität ohne das Du ist nicht aufrechtzuerhalten, weil die Begegnung mit dem Du die Identität des Ich letztlich erst konkretisiert und so konstituiert.[157]

Im Zusammenhang des ‚Sein in der Begegnung' wurden oben, Kap. C. 4.3., verschiedene Ebenen der Begegnung unterschieden. Begonnen bei der grundsätzlichen, reziproken Offenheit zwischen Mensch und Mitmensch, zwischen Ich und Du, wurde bereits diese, vor der sprachlichen Ebene angesiedelte Offenheit als „reine Kommunikation" bzw. „ursprüngliche Sprache" (Lévinas) verstanden. Insgesamt fand sich auf jeder der beschriebenen Ebenen, der vorsprachlichen, der sprachlichen, der des (begrenzten) Beistandes – und dem diesen Ebenen zugrundeliegenden Modus des „Gerne" – ein wechselseitiges Moment, das oben (C. 4.4.) schon näher verstanden wurde als Vernehmen und Tätigsein. Der Mensch ist dazu bestimmt, den Mitmenschen zu vernehmen und (aufgrund dieses Vernehmens) tätig zu sein. Darin aktualisiert und verwirklicht er seine ihm von Gott zukom-

---

[157] Vgl. SCHLAPKOHL, Persona, 226: „So kommt einer Person Identität nur zu durch die Beziehung zu anderen."

mende Ehre und darin erschließt und expliziert sich seine Identität als eine relationale.

Bereits in Kap. C 4.3. wurde das Vernehmen näher differenziert in Wahrnehmen *und* Denken, und das Tätigsein in Begehren und Wollen – und im Rahmen der Konstitution des Menschen als Seele seines Leibes, der aufgrund des Geistes Gottes in dieser Ordnung existiert, verstanden. Vernehmen und Denken dienen dem Menschen dazu, seine Bestimmung als Mensch *für* den Menschen zu erfüllen und so seine Identität als eine relationale zu entfalten. Im reziproken Begegnungsgeschehen entwirft sich die Identität beider Sich-Begegnender: Dies geschieht bereits auf der vor-sprachlichen Ebene, indem der eine für den anderen, für den Leib als Offenheit der Seele, welcher Spuren der Identität trägt, offen ist.

3.3.1.1. Identität in der vor und jenseits der Sprache stattfindenden Begegnung

Die nähere Betrachtung der unterschiedlichen Ebenen des ‚Seins in der Begegnung' hat bereits gezeigt, dass Begegnung nicht nur aufgrund/mithilfe bestimmter kognitiver Fähigkeiten (wie zum Beispiel [verbaler] Sprache) möglich ist. Für die Demenz sind diese Überlegungen nun dahingehend fruchtbar zu machen, dass angesichts des mit einer Demenz einhergehenden progredienten Verlustes kognitiver Fähigkeiten trotzdem Begegnung stattfindet – insofern Begegnung als Begegnung des *ganzen* Menschen als Seele seines Leibes verstanden wird.

So spricht etwa auch die Pflegewissenschaft davon, dass eine auf Emotionalität beruhende Kommunikation auch Menschen erreicht, die sich der verbalen Sprache nicht mehr bedienen können[158]: „Aus der Möglichkeit demenzkranker Menschen, ihre Emotionen auszudrücken, ergibt sich für die Kontaktperson die Verpflichtung, diese zu beachten."[159] Zu solcher Beachtung – und zu der hierzu notwendigen Wahrnehmung der Emotionen des anderen Menschen – ist nun aufgrund seiner Konstitution als *vernehmende* und *tätige* Seele seines Leibes jeder Mensch in der Lage, so er sich als *ganzer* Mensch, als Seele seines Leibes auf die Begegnung mit einem Menschen, der von einer Demenz betroffen ist, einlässt.

Der Mensch ist nämlich – aufgrund der seiner Bestimmung entsprechenden Konstitution – als Seele seines Leibes dazu in der Lage, Gott und seinen Mitmenschen zu vernehmen. Vernehmen als Wahrnehmen und Denken kommt dabei

---

[158] Vgl. Bär/Kruse/Re, Situationen, 455.461; vgl. Re, Ausdrucksverhalten, 452; vgl. VAN DER KOOIJ, Demenzpflege.
[159] KRUSE, Lebensqualität, 43.

dem ganzen Menschen zu, wenn auch das Wahrnehmen eher dem Leibe und das Denken eher der Seele zugeordnet werden kann.[160]

Der Leib als Offenheit der Seele ist also Grundmedium des Wahrnehmens und insofern entscheidendes Medium der Begegnung. Begegnung vollzieht sich *zunächst* und grundlegend also leiblich.

Für die Frage nach der Identität ist mit diesem Gedankengang Entscheidendes gewonnen. Denn der Leib kann so als Bedingung der Möglichkeit der Wahrnehmung und Konstitution von Identität verstanden werden.[161]

R. Spaemann hat darauf hingewiesen, dass für die anderen Menschen „die Identität meines Körpers als kontinuierliche Existenz im Raum über die Zeit hinweg" als „äußeres Kriterium" fungiert.[162] Der Körper ist im Zusammenhang der vorliegenden Arbeit freilich als beseelter Körper, also als Leib zu verstehen: Der Leib als Offenheit der Seele nach außen. Damit kommt ihm für die Identifikation eines Individuums als Ich über die Zeit hinweg eine wichtige Bedeutung zu. In der Begegnung von Ich und Du nimmt das Ich ja zunächst den Leib des Du wahr; dieser ist ihm (zunächst) Garant dafür, dass das Du wirklich dieses Du ist, mit dem er in der Begegnung ist, indem schon durch die leibliche Konstitution das Ich und Du als zwei verschiedene Entitäten wahrnehmbar sind; hier wird also über eine Nicht-Identität Identität konstituiert. Dass die Begegnung zwischen Menschen eine leib-seelische ist, ist darüber hinaus Bedingung der Reziprozität.

Der Leib ist allerdings als Leib einer Seele nicht nur intersubjektiv in der Begegnung für die Identität von Belang, sondern auch für das Ich selbst, also intrasubjektiv. Denn die Lebensgeschichte hinterlässt ihre Spuren und Ein-*Drücke* am Leib. So ist etwa der Ehering am Finger ein Zeichen (auch für das Ich), dass es Ehepartner ist; oder Schwangerschaftsstreifen sind Zeichen dafür, dass eine Frau Mutter ist. Diese Spuren sind als Identitätsmarker zu deuten. So sehen die Hände eines Bauern anders aus als die Hände eines Fabrikanten.

So ist der Leib verstanden als Leib einer Seele bzw. Seele eines Leibes – durch Gottes Geist konstituiert – wesentliches Konstituendum der Ich-Identität. Auch dienen die Wahrnehmungs- und Kommunikations-möglichkeiten des Leibes als Offenheit der Seele dazu, in der Begegnung Identität zu artikulieren und zu aktualisieren. In der Beschaffenheit des Menschen als Seele seines Leibes fallen also die Ebenen der sozialen und der persönlichen Identität wiederum zusammen. So wird die konstitutive Beschaffenheit des Menschen als von Gott konstituierte Seele

---

[160] Vgl. dazu oben, C. 4.4.
[161] Vgl. KÄSEMANN, Anliegen, 32; vgl. ferner EIBACH, Recht auf Leben, 170.
[162] SPAEMANN, Personen, 44.

seines Leibes zum Gleichnis des ‚Seins in der Begegnung' – mit Gott und mit den Menschen. Die leib-seelische Konstitution des Menschen spiegelt die beiden Ebenen der Identität ebenso wieder wie die Begegnung mit dem Du und die grundlegende Relation Gottes zu den Menschen.

Allerdings ist der Leib nicht losgelöst von der Seele zu verstehen, sondern dieser ist die äußere Seite, die *Offenheit der Seele*. Mit Barth ist zu betonen, dass der Mensch auch in dieser Offenheit der *ganze* Mensch ist, sein Leib steht somit letztlich wiederum im Dienst der Seele. Der Mensch ist also aufgrund seiner Bestimmung zum Mitmenschen dazu in der Lage, Offenheit und damit Kommunikation vor und jenseits der Sprache, also nonverbale Kommunikation, zu vernehmen und entsprechend tätig zu sein.

Da sich aber nun das Vernehmen in (eher leibliches) Wahrnehmen *und* (eher seelisches) Denken differenziert – wiewohl beide leiblich *und* seelisch sind – und beides in seiner Einheit dem Menschen zur Verwirklichung seiner ontologischen Relationalität dient, sind – um die hier angestellten anthropologischen Ausführungen vor Einseitigkeiten zu bewahren und in ein angemessenes Verhältnis zu setzen – im Folgenden noch einige Überlegungen über das Denken anzustellen:

„Indem ich denke, kommt das Andere, das ich vernehme, in mich hinein, nachdem es an mich herangekommen ist. Die Seele denkt nicht ohne den Lieb, weil auch das Denken sich nur vollziehen kann, indem es von den Funktionen des ganzen Leibes begleitet ist [...] Der Mensch denkt also, sofern er die Seele seines Leibes ist."[163] Das Denken ist zunächst und grundlegend auf Wahrnehmungen angewiesen und bezogen. In dem hier aufgemachten Zusammenhang lässt sich sagen, dass das Denken die Beziehung sozusagen begleitet. Damit kommt dem Denken gegenüber dem Wahrnehmen keine prinzipielle Selbständigkeit zu, sondern das Denken ist – durchaus im Sinne von Verstehen – als reflektierende Selbstprüfung des Wahrgenommenen zu beschreiben. Das Denken setzt also eine von ihm verschiedene Wirklichkeit, die Wirklichkeit Gottes – und daraufhin die des In-Beziehung-Seins zum Mitmenschen –, auf die es dann freilich bezogen ist, voraus.[164]

---

[163] KD III/2, 481 (im Original zum Teil gesperrt).
[164] Diese Aussagen sind vor dem Hintergrund und als fortführende Anwendung der Barthschen Grundbewegung *fides quaerens intellectum* zu verstehen, indem diese Grundbewegung auf das Sein in der Begegnung übertragen wird. So wie Barth in KD I das Verhältnis von Theologie und Kirche bestimmt, kann auch das Sein in der Begegnung verstanden werden: „Kirche bringt Theologie in diesem besonderen und eigentlichen Sinn hervor, indem sie sich einer Selbstprüfung unterzieht. Sie stellt sich die Wahrheitsfrage, d. h. sie mißt ihr Handeln, ihr Reden von Gott an

D) Standortbestimmung: Sein in der Begegnung

Das Denken ist ebenso wie das Wahrnehmen in einen relationalen Kontext gestellt und näher als eine verstehende Verarbeitung des Wahrgenommenen zu beschreiben. Beides ist für die Wahrnehmung der Identität des Anderen – wie für die Konstitution der eigenen Identität – von Bedeutung.

Wissen über das Gegenüber, Wissen um die mit einer Demenz einhergehenden Schwierigkeiten, Wissen um bestimmte Konzepte zum Umgang mit Demenz[165] ist in diesen Zusammenhang einzuordnen. Solches Wissen, solche Erfahrungen, so Angelerntes stellt freilich kein absolutes, gleichsam schon „fertiges" Wissen dar, sondern dient im Zusammenhang des hier skizzierten denkerischen Verstehensweges als Reflexionswissen, welches seine Grenze und sein Ziel im konkreten Gegenüber hat. Die Theorie als Summe der Erfahrungen und Wahrnehmungen, die mit Menschen, die unter einer Demenz leiden, gemacht wurden, hat hier ihren Raum und ihre *Grenze*. Als Reflexionswissen vermag es helfen, das Wahrgenommene zu verstehen und zu deuten und Muster des daraufhin stattfindenden Tätigseins anzubieten. Es bleibt aber – aufgrund seiner relationalen Verortung – immer bezogen auf das konkrete Gegenüber. So kann weder bloßes Fachwissen über die Demenz – etwa die ausgefeilte Anwendung eines Betreuungskonzeptes – ein Vernehmen des Anderen und ein diesem angemessenes Tätigsein bewirken, noch kann – umgekehrt – kein oder kaum Wissen, die Begegnung unmöglich machen. Als Reflexionswissen dient es zum besseren Vernehmen des Anderen und ist somit in den relationalen Kontext eingebunden.

Nimmt man in diesen Gedankengang die Reziprozität auf, so ist jede Begegnung als eine Erweiterung und Bereicherung – und damit als einzigartige Gelegenheit – zur Erweiterung eben dieses verstehenden, reflektierenden Denkens bzw. dieses Reflexionswissens zu verstehen, zur Erweiterung des Vernehmens – und somit als Erfüllung der Bestimmung des Menschen, als Vollzug seiner Würde. Damit verändert eine Begegnung mit einem Menschen, der unter einer Demenz leidet, das Denken seines Gegenübers – und über sein Denken hinaus auch sein Tätigsein – sie verändert den *ganzen* Menschen als Seele seines Leibes!

---

ihrem Sein als Kirche. Es gibt also Theologie in diesem besonderen und eigentlichen Sinne, weil es in der Kirche vor ihr und ohne sie Rede von Gott gibt." (KD I/1, 2 [im Original zum Teil gesperrt]). Der Mensch ist schon immer in der Begegnung – wie es auch schon vor der Theologie das Wort Gottes gibt; ohne die Begegnung gibt es kein Vernehmen – sowohl in Hinsicht auf Gott als auch in Hinsicht auf die Menschen. Das Denken als Teil des Vernehmens ist also schon immer auf eine konkrete Wirklichkeit – diese prüfend und reflektierend – bezogen und in deren Zusammenhang, also nicht absolut zu verstehen.

[165] Vgl. zu den Betreuungskonzepten oben, B 4.

3. Sein in der Begegnung

Zum Vernehmen tritt also – wie in Kap. C gezeigt – das Tätigsein. Als vernehmende Seele seines Leibes ist der Mensch immer auch tätige Seele seines Leibes, d.h. hier, er hat leiblich – wiederum verstanden als Tätigkeit der Seele nach außen hin – Möglichkeiten, tätig zu sein, die weit über das verbal-sprachliche Repertoire hinausgehen. Der Leib als Offenheit der Seele, also als Möglichkeit, den Anderen zu vernehmen, bietet auch Möglichkeiten, gegenüber dem Anderen tätig zu sein: Der Leib als das Außen seiner Seele vermag leiblich tätig zu sein, er vermag leiblich zu kommunizieren. Und das Denken als primäres Vermögen der Seele – und hier verstanden als reflektierendes, auch Reflexionswissen einbeziehendes Tätigsein der Seele hat hieran entscheidenden Anteil. Kommunikation wird so ‚ganzheitlich': leiblich und seelisch.

Mit diesen Überlegungen ist eine Kommunikation als Wahrnehmen und (daraufhin) Kommunizieren – als entsprechendes Tätigsein – im ganzheitlichen Sinne als zum Menschsein gehörig verstanden: Der Mensch ist zu mehr Wegen der Kommunikation fähig – und damit zu mehr Wegen der Explikation seiner Identität in der Lage als zur sprachlichen. Er ist zu mehr Wahrnehmungen seines Gegenübers fähig als etwa dem Vernehmen von (verbaler) Sprache. Er hat aufgrund seiner Konstitution mehrere Wege zu seinem Gegenüber und kann deshalb – falls ein Weg nicht beschreibbar ist – unter Einbeziehung seiner Seele andere Wählen: Berührung, Gesten, Mimik, Blickkontakt, Poesie.

Nimmt man den Gedanken der Reziprozität mit in diese Überlegungen auf, so können Menschen mit Demenz – wie schon Tom Kitwood festgestellt hat – Menschen, die nicht von einer Demenz betroffen sind, Entscheidendes *lehren*: Kommunikation ist mehr als Sprache. Der Mensch ist mehr als sein Kopf. Eine Begegnung mit Menschen, die unter einer Demenz leiden, führen uns, die nicht betroffen sind, zurück (oder nach vorne) in eine ganzheitliche Seinsweise, „in der Emotion und Gefühl viel mehr Raum gegeben wird" – und damit weg von einer einseitigen Lebensweise „aus den äußeren Schichten des Neokortex heraus".[166]

Die der ontologischen Relationalität entsprechende Beschaffenheit des Menschen als von Gott konstituierte Seele seines Leibes ermöglicht also eine Begegnung, in der sich Identität als eine relationale konstituiert, die vor und jenseits der Sprache (und deren kognitiven Strukturen) liegt; diese wahrt den Grundcharakter jeder zwischenmenschlichen Begegnung: die ganzheitliche leib-seelische, der Bestimmung des Menschen entsprechende Reziprozität.

---

[166] KITWOOD, Demenz, 23.

3.3.1.2. Narrative Identität

Der in der Identitäts-Debatte immer wieder auftauchende Begriff der „narrativen Identität" findet seinen systematischen Ort auf der Ebene des gegenseitigen Beistandes, denn Ich und Du bedürfen einander, um ihre Identität zu explizieren. Identität als Geschehen zwischen Ich und Du verlangt nach (narrativer) Deutung, nach *Mit*-Teilung. Angesichts der Frage nach der Identität in der raumzeitlichen Ausdehnung einerseits und der konstitutiven Bedeutung der gegenwärtigen Begegnung andererseits bedarf die Identität des Ich einer Explikation, die über die Mitteilung und Deutung der Geschichte des Ich an das Du aufrechterhalten wird. Hier haben Barths Sätze von der Notwendigkeit der Mitteilung des Ich an das Du – und umgekehrt – ihren Platz: „Ich habe es nötig, dass der Andere sich mir vorstelle, sich mir gegenüber herausstelle, geschehe dabei, was da wolle, und werde daraus, was da wolle – ich selbst bin noch gar nicht richtig Ich, ich bin ja immer noch ohne ihn, ich bin ja immer noch leeres Subjekt, wenn ich über jene Verlegenheit [die, darin besteht, dass ich ihn nicht kenne und er mich nicht kennt, D.B.] ihm gegenüber nicht hinwegkomme."[167] Insofern ist das „Nicht-Erkennen des Einen für den Anderen immer Lebensnot [...], die auf Beseitigung wartet"[168]. Ich und Du, Mensch und Mitmensch müssen sich einander mitteilen, sie sind darauf angewiesen: lebensnotwendig. Sie werden erst *vollständig*, wenn sie in solcher mitteilenden Begegnung sind.

Letztlich hat dieses gegenseitige Mitteilen, die gegenseitige Angewiesenheit von Ich und Du auf narrative Deutung und Mitteilung ihren Grund in der Begegnung Gottes mit den Menschen in Jesus Christus. Diese Grundbegegnung ist ein kommunikatives Geschehen; Gott teilt sich den Menschen mit. „'Gottes Wort' heißt: Gott redet. 'Redet' ist nicht ein Symbol, eine vom Menschen auf Grund seines eigenen Urteils über größere oder geringere Symbolkräftigkeit gewählte Bezeichnung und Beschreibung eines an sich ganz anderen, dem Sinn dieses Satzes ganz fremden Sachverhalts. Sondern dieser Satz entspricht, gewiss in menschlicher Inadäquatheit, in der Gebrochenheit, in der menschliche Sätze dem Wesen des Wortes Gottes allein entsprechen können – der Möglichkeit, die Gott jedenfalls in seiner Kirche gewählt und verwirklicht hat."[169] Barth wird nicht müde zu betonen, dass dieses Geschehen sowohl ein geistiges als auch ein leiblich-natürliches Geschehen ist.[170] Gott teilt sich seinem erwählten Bundespartner mit; in dieser Mitteilung, in der Begegnung in Jesus Christus, wird offenbar, wer Gott

---

[167] KD III/2, 306.
[168] KD III/2, 308.
[169] KD I/1, 137.
[170] Vgl. KD I/1, 138, u.ö.

ist und wer der Mensch ist: Gott offenbart sich darin als Gott für den Menschen und der Mensch wird in seiner Bestimmung als Mensch für Gott und Mensch für den Mitmenschen offenbar.

In der Begegnung Gottes mit den Menschen wird diese wesentliche Konstitutionsbedingung der menschlichen Identität also erst offenbar.

Identität als Selbigkeit ist also dahingehend relational zu verstehen, dass die Identität sich in der Begegnung erst konstitutiert, indem das Ich und das Du – freilich jeweils mit ihrer eigenen Geschichte – auf gegenseitige Mitteilung angewiesen sind. An dieser Stelle ist auf Ricœur zu verweisen, der entscheidende Impulse für den Fortgang des Gedankengangs bringt: „In der reflexiven Form des ‚Sich-Erzählens' entwirft sich die personale Identität als narrative Identität."[171]

Diese narrative Identität – so Ricœur – „eröffnet nun ihrerseits einen neuen Zugang zum Begriff der Selbstheit, die ohne den Bezug auf die narrative Identität ihre spezifische Dialektik gar nicht entfalten kann, nämlich die der Beziehung zweier Arten von Identität, der unwandelbaren Identität des *idem*, des Selben, und der veränderlichen Identität des *ipse*, des Selbst, in seiner historischen Bedingtheit betrachtet."[172] Ricœur unterscheidet also *idem* und *ipse*, die Identität des Selben und die Identität des Selbst. Unter *idem* versteht er die „numerische Identität eines Dings, das in der Mannigfaltigkeit seines Vorkommens für dasselbe gehalten wird"[173]. Eine narrative Identität setzt dieses *idem* in „ein dialektisches Verhältnis zur Identität des *ipse*"[174]. Ricœur ordnet nun dem *idem* den Charakter zu, „sofern man darunter alle in der Zeit beständigen Merkmale faßt, von der im genetischen Code enthaltenen und durch den Fingerabdruck sichtbar gemachten biologischen Identität, einschließlich Physiognomie, Stimme und Gang sowie der festen oder, wie man sagt, angenommenen Gewohnheiten bis hin zu den akzidentiellen Merkmalen, an denen sich ein Individuum (wieder)erkennen lässt"[175]. Das *ipse* wiederum bezieht sich auf die jeweilige Situation, auf den Kontext, in welchem die Identifikation einer Person als derselben erheblich gefährdet sein kann: „Es gibt extreme Fälle, in denen die personale Identität so undurchsichtig und unentzifferbar geworden ist, dass die Frage nach der personalen Identität sich in die nackte Frage flüchtet: Wer bin ich? Der Nichtidentifizierbare wird im äußersten Fall, im Verlust seines auf eine Initiale reduzierten Namens, zum Unnennbaren."[176] Ricœur löst diese Fragen im Rekurs auf die Frage nach der ethischen Identität, „verstanden als

---

[171] Ricœur, Wege der Anerkennung, 132.
[172] Ricœur, Wege der Anerkennung, 134f. (Kursiv im Original).
[173] Ricœur, Wege der Anerkennung, 135.
[174] Ricœur, Wege der Anerkennung, 135.
[175] Ricœur, Wege der Anerkennung, 135f.
[176] Ricœur, Wege der Anerkennung, 136.

D) Standortbestimmung: Sein in der Begegnung

die Fähigkeit, sich für seine Taten für haftbar zu halten"[177]. Er postuliert eine ethische Identität, die als „Erzählform zusammengesetzten Lebens imstande [ist], das Streben nach dem ‚guten Leben' [...] solide zu verankern"[178]. Ein Individuum wird also nach Ricœur nur dann Handlungssubjekt seines Lebens, wenn er dieses zu einer Erzählung zusammenzusetzen vermag: „Die Wechselfälle des Lebens hingegen suchen immer nach einer narrativen Gestaltung."[179] Ricœur sieht die Notwendigkeit, diese narrative Ausgestaltung – verstanden als Dialektik zwischen *ipse* und *idem* – mit der Dialektik zwischen der „Identität des Selbst und der Identität des anderen" auf der personalen und auf der Handlungsebene zusammenzubringen; allerdings vermag er dies in seinem letzten Werk, Wege der Anerkennung, nicht mehr in extenso auszuführen.

Letztlich aber denkt Ricœur an *dieser* Stelle zu wenig dialogisch.

Dies mag damit zusammenhängen, dass die narrative Identität im Sinne des Sich-Erzählens für Ricœur lediglich einen Durchgangspunkt für die wechselseitige Anerkennung darstellt: „Die narrative Identität befindet sich also an dem strategischen Punkt auf dem Weg der Modalitäten und Fähigkeiten, an dem das Erzählen, nach dem Wort von Hannah Arendt, über das ‚wer' des Handelns Aufschluß gibt"[180]. Für Ricœur wirkt eine Dialektik in den Wegen der Anerkennung, „die in der Identifikation von ‚etwas' im allgemeinen über das ‚jemand' und ‚sich selbst' bis zu jenem Teil Identität in der Wechselseitigkeit weiterwirkt"[181], wobei die früheren Ebenen bestehen bleiben. Die Frage der Identität erreicht auch für Ricœur in der Wechselseitigkeit ihren Höhepunkt: „[W]as nach Anerkennung verlangt, ist doch unsere ureigenste Identität, die, die uns zu dem macht, was wir sind."[182]

Im Unterschied zu Ricœur findet jener Höhepunkt der Wechselseitigkeit im hier zu entwickelnden relationalen Identitätskonzept „schon" auf der Ebene der narrativen Identität statt, die freilich Ricœurs noch folgende Ebenen bereits inkludiert.[183]

---

[177] RICŒUR, Wege der Anerkennung, 136.
[178] RICŒUR, Wege der Anerkennung, 136.
[179] RICŒUR, Wege der Anerkennung, 136.
[180] RICŒUR, Wege der Anerkennung, 310.
[181] RICŒUR, Wege der Anerkennung, 310.
[182] RICŒUR, Wege der Anerkennung, 42.
[183] Mit Blick auf die hier präferierte relationale Konstitution des Menschen sind die Ricœurschen Ebenen des Kampfes um die Anerkennung und die Anerkennung der Fähigkeiten an dieser Stelle zu vernachlässigen.

Denn das narrative Konstruieren der Identität ist nach den bisherigen Einsichten in die relationale Identität mehr als nur ein „Sich-Erzählen". In der Begegnung von Ich und Du wird es zu einer *gemeinsamen* Geschichte und entspricht so der ontologischen Relationalität. So verstanden kommt der Begegnung zwischen Mensch und Mitmensch für beider Identitäten eine entscheidende – wenn nicht die entscheidende – Bedeutung zu. Die Begegnung, hier verstanden als Vergegenwärtigung, ist der Raum, in dem die Identität entworfen wird. *In der gegenwärtigen Begegnung wird so die Lebensgeschichte, die Identität narrativ konstruiert und aktualisiert.*

Narrativ ist in diesem Zusammenhang nun allerdings umfassender als allein durch verbale Sprache geschehend zu verstehen. Denn jede Begegnung erzählt sozusagen aus sich heraus, aus ihrer Unmittelbarkeit. Die Sprache ist hierfür ein wichtiges, aber nicht das einzige Medium. Sämtliche Möglichkeiten des Menschen zum ‚Sein in der Begegnung' können hier zum Tragen kommen – oder nur ganz wenige. Die Begegnung ist aufgrund ihrer Struktur Wirklichkeit, die erlebbar und erfahrbar ist und der nach-gedacht und nach-gefühlt werden kann. Auf jeden Fall ist diese Wirklichkeit auf Kommunikation angelegt. Damit entspricht sie der ontologischen Relationalität des Menschen.

Ganz ähnlich argumentiert auch Jürgen Habermas hinsichtlich der Identität: In der umfassend auf Kommunikation angelegten Begegnung überschneiden sich die Ebenen der „persönlichen" und der „sozialen" Identität und konstituieren so Ich-Identität. Die Begegnung wird so zu dem Moment, in dem im Geschehen der Begegnung die persönliche Identität rekonstruiert bzw. aktualisiert wird. Insofern gilt hier auch angesichts der Gefahr einer Instrumentalisierung des Dialogischen: Das Ich wird am Du (Buber). Ich-Identität erweist sich so als relationale Größe, denn sie stellt keinen starren Besitz des Ich dar, sondern erschließt sich dem Ich und dem Du erst in der Begegnung, damit „untersteht die Identitätsfrage den Bedürfnissen des dialogischen Prinzips".[184]

Habermas entwirft in „Erkenntnis und Interesse" mithilfe der Diltheyschen Kategorisierungen ein Verständnis von Identität, welches es ermöglicht, Ich-

---

[184] WEINRICH, Bedeutung, 256. Weinrich warnt an dieser Stelle zu Recht vor einer Instrumentalisierung Bubers: „Wenn Buber sagt, dass ohne das Du das Ich nicht zum Ich werden kann, so wird besonders von seinen pädagogisierenden ‚Benutzern' daraus gemacht, dass das Ich zur Ichwerdung des Du bedarf. Damit liegt die Konzentration plötzlich unversehens wieder auf dem Ich, dem das Du instrumental zugeordnet wird. Das Du wird dann um des Dienstes willen beachtet, den es dem Ich entgegenbringen kann [...] Die Instrumentalisierung des dialogischen Prinzips wäre nichts weiter als eine höchst subtile ‚Rückbiegung' auf eben die Denktraditionen, von denen Buber sich entschieden abkehren wollte." (ebd.).

D) Standortbestimmung: Sein in der Begegnung

Identität als einen kommunikativen Zusammenhang von vertikaler und horizontaler Identität zu verstehen.

Habermas geht von einer zwischen Geburt und Tod stattfindenden Lebensgeschichte aus, die sich aus sinnhaft synthetisierten Lebensbezügen konstituiert: „Lebensbezüge bestehen zwischen einem Ich auf der einen, Dingen und Menschen, die in die Welt des Ich eintreten, auf der anderen Seite"[185]. Lebensbezüge fixieren immer bestimmte Bedeutsamkeiten und umfassen insofern kognitive, affektive und handlungsorientierte Aspekte. Der Zusammenhang der Lebensbezüge – so Habermas – wird durch „kumulative Lebenserfahrung"[186] hergestellt: „In jedem Moment sind alle jeweils vergangenen Ereignisse einer Lebensgeschichte der Gewalt einer rückblickenden Interpretation unterworfen."[187] Diese retrospektiven Deutungen vollziehen sich als narrative Aussagen. „Die Identität des Ich bestimmt sich zunächst in der Dimension der Zeit als die Synthese der in Mannigfaltigkeit fortrückenden Erlebnisse: sie stiftet die Kontinuität des lebensgeschichtlichen Zusammenhangs im Strom psychischer Ereignisse."[188] Habermas unterscheidet an dieser Stelle eine nachprüfbare Identität etwa des Körpers, die von einem außenstehenden Beobachter anhand bestimmter Merkmale und somit intersubjektiv vollzogen wird, von einer durch das Ich selbst konstituierten Identität im Sinne der Artikulierung der *Bedeutung* der Lebensgeschichte. Bedeutung hat also an dieser Stelle eine subjektive Dimension.

Nun weist Habermas aber darauf hin, dass „Bedeutungen, die ja an Symbolen festgemacht sein müssen, niemals in einem strengen Sinne privat [sind]; sie haben stets intersubjektive Geltung"[189]. Denn ‚'Bedeutung' gibt es nur in einem Bezugssystem" (Habermas, Erkenntnis, 195). Dieses Bezugssystem weist eine doppelte Struktur auf: „Offenbar verdankt eine Lebensäußerung ihren semantischen Gehalt ebenso sehr dem Stellenwert in einem auch für andere Subjekte geltenden Sprachsystem wie dem Stellenwert in einem biographischen Zusammenhang – dieser könnte sonst gar nicht *symbolisch* ausgedrückt werden. Die Lebenserfahrung baut sich in Kommunikation mit anderen Lebenserfahrungen auf."[190] Habermas führt an dieser Stelle den Begriff des „Gemeinsamen" ein: „Gemeinsamkeit meint die intersubjektive Verbindlichkeit desselben Symbols für eine Gruppe von Subjekten, die in der gleichen Sprache miteinander kommunizieren"[191] . Jetzt kann

---

[185] HABERMAS, Erkenntnis, 191.
[186] HABERMAS, Erkenntnis, 192.
[187] HABERMAS, Erkenntnis, 192.
[188] HABERMAS, Erkenntnis, 193f..
[189] HABERMAS, Erkenntnis, 196.
[190] HABERMAS, Erkenntnis, 196 (kursiv im Original).
[191] HABERMAS, Erkenntnis, 196.

Habermas seine zentrale These hinsichtlich der Identität formulieren: „*Lebensgeschichten konstituieren sich nicht nur in der Vertikale als ein zeitlicher Zusammenhang von kumulativen Erfahrungen eines Individuums; sie bilden sich in jedem Augenblick horizontal auf der Ebene der Intersubjektivität einer verschiedenen Subjekten gemeinsamen Kommunikation.*"[192] Intersubjektivität ist somit als ein zentrales Konstituendum von Identität ausgemacht: „Die reflexive Lebenserfahrung, die die Kontinuität der Lebensgeschichte durch ein kumulatives Sich-selber-Verstehen als eine Staffel autobiographischer Deutungen herstellt, muss sich immer schon im Medium der Verständigung mit *anderen* Subjekten bewegen. Mich selbst verstehe ich allein in jener ‚Sphäre der Gemeinsamkeit', in der ich gleichzeitig den Anderen in dessen Objektivationen verstehe; denn unser beider Lebensäußerungen artikulieren sich in derselben, für uns intersubjektiv verbindlichen Sprache. Unter diesem Gesichtspunkt lässt sich die individuelle Lebensgeschichte sogar als ein Produkt der Vorgänge auffassen, die sich auf der Ebene der Intersubjektivität abspielen."[193]

Für Habermas ist die gemeinsame Sprache der Boden der Intersubjektivität; wobei er Sprache als ein Medium versteht, in dem Bedeutungen „nicht nur im kognitiven, sondern in dem umfassenden Sinne einer auch affektive und normative Hinsichten umfassenden Bedeutsamkeit geteilt werden"[194]. Die Gemeinsamkeit zwischen Individuen ist also sprachlich strukturiert. Und diese Gemeinsamkeit, „die auf der intersubjektiven Geltung sprachlicher Symbole beruht, ermöglicht beides in einem: die gegenseitige Identifikation und das Festhalten an der Nicht-Identität des Einen mit dem Anderen"[195]. Die ontologische Relationalität vollzieht sich bei Habermas also grundlegend sprachlich: „Im dialogischen Verhältnis ist eine dialektische Beziehung des Allgemeinen und des Individuellen realisiert, ohne die Ich-Identität nicht gedacht werden kann: Ich-Identität und umgangstspsrachliche Kommunikation sind komplementäre Begriffe. Beide nennen von verschiedenen Seiten die Bedingungen einer Interaktion auf der Ebene reziproker Anerkennung."[196]

„Von hier aus gesehen, stellt sich die Identität des Ich, welche die Kontinuität des lebensgeschichtlichen Zusammenhangs im Zerfall der momentanen Erlebnisse sichert, als ein dialogisches Verhältnis dar: in der retrospektiven Deutung des Lebenslaufes kommuniziert das Ich mit sich als seinem Anderen. Selbstbewusstsein konstituiert sich im Schnittpunkt der horizontalen Ebene intersubjek-

---

[192] HABERMAS, Erkenntnis, 196f. (kursiv D.B.).
[193] HABERMAS, Erkenntnis, 197 (kursiv im Original).
[194] HABERMAS, Erkenntnis, 198.
[195] HABERMAS, Erkenntnis, 199.
[196] HABERMAS, Erkenntnis, 199.

tiver Verständigung mit Anderen *und* der vertikalen Ebene intrasubjektiver Verständigung mit sich selber. Einerseits lässt sich die Kommunikation des Ich mit sich als eine Abbildung seiner Kommunikation mit Anderen auf die vertikale Ebene kumulativer Erfahrung verstehen. Andererseits hat die Identität des lebensgeschichtlichen Zusammenhangs die Dimension der Zeit in sich aufgenommen, die der sprachlichen Kommunikation fehlt."[197] Für Habermas ist also hinsichtlich der Identität eine dialektisch-dialogische Beziehung zwischen dem Ich und dem Anderen auszumachen – und darin noch jeweils innerhalb der vertikalen und der horizontalen Ebene; verstanden vor dem Hintergrund, dass Ich-Identität und umgang]sssprachliche Kommunikation komplementäre Begriffe sind. Identität konstituiert sich an der Schnittstelle von vertikaler und horizontaler Ebene.

In seinen „Thesen zur Theorie der Sozialisation" gibt Habermas das soeben Explizierte in etwas anderer Terminologie wieder. In Anlehnung an Goffman nennt er das, was eben unter vertikaler Ebene verstanden wurde, „persönliche" Identität, und das, was eben horizontale Ebene genannt wurde, „soziale Identität": „Die personale Identität kommt zum Ausdruck in einer unverwechselbaren Biographie, die soziale Identität in der Zugehörigkeit ein und derselben Person zu verschiedenen, oft inkompatiblen Bezugsgruppen. Während persönliche Identität so etwas wie die Kontinuität des Ich in der Folge der wechselnden Zustände der Lebensgeschichte garantiert, wahrt soziale Identität die Einheit in der Mannigfaltigkeit verschiedener Rollensysteme, die zur gleichen Zeit ‚gekonnt' sein müssen. Beide ‚Identitäten' können als Ergebnis einer ‚Synthesis' aufgefaßt werden, die sich auf eine Folge von Zuständen in der Dimension der sozialen Zeit (Lebensgeschichte) bzw. auf eine Mannigfaltigkeit gleichzeitiger Erwartungen in der Dimension des sozialen Raums (Rollen) erstreckt."[198]

Ich-Identität – so Habermas – kann dementsprechend „als Balance zwischen der Aufrechterhaltung beider Identitäten, der persönlichen und der sozialen, aufgefaßt werden"[199].

3.3.1.3. Relationale Identität als Beziehungsgeschehen

Ohne das Du ist die Identität des Ich also nicht zu verstehen. Erst in der Begegnung mit dem Du erschließt sich für das Ich – und damit auch für das Du – die Identität des Ich. Wesentliches Konstituendum der Ich-Identität ist also ontologische Relationalität des Menschen. In der Begegnung vollzieht sich die Konstitution der Identität durch ein (unmittelbares) Kommunikationsgeschehen.

---

[197] HABERMAS, Erkenntnis, 199 (kursiv im Original).
[198] HABERMAS, Thesen, 13.
[199] HABERMAS, Thesen, 13; vgl. DUBIEL, Identität, 150.

Somit haben Ich und Du insofern Verantwortung für die Identität des Gegenübers, als die Konstitution der Identität *mindestens* eine Anerkennung der persönlichen und sozialen Identität des Gegenübers fordert: Eine Identität, die in einem Kommunikationsgeschehen konstituiert wird, bedarf der grundsätzlichen Offenheit für die Geschichte und das Sein des Anderen; sie bedarf darüber hinaus der Anerkennung dessen, was für die soziale Identität des Gegenübers konstitutiv ist und sie bedarf grundlegend einer ganzheitlichen, möglichkeitsorientierten Sicht auf das Gegenüber, die dessen Möglichkeiten zum ‚Sein in der Begegnung' sieht und fördert – und dies nicht nur dort, wo wir es mit „beschädigter Identität" (Goffman) zu tun haben, also mit einer Festlegung – und damit mit einer Reduzierung – der Identität als ‚Kranker', ‚Dementer' oder ‚Behinderter'. Sicherlich mag es Begegnungen geben, in denen eben diese Dimensionen einen großen Raum einnehmen und die Gefahr besteht, das Gegenüber auf diese festzulegen, aber mit Blick auf die in Jesus Christus verwirklichte Identität dürfen und müssen wir von „mehr" als der gegenwärtig (scheinbar) vorfindlichen Identität eines Menschen, von mehr Entfaltungsmöglichkeiten seiner ontologischen Relationalität ausgehen *und* entsprechend handeln.

Wie dies in der Praxis aussehen kann, ist im folgenden Abschnitt (3.3.2.) zu reflektieren; vorher aber ist die relationale Identität noch um ein Moment zu präzisieren: das *gemeinsame Gedenken*. Geht man bei der narrativen Identität davon aus, dass sich Ich und Du in der Begegnung erzählen, dass die Begegnung so zu einer gemeinsamen Geschichte wird, dann birgt dieses Erzählen ein bestimmtes Zeitverständnis, eine Verschränkung der Zeiten, welche in das Alte Testament weist.

Im Alten Testament ist diese Linie anhand der Verwendung von „zachar", welches „sich erinnern, eingedenk sein" bedeutet, zu extrapolieren. Zachar drückt ein Zusammengehören der Zeiten im Gedenken aus. Ohne hier allzu tief in die theologische Diskussion über das Gedenken im Alten Orient einsteigen zu können, die insbesondere um das alttestamentlich-jüdische Verständnis des Handelns Gottes in der Geschichte und dessen Vergegenwärtigung geführt wird,[200] kann doch hier mit deren Aktualisierung und Anwendung gearbeitet werden: Gedenkend greift die menschliche Erinnerung „Vergangenes um seiner Gegenwartsbedeutung willen"[201] auf, so dass einem Geschehen aus der Vergangenheit gedacht wird, „weil es selber gegenwärtige Relevanz hat"[202]. Im Vorgang des Gedenkens

---

[200] Vgl. dazu SCHOTTROFF, Gedenken; YERUSHALMI, Zachor; PLASGER, Relative Autorität, 269-276.
[201] SCHOTTROFF, Gedenken, 339.
[202] PLASGER, Autorität, 270.

selber findet – so Yerushalmi – „eine Verschmelzung von Vergangenheit und Gegenwart"[203] statt, es kommt zu einer Verschränkung der Zeiten. Verdeutlichen lässt sich das Gemeinte an Dtn 26,5-9; hier wird im Rahmen der kultischen Regelung der Erstlingsgabe an Gott, der seinem Volk das Land zueignet, ein Bekenntnis abgelegt: „*Mein* Vater war ein heimatloser Aramäer. Er zog nach Ägypten, lebte dort als Fremder mit wenigen Leuten und wurde dort zu einem großen, mächtigen und zahlreichen Volk. Die Ägypter behandelten *uns* schlecht, machten *uns* rechtlos und legten *uns* harte Fronarbeit auf. *Wir* schrieen zu dem Herrn, dem Gott unserer Väter, und der Herr hörte *unser* Schreien und sah *unsere* Rechtlosigkeit, *unsere* Arbeitslast und *unsere* Bedrängnis. Der Herr führte *uns* mit starker Hand und hoch erhobenem Arm, unter großem Schrecken, unter Zeichen und Wundern, *aus Ägypten*, er brachte *uns* an diese Stätte und gab *uns* dieses Land, ein Land, in dem Milch und Honig fließen."[204] Der Sprecher des Bekenntnisses versetzt sich selbst in die Heilsgeschichte. Er war gleichsam mit dabei, als Gott sein Volk aus Ägypten führte. Im Gedenken an das zentrale Heilsgeschehen Israels verschmelzen die Zeiten, sie verschränken sich.

Eine dieser Verschränkung ähnliche Struktur findet sich auch in der Begegnung von Ich und Du, sofern sich in dieser Begegnung erinnert wird. Die narrative Explikation der Erinnerung nimmt beide Sich-Erinnernden in das Geschehen hinein und aktualisiert dieses so. Ein solches gleichsam aktualisierendes, die Zeiten verschränkendes Erinnerungsgeschehen konstituiert die Identität von Ich und Du.

Die Biographie-Arbeit versucht mithilfe des Erinnerns[205] die Identität von Menschen mit Demenz zu stärken und zu erhalten: „Mit der Entwicklung der Erinnerungsarbeit wurde deutlich, dass sie viel mehr war als ein erneutes Durchgehen der Vergangenheit. Es scheint, als böten Erinnerungen den Menschen oft metaphorische Ressourcen, über ihre aktuelle Lage in einer für sie handhabbaren Weise zu sprechen [...] Bei Demenz lässt das Gefühl von Identität, das darauf beruht, eine Lebensgeschichte zu erzählen zu haben, unter Umständen allmählich nach [...] In diesem Fall gewinnt biographisches Wissen über eine Person entscheidende Bedeutung, wenn diese Identität noch gehalten werden soll."[206]

Für die Identität eines Menschen (mit Demenz) ist deshalb ein möglichst detailliertes Wissen über dessen Lebensgeschichte vonnöten. Denn – so Tom Kitwood –

---

[203] YERUSHALMI, Zachor, 57.
[204] Hervorhebung D.B.
[205] Vgl. TRILLING u.a., Erinnerungen, bes. 74-190.
[206] KITWOOD, Demenz, 88.

3. Sein in der Begegnung

„selbst wenn jemand nicht in der Lage ist, an seiner narrativen Identität festzuhalten, so können dies andere immer noch tun"[207]. In der Begegnung konstituiert sich Identität also nicht nur, sondern sie wird auch aufrechterhalten. Wiederum ist es Tom Kitwood, der hier treffend feststellt: „Die Identität bleibt intakt, weil andere sie festhalten."[208] Daher sind die Angehörigen/Mitmenschen von enormer Bedeutung für den Menschen (mit Demenz). Sie kennen dessen Geschichte, sie teilen dessen Erinnerungen und – so sie nicht hoffnungslos überlastet sind – kennen sie die Wege, um die Erinnerung zu reaktivieren. So konstituiert sich Identität über die Zeit und in der Begegnung im gemeinsamen Erinnerungsgeschehen, in das auch ein Mensch hineingenommen werden kann, der sich selbst nicht mehr zu erinnern scheint – oder sich tatsächlich nicht mehr erinnern kann.

Es zeigt sich also, dass Identität keine starre Größe, sondern ein relationales Geschehen ist. Als dynamisches Geschehen konstituiert sich Identität je in der Begegnung. Insgesamt liegt eine Vielzahl von Entwürfen vor, die das Verhältnis von persönlicher und sozialer Identität – freilich unterschiedlich akzentuiert – bestimmen.[209] Gemeinsam ist diesen Entwürfen aber die Einsicht, dass zur Konstitution der Identität subjektive und intersubjektive Faktoren *in* einem reziproken Prozess gehören. Damit aber ist Ich-Idenität „kein fester Besitz des Individuums"[210]; d.h. Identität ist „nicht mit einem starren Selbstbild, das das Individuum für sich entworfen hat, zu verwechseln"[211], sondern Identität in der Sphäre des Menschen konstituiert sich wesentlich erst in der Begegnung.

---

[207] KITWOOD, Demenz, 125.
[208] KITWOOD, Demenz, 103.
[209] Vgl. MEAD, Geist, Identität und Gesellschaft; KRAPPMANN, Dimensionen der Identität; ERIKSON, Wachstum; HABERMAS, Erkenntnis; DERS., Thesen; STRAUSS, Spiegel und Masken; GOFFMAN, Stigma.
[210] KRAPPMANN, Dimensionen der Identität, 208. Weinrich weist in diesem Zusammenhang mit Blick auf Buber darauf hin, dass die „Person [...].sich in der Wirklichkeit des Zwischen konstituiert" (WEINRICH, Grenzgänger, 41). „Das Ich in der Begegnung erscheint als Person – nicht als Eigenwesen – nur in der Beziehung zu anderen Personen, wie es die Verankerung im Zwischen bereits anzeigt. Die Person ist nicht ein abgelöstes Vorhandensein, sondern ein Mitsein, d.h. ein Seiendes, das am Sein teilhat; sie ist kein Sosein, das unter dem Verdikt des ‚Nicht-anders-Seins', steht, sondern sie hat ohne fixiertes Abhängigkeitsverhältnis teil an der Unbestimmtheit des Seins in seiner ganzen Fülle." (ebd.).
[211] KRAPPMANN, Dimensionen der Identität, 9.

3.3.2. Implikationen des Seins in der Begegnung für die Identität von Menschen mit Demenz

Der folgende Abschnitt soll Implikationen und Konsequenzen, die sich aus den bisherigen Einsichten in das ‚Sein in der Begegnung' ergeben, für die Begegnung mit Menschen, die von einer Demenz betroffen sind, noch einmal besonders hervorheben. Hierbei geht es primär darum, in ein Denken einzuführen, welches das Gegenüber als ‚mein' notwendiges Gegenüber wahrnimmt und anspricht; eine allzu starke Konkretisierung oder der Anspruch auf Vollständigkeit der Implikationen würde dieses Gemeinte reduzieren und normieren – und ihm damit seinen dialogischen, sich in jeder konkreten Begegnung erst konstituierenden Raum, seine Kreativität und seine Unmittelbarkeit nehmen. Allerdings bedarf die Begegnung mit Menschen, die unter einer Demenz leiden, einer besonderen Reflexion, da diese aufgrund ihres besonderen Charakters (gerade in Alltagssituationen) erschwert ist.

Im Hintergrund der folgenden Überlegungen steht die Einsicht, dass sich Identität als eine relationale in der Begegnung, die wiederum Vollzug der Ehre des Menschen ist, expliziert. Zunächst sollen hier stärker grundlegende Implikationen benannt werden (3.3.2.1.), danach sollen dann – diesen Teil der Arbeit abschließend – die Implikationen für ein ‚Sein in der Begegnung' benannt werden, welche Identität und Würde von Menschen mit Demenz betreffen (3.3.2.2.)

3.3.2.1. Sein in der Begegnung mit Menschen mit Demenz

Bereits die – in der gesamten Arbeit verwendete – Bezeichnung *Menschen*, die unter einer Demenz leiden (statt Demente), verweist auf die grundsätzliche Anwendbarkeit der Einsichten auch für *Menschen* mit Demenz[212]: *Menschen*, die unter einer Demenz leiden, sind zuerst und grundlegend Menschen, denen – wie im ersten Teil dieses Kapitels gezeigt – genauso Würde und Menschsein im vollen Sinne zukommt, wie allen anderen Menschen auch.

Allerdings liegt bei diesen Menschen, die im vollen Sinne Beziehungswesen sind, eine Erschwernis bzw. Beeinträchtigung der Möglichkeiten, die ihnen aufgrund ihrer ontologischen Relationalität zukommen, vor: Eine Demenz beeinträchtigt das Beziehungsgeschehen zunehmend – ohne dies allerdings vollkommen zu zerstören. Daher erschwert sich das ‚Sein in der Begegnung' zwar, aber es wird

---

[212] Deshalb hat es bisher genügt, eher implizit auf die Situation von Menschen mit Demenz hinzuweisen. Menschen mit Demenz unterliegen – so die These der Arbeit – den gleichen anthropologischen Bedingungen wie alle anderen Menschen auch. Es kann deshalb keine Anthropologie *der* Demenz geben; wohl aber – wie im Folgenden – eine Fokussierung der anthropologischen Aussagen auf die besondere Situation von Menschen mit Demenz.

nicht unmöglich, sondern unterliegt zunächst besonderen Anforderungen an die Kommunikations(formen) im methodisch-technische Bereich.

Der methodisch-technische Bereich umfasst Voraussetzungen der Begegnung, Überlegungen hinsichtlich des „Settings" und bestimmte Kenntnisse im Kommunikationsbereich.[213] Voraussetzungen in dem Sinne, dass eine Begegnung ohne ein funktionierendes Hörgerät oder ohne Zähne von vornherein unmöglich sein kann. Auch ist es hilfreich, über die Symptomatik und den Verlauf einer Demenz informiert zu sein, um ein ungefähres Bild des Rahmens zu bekommen, in dem Interaktion überhaupt möglich ist. So ist im frühen Stadium verbale Kommunikation noch gut möglich, wohingegen dies im Verlauf einer Demenz erheblich nachlässt. Zunehmend tritt eine nonverbale, auf Emotionalität basierende Kommunikation an die Stelle der verbalen, die allerdings ebenfalls bestimmten Anforderungen hinsichtlich der Reduktion ihre Komplexität unterliegt: So können Menschen mit Demenz klaren, kurzen Sätzen besser folgen als langen, verschachtelten. Entscheidungsfragen überfordern oft und frustrieren. „Demente Menschen sind immer weniger mit dem Verstand und immer ausschließlicher nur noch emotional zu erreichen. Anders als die Sprache bleiben ihnen nämlich die Gefühle, auch die sensorischen Grundgefühle, lange erhalten. Ebenso ist es mit der Freude an Musik und mit dem Sinn für Rhythmik."[214] Auch die Rahmenbedingungen der Kommunikation gilt es im Blick zu behalten. Menschen mit Demenz lassen sich von Nebengeräuschen, Lärm und Reizen aus ihrer Umgebung schnell ablenken bzw. können sich aufgrund dessen schwerer auf eine Begegnung einlassen.

Eine Kenntnis einer Vielzahl von Gesprächstechniken kann sich als hilfreich erweisen, wenn diese nicht – in einem verständlichen Bemühen um Reinheit der Lehre – um ihrer selbst angewendet werden, sondern kreativ und eklektizistisch, um das Gegenüber zu erreichen. Maßstab und Ziel aller dieser Konzepte, von denen einige oben, B. 4.1., vorgestellt wurden, muss allerdings der Mensch sein, dem das Ich begegnet und nicht eine in der Logik dieser liegende Zielvorgabe. Mit dieser Überlegung ist die Brücke zu dem geschlagen, was das ‚Sein in der Begegnung' letztlich und grundlegend ausmacht. Die Offenheit für den Anderen, die insofern jenseits der methodisch-technischen Kompetenz liegt, deren Stellenwert – so R. Schwerdt – „muss als sekundär erkannt werden, ohne sie als separiert zu betrachten und abzuspalten"[215].

---

[213] Vgl. die lockere und insofern gelungene Übersicht bei Sachweh, Noch ein Löffelchen, 252-276.
[214] SACHWEH, Noch ein Löffelchen, 239.
[215] SCHWERDT, Ethik, 308. Schwerdt stellt ihre Überlegungen für die Ethik der Altenpflege an. Die sachlich-technische Seite des Pflegeberufes siedelt sie in Bubers Ich-Es Bereich an, die Beziehungsseite des Berufes im Ich-Du-Bereich. Schwerdt kommt zu dem Schluss: „Die sachlich-

D) Standortbestimmung: Sein in der Begegnung

Jenseits des methodisch-technischen Wissens – und für das ‚Sein in der Begegnung' ungleich wichtiger – ist die Offenheit für das Gegenüber im empathisch-zwischenmenschlichen, dem dialogischen Bereich; dieser entzieht sich aufgrund seines dialogischen Charakters von vornherein jeder Herstellbarkeit und jeder Bedingung, allerdings kann eine Reflexion hinsichtlich der Alterität von Ich und Du – gerade angesichts einer Demenz –, also hinsichtlich der Faktoren, die eine Asymmetrie von Ich und Du bedingen, hilfreich sein.

Die Offenheit für das Gegenüber – zumal eine, die die Alterität reflektiert – ist von größerer Bedeutung als die methodisch-technische Kompetenz. Diese kann Vieles erleichtern, aber Begegnung bedarf zuerst und grundlegend einer Offenheit für das Gegenüber: Mit Martin Buber lässt sich das Gemeinte verdeutlichen: „Ich kenne Leute, die in der ‚sozialen Tätigkeit' aufgehen und nie mit einem Menschen von Wesen zu Wesen geredet haben".[216] Sicherlich ist dies nicht ein Votum gegen eine methodisch-professionelle Fundierung der Begegnung, aber doch für eine Begegnung, die in Freiheit sich bestimmter Techniken/Methoden bedienen kann, diese aber in Freiheit sozusagen als „Sprungbrett" für eine Begegnung gebraucht: „Dialogisches Leben ist nicht eins, in dem man viel mit Menschen zu tun hat, sondern eins, in dem man mit den Menschen, mit denen man zu tun hat, wirklich zu tun hat."[217] Es geht also um eine Begegnung, die auch mit Menschen, die unter einer Demenz leiden, also auch mit Menschen, bei denen eine progrediente Verminderung kognitiver Funktionen, das In-Beziehung-Sein erschwert ist, möglich ist; denn Kommunikation ist bis in das Endstadium der Demenz möglich.[218]. Die Formen der Kommunikation mögen sich also ändern, eine rein sprachliche Kommunikation wird zunehmend erschwert, aber eine

---

technische Seite des Berufs muß jedoch, im Verlauf zunehmenden Kompetenzgewinns, für die Pflegebeziehung dienstbar gemacht werden, ja mehr noch: sie muß in einem Qualifizierungsschritt *überwunden* werden, damit sie nurmehr, als Bestandteil einer Ich-Es-Haltung zur Welt, in der Ich-Du-Beziehung aufgeht." (SCHWERDT, Ethik, 308 [kursiv im Original]).

[216] BUBER, Zwiesprache, 168.

[217] BUBER, Zwiesprache, 167.

[218] Vgl. KRUSE, Lebensqualität, 42: „[N]euere Forschungsarbeiten [zeigen], dass Demenzkranke auch im fortgeschrittenen Stadium durchaus in der Lage sind, differenziert auf soziale Situationen zu reagieren [...] Indem Demenzkranke in der Lage sind, Emotionen zumindest nonverbal auszudrücken, ist es Kontaktpersonen auch prinzipiell möglich, einen Zugang zu Demenzkranken zu finden und aufrechtzuerhalten." Vgl. ferner Bär/Kruse/Re, Situationen; Re, Ausdrucksverhalten; Becker u.a., Lebensqualität; DIEHL/FÖRSTL/KURZ, Alzheimer-Krankheit, 7; VAN DER KOOIJ, Demenzpflege; MAGAI et. al., Emotional Expression. Hans Förstl geht ebenfalls von einer grundsätzlichen emotionalen Ansprechbarkeit aus und rät, in diesem Zusammenhang „beherzt zu argumentieren" (E-Mail vom 18. Juni 2007).

Kommunikation vor und jenseits der Sprache, eine nonverbale Kommunikation, im Sinne von Lévinas' „reiner Kommunikation" bzw. Barths „grundsätzlicher Offenheit", ist möglich und notwendig[219].

Eine zweite Dimension des ‚Seins in der Begegnung' mit Menschen mit Demenz betrifft die Reflexion der Asymmetrie(n). In der Regel herrscht über die soeben mithilfe von P. Ricœur extrapolierte, sozusagen wesensmäßige Asymmetrie zwischen Ich und Du hinaus in der Begegnung mit Menschen, die unter einer Demenz leiden, eine weitere, weit gravierendere Asymmetrie vor: So begegnen meistens Menschen, die nicht unter einer Demenz leiden, einem Menschen, der unter einer Demenz leidet. Auch findet die Begegnung in einem bestimmten Kontext sozialer Rollen/Hierarchien statt: Der Pflegende, in der Regel eine jüngere, auch gesündere und im Rahmen einer Institution arbeitende Person, einem älteren, auf Hilfe angewiesenen Menschen, der noch dazu eine Demenz hat.[220] Oder die Tochter begegnet ihrer von einer Demenz betroffenen Mutter, die aufgrund bestimmter Beeinträchtigungen die Mutter-Rolle, samt den an diese Rolle geknüpften Erwartungshaltungen, nicht mehr ausfüllen kann – eine Situation, die nicht selten zur völligen Umkehr früherer Rollenmuster führt.

Begegnungen mit Menschen, die von einer Demenz betroffen sind, geschehen also in der Regel in ungleichen oder hierarchischen Verhältnissen. Es sind somit nicht nur institutionell bedingt hierarchische Situationen, in denen Begegnung stattfindet, sondern auch Situationen, in denen eine soziale Hierarchie wirksam ist.[221] Diese Rahmenbedingungen gilt es wahrzunehmen, auszuhalten und zu reflektieren (und selbstverständlich auch an deren Verbesserung zu arbeiten). Die Begegnung, von der hier gesprochen werden soll, aber vollzieht sich jenseits dieser Rahmenbedingungen als „unmittelbare Begegnung" (Buber) zwischen Ich und Du, zwischen Mensch und Mitmensch. Eine solche Begegnung nämlich steht – mit Barth gesprochen – unter dem Modus des „Gerne": Das Ich ist gerade darin frei, dass es dem Du begegnet. Diese Freiheit findet sich – wenn sicherlich auch in eingeschränkterem Maße – in Begegnungen, die in einem institutionellen Rahmen oder aber im Rahmen von sozialen Rollen, wie etwa in der Familie, stattfinden. Für die Erweiterung dieser Freiheit gilt es – gerade angesichts der Übertragung

---

[219] Vgl. zur Notwendigkeit der Kommunikation Tom Kitwoods Paradigma der „Dialektik der Demenz", welche die Persönlichkeit des Betroffenen untergräbt: KITWOOD, Demenz, 63ff.; vgl. SABAT/NAPOLITANO/FATH, Barriers.
[220] Vgl. SCHWERDT, Ethik, 310-324, bes. 312f.
[221] Diese soziale Hierarchie soll hier genauso wenig wie die institutionelle kritisiert werden; es geht lediglich darum, diese als konstituierendes Element der Begegnung überhaupt erst wahrzunehmen und zu reflektieren.

D) Standortbestimmung: Sein in der Begegnung

wirtschaftlich-technischer Controlling-Standards auf das Pflege- und Betreuungswesen – zu kämpfen. Begegnung lässt sich nicht in Pflegeminuten ausdrücken und schon gar nicht in solche komprimieren! Begegnung entspricht der Anlage, der Bestimmung des Menschen und nicht Standards der Qualitätssicherung.

Eine dritte Dimension der Anwendung der Einsichten aus dem ‚Sein in der Begegnung' lässt sich für das uns – im Gegensatz zu Jesus Christus – nur begrenzt mögliche Beistand-Leisten aufzeigen. Begegnung heißt hier nicht Verschmelzung, heißt hier nicht, an die Stelle des Anderen treten. Auch die Alterität eines Menschen, der unter einer Demenz leidet, muss stets im Blick bleiben und darf nicht durch (vorschnelle) Vereinnahmung, durch ein komplettes Absprechen dieser oder gar durch Identifikation mit diesem Menschen übergangen werden. Ich und Du gehören zusammen, sind aufeinander bezogen, aber nicht austauschbar. Diese Dimension ist für Angehörige wahrscheinlich die schwierigste und schmerzhafteste und diejenige, in der die größten Unsicherheiten bestehen. Die Verantwortung für das Du, die im fortschreitenden Verlauf der Demenz mehr und mehr zunimmt und die eine Übernahme von immer mehr Aufgaben und Entscheidungen verlangt, hat ihre Grenze dort, wo sie dem Anderen oft vorschnell abgenommen wird. Hier gilt es – im Wissen um die Einschränkungen des Gegenübers – und der durch diese hervorgerufenen Verunsicherungen nicht in Verhaltensmuster zu verfallen, die den Anderen festlegen, sondern, die Alterität des Anderen reflektierend, offen für diesen und seine Möglichkeiten und Fähigkeiten zu sein. Solche Verhaltensmuster können übertriebene Geschäftigkeit oder Geschwätzigkeit sein, die die eigene Unsicherheit kaschieren sollen. Oft fällt es schwer, die Zeit auszuhalten, die Menschen mit Demenz benötigen, um auf eine Frage zu antworten. Hier Sätze nicht vorschnell zu beenden, oder an anderer Stelle das Schweigen auszuhalten, erfordert ein hohes Maß an Geduld, vor allem aber eine Bereitschaft, dem Anderen gerade in dieser Situation zu *begegnen*.

Nicht zuletzt geht es an dieser Stelle auch darum, bei sich zu bleiben: Denn Stellvertretung, Identifikation mit dem Anderen ist zuviel für das Ich. Dafür ist es nicht geschaffen und ausgelegt. Pflegende Angehörige und professionelle Pflegende, die diese Grenze nicht wahren, geraten in die Gefahr, aufgrund der ohnehin schon enormen Belastungen auszubrennen. Die Einsichten aus dem ‚Sein in der Begegnung' verweisen an dieser Stelle auf die Aufgabe, einander Beistand zu leisten: Beistand – im etymologischen Sinne des Wortes – als Dabei-Sein verstanden, aber nicht als An-der-Stelle-des-Anderen-Stehen. Wirklicher Beistand in der Begegnung ist alles, was das Ich für das Du tun kann; mehr ist für Ich und Du nicht möglich – es sei denn um den Preis, nicht mehr Ich und Du zu sein. Aber auch weniger ist nicht möglich, weil das Ich das Du letztlich genauso braucht wie das Du das Ich.

3. Sein in der Begegnung

Damit ist der grundlegende, diesen Überlegungen zugrunde liegende Modus benannt. ‚Sein in der Begegnung' heißt Wechselseitigkeit. Das Ich bereichert in der Begegnung mit dem Du das Du, genauso wie auch das Du das Ich bereichert. An dieser Stelle kann es – so es um Begegnung geht – keine Asymmetrie geben. Wo das Ich ohne das Du glaubt auszukommen, ist keine Begegnung, ja, „Wechselseitigkeit [gilt] als Bedingung für Pflegequalität"[222]. Wo Wechselseitigkeit nicht ist, ist keine Begegnung. D.h. auch der Mensch, der unter einer Demenz leidet, das Du eines Ich, das nicht unter einer Demenz leidet, ist für dieses Ich wichtig. Auch – und gerade – an diesem Du wird das Ich. Tom Kitwood hat dies m.E. am deutlichsten gespürt, wenn er feststellt: „Der Kontakt mit Demenz und anderen Formen schwerer kognitiver Beeinträchtigung kann und sollte (!) uns aus unseren üblichen Mustern der übertriebenen Geschäftigkeit, des Hyperkognitivismus und der Geschwätzigkeit herausführen in eine Seinsweise, in der Emotion und Gefühl viel mehr Raum gegeben wird. Demente Menschen, für die das Leben der Emotionen oft intensiv und ohne die üblichen Hemmungen verläuft, haben den Rest der Menschheit unter Umständen etwas Wichtiges zu lehren. Sie bitten uns sozusagen, den Riß im Erleben, den westliche Kultur hervorgerufen hat, zu heilen und laden uns ein, zu Aspekten unseres Seins zurückzukehren, die in evolutionärem Sinne viel älter sind, stärker mit dem Körper und seinen Funktionen in Einklang stehen und dem Leben aus dem Instinkt heraus näher sind. Die meisten von uns leben beinahe wörtlich aus dem Kopf, das heißt aus den äußeren Schichten des Neokortex heraus."[223] Tom Kitwood sieht im Umgang mit Menschen, die unter einer Demenz leiden, eine Bereicherung für Nicht-Betroffene und hat damit die Reziprozität, die Wechselseitigkeit, im Fokus seiner Wahrnehmung. Eine Wechselseitigkeit, die dem Ich dazu verhilft, Ich eines Du zu bleiben, und dem Du, Du eines Ich zu bleiben.

Auch Ruth Schwerdt kritisiert – in Anlehnung an Martin Buber – ein nicht-reziprokes Verhältnis zwischen Pflegenden und Pflegebedürftigen: „Ein einseitig fürsorgliches Verhalten gegenüber einem pflegebedürftigen Menschen ist weder diesem noch der Pflegekraft zuträglich."[224] Vielmehr lebt die Pflege als „Beziehungspflege [...] nicht nur von der beruflichen und persönlichen Qualifikation der Pflegenden, sondern von der unmittelbaren Beziehung zwischen dem einzelnen pflegenden und dem einzelnen zu pflegenden Menschen."[225] Schwerdt tätigt diese Aussagen im Rahmen ihrer Pflegeethik, sie lassen sich allerdings auch auf Begeg-

---

[222] SCHWERDT, Ethik, 310.
[223] KITWOOD, Demenz, 23.
[224] SCHWERDT, Ethik, 305.
[225] SCHWERDT, Ethik, 305.

nungen, die über die Pflege hinaus gehen, anwenden. Mit Barths Erwägungen zur Begegnung von Ich und Du lässt sich das Gemeinte noch einmal präzisieren: „Wenn wir also formulieren: ‚Ich bin, indem Du bist', beschreiben wir nicht das Verhältnis zweier in sich ruhender, sondern zweier aus sich herausgehender, zweier existierender – und nun eben: zweier in ihrem Existieren aufeinander treffender, sich begegnender Seinskomplexe."[226] Es begegnen sich also zwei (verschiedene) Menschen, mit zwei (verschiedenen) Lebensgeschichten, wobei kein „esse" (=sein), sondern ein „existere" (=heraustreten), die Begegnung kennzeichnet, d.h. aber jeder von beiden kommt – soweit möglich – mit seiner Geschichte, seinen Fragen, seinen Ängsten und Hoffnungen in diese Begegnung und diese Begegnung verändert die eigene Geschichte, die eigenen Fragen, die eigenen Ängste und Hoffnungen. Begegnung heißt insofern Entwicklung, Wachstum, Fortschritt: *existere*, also aus sich heraustreten, sich verändern. Letztere Erwägungen wehren einem Bild von Pflege bzw. Betreuung, welches nur um das Du kreist. Begegnung zwischen Ich und Du verändert beide. Damit ist ein einseitiges bloßes Geben bzw. bloßes Nehmen in einer dialogischen Begegnung nicht möglich. Denn Begegnung kann „nur in lebendiger Partnerschaft [...] geschehen"[227], also als wechselseitiges Geben und Nehmen, als wechselseitiger Beistand.

Letztlich steht hinter diesen Überlegungen die Einsicht der hier vorgelegten Anthropologie, dass jeder Mensch als Seele seines Leibes, aufgrund seiner Beschaffenheit in der Lage ist, Menschen mit Demenz zu begegnen, also in der Begegnung mit diesen zu *sein* – und somit relationale Identität zu konstituieren und zu explizieren. Auch der mit dem Fortschreiten der Demenz einhergehende Verlust kognitiver Fähigkeiten – wie Sprache, logisches Denken und Handeln – kann hieran prinzipiell nichts ändern. Denn dem Menschen sind aufgrund seiner Konstitution als vernehmende und tätige Seele seines Leibes bzw. Vernehmen und Tätigsein umsetzender Leib seiner Seele mehr Möglichkeiten zur Begegnung gegeben als die kognitiven.

An diesem Punkt treffen sich die Aussagen der theologischen Anthropologie mit den Einsichten der Pflegewissenschaften: „Indem Demenzkranke in der Lage sind, ihre Emotionen zumindest nonverbal auszudrücken, ist es Kontaktpersonen prinzipiell möglich, einen Zugang zu Demenzkranken zu finden und aufrechtzuerhalten. Einen solchen Zugang vorausgesetzt, ist die Pflege Demenzkranker nicht lediglich Last, sondern auch zwischenmenschliche Begegnung"[228]. Men-

---

[226] KD III/2, 297.
[227] BUBER, Elemente, 286.
[228] KRUSE, Lebensqualität, 42.

schen, die unter einer Demenz leiden, sind also in der Begegnung, wenn auch deren Medien zunehmend nonverbaler Natur sind. Aufgrund der Beschaffenheit als Seele seines Leibes ist *jeder* Mensch dazu in der Lage, diese wahrzunehmen und (entsprechend) tätig zu sein. Allerdings ist dies ein Geschehen, bei dem der Mensch als ganzer Mensch gefragt ist. Und an dieser Stelle kommt nun die oben herausgearbeitete Reziprozität ins Spiel. Nicht nur wir als (überwiegend) Nicht-Betroffene können und sollen uns auf den Betroffenen einlassen, indem wir lernen, den Anderen mit dem Leib als Offenheit der Seele wahrzunehmen; diese Wahrnehmungen verändern und bereichern auch uns, indem sie uns zu unserer ganzheitlichen Konstitution als vernehmende und tätige Seele eines Vernehmen und Tätigsein ins Werk setzenden Leibes führen.

Das ‚Sein in der Begegnung' mit Menschen mit Demenz ist also auch unter den Bedingungen der Demenz eine Begegnung von Ich und Du, ein bei aller gegebenen (und notwendigen) Alterität reziprokes Beziehungs-geschehen, zu dem der Mensch aufgrund seiner Bestimmung zum Zusammensein mit dem anderen Menschen fähig ist.

Ruth Schwerdt nennt im Rahmen ihrer Darstellung der „[m]oralische[n] Kompetenz als Element der Professionalität im Umgang mit der vulnerablen Klientel der Menschen mit Demenz bei Alzheimer-Krankheit"[229] zehn Bedingungen für den Umgang mit Menschen, die unter einer Demenz leiden. Freilich geht der hier vorgeschlagene Ansatz schon über diese Einordnung hinaus, wenn er Menschen mit Demenz nicht als „vulnerables Klientel", sondern als Mitmenschen versteht, mit denen eine reziproke Beziehung möglich ist, und indem er die notwendigen Kompetenzen nicht „Elemente der Professionalität" nennt, weil diese ohnehin zur leib-seelischen Beschaffenheit jedes Menschen, zu seinem konstitutiven Repertoire gehören. Aber inhaltlich ist Schwerdt insgesamt zuzustimmen:

„1. Achtung von einem Menschen mit Demenz als einer würdetragenden Person (unter allen Umständen der äußeren Erscheinung und des Verhaltens)
2. der Wille, dieser Person nicht zu schaden
Personen, die zur gesundheitlichen oder seelsorgerlichen Betreuung den Kontakt aufnehmen, müssen weitergehende Bedingungen erfüllen:
3. Wissen über die Krankheit und ihren Verlauf sowie ihre Auswirkungen auf die Alltagsaktivitäten

---

[229] SCHWERDT, Lernen der Pflege, 61.

D) Standortbestimmung: Sein in der Begegnung

4. Wissen über objektive Aspekte der Lebensqualität mit einer DbAK [Demenz bei Alzheimer-Krankheit]
5. Wissen über die Biographie dieser Person, im Bewusstsein der bleibenden Plastizität des Erlebens und Verhaltens in der Fortschreibung dieser Biographie
6. die Bereitschaft, sich in die Lebenswelt der Person mit Demenz, der [sic!] sich nur noch eingeschränkt verbal äußern kann, hineinzuversetzen
7. wache Aufmerksamkeit für Anzeichen, die einen Eindruck von der momentanen Befindlichkeit und dem Erleben der betreffenden Person gewinnen lassen
8. wache Aufmerksamkeit für die Möglichkeiten, die diese Person für einen Dialog eröffnet, und Bereitschaft, diesen Dialog auch auf ganz ungewohnte, nonverbale Weise einzugehen
9. der *Wille*, zum Guten dieser Person zu wirken [...]
10. die *Fähigkeit*, zum Guten des Menschen mit DbAK zu wirken"[230].

Auf die Achtung vor der Würde und dem Wert des Menschen mit (Alzheimer-)Demenz (Schwerdts Punkte 1 und 2) wurde oben schon eingegangen, indem Würde und Wert eines jeden Menschen – und so auch eines Menschen mit Demenz – nicht an seinen Fähigkeiten festgemacht, sondern relational verstanden wurde. Schwerdts Punkte 6-8 wurden in diesem Abschnitt eingehend behandelt und unter dem Vorzeichen der Bestimmung des Menschen als – freilich in unterschiedlicher Ausprägung – zu den grundlegenden Fähigkeiten jedes Menschen gehörig verstanden. Allerdings bedarf es aus theologischer Sicht nicht dem Willen des Menschen (Schwerdt Punkt 9), sondern der Mensch ist gerade darin Mensch, dass er die Fähigkeit (Schwerdts Punkt 10) zu solch einem ‚Sein in der Begegnung' „gerne" hat. Selbstverständlich kann (Fach-)Wissen (Schwerdts Punkt 3 und 4) das ‚Sein in der Begegnung' erleichtern, dieses Wissen hat aber sein Ziel und seine Grenze im konkreten Gegenüber.

Über diese Sichtweise hinaus allerdings darf der Schmerz und die Ohnmacht von Angehörigen (und Betroffenen) angesichts der fortschreitenden Erschwernis der Begegnung und dem Verlust von Möglichkeiten zum ‚Sein in der Begegnung' nicht übersehen werden. Es ist nicht das Anliegen meiner Arbeit, diesen Blick auf die Demenz zugunsten eines euphemistisch und damit lediglich in anderer Weise akzentuiertem reduktionistischen Blickwinkel zu betrachten. Ganz im Gegenteil ermöglicht ein Verständnis der (Alzheimer-)Demenz als Beziehungsgeschehen (Wetzstein) gerade eine Sichtweise, die den Betroffenen und die Angehörigen in gleicher Weise als von der Demenz betroffen wahrnimmt. Insbesondere

---

[230] SCHWERDT, Lernen der Pflege, 61f.

im Bereich der Identität bzw. des vermeintlichen Verlustes dieser (also Schwerdts Punkt 5) stehen Angehörige, Betroffene und Betreuende vor schwierigen und mit Ohnmacht (samt den aus dieser resultierenden Folgen wie Aggression, Wut, Verzweiflung, Resignation) verbundenen Problemen.

Nach diesen grundlegenden Erwägungen zum ‚Sein in der Begegnung' mit Menschen mit Demenz kann nun die in dieser Begegnung sich konstituierende und explizierende relationale Identität von Menschen (mit Demenz) in den Blick genommen werden.

3.3.2.2. Relationale Identität und Demenz

Ein relationales Verständnis von Identität geht – entgegen der gängigen gesellschaftlichen Wahrnehmung und Meinung – (auch) bei Menschen, die von einer Alzheimer-Demenz betroffen sind, von Ich-Identität aus, die sich in der Begegnung konstituiert.

Auch für Menschen mit Demenz nämlich gilt Ricœurs Grundeinsicht: „Verlange ich nicht in meiner ureigensten Identität danach, (an)erkannt zu werden? Und wird mir zufällig einmal dieses Glück zuteil, richtet sich mein Dank dann nicht an jene, die auf die eine oder andere Art mich erkannten, als sie meine Identität anerkannten?"[231] Ricœur geht es hier um den Zusammenhang von Sich-Erkennen und der wechselseitigen Anerkennung als Weg zur Dankbarkeit des (erkennenden) Erkanntseins.

Wobei der Anerkennung eines Menschen immer schon die Anerkennung dieses Menschen als Person von Gott vorausgeht. „Die Anerkennung durch menschliche Personen dagegen ist die angemessene Antwort auf das durch die Anerkennung Gottes schon gegebene Personsein. Die Anerkennung durch Menschen kann aber nicht selbst konstituierend für das Personsein sein"[232].

Die Identität von Menschen mit Demenz (samt deren Anerkennung und Explikation) unterliegt allerdings mehr als jene von Menschen, die nicht von einer Demenz betroffen sind, einer „besonderen Vulnerabilität" (Schwerdt). Diese ergibt sich bereits grundlegend dadurch, dass die Begegnung mit Menschen mit Demenz in der Regel nicht so unmittelbar ist, wie es eine Begegnung zwischen Ich und Du zu sein vermag, denn oftmals ist es eine Begegnung von einem Nicht-Betroffenen Ich mit einem betroffenen Du und entsprechenden Vor-Urteilen bzw. sozialen Konstruktionen (Krankheitskonzept, Rollenerwartung). Der hier entfaltete Begegnungsbegriff freilich geht in eine andere Richtung. Aus ihm lassen sich nun für die

---

[231] Ricœur, Wege der Anerkennung, 17.
[232] Schlapkohl, Persona, 255.

D) Standortbestimmung: Sein in der Begegnung

Identität von Menschen mit Demenz förderliche bzw. hinderliche Rahmenbedingungen herausarbeiten.

Zu den förderlichen Rahmenbedingungen gehören die Biographie des Betroffenen kennende Angehörige[233] bzw. Betreuende und das hier vorgelegte relational-dynamische Identitätskonzept – die ein ‚Sein in der Begegnung' erleichtern. Zu den hinderlichen Faktoren gehört es, den Menschen mit Demenz auf einen Kranken zu reduzieren und ihm damit ein Sein über dies hinaus – mehr oder weniger – abzusprechen.

Letzteren Aspekt hat der amerikanische Neuropsychologe Stephen R. Sabat in verschiedenen Studien untersucht.[234] Self 1, „the self of personal identity", Self 2, „comprised of mental and psychical attributes and related beliefs", und Self 3, the „social personae".[235] Sabats Anliegen ist es, „to show that aspects of Social Construction Theory [...] may be employed as heuristic devices such that manifestations of selfhood can be demonstrated to exist in a person suffering from AD in the moderate to severe stages of the disease an that losses in aspects of selfhood may be traced to dysfunctional social interactions rather than to the neuropathology of the disease." [236] Self 3 ist dabei im Vergleich zu Self 1 und Self 2 extrem verletzlich, vor allem dann, wenn der Betroffene aufgrund seiner Demenz mehr und mehr zu einem „burdensome, dysfunctional patient"[237] wird. Menschen mit Demenz „can become extremely vulnerable as regards aspects of their personhood, especially their social identities because one's social identity is constructed only with the cooperation of others"[238]. Deshalb ist es wichtig, diese Menschen nicht über ihre Einschränkungen (sozial) zu definieren, sondern anhand ihrer Fähigkeiten.[239] S. Sabat geht davon aus, dass die Identität trotz einer Demenz erhalten bleibt und plädiert dementsprechend dafür, Menschen mit Demenz über ihren neuropathologischen Befund hinaus wahr-, ernst- und anzunehmen: „The presence of a level of dysfunction that, on the basis of standard tests, indicates that AD is in the moderate to severe states does not in and of itself preclude the existence of any of the aspects of selfhood which are described through Social Construction Theory [...] Losses or

---

[233] Vgl. BEYER, Welt, 129.
[234] Vgl. grundlegend SABAT, Experience, und SABAT/HARRE, Construction.
[235] SABAT, Surviving manifestations, 25.
[236] SABAT, Surviving manifestations, 26.
[237] SABAT, Surviving manifestations, 33.
[238] SABAT/NAPOLITANO/FATH, Barriers, 178.
[239] Vgl. SABAT/NAPOLITANO/FATH, Barriers, bes. 184f. Entsprechend dieser Einsicht möchte Sabat Menschen mit Demenz stärken und in die Forschung über das subjektive Erleben ihrer Demenz als *Partner* einbeziehen; vgl. SABAT, Partnerships.

potential losses in Self 3, the social personae which are constructed through the cooperative efforts of the person with AD and at least one other person, can occur but are not related solely to the neuropathological processes of the disease itself. Rather, such losses can be seen as stemming from the tendency on the part of healthy others to limit AD sufferer to the social persona of 'burdensome, dysfunctional patient', which follows from the inclination of healthy others to focus their attention on the Self 2 attributes which occur as a result of the disease. Thus, a person with AD is 'defined' by others mainly in term of attributes which are anathema to him or her [...] The avoidance of such losses has the great potential of enhancing interactions and communication between the person with AD and his or her caregivers as well as allowing the person with AD to enjoy some measure of dignity and moments of fulfillment even while in throes of a progressive, debilitating disease."[240]

Sabats Einsichten korrelieren mit der theologischen Perspektive auf die Demenz. Denn eine Reduzierung eines Menschen mit Demenz auf einen Kranken, was in der Regel mit einer Reduzierung auf eine bestimmte Rolle mit einer scheinbar festgeschriebenen Verhaltensmatrix und einer defizitorientierten Sichtweise einhergeht,[241] ist aufgrund der hier aufgewiesenen ontologischen Relationalität als nichtverhältnisgerecht zu bezeichnen, da sie dessen Identität bzw. die Möglichkeiten seiner Entfaltung beschädigt bzw. einschränkt. Indem der Betroffene auf eine bestimmte Rolle und deren Attribute reduziert und damit festgelegt wird, werden ihm Möglichkeiten genommen, seine – in Jesus Christus bereits verwirklichte – ontologische Relationalität zu verwirklichen; so wird seine Identität beschädigt (Goffman), indem er stigmatisiert wird: Der Stigmatisierte erlebt sich in einer Spaltung von Ich-Ideal und Ich, welche sich in einer Statusunsicherheit und so in einer Beschädigung seiner Identität manifestiert, da die soziale Interaktion, die unmittelbare Begegnung, die für die Identität wesentlich ist, gestört wird.[242] Wenn also die soziale Identität wesentlich durch die Interaktion zwischen Ich und Du konstituiert wird, dann ist das Gegenüber von wesentlicher Bedeutung für die Identität des Ich und somit für die Entfaltung seiner ontologischen Relationalität; Stephen Sabat konkretisiert das Gemeinte: „[S]ocial personae are constructed by a person only in cooperation of others because one cannot construct successfully the social persona of ‚loving spouse' if one's spouse does not cooperate. Likewise [...]

---

[240] SABAT, Surviving manifestations, 35. Vgl. SABAT/NAPOLITANO/FATH, Barriers.
[241] Vgl. dazu oben, B 3.
[242] Ein Stigma „konstituiert eine besondere Diskrepanz zwischen virtualer und aktualer sozialer Identität" (GOFFMAN, Stigma, 11).

one cannot construct the social persona of 'loving parent' if one's child refuses to acknowledge his or her parent as being his or her parent. In this sense, the person with AD is extremely vulnerable, for as long as others position [...] the person as 'the patient', or the 'burdensome patient', or 'the defective patient', or 'a shell of the person he or she was', or 'demented', the person with AD will not gain the cooperation necessary to construct healthier, more worthy and desirable social identities"[243].

Weg vom defizitorientierten Blickwinkel geht es hier darum, den Menschen mit Demenz zuerst als Menschen zu sehen, der in der Begegnung *ist*, ihm zu begegnen – unmittelbar und im Wissen um die grundsätzliche Reziprozität dieses Geschehens. In dieser Begegnung darf seine Identität nicht durch Reduzierung auf seine Defizite beschädigt werden, sondern es ist ressourcenorientiert nach den Möglichkeiten seiner ontologischen Relationalität zu fragen und zur Entfaltung dieser beizutragen:[244] „It has become increasingly apparent however, that a variety of complex cognitive abilities can exist in some people with AD, despite the fact that they can be categorised as being in the moderate to severe stages of the disease. Among these complex abilities are: the desire and ability to maintain and enhance self-worth, the ability to assess situations as being embarrassing and to respond accordingly, to set and achieve autotelic and heterotelic goals [...], to function as a semiotic subject whose behaviour is driven by the meaning of social situations [...], to employ politness strategies in conversation [...], and to compensate for the loss of verbal flucency by using extralinguistic means of communication"[245]. Diese Liste ist keinesfalls auf Vollständigkeit angelegt, sondern spiegelt einige der Möglichkeiten wider, die Menschen mit Demenz haben, ihre ontologische Relationalität zu verwirklichen und damit ihre Identität zu konstituieren. Dabei ist es für das Gegenüber wichtig, diese Möglichkeiten wahrzunehmen, zu erschließen und zu unterstützen: „[I]t is necessary to engage such people in conversation, to encourage them to be open about their beliefs, feelings, reactions to situations , their values, hopes, fears, and the like, and to provide a non-threatening atmosphere in which such openness is possible"[246].

Das hier Gesagte ist also als eine Anwendung des oben herausgearbeiteten Begegnungsbegriffes auf die Begegnung mit Menschen, die unter einer Demenz leiden,

---

[243] SABAT, Partnerships, 8.
[244] Vgl. MÜLLER-HERGL, Demenz, 250: „Ob die ‚Persönlichkeit' erhalten bleibt, hängt damit wesentlich mit der Beziehungsfähigkeit und der Beziehungsphantasie der unmittelbaren Umgebung zusammen."
[245] SABAT, Partnerships, 9.
[246] SABAT, Partnerships, 9.

zu verstehen. In der Begegnung entsteht Identität als eine relational-dynamische Identität, deshalb ist es von größter Bedeutung, wie das Ich dem Du begegnet. In der von Buber geforderten Unmittelbarkeit, die sicherlich eine Reflexion der Alterität von Ich und Du nicht ausschließt oder aber mit einer impliziten Stigmatisierung des Gegenübers einhergeht, die dessen Identität beschädigt und deren Konstitution erschwert.

Mit den Einsichten aus dem hier vorgelegten Konzept einer relationalen Identität lässt sich von einer relationalen Identität von Menschen, die von einer Demenz betroffen sind, ausgehen und die Begegnung entsprechend so gestalten, dass sich Identität als relational-dynamische Größe konstituiert und expliziert. Die Begegnung von Ich und Du, von Mensch und Mitmensch, verlangt dabei nach Mitteilung im weitesten Sinne. Die Wege der Mitteilung werden durch eine Demenz wohl erschwert, aber nicht vollkommen verschüttet. Für die Identität von Menschen, die unter einer Demenz leiden, ist deshalb nach Wegen zu suchen, die auch mit ihrer Demenz noch offen stehen, um ihre Identität in der Begegnung zu konstituieren.

Als Geschehen einer Geschichte, die gemeinsam erzählt wird, ist die Identität letztlich unverlierbar, weil andere sie festhalten (Kitwood).

Die Identität hinterlässt dabei Spuren am Leib – als Ausdrucksraum der Seele –, aber auch im Gegenüber. Die Angehörigen können aufgrund ihres Wissens über die Geschichte des Menschen mit Demenz diese Zeichen oft besser deuten als die Pflegenden. Sie sind überhaupt für die Identität von Menschen, die unter einer Demenz leiden, von größter Bedeutung: Sie erleiden zwar – weil Identität und deren scheinbarer Verlust ein relationales Geschehen ist – wie der Betroffene selbst die Folgen einer zunehmend erschwerten Konstitution der Identität, sie kennen aber den Betroffenen auf eine Weise, die ihm durch die Erschwernisse hindurch helfen kann, seine Identität in der Begegnung zu konstituieren. Die Angehörigen/Mitmenschen sind bzw. kennen die Koordinaten, durch die der Betroffene bestimmt ist. Erst durch diese Koordinaten, d.h. durch die verschiedenen Beziehungen, in denen der Betroffene steht, bekommt er seine Identität.[247]

Letztlich aber bleibt die Identität im Bereich von Mensch und Mitmensch – gerade mit Blick auf die durch eine Demenz hervorgerufenen Erschwernisse – eine verletzliche Größe, zumal, wenn die Beziehung Gottes zu den Menschen als gleichsam konstituierende Koordinate außen vor bleibt. Als verletzliche Größe bleibt sie aber Gleichnis und Verheißung jener unverlierbaren, ganzen und offenbaren Identität, die der Mensch als Geschöpf Gottes bei Gott hat.

---

[247] Vgl. SCHLAPKOHL, Persona, 225f.

D) Standortbestimmung: Sein in der Begegnung

Im Bereich von Mensch und Mitmensch unterliegt die Anerkennung und Konstitution der Identität und damit die Möglichkeit zur Verwirklichung der ontologischen Relationalität immer auch der Verantwortung des Mitmenschen: „Identität ist prozeßhaft strukturiert, sie entwickelt sich aus Interaktionen, aus Situationen, in denen sie von anderen anerkannt wird, aber verweigert werden kann."[248]

Eine solche Verantwortung gilt es aber angesichts der Einsichten der relationalen Identität, dass die Identität gerade von Menschen mit Demenz wesentlich von unserem Umgang mit ihnen abhängig ist, stark zu machen (theologisch gesehen ist eben dies als Vollzug der Würde des Menschen zu verstehen): In der unmittelbaren, wechselseitigen Begegnung (Buber) wird ein Mensch dieser Verantwortung für sein Gegenüber gerecht – freilich in dem Wissen, dass Begegnung unter den Bedingungen dieser Welt nicht immer in dieser Weise geschehen kann, dass mithin eine Spannung zwischen den Möglichkeiten der Verwirklichung der ontologischen Relationalität und der tatsächlichen Verwirklichung der ontologischen Relationalität bzw. der Nicht-Verwirklichung besteht.

Die Ergebnisse der Interventionsstudie von Böggemann et.al. bestätigen, dass die Schaffung von „positiv konnotierten Situationen" bzw. „positiv bedeutsamen Situationen" im Pflegeprozess, die Lebensqualität von Menschen mit Demenz verbessert. Obwohl die Studie noch nicht vollständig abgeschlossen ist, kommen Böggemann et.al. schon jetzt zu dem Ergebnis: „Zuwendung darf in der Pflege nicht mehr nur ein zufälliges, aus subjektiver Sympathie entstandenes Beiwerk sein, sondern muss integraler Bestandteil einer professionellen, individuell abgestimmten Zuwendung und individuellen Pflege werden."[249] Die (Gestaltung der) Begegnung erweist sich also – zunehmend auch empirsch verifiziert – als bedeutsam für die Lebensqualitität[250] von Menschen mit Demenz.

Gerade in den fortgeschritteneren Stadien der Demenz, in denen die Betroffenen nicht mehr in der Lage sind, sich verbal auszudrücken, erfordert es (pflegende) Angehörige, die es vermögen, das in der Mimik ausgedrückte, auch in diesen Stadien der Demenz erhaltene differenzierte emotionale Erleben zu erkennen und in die Gestaltung der Begegnung einzubringen. Es liegen derzeit einige valide

---

[248] FRAAS, Identität, 48.
[249] BÖGGEMANN et.al., Zuwendung, 369. So auch BECKER et. al., Lebensqualität, 118: „In einer stärkeren Sensibilisierung der Pflegekräfte für positiv valente Situationen und – darauf aufbauend – in der gezielten Förderung positiver Emotionen demenzkranker Bewohner sehen wir entsprechend eine zentrale Aufgabe zukünftiger Forschung."
[250] Vgl. zur Lebensqualität von Menschen mit Demenz BECKER et. al., Lebensqualität; Becker et al. fragen nach den Dimensionen von Lebensqualität bei Demenz und deren Operationalisierung. Vgl. ferner KRUSE, Lebensqualität.

Skalen zur Identifikation und Klassifikation von Emotionen von Menschen mit Demenz vor. Das Heidelberger Instrument zur Erfassung von Lebensqualität bei Demenz weist nach, „dass es mit der AARS [Apparent Affect Rating Scale, D.B.] möglich ist, die jeweiligen Emotionen mit sehr hoher Wahrscheinlichkeit richtig zu identifizieren und zu klassifizieren"[251]. Begegnung und Kommunikation ist also auch unter den sich zunehmend erschwerenden Bedingungen des progredienten Verlaufs einer Demenz möglich.

3.4. Fazit: Relationale Identität

In der Frage nach der (relationalen) Identität von Menschen mit Demenz laufen die verschiedenen Fäden der Arbeit zusammen. Sowohl was den formalen Aufbau der Arbeit mit ihrem Dreischritt Gott –> Mitmensch –> Beschaffenheit des Menschen, als auch was ihre inhaltlichen Erkenntnisse angeht.

Identität hat sich als ein relational-dynamisches Geschehen zwischen Ich und Du erwiesen, die als persönliche und soziale Identität in der jeweiligen Begegnung aktualisiert wird. Die Konstitution einer solchen relationalen Identität bedarf der *Mit*-teilung, d.h. der Kommunikation im umfassenden Sinne. Als zwei Geschichten begegnen sich Ich und Du; in der Begegnung wird die Geschichte zu einer gemeinsamen Geschichte, in die das Gegenüber hineingenommen wird. Daher ist die Identität letztlich unverlierbar, da der Mensch ontologisch in der Begegnung *ist*.

Diese Überlegungen gründen in der Einsicht, dass Gott zuerst und zuletzt der Garant der Identität des Menschen ist. Die Konstitution und Explikation der Identität im Bereich von Mensch und Mitmensch kann Gottes Konstitution der Identität eines Menschen, die in Jesus Christus verwirklicht ist, gegenüber nur ein Zweites sein. Gottes Anerkennung der Identität konstituiert die Identität des Menschen überhaupt erst und umfassend; von der Anerkennung der Identität durch die Mitmenschen kann solches nicht ausgesagt werden. Sie unterliegt den Verhältnissen dieser Welt und den Strukturen der Geschöpflichkeit und kann daher als Gleichnis und Verheißung einer der vollständigen Offenbarung bzw. Entfaltung der menschlichen Identität in und vor Gott verstanden werden, was allerdings

---

[251] BECKER et. al., Lebensqualität, 118. Vgl. Re, Ausdrucksverhalten, die mit FACS [Facial Coding System] arbeitet und dies als „ein differenziertes Instrument zur Beschreibung des mimischen Ausdrucks demenzkranker Menschen" (a.a.O., 452) sieht. Vgl. BÄR/KRUSE/RE, Situationen, die ebenfalls mit FACS emotional bedeutsame Situationen identifizieren. Bär/Kruse/Re kommen zu dem Schluss: „Die Häufigkeit positiv emotionaler Situationen im Alltag rechtfertigt die Annahme, dass auch bei Vorliegen einer demenziellen Erkrankung die Responsivität für positive innere und äußere Reize erhalten ist" (a.a.O., 461); daher fordern sie eine entsprechende Planung von Interventionsmaßnahmen.

D) Standortbestimmung: Sein in der Begegnung

gerade heißt, dass wir damit Verantwortung für die Identität unserer Mitmenschen haben. Denn gerade darin besteht ja die Ehre und Würde des Menschen als Bundespartner und Zeuge Gottes, dass er diesem Zeugnis entsprechend – also der in Jesus Christus bereits verwirklichten Fülle entsprechend – handelt: Gemäß der Bestimmung zum ‚Sein in der Begegnung' gilt es somit gerade mit Menschen, denen zur Verwirklichung ihrer ontologischen Relationalität mehr und mehr Möglichkeiten fehlen, in der Begegnung zu *sein* und es ihnen so zu ermöglichen, Identität zu konstituieren, zu explizieren und zu entwickeln.

Als relational-dynamisches Geschehen, welches die ontologische Relationalität des Menschen aktualisierend verwirklicht, ist die sich in der Begegnung konstituierende Identität letztlich unverlierbar. In diesem Sinne gilt Tom Kitwoods Erkenntnis: „Die Identität bleibt intakt, weil andere sie festhalten."[252] Allerdings unterliegt dieses Festhalten den Bedingungen dieser Welt: Insofern wird das ontologisch und ethisch zu verstehende In-der-Begegnung-Sein und darin Identität zu konstituieren immer nur fragmenthaft Wirklichkeit. Die empirische Verwirklichung der relationalen Identität ist und bleibt gleichsam nur ein Fragment der Identität, die aufgrund der Bestimmung zum ‚Sein in der Begegnung' – also mit Blick auf Jesus Christus als den wahren Menschen – zur Verwirklichung gebracht werden könnte. In *diesem* Sinne ist Identität fragmenthaft, bruchstückhaft. Die Bedingungen dieser Welt lassen ein mehr an Identität verwirklichender Begegnung oft nicht zu. Damit soll aber nicht gesagt werden, dass die fragmenthafte Verwirklichung von Identität als die unter den Bedingungen dieser Welt – und vor dem Spiegel der von Gott garantierten Identität – nicht ein Mehr (oder ein Weniger) an Identität in der Begegnung zulässt. Gerade für die Begegnung mit Menschen mit Demenz zeigt sich, dass im ‚Sein in der Begegnung' deren Identität erhalten, wiedergewonnen oder sogar entwickelt werden kann. ‚Sein in der Begegnung' meint dabei ein Sein, welches das Gegenüber als das gegenwärtig notwendige Du meines Ich versteht, welchem unmittelbar – und das heißt weit über die mit dem Begriff (Alzheimer-)Demenz konnotierten Bedingungen hinaus – als Gegenüber begegnet wird. Wo solche wirkliche Begegnung stattfindet, da konstituiert sich relationale Identität – für beide Begegnenden. Wo dem Gegenüber nicht als Krankem, defizienten Menschen, sondern als notwendigem Du meines Ich begegnet wird, herrschen Bedingungen, unter denen sich relationale Identität verwirklicht, unter denen zwei Geschichten zu einer Geschichte werden, aufgrund derer die Geschichte des Anderen nicht verloren geht.

---

[252] KITWOOD, Demenz, 103.

Zu solcher Verwirklichung der Identität ist der Mensch als zur Begegnung bestimmte Seele seines Leibes geschaffen. Dementsprechend ist eine solche Begegnung nichts, zu dem sich der Mensch erst aufschwingen müsste, sondern – ganz im Gegenteil – sie entspricht gerade seinem schöpfungsmäßig angelegten Vermögen, seiner Ehre und Würde, Mensch zu sein. In dem Maße, wie diese Begegnung der Konstitution des Menschen als Seele seines Leibes und damit als ganzem Menschen entspricht, bringt bzw. erhält diese Begegnung ein Mehr an relationaler Identität.

4. Zusammenfassung und Überleitung

Das Kapitel hat die Einsichten der theologischen Anthropologie, wie sie in Kap. C grundgelegt wurden, auf den in Kapitel B aufgemachten Problemhorizont hin reflektiert. Ausgehend von der christologisch verorteten relationalen Grundstruktur des Menschen wurde ein relationales Identitäts- und Würdekonzept entwickelt und auf das ‚Sein in der Begegnung' mit Menschen, die von einer Demenz betroffen sind, hin angewendet.

Identität und Würde erweisen sich als dem Menschen von Gott grundlegend zukommend, wobei beiden ein Gestaltungsauftrag inhäriert, so dass die Konstitution von Identität in der Begegnung als Vollzug der Würde des Menschen zu verstehen ist. Ohne die in Jesus Christus bereits für uns stellvertretend verwirklichten Möglichkeiten dieses ‚Seins in der Begegnung' freilich ist dieser Gestaltungsauftrag nicht zu erfüllen. Als in Jesus Christus berufener Bundespartner und Zeuge Gottes hat der Mensch im Bereich von Mensch und Mitmensch die Aufgabe, entsprechend der zu bezeugenden, in Jesus Christus verwirklichten Möglichkeiten des Menschseins Schritte zu tun und für Verhältnisse zu sorgen, in denen jeder Mensch (auch der, mit einer Demenz) ehren- und würdevoll leben und seine Identität mindestens nicht beschädigt wird, sondern vielmehr als relationale sich entfalten kann.

Die Identität und Würde von Menschen mit Demenz unterliegt hierbei einer „besonderen Vulnerabilität" (Schwerdt), die reflektiert in die Begegnung einzubringen ist. Grundlegend allerdings ist jeder Mensch aufgrund seiner Bestimmung zum Bundespartner Gottes entsprechenden Konstitution als Seele seines Leibes in der Lage, Menschen mit Demenz so zu begegnen, dass diese ihre Identität über die Demenz hinaus erhalten, entfalten und entwickeln können.

Insgesamt hat sich gezeigt, dass von einer Identität von Menschen mit Demenz, die sich in der Begegnung konstituiert und die darum unverlierbar ist, auszugehen und Begegnung entsprechend zu gestalten ist. Entgegen der gesellschaftlichen Leitvorstellung vom vollständigen Verlust der Identität und Würde bei Demenz ist aus theologischer Sicht von einer Konstitution dieser auszugehen, die aufgrund ihrer Relationalität unverlierbar ist – und der ein Gestaltungsauftrag inhäriert, der uns alle dazu verpflichtet, für Verhältnisse zu sorgen, in denen auch einem Menschen mit Demenz als notwendigem und vollwertigem Gegenüber begegnet wird.

Das nächste Kapitel wird die ethischen Einsichten, die das ‚Sein in der Begegnung' evoziert, reflektieren; dabei wird ein besonderer Fokus auf ein hier schon (implizit) angelegtes relationales Autonomie-Konzept gelegt und dieses beispielhaft in praxisnahen Konfliktfeldern reflektiert.

E) IMPLIKATIONEN: DEMENZ ALS ETHISCHE, WISSENSCHAFTLICHE UND GESELLSCHAFTLICHE HERAUSFORDERUNG – AUF DEM WEG ZU EINER INTEGRATIVEN DEMENZ-ETHIK

1. Einleitung und methodische Vorüberlegungen

Der Schlussteil der Arbeit verfolgt mehrere Ziele: die bisherigen Ergebnisse der theologischen Anthropologie sollen auf ihre Implikationen für die Demenz als ethische, als wissenschaftliche und als gesellschaftliche Herausforderung hin fokussiert werden. Dabei kann hier keine kasuistische Klärung der sich jeweils stellenden Einzelfragen erfolgen – schon deshalb nicht, weil das ‚Sein in der Begegnung' so zu verstehen ist, dass die jeweilige Begegnung die ihr immanente (ethische) Aufgabe überhaupt erst aus sich heraussetzt. Es kann aber hier sehr wohl darum gehen, einige Linien als Antwort auf die Herausforderungen der Demenz herauszuarbeiten und zu einer Skizze einer integrativen Demenz-Ethik zusammenzuführen.

Dabei gehen die anzustellenden Überlegungen von der konstitutiven Zusammengehörigkeit von Sein und Aufgabe, von Anthropologie und Ethik in ihrem „Verhältnis reziproker Implikation"[1] aus, und kommen nur mit Blick auf die anthropologischen Erkenntnisse und deren Zentrum, der ontologischen Relationalität, zu ethischen (Gestaltungs-)Aussagen.

Es sind vor allem drei Bereiche, in denen gearbeitet werden soll: Im Rahmen der Demenz als ethischer Herausforderung ist hier nach den sich aus der ontologischen Relationalität des Menschen sich ergebenden Implikationen für einen Autonomie- bzw. Fürsorgebegriff für Menschen mit Demenz zu fragen. Von diesem Begriff ausgehend können sodann „klassische" ethische Felder, wie etwa (Zwangs-)Ernährung und Sterbehilfe, angegangen werden (2.).

Der zweite Bereich – Demenz als wissenschaftliche Herausforderung – fragt zunächst nach den Bedingungen für die Aufarbeitung der anthropologischen und ethischen Ergebnisse dieser Arbeit im inter- bzw. transdisziplinären Diskurs; und stellt ein mögliches Modell der Zusammenarbeit der beteiligten Fachwissenschaften im Bereich der Demenz vor (3.).

Der dritte und letzte Bereich – Demenz als gesellschaftliche Herausforderung – schlägt den Bogen zum im Kapitel B dieser Arbeit aufgemachten Problemhorizont zurück und zeigt Wege für einen gesellschaftlichen Umgang mit der Demenz, d.h. mit den *Menschen*, die von einer Demenz betroffen sind, auf (4.).

---

[1] TÖDT, Ethik, 15 (im Original zum Teil kursiv).

E) Demenz als ethische, wissenschaftliche und gesellschaftliche Herausforderung

Die gesamten Überlegungen dieses Kapitels zeigen die Möglichkeiten eines integrativen Demenz-Konzeptes auf, welches von der ontologischen Relationalität des Menschen ausgehend nach ethischen, wissenschaftlichen und nicht zuletzt auch gesellschaftlichen Strukturen fragt, in denen Menschen mit Demenz verhältnisgerecht leben können.

2. Demenz als ethische Herausforderung

2.1. Einleitung und methodische Vorüberlegungen

Bevor konkrete ethische Handlungsfelder angegangen werden, ist zunächst auf die enge Zusammengehörigkeit von Anthropologie und Ethik einzugehen, die sich aufgrund der Christologie, d.h. in Jesus Christus als Mensch *für* Gott und Mensch *für* den Mitmenschen, ergeben. (2.2.). Der Mensch soll seine Bestimmung zur ontologischen Relationalität in Sein *und* Aufgabe in Entsprechung und Ähnlichkeit zu Jesus Christus, der Norm und dem Kriterium ethischen Handelns einerseits und stellvertretender Verwirklicher solchen Handelns andererseits ist, erfüllen. In seiner grundsätzlichen Bezogenheit auf die anthropologischen Aussagen trägt die hier vorgeschlagene (christologische) Ethik dem Paradigma der „reziproken Implikation" (Tödt) von Anthropologie und Ethik Rechnung.

Ist mit diesen Überlegungen, die sich bereits aus dem Gesamtduktus der Arbeit nahe legen, der Rahmen für ethische Konkretionen abgesteckt, soll sodann mit der Frage nach dem Autonomie- bzw. Fürsorgebegriff ein für die Frage nach dem ethischen Handeln entscheidendes Themenfeld in den Fokus des Interesses gerückt werden (2.3.).

Die hier gewonnenen Einsichten sind sodann an konkreten, in der täglichen Praxis mit Menschen mit Demenz anstehenden ethischen Entscheidungsherausforderungen – wie sie sich im Bereich Ernährung – Zwangsernährung – PEG, „problematisches" Verhalten und Sterbehilfe stellen – fruchtbar zu machen (2.4).

2.2. Christologische Ethik im Anschluss an Karl Barth

Jesus Christus wurde oben als Quelltext und Kriterium der Anthropologie verstanden. Anthropologie und Ethik gehören für Barth auf das Engste zusammen, denn als Quelltext und Kriterium der Anthropologie ist Jesus Christus auch Quelltext und Kriterium der Ethik. Karl Barth wundert sich in diesem Zusammenhang, „dass die christliche Kirche und Theologie die Bedeutung [...] der Inkarnation für die Ethik nicht längst viel energischer geltend gemacht hat"². Sein und Aufgabe des Menschen, Anthropologie und Ethik, gründen also in der Christologie. Zentrale Erkenntnis und Proprium der theologischen Anthropologie ist die ontologische Relationalität des Menschen als Mensch *für* Gott und als Mensch *für* den Mitmenschen. Dem *Sein* des Menschen als Mensch für Gott – theologisch gesprochen als Gottes Bundesgenosse – entspricht bzw. korrespondiert dabei die *Aufgabe*, Mensch für Gott und Mensch für den Mitmenschen zu sein.

Mithilfe der Analogie verortet Barth Sein *und* Aufgabe – in eben dieser konstitutiven Zusammengehörigkeit – über die Christologie als Erkenntnisgrund hinaus in der Gotteslehre selbst: „Wo dürfte uns insbesondere die Lehre von der Fleischwerdung des Wortes Gottes irgendwo nicht vor Augen stehen? [...] Die ethische Frage, d. h. die Frage nach dem richtigen Handeln ist die menschliche Existenzfrage [...] Es ist nicht so, dass der Mensch existiert und dann u.a. auch noch handelt. Sondern er existiert, indem er handelt. Die Frage: ob und inwiefern er richtig handelt, ist also keine andere als die: ob und inwiefern er richtig existiert?"³

Der Aufgabe, Gottes Bundespartner zu sein, entspricht wiederum das Geschaffensein des Menschen als ein Wesen, „dem also seine eigene, die göttliche Lebensform nicht fremd, das vielmehr in geschöpflicher Wiederholung, als Abbild und Nachbild, seinerseits ein Träger seiner, der göttlichen Lebensform sein möchte"⁴. Der Mensch wird – so Walter Kreck – also „nicht voraussetzungslos angeredet und zum rechten Tun aufgerufen, sondern er wird angesprochen als der, der bereits Gott gehört"⁵.

Damit ist die Möglichkeit einer allgemeinen Ethik zurückgewiesen, weil Barth die Ethik wie den Menschen nicht unabhängig vom Worte Gottes, von Jesus Christus, verstehen kann: „Christliche Ethik bindet nicht an ein Gesetz, eine Summe ethischer Vorschriften, an ein Tugendideal, sondern an den Namen und die Person dieses Einen, in dem Gottes Wort und Wille uns offenbar sind."⁶ Über Jesus Christus als das Wort Gottes verankert Barth die Ethik – wie die Anthropologie – letztlich über die Prädestinationslehre in der Gotteslehre selbst:⁷ „Indem das eine Wort Gottes als Offenbarung und Werk seiner Gnade uns angeht, ist es auf eine Konformität unseres Seins und Handelns mit dem seinigen abgesehen. ‚Ihr sollt (wörtlich: ihr werdet) vollkommen (wörtlich: auf euer Ziel gerichtet) sein, wie

---

² KD III/4, 385 (im Original zum Teil gesperrt).
³ KD I/2, 887 (im Original zum Teil gesperrt).
⁴ KD III/1, 207.
⁵ KRECK, Ethik, 78.
⁶ KRECK, Ethik, 81.
⁷ Vgl. KD II/2, 564-612 (§ 36. Ethik als Aufgabe der Gotteslehre).

(d. h. dem geschöpflich-menschlich entsprechend) euer himmlischer Vater vollkommen (auf sein Ziel gerichtet) ist.' (Matth. 5, 48)."[8]

Hier wird deutlich, dass und wie Barth Dogmatik und Ethik integriert: Die Inanspruchnahme widerfährt dem von Gott erwählten Menschen damit, „dass dieser [Gott, D.B.], indem er ihm sich selber zuwendet und schenkt, sein Gebieter wird"[9]. Eine christologische Ethik ist also wiederum – wie schon die Anthropologie – nur *relational* zu verstehen: Eine Ethik ohne Gott ist für Barth genauso wenig möglich wie eine Anthropologie ohne Gott. Dabei ist Gott zunächst und grundlegend als der zu verstehen, der Gott *für* den Menschen sein will. Erst von diesem Zuspruch her kann von dem mit diesem *Zuspruch* einhergehende *Anspruch*, Mensch *für* Gott – und damit *für* die Mitmenschen – zu sein, gesprochen werden.

„Die rechte Verklammerung von Zuspruch und Anspruch, die beides mit gleichem Ernst bejaht, kann nur christologisch einsichtig gemacht werden."[10] Denn in Jesus Christus kommt es zu einer Verklammerung von Rechtfertigung und Heiligung: „Indem Gott sich in Jesus Christus erniedrigt und unser Menschsein annimmt, wird zugleich dies Menschsein geheiligt, in Dienst gestellt, für Gott beschlagnahmt, zum Organ göttlichen Wirkens."[11] Insofern kann Barth auch vom Gesetz als der „notwendige[n] Form des Evangeliums"[12] sprechen. Damit aber hat es die Ethik nicht mit der Bindung an gesetzliche Vorschriften und Gebote zu tun, „sondern an Jesus Christus selbst. Dieser Imperativ wurzelt im Indikativ, das hier geforderte Tun ist getragen und umschlossen von dem sola gratia und sola fide. Es ist nicht ein über sich Hinausschreiten auf ein zu erreichendes Ideal hin, sondern [...] en Christo einai"[13].

Der Fordernde, der den Anspruch-Habende, ist also zugleich der Schenkende, der den Zuspruch-Gebende. Durch die christologische Verortung dieses Geschehens wird jede Kasuistik und jeder ethische Formalismus hinfällig, denn der

---

[8] KD II/2, 567 (im Original zum Teil gesperrt).

[9] KD II/2, 567.
Damit steht die Frage der Ethik für Barth schon immer mit dem Wort Gottes, mit Gottes erwählender Gnade in engstem Zusammenhang: „Gerade weil der Mensch von der Gnade Gottes herkommt, liegt ihm die Sünde so nahe, denn statt von Gott her erkennen zu wollen, was gut ist, will der Mensch dieses von sich aus tun und beantworten. So kommt es in Verlängerung des Sündenfalls zur Ethik als menschlichem Versuch, die Frage nach dem Handeln autonom zu beantworten – und damit zur Sünde." (MÜLLER, Ethik, 47).

[10] KRECK, Ethik, 86.

[11] KRECK, Ethik, 86; vgl. KD IV/2.

[12] BARTH, Evangelium und Gesetz, 13 (im Original zum Teil gesperrt).

[13] KRECK, Ethik, 98.

das Handeln umfassend bestimmende Grund der Ethik ist Jesus Christus.[14] In Jesus Christus ist die Bestimmung des Menschen als Mensch *für* Gott und Mensch *für* den Mitmenschen offenbar – und erfüllt. Was es mit dieser Bestimmung auf sich hat, was ihre Erfüllung ausmacht, ist an Jesus Christus als dem wahren Menschen ablesbar und erschließt sich nicht in einer Kasuistik, sondern in seinem Sein für Gott und seinem Sein für den Mitmenschen.

KD III/2, die in Kap. C dieser Arbeit eingehend dargestellt wurde, hat Barth mithilfe seiner Schöpfungsethik den „Zusammenhang von Jesu Menschsein und unserer Humanität" entfaltet, indem er „die geschöpfliche Bestimmung und Bestimmtheit des Menschen und das daraus folgende Gebot" christologisch begründet. Das heißt nun für Barth aber nicht, dass es nicht auch Punkte gibt, an denen sich seine christologisch begründete Ethik mit nicht-christologisch begründeter Ethik berührt; vielmehr sieht er diese Punkte als „Bestätigung" des christlichen Zeugnisses (KD III/2, 342), „an dem wir uns zu orientieren allen Anlaß haben" (ebd.), nicht aber als Beweis dafür, dass die Ethik doch losgelöst vom Gottesgedanken zu begründen sei. Allerdings ist hier für Barth sehr genau zwischen Norm und Phänomen zu unterscheiden: „Mag es also durchaus solche ethischen Phänomene in der Welt geben, die – vom Glauben her gesehen – auf Gottes bewahrende Schöpfergüte hinweisen, die zu dienen, die Menschheit vor dem Chaos zu bewahren [...], mag auch christliche Ethik materialiter davon lernen können und müssen, so darf doch dies alles niemals zur Norm und zur Quelle der Ethik erklärt werden."[15]

Ist Jesus Christus also Norm und Quelle christlicher Ethik, hat unser Handeln Jesu Handeln zu entsprechen. Es geht um Entsprechung, d.h. nicht darum, „sein Werk zu ergänzen oder zu vollenden, sondern ihm zu entsprechen, es zu bezeugen, aus ihm die Konsequenzen zu ziehen. In Jesus Christus ist ans Licht getreten, welcher Hoheit und Würde menschliches Wesen fähig ist, nicht aus sich heraus, nicht aufgrund einer geschöpflichen Qualität, geschweige denn im Stande des gefallenen Menschen, wohl aber da, wo sich Gott diesem Menschen in seiner Ohnmacht und Anfechtung verbindet. Hier wurde offenbar, dass Menschsein heißt, um Christi willen und durch ihn zum Dienste Gottes berufen und ermächtigt sein."[16] In diesem Rahmen, der durch die Bestimmung des Menschen als Mensch für Gott und Mensch für den Mitmenschen gesetzt ist, sollen wir in Entsprechung zu Jesus Christus, dem wahren Menschen und wahren Gott, handeln.

---

[14] Vgl. KRECK, Ethik, 81: „Christliche Ethik bindet nicht an ein Gesetz, eine Summe ethischer Vorschriften, an ein Tugendideal, sondern an den Namen und die Person dieses Einen, in dem Gottes Wort und Wille uns offenbar sind."
[15] KRECK, Ethik, 124.
[16] KRECK, Ethik, 128.

Solches, Jesus Christus entsprechendes Handeln erschließt sich nicht in einer Bewusstseinshaltung, sondern in konkreten Taten – worauf Walter Kreck mit Nachdruck hinweist:[17] „Gerade weil uns Gottes Gebot immer konkret und zugleich absolut bindet, darf man aus diesen konkreten Geboten nicht allgemeine ethische Regeln machen, die zeit- und situationslos immer das Gleiche von uns fordern."[18] Die Vielzahl der Gebote, die sich aus dem Christus entsprechenden Handeln ergibt, ist dann insofern „relativ" zu nennen, als sie sich im etymologischen Sinne des Wortes auf Jesus Christus als Norm und Grund zurückbeziehen.

Für die folgenden ethischen Konkretionen der Arbeit ist damit der Rahmen klar abgesteckt. Sie orientieren sich an Jesus Christus als der Norm und dem Kriterium ethischen Handelns, dem wir zu entsprechen haben – insofern sind sie relativ. Sie haben insofern ver-*antwort*-lichen Charakter, als sie Jesus Christus als Autorität ansehen, vor der sie sich – freilich in der heutigen, konkreten Situation – ver-*antworten*. Aufgrund ihres engen Zusammenhangs mit den anthropologischen Aussagen, als deren Zentrum die ontologische Relationalität ausgemacht wurde, soll es in den folgenden Konkretionen um die ethischen Verwirklichungsbedingungen der ontologischen Relationalität gehen.

Ein Themenkomplex, der dabei für Menschen mit Demenz von enormer Bedeutung ist – und der gerade mit Blick auf die gesellschaftlichen Leitvorstellungen und deren Konsequenzen einer Neubestimmung bedarf, ist das Verständnis von Autonomie und Fürsorge.

2.3. Relationale Autonomie und Fürsorge

Gerade im Blick auf das Autonomie-Ethos wird deutlich, wie sehr eine Demenz und deren Folgen den Menschen von den gesellschaftlichen Leitvorstellungen von Autonomie und Freiheit entfernt. In Kapitel B 3.2. wurde herausgearbeitet, dass die gesellschaftlichen Leitvorstellungen von Autonomie in Richtung auf eine *solipsistische* Autonomie des Einzelnen, der als souveränes und informiertes Subjekt über seine (Lebens-)Möglichkeiten jederzeit in Freiheit zu entscheiden vermag, hinauslaufen.

In Kapitel C. wurde allerdings gezeigt, dass aus Sicht der theologischen Anthropologie der Mensch gerade erst in der Relation frei ist, was in Richtung auf eine *relationale Autonomie* weist, zumal der Mensch Autonomie aufgrund seiner ontologischen Relationalität ohnehin nicht absolut bzw. solipsistisch verwirklichen kann.

---

[17] Vgl. auch KD II/2, 740ff.
[18] KRECK, Ethik, 161.

Selbst zugestanden, dass die gesellschaftliche Vorstellung von Autonomie hier und da überspitzt ist, indem sie auf ein an idealistischer Philosophie angelehntes – und sicherlich auch verengtes – Autonomie-Konzept verweist (und dieses vorschnell übernimmt), ist sie bereits in ihrer Grundtendenz hier letztlich nicht zu gebrauchen; und stimmt die grundlegende These dieser Arbeit, dass Menschen mit Demenz lediglich besonderen Bedingungen des „allgemeinen" Menschseins unterliegen, so müssen die Ergebnisse der Anthropologie (und der mit ihr in Zusammenhang stehenden Ethik) – sollen sie tragfähig sein – auch für Menschen, die unter einer Demenz leiden, gelten.

Allerdings ist gerade von Barth zu lernen, „dass ein Entgegensetzen konsequent theologischen Denkens nur anzeigen kann, dass jedenfalls nicht konsequent theologisch gedacht wurde"[19].

Michael Welker verweist in diesem Zusammenhang nachdrücklich darauf, dass eine Reflexion oder gar Rezeption des Autonomie-Begriffes im Rahmen der theologischen Anthropologie nicht unter Absehung von der keineswegs immer klaren, synthetisierbaren philosophischen Theorie geschehen kann, von der aus dieses „Reizwort" (Welker) an die Theologie herangetragen wird. Damit versteht Welker Autonomie als „außertheologisches Denken"[20], welches von außen an die theologische Reflexion herantritt, auf das sich die Theologie aber wiederum einlassen *kann*. Wobei sie sich die Frage zu stellen hat, inwieweit sie hierbei ihrem Gegenstand, dem Wort Gottes, mit Blick auf das sie ihre (anthropologischen) Aussagen tätigt, gerecht wird. Und so gilt es, dem Anspruch der Autonomie gegenüber der Theologie mit Barths kritischer Frage entgegenzutreten, „ob hier der *wirkliche Mensch* zu Gesicht gekommen sei, ob man es hier wirklich mit dem Menschen selbst, seiner *Wirklichkeit* zu tun habe"[21]. Die Theologie – so Welker in Anschluss an Barth – prüft also die Aussagen „mit der kritischen Frage und grenzt sich so zugleich von ihnen ab", wobei allerdings die Gefahr besteht, „dass sie sich damit gleichsam von sich selbst abgrenzt".[22]

Im Anschluss an Welker ist also mit dem Autonomie-Begriff äußerst kritisch umzugehen. Dieser ist zunächst zu dekonstruieren und dann mit Blick auf das

---

[19] WELKER, Autonomie, 186 (Kursiv im Original).
[20] WELKER, Autonomie, 191.
[21] WELKER, Autonomie, 193 (Kursiv im Original); vgl. KD III/2, 27.
[22] WELKER, Autonomie, 194.

Wort Gottes neu zu bestimmen – zumal seine philosophische Bestimmung ohnehin unklar ist, da „die Theoriebildung auf verschiedenen Ebenen erfolgt: Eine Handlungslehre (Kant), Grundzüge einer Theorie des Selbstbewusstseins (Fichte), eine Theorie der geistigen Welt (Schelling) und ein Verfahren zur Einsicht (Hegel)"[23]. Ebenfalls warnt Welker davor, angesichts dessen eine Synthetisierung der Ebenen vorzunehmen. Insgesamt kann es „nicht Aufgabe der Theologie sein, unmittelbar an der Theoriebildung, ihrer ungelösten Denkaufgabe mitzuarbeiten"[24].

Da sich aber im Rahmen der hier anzustellenden anthropologisch-ethischen Überlegungen über die Demenz mit der Autonomie zu beschäftigen ist, bedarf der Begriff der Autonomie zunächst einer grundlegenden theologischen Bestimmung.[25]

Um diese Bestimmung vorzunehmen, sind sowohl *autos* (griech: selbst) als auch *nomos* (griech: Gesetz, Gebot) hier systematisch-theologisch wahrzunehmen und zu füllen.

Aus systematisch-theologischer Sicht ist – wie auch die grundlegenden Überlegungen in Kap. C zeigen – der Mensch gerade nur in der *Relation* zu Gott und den Menschen wirklich *autos*. Deutlich werden diese Überlegungen in der Auslegung des Heidelberger Katechismus: Dort findet sich eine für die Bestimmung des *autos* zentrale Aussage: Auf die Frage „Was ist dein einziger Trost im Leben und im Sterben?" heißt es: „*Dass ich mit Leib und Seele im Leben und im Sterben [...] nicht mir [...], sondern meinem getreuen Heiland Jesus Christus gehöre*".[26] Der Heidelberger Katechismus geht also in die Richtung, in die oben, C 4.2., im Rahmen der Überlegungen zum Freiheitsbegriff argumentiert wurde: Der Mensch ist gerade in seiner Bindung an Gott frei. Diese Glaubensaussage mag aus Sicht der Welt als Heteronomie und so geradezu als das Gegenteil der Autonomie erscheinen, aus theologischer Sicht allerdings ist zunächst und grundlegend von der Autonomie Gottes selbst auszugehen.[27]

---

[23] WELKER, Autonomie, 211.
[24] WELKER, Autonomie, 212.
[25] Ähnlich gehen auch MACKENZIE/STOLJAR, Relational Autonomy, vor, die den Begriff Autonomie – freilich aus ihrer feministischen Perspektive – zunächst dekonstruieren, um ihn anschließend zu rekonstruieren. Dabei gehen sie grundlegend davon aus, „that none of the [...] feminist critiques justifies repudiating the notion of autonomy" (MACKENZIE/ STOLJAR, Autonomy Refigured, 12).
[26] PLASGER/FREUDENBERG, Bekenntnisschriften, 154 (im Original zum Teil kursiv; Hervorhebung hier: D.B.).
[27] Vgl. HÜTTER, Ethik, 35f.

Angesichts dieses „absoluten Freiheitsanspruches Gottes ist die Reichweite menschlicher Freiheit als Autonomie von der Freiheit Gottes begrenzt"[28]. Nun ist die Freiheit Gottes nicht im Sinne „schlechthinige[r] Wahlfreiheit"[29] zu verstehen, sondern Gottes Freiheit besteht gerade darin, dass er sich frei dazu bestimmt hat, Gemeinschaft mit uns zu haben: „Er ist darin Gott, es besteht darin das Göttliche Gottes, dass er liebt und das ist sein Lieben: dass er Gemeinschaft mit uns sucht und schafft."[30]. Gottes Freiheit, die Auto-*nomie* im ursprünglichen Sinne des Wortes, ist also bereits auf Beziehung, auf Relation angelegt. In Entsprechung zu dieser göttlichen Freiheit ist nun auch des Menschen Freiheit zu beschreiben: Gott hat den Menschen dazu bestimmt, seinerseits gerade darin freies Subjekt zu sein, dass er sich in diese Relation begibt. Der Mensch ist in Entsprechung zu Gottes Autonomie gerade darin auto-nom, dass er dieser Bestimmung entspricht. Autonomie in diesem Zusammenhang heißt, der Mensch soll nicht frei sein, muss nicht frei sein, er *darf* frei sein, ja er *ist* frei, indem er seiner Bestimmung zur Freiheit, die in Gottes Freiheit gründet, entspricht.

Der Mensch ist aus Sicht der theologischen Anthropologie gerade *in* seiner Relation zu Gott Subjekt; er ist gerade darin, dass er nicht sich selbst gehört, er selbst – und gerade *so* handlungsfähiges Subjekt[31] – wie auch die Überlegungen zum Freiheitsbegriff in Kap. C 4.1. gezeigt haben.[32]

Damit ist der Horizont, in dem die theologische Bestimmung der Autonomie stattfinden soll, abgesteckt: Es kann an dieser Stelle nicht darum gehen, den Theoriebestand des Autonomie-Konzeptes zu erweitern, zu synthetisieren oder grundlegend umzuarbeiten, aber sehr wohl darum, diejenige Struktur, die das Autonomie-Konzept im Bereich des Humanum beschreibt, aus theologischer Sicht wahrzunehmen und zu reflektieren. Ganz allgemein gesprochen betrifft das für die Demenz maßgebliche Autonomie-Konzept im weitesten Sinne die Frage nach den Möglichkeiten und Bedingungen von Handlungen. Aus theologischer Sicht geht es also entscheidend darum, den Menschen, der relational verortet ist, auf seine dieser Verortung inhärierende Ver-Antwortung in der Begegnung und die Bedingungen dieser zu verstehen.

---

[28] BAUMANN-HÖLZELE, Autonomie und Freiheit, 145.
[29] KD II/2, 25.
[30] KD II/1, 309.
[31] Vgl. die Überlegungen zum Freiheitsbegriff oben, C 4.2.
[32] Vgl. KRÖTKE, Gott und Mensch, bes. 167.

Im Rahmen dessen darf die theologische Anthropologie sich freilich gegen eine solipsistische, absolute Bestimmung der Autonomie abgrenzen und dieser widersprechen, da sich aufgrund ihrer Quellen, also aufgrund der Christologie, gerade das Ich (hier: das *autos*) als relationale Größe erschließt, so dass das Subjekt gerade erst dann Subjekt ist, wenn es in Beziehung zu Gott und der Beziehung zu den Menschen verstanden wird.

Die folgenden Überlegungen zu einem christologisch-relationalen Autonomie-Verständnis mögen aufgrund ihrer exklusiven christologischen Zuspitzung nur eingeschränkt gültig erscheinen. Mit Blick auf Barths Auslegung von Röm 13 ist einer solchen Wahrnehmung allerdings zu widersprechen und entsprechend des unten noch zu entfaltenden Paradigmas der „einladenden Ethik" (Plasger) zu diesem Gedankengang einzuladen. Röm 13 behandelt die Frage nach der Stellung des Christen zum (weltlichen) Staat. Röm 13,1a ist in der Geschichte oft so ausgelegt worden, dass die Christen sich dem weltlichen Staat *unterzuordnen* hätten, dass sie dem Staat „Untertanen" seien. Barth allerdings weist dagegen darauf hin, dass „Unterordnung" hier als „*Mitverantwortung*" zu verstehen sei: „'Unterordnung' bedeutet den Vollzug dieser Mitverantwortung, in der die Christen sich mit den Nicht-Christen an dieselbe Aufgabe begeben, derselben Regel unterstellen."[33] Als zwei konzentrische Kreise sind Christen- und Bürgergemeinde zu verstehen; da beide um dasselbe Zentrum – wenn auch in unterschiedlicher Wahrnehmung und Bewusstheit – kreisen, sind beide *mitverantwortlich*. Selbst wenn man sagen würde, dass der Staat Gott nicht untergeordnet ist, bleibt die Mitverantwortung unsererseits im Bereich des Staates, so wie sie auch gefordert ist, wenn man den Staat als Gott untergeordnet versteht. Für Christen gibt es keine Überordnung außer Gott, keinen Staat, keine Mächte und Gewalten, aber trotzdem sind sie aufgrund des Gesetzes Jesu Christi mitverantwortlich für die Verhältnisse, sprich die Bürgergemeinde, in der sie eben als Christen (auch) leben.

Auf die Frage nach der Autonomie übertragen heißt diese Überlegung: Dass, selbst wenn die Prämisse, die hier angestellt wird (es handelt sich ja um eine Glaubensaussage, dass ich nicht mir, sondern Jesus gehöre, die sich von Außenstehenden den Heteronomismus-Vorwurf gefallen lassen muss), nicht in gleicher Weise *erkannt* und *geglaubt* wird, so doch die Aufgabe, Schritte auf dem Weg zu einem relationalen Autonomie-Verständnis zu gehen, auch ohne dass der konkrete Erkenntnisvollzug dieser Glaubenswahrheit nachvollziehbar

---

[33] BARTH, Christengemeinde und Bürgergemeinde, 13 (im Original zum Teil gesperrt).

sein muss. Jeder kann Schritte für die Verbesserung der Lebenssituation von Menschen mit Demenz tun, manche tun dies aufgrund der Erkenntnis, dass sie als Christen mitverantwortlich sind, andere mögen dies aus anderen Gründen tun. Die Aufgabe aber ist beiden Gruppen gestellt.

Über die in Jesus Christus sich erschließende konstitutive Zusammengehörigkeit von Sein und Aufgabe ist das *nomos* nun entsprechend in den Gedankengang einzutragen. Dem relational verorteten Selbst-Sein des Menschen inhäriert die Aufgabe, Mensch *für* Gott und Mensch *für* den Menschen zu sein. Das *nomos* ist also wiederum grundlegend christologisch zu bestimmen.[34]

Denn für Barth erschließt sich die Frage nach dem Gebot Gottes in Jesus Christus.[35] Über das Barthsche christologische Verständnis von Evangelium und Gesetz erschließt sich die Aufgabe als im (zugesprochenen) Sein gründend: In seinen Überlegungen zu Evangelium und Gesetz kommt Barth zu dem Ergebnis: „[D]as Gesetz ist nichts anderes als die notwendige Form des Evangeliums, dessen Inhalt die Gnade ist."[36] Aufgrund seiner christologischen Verortung von Evangelium und Gesetz gelangt er zu einem inklusiven Verständnis dieser. Damit aber ist für die Bestimmung des *nomos* auf den Inhalt des Evangeliums, „auf die Tatsache, dass Jesus Christus das Gesetz erfüllt und alle Gebote gehalten hat, zurück[zu]kommen"[37]. Jesus Christus hat also stellvertretend für uns das Gesetz erfüllt, indem er an unserer Stelle für uns *geglaubt* hat. „Von diesem Glauben, den ganz allein er bewährt hat, zeugen, auf ihn zielen alle Gebote."[38] Daher ist es unsere Aufgabe, „seinen stellvertretenden Glauben, den wir nie realisieren werden, an[zu]erkennen und gelten [zu] lassen *als unser eigenes Leben, das wir also nicht hier und nicht für uns, nicht in unserer Hand und zu unserer Verfügung haben, sondern droben, verborgen mit ihm in Gott*"[39]. Es geht also hier wiederum – wie bereits bei den Überlegungen zur Ehre und Würde und Identität des Menschen – darum, das in Jesus Christus Verwirklichte anzuerkennen und entsprechend zu handeln. Daher kann Barth sagen, dass in „diesem Glauben [...] aller Gehorsam beschlossen [ist]", denn „das Gesetz und alle seine Gebote werden von uns gehalten und erfüllt, wenn sie bei uns Glauben finden, den Glauben an Jesus Christus, das heißt den

---

[34] Vgl. BARTH, Evangelium und Gesetz.
[35] Vgl. KRECK, Ethik, 77.
[36] BARTH, Evangelium und Gesetz, 13 (im Original zum Teil gesperrt).
[37] BARTH, Evangelium und Gesetz, 14 (im Original zum Teil gesperrt).
[38] BARTH, Evangelium und Gesetz, 15 (im Original zum Teil gesperrt).
[39] BARTH, Evangelium und Gesetz, 16 (Hervorhebung D.B.).

Glauben, der sich an ihn hält und bei ihm bleibt, einfach darum, weil er das ewige Wort im Fleische ist, das alles vollbracht hat".[40]

Als in Jesus Christus für uns erfüllt ist *nomos* also nicht im Sinne eines vom Menschen sich selbst gegebenes Gesetz zu verstehen. Vielmehr gehört das Gesetz als notwendige Form des Evangeliums – und dessen Erfüllung – systematisch zur Bestimmung des Menschen als Bundespartner Gottes, wie sie in Jesus Christus offenbar und erfüllt ist. Mit Blick auf Jesus Christus erschließt sich das Gesetz als Form des Evangeliums, der wir entsprechen können und sollen. Als solches aber dient es dem Menschen zur Verwirklichung seiner ontologischen Relationalität – in dem Sinne zu sein, was man in Jesus Christus bereits ist.

Im Rahmen dieser Überlegungen ist die *Auto*-nomie in diesem Sinne als *Christo*-nomie zu verstehen, in der die Möglichkeiten zur Entfaltung unserer ontologischen Relationalität verwirklicht sind. Autonomie als Christonomie heißt also, *in* der (ontologischen) Relation zu Gott und den Mitmenschen ver-*antwort*-lich zu handeln. Der Gedanke der Autonomie reflektiert also den Vorgang solchen christonomischen Handelns.

Solches Handeln vollzieht sich in konkreten Situationen, in der Begegnung von Mensch und Mitmensch. Signatur solcher Begegnung ist die Ver-*Antwortung*. Ver-*Antwortung* wiederum hat im ‚Sein in der Begegnung' ihren Raum.[41] Im reziproken Begegnungsgeschehen ist sie einerseits als Antwort auf den Anspruch des Du zu verstehen, aber in gleicher Weise bereits als Anspruch an das Du, welcher darin besteht, als Du meines Ich notwendig zur Konstitution meines Ich beizutragen. Ver-Antwortung findet also in einem relationalen Kontext statt, der reziprok strukturiert ist – und zwar mit Blick auf Jesus Christus. In diesem Kontext vollzieht sich das, was die philosophische Tradition Autonomie nennt, als das, was im Rahmen dieser Überlegungen als Explikation der ontologischen Relationalität verstanden wurde. Damit ist das, was die philosophische Tradition Autonomie nennt, hier im Sinne einer Handlungstheorie verstanden, die die Bedingungen der Möglichkeit von Handlungen in Freiheit, Selbstbestimmung und die kognitiven Voraussetzungen dieser im Fokus ihres Interesses hat. Diese Bedingungen erweisen sich als relational verortet, indem sie relational ver-antwortet sind.

---

[40] BARTH, Evangelium und Gesetz, 17.
[41] Vgl. KRECK, Ethik, 187.

Angesichts einer Demenz als besonderer Form des Menschseins ist hier die Reziprozität des Phänomens stark zu machen. Ver-*Antwortung* soll in diesem Sinne als Mit-*Verantwortung* für die Autonomie[42] des Gegenübers verstanden werden, die (in Grenzfällen) die Autonomie des Gegenübers garantieren oder sogar realisieren muss. Ruth Baumann-Hölze hat bereits darauf aufmerksam gemacht, dass im Verhältnis von Arzt und Patient in bestimmten Situationen der Betreuende die Autonomie des nicht mehr über sich selbst verfügenden Patienten gewährleistet, ja ausübt: „Das einem Menschen angemessene Handeln in der Medizin lässt sich nur von Betreuenden finden, die die Patientinnen und Patienten in ihren konkreten Lebenssituationen mit den dazugehörigen Geschichten ernst nehmen."[43] Damit ist auf den Modus solcher Autonomie als einer an eine konkrete Situation, an eine Begegnung gebundene, verwiesen, in welcher der „Vorgang Autonomie" (Welker) abläuft.

Eine solche konkrete Situation ist nun näherhin gekennzeichnet durch den Modus der Mit-ver-*antwort*-ung, in dem sich der Schritt von einer relational verorteten Autonomie zur Fürsorge vollziehen kann. Mitverantwortung kommt an dieser Stelle jedem zu: Christen wie Nichtchristen, auch wenn deren Grund verschieden oder verschieden erkannt sein mag. Im Gedanken der Mitverantwortung vollzieht sich der Schritt von einer relational verorteten Autonomie zur Fürsorge.

Allerdings ist aufgrund der sich aus der ontologischen Relationalität des Menschen ergebenen Impulse hier eine doppelte Bewegung zu vollziehen: Die theologische Anthropologie, die die Demenz als Beziehungsgeschehen versteht, hat sowohl den Betroffenen als auch seine Angehörigen bzw. Pflegenden im Blick. Fürsorge in diesem Sinne gilt allen Beteiligten und somit im gleichen Maße den Pflegenden/Angehörigen, die – in der täglichen Arbeit – schwierigen Situationen/Entscheidungen ausgesetzt sind. Eine Ethik der *Für*sorge als *Mit*sorge hat somit auch eine Aufwertung und Wertschätzung der Pflegenden/Angehörigen im Blick, die durch ihre Arbeit nicht nur enorme Kosten im Gesundheitssystem sparen, sondern aufgrund ihrer intensiven Beziehung zum Betroffenen vor allem wertvolle Beziehungsarbeit leisten.

Der Begriff der relationalen Autonomie geht davon aus, dass „persons are socially embedded and that agent's identities are formed within the context of social relationships and shaped by a complex of intersecting social determi-

---

[42] Hier verstanden als Handlungstheorie.
[43] BAUMANN-HÖLZLE, Autonomie und Freiheit, 315.

nants"⁴⁴, und zwar dahingehend, dass „agents and their capacities should be conceived relationally"⁴⁵. Relationale Autonomie wird dort zur Fürsorge, wo Menschen nicht mehr in der Lage sind, ihre (relationale) Autonomie selbst wahrzunehmen. Gerade bei Menschen, die von einer Demenz betroffen sind, kann es zu Situationen kommen, in denen es darum geht, diese vor Anderen oder gar vor sich selbst zu schützen. Hier trifft das vorgelegte Autonomie-Modell auf das bereits dargestellte Würde-Konzept als Vollzug der Ehre des Menschen, für Verhältnisse zu sorgen, in denen jeder Mensch ehren- und würdevoll leben kann. Eine Ethik der Fürsorge ist also geradezu als Vollzug der Würde des Menschen zu verstehen.

Eine aus der relationalen Autonomie entwickelte Ethik der Fürsorge versteht sich dabei nicht als paternalistisch, sondern als *dialogisch*, indem sie in der Begegnung zwischen Ich und Du angesiedelt ist und nicht etwa „über" das Du verfügt.

Allerdings stößt ein Fürsorge-Konzept, das in Grenzfällen die Autonomie des Gegenübers zu garantieren oder sogar zu realisieren hat, auf Probleme. Es kollidiert mit dem in der medizin-ethischen Praxis oft angewandten Prinzip des „*informed consent*", welches sich gerade als Emanzipation von einer – allerdings paternalistisch konnotierten – Ethik der Fürsorge versteht, indem es die Selbstbestimmung des Patienten in den Vordergrund der medizinischen Entscheidungsfindung stellt.

Allerdings erweist sich das in der medizinischen Diskussion zur Zeit vorherrschende Modell des „*informed consent*"⁴⁶, welches das paternalistische Modell – auch in der Rechtsprechung – zunehmend ablöst, als nicht unproblematisch: Das Modell des „*informed consent*" geht davon aus, dass ein vollinformierter, d.h. über die Konsequenzen seiner Zustimmung oder Ablehnung der Behandlung in Kenntnis gesetzter Patient (jederzeit) eine freie Entscheidung bezüglich seiner Behandlung treffen kann. Dass diesem Modell zugrunde liegende „'rationalitische[...]' Verständnis vom mündigen Menschen, der selbst in existenzerschütternden Lebenskrisen sein Leben noch ‚autonom' und ‚rational' beurteilt und über es verfügt", erweist sich aber – nicht nur bei Menschen mit Demenz – als „Fiktion".⁴⁷ Auch Ulrich Eibach fragt, „ob und inwieweit das ethische und rechtliche Postulat einer ‚autonomen' Selbstbestimmung in

---

⁴⁴ MACKENZIE/STOLJAR, Autonomy Refigured, 4.
⁴⁵ MACKENZIE/STOLJAR, Autonomy Refigured, 22.
⁴⁶ Vgl. grundlegend: BEAUCHAMP./CHILDRESS, Principles.
⁴⁷ EIBACH, Autonomie, 10.

Fragen medizinischer Behandlung und Pflege die Möglichkeiten von Menschen, die sich in schweren Lebenskrisen befinden, nicht überfordert. Ist der ‚autonome' Mensch in ernsthafter Krankheit [...] nicht ein weitgehend realitätsfernes, ‚theoretisches Konstrukt'?"[48] Inwieweit dieses Modell des *„informed consent"* die gesellschaftlichen Leitvorstellungen der Gesellschaft hinsichtlich von Autonomie aufnimmt – oder in welcher Art von Interdependenz es damit steht – braucht hier nicht näher untersucht zu werden. Festzuhalten bleibt: Für die Frage nach der Demenz unterliegt es dem Fehlschluss einer übersteigerten rationalistischen Anthropologie und erweist sich für die Praxis als wenig hilfreich.[49]

Eine hier vorgeschlagene Ethik der Fürsorge geht in eine andere Richtung: Sie entwirft sich gleichsam aus der reziproken Begegnung, in der konkreten Situation mit einem konkreten Gegenüber.[50] Sie beginnt nicht abstrakt bei der Autonomie des Gegenübers, sondern umfassender im Begegnungsgeschehen selbst: „Das Ethos der Fürsorge basiert auf Beziehungen zum kranken, behinderten und pflegebedürftigen Menschen, auf Kommunikation mit ihm. Es hat die Einfühlung ins Geschick des einzelnen Menschen zur Grundlage, das ‚Mit-Leben' und ‚Mit-Leiden', aus dem heraus auch stellvertretend Entscheidungen für den anderen Menschen gefällt werden können und dürfen, weil nicht über den Menschen, sondern aus einer wirklichen Beziehung zu ihm und in Anteilnahme an seinem Geschick für ihn und zu seinem Wohl entschieden wird."[51]

Wo mit der Reziprozität der Begegnung ernst gemacht wird, wo der Andere als notwendiges Du meines Ich ver-*antwort*-end wahrgenommen wird, erweist sich Fürsorge als Modus der relationalen Autonomie. Fürsorge in diesem Sinne nimmt die Autonomie des Anderen, die durch diese keineswegs aufgehoben, wohl aber realisiert wird, wahr. Als *Vollzug* der Würde des Men-

---

[48] EIBACH, Autonomie, 11 (im Original zum Teil kursiv). Ob sich eine Demenz auch für den Betroffen *immer* als „schwere Lebenskrise" erweist – oder wahrgenommen werden kann – sei für diese Überlegungen, die jedenfalls den Kern der Sache treffen, dahingestellt; denn gerade im zweiten Stadium der Alzheimer-Demenz hört mit der Einsicht in die Störung oft auch der „Kampf" gegen die Folgen der Beeinträchtigungen auf, so dass es durchaus Menschen gibt, die – freilich oft in ihrer Vergangenheit – zufrieden und beinahe möchte man sagen: ‚glücklich' zu leben scheinen.
[49] Vgl. EIBACH, Menschenwürde, 48f., der das Ethos rationaler Autonomie an dieser Stelle „als eine Bedrohung der schwächsten Glieder unserer Gesellschaft" sieht.
[50] Vgl. grundlegend JECKER/REICH, Ethics of Care.
[51] EIBACH, Autonomie, 23 (im Original zum Teil kursiv).

schen erweist sich die Fürsorge als Erfüllung der Bestimmung des Menschen als Mensch *für* Gott und Mensch *für* den Mitmenschen. Damit ist das im Rahmen der Fürsorge stattfindende Handeln eingebunden in die Geschichte Gottes mit den Menschen und so geschützt vor subjektivistischer Willkür, da sie *eo ipso* intersubjektiv ist.

Eine hier vorgeschlagene Ethik der Fürsorge versteht nicht den Anderen als Adressaten „meiner" Fürsorge, sondern betont die Reziprozität des Geschehens. Der Andere als notwendiges, mich konstituierendes Du wird nie zum Objekt, das *be*-fürsorgt *wird*. Aus dem Kommunikations-geschehen, zu welchem der Mensch schöpfungsmäßig, ontologisch angelegt ist, also aus dem reziproken Zusammenhang seiner Bestimmung als Mensch *für* Gott und Mensch *für* den Mitmenschen, ist keine Situation zu abstrahieren. Schon deshalb kann hier kein ethischer Kriterienkatalog aufgezählt werden, der dann abgearbeitet, zu einem ethisch „gut" zu nennenden Ergebnis führen würde.

Vielmehr handelt es sich um konfliktethische Fälle[52], in denen es oft keine „unschuldige Lösung" (Bonhoeffer) gibt. Gerade aber darum bedarf es der Kontextualisierung dieser Situationen in die Geschichte Gottes mit den Menschen. Gehört es zur Bestimmung des Menschen, Mensch für den Mitmenschen zu sein, und damit zum ‚Sein in der Begegnung', einander in *begrenztem* Maße Beistand zu leisten, so ist die Frage nach den Grenzen dieses Beistandes nur mit Blick auf Jesus Christus als den wahren Menschen für den Menschen zu beantworten.

Denn Jesu Christi Menschsein für den Menschen zeigt, dass – in Entsprechung und Ähnlichkeit – „zur Struktur verantwortlichen Handelns *die Bereitschaft zur Schuldübernahme und die Freiheit gehört*"[53]. Ohne hier eine Schuld-Hermeneutik aufzubauen, ist doch evident, dass es in Grenzsituationen – wie sie etwa am Ende des Lebens angesichts der Aporien des medizinischen Fortschritts auftreten – oft keine „unschuldige" Lösung gibt.

D. Bonhoeffer versteht den Zusammenhang von Verantwortung bzw. verantwortlichem Handeln und Schuld mit Blick auf Jesus Christus. Aufgrund der Stellvertretung Jesu Christi als Mensch *für* den Menschen[54] kann in Anlehnung an Bonhoeffer hier festgehalten werden, dass mit Blick auf Jesus Christus Schuld zur Signatur verantwortlichen Handelns gehört. Als Spitzensatz kann Bonhoeffer formulieren: „Dass der Sündlose als selbstlos Liebender schuldig

---

[52] Vgl. die Beispiele unten, 2.4.1.-2.4.3.
[53] BONHOEFFER, Ethik, 255 (Kursiv im Original).
[54] Vgl. dazu oben, C 4.3.

wird, gehört durch Jesus Christus zum Wesen verantwortlichen Handelns."[55] Bonhoeffer geht dabei – etwas anders als wir dies hier tun – von der Liebe des sündlosen Jesus zu den Menschen aus, aufgrund derer er unsere Schuld als Sündloser auf sich nahm. Dabei kann er durchaus einen kausalen Zusammenhang konstatieren: „Weil Jesus die Schuld aller Menschen auf sich nahm, darum wird jeder verantwortlich Handelnde schuldig. Wer sich in der Verantwortung der Schuld entziehen will, löst sich aber auch aus dem erlösenden Geheimnis des sündlosen Schuldtragens Jesu Christi und hat keinen Anteil an der göttlichen Rechtfertigung, die über diesem Ereignis liegt."[56] Solcher Formalismus kann aufgrund der Hermeneutik des Seins in der Begegnung hier freilich nicht geteilt werden. Verantwortung als reziprokes Geschehen in der Begegnung kann den Menschen sehr wohl – gerade wenn es um relationale Autonomie/Fürsorge geht – in Situationen bringen, in denen es keine „unschuldige" Lösung gibt, aber es geht doch immer um das „Einander-begrenzt-Beistand-Leisten" (Barth); dieses ist aufgrund eines etwas anders akzentuierten Stellvertretungsbegriffes nicht von vornherein in gleicher Weise – oder gar kausal – auf Schuld angelegt wie bei Bonhoeffer. Es gehört zur Signatur menschlichen Handelns, verantwortlich zu handeln, aber solches der Bestimmung des Menschen entsprechendes Handeln zielt nicht von vornherein auf die „Gemeinschaft der menschlichen Schuld"[57], gleichwohl allerdings steht es – wenn es denn zu Schuld kommen sollte und wenn es im Kontext der Geschichte Gottes mit den Menschen steht – unter der Hoffnung auf Vergebung.

Fürsorge als Ausübung der relationalen Autonomie für den Anderen entspricht also der Bestimmung des Menschen als Mensch für den Mitmenschen; die Tatsache allerdings, dass es bei in dieser Bestimmung entsprechenden Situationen „unschuldige Lösungen" oftmals nicht geben kann, verweist darauf, dass die Bestimmung als Mensch für den Menschen einzuzeichnen ist in die grundlegende Bestimmung des Menschen für Gott, der ihn als seinen Bundesgenossen zu jener doppelten Bestimmung erwählt hat.

Bei den nun folgenden ethischen Konkretionen wird sich zeigen, dass eine Kontextualisierung der konfliktethischen Situation in diese Geschichte Gottes mit den Menschen notwendiger Richtungsgeber ist: Mit Blick auf die Bestimmung des Menschen als Mensch *für* Gott und Mensch *für* den Mitmenschen erschließt eine solche Kontextualisierung die Reziprozität der relationa-

---

[55] BONHOEFFER, Ethik, 256.
[56] BONHOEFFER, Ethik, 256.
[57] BONHOEFFER, Ethik, 256.

len Autonomie/Fürsorge, die in keiner (konflikt-)ethischen Situation außen vor gelassen werden darf.

2.4. Konkretionen der relationalen Autonomie/Fürsorge

Im folgenden Abschnitt sollen Impulse, die sich aus dem Konzept der relationalen Autonomie/Fürsorge ergeben, paradigmatisch an drei in der Praxis sich häufig stellenden Fragen ausgeführt werden: An der Frage nach dem sog. „problematischen" Verhalten, an der Frage nach der Nahrungsverweigerung und künstlicher Ernährung und schließlich an der Frage nach der Sterbehilfe und (ihrer Beziehung zur) Sterbebegleitung.

Im Folgenden kann freilich auf Grundlage des dialogischen Paradigmas des ‚Seins in der Begegnung' keine kasuistische Sachethik erwartet werden. Aber es können sehr wohl die Linien aufgezeigt werden, die sich aus dem ‚Sein in der Begegnung' für die ethische Praxis ergeben. Die konkrete (Einzelfall-)Entscheidung muss in der Begegnung mit dem Betroffenen getroffen werden. Hierbei sind die Linien Grenzmarkierung und Orientierung, sie können aber nicht die Verantwortung für das Gegenüber, also die Wahrnehmung der relationalen Autonomie ersetzen.

2.4.1. Zur Frage des „problematischen" Verhaltens

Als „problematisches Verhalten" wird in der Literatur Verhalten von Menschen mit Demenz verstanden, welches für die Pflegenden und/oder für die Betroffenen selbst problematisch ist.[58] Wobei eine Tendenz besteht, eher Verhaltensweisen, die für die Pflegenden „problematisch" sind, als „problematisches" Verhalten *des* Menschen mit Demenz zu bezeichnen.

Verhaltensweisen, die als problematisch bezeichnet werden, sind aggressives Verhalten im verbalen Bereich: Beschimpfungen, Beschuldigungen, Konfabulationen, aber auch das ständige Wiederholen einer Frage oder eines Satzes; nonverbales Gewaltverhalten: Kratzen, Schlagen, Beißen, Selbstverletzungen, (zielloses) Wandern, Weglaufen oder Spucken; ebenso ist aber auch ein Rückzug in die Apathie oder Passivität zumindest als herausforderndes Verhalten zu bezeichnen.

Das schwierige an der Etikettierung dieser Verhaltensweisen als „Verhaltensstörungen" oder „Verhaltensauffälligkeiten" ist die Bewertung dieser Verhaltensweisen anhand von „normalen" Verhaltensweisen; es wird also der

---

[58] Vgl. z.B. KRUSE, Lebensqualität, 45.

Schwerpunkt darauf gelegt, „was die Demenzkranke tut und ob dies als abweichend oder normal zu bewerten ist"[59].

Im Rahmen des hier vorgelegten Paradigmas einer Ethik der Fürsorge sind (solche) Verhaltensweisen nicht losgelöst von einer Begegnung, einer konkreten Situation zu verstehen. Deshalb kann es auch kein „sinnloses" Verhalten, wie „sinnloses Umherlaufen" oder „sinnlose" Aggression geben.[60] Aufgrund einer Demenz erschweren sich die Wege des Verstehens von Verhaltensweisen von Menschen mit Demenz, und zwar oft in dem Maße, wie deren Vermögen, ihre Verhaltensweisen zu erklären bzw. sich mitzuteilen, schwindet. Allerdings ist mangelndes Verständnis(vermögen) bzw. fehlende Erklärung kein Freibrief für die Etikettierung von Verhaltensweisen als „sinnlos" oder „problematisch" – oder gar für die Abwertung der Person als nicht mehr „ganz richtig".

Vielmehr geht es grundlegend darum, unverständliche Verhaltensweisen im Rahmen von konkreten Situationen, durchaus unter Einbeziehung des vom Betroffenen wahrgenommenen Zeit- und Ortsverständnis, zu verstehen.

Algase et. al. verstehen herausforderndes Verhalten als „expressions of unmet needs or goals"[61], so dass mithilfe einer Wahrnehmung und Befriedigung dieser Bedürfnisse die Lebensqualität verbessert werden kann. So entstehen herausfordernde Verhaltensweisen, „wenn die Angehörigen oder Pflegenden unfähig sind, Bedürfnisse der Betroffenen richtig zu verstehen und zu begreifen und daher unfähig sind, den Menschen mit Demenz darin zu unterstützen, seine Bedürfnisse zu kommunizieren"[62].

Durch den Versuch, der freilich nicht immer gelingt, diese Verhaltensweisen zu kontextualisieren oder sofern dies möglich ist, in der Begegnung auszulegen, erlaubt sich ein Verständnis dieser Verhaltensweisen als Vollzüge der Autonomie des Betroffenen. Dieser agiert seine Autonomie als Handlungsautonomie aus und zwar in einer für *ihn* „angemessenen Weise".

So weist beispielsweise W. Stuhlmann in seinem an der Bindungstheorie John Bowlbys orientierten Konzept[63] darauf hin, dass „ein Verhalten, das

---

[59] HALEK/BARTHOLOMEYCZIK, Verstehen und Handeln, 9.
[60] So auch HALEK/BARTHOLOMEYCZIK, Verstehen und Handeln, 36, u.ö.
[61] ALGASE et. al., Need-driven behavior, 10 (Kursiv im Original); vgl. die Studie insgesamt, die Umherlaufen, Rufen und Aggression näher untersucht und Lösungswege aufzeigt.
[62] HALEK/BARTHOLOMEYCZIK, Verstehen und Handeln, 51.
[63] Vgl. grundlegend: STUHLMANN, Demenz.

nach außen als Störung erscheint, in Wirklichkeit als notwendige Suche nach Sicherheit und Geborgenheit (als bindungssuchendes Verhalten) zu verstehen [ist]"[64]. Eine Person beispielsweise, die ständig denselben Satz oder dieselbe Frage wiederholt, „ist nicht primär an der richtigen Antwort interessiert, sie möchte eine Bestätigung und einen Beweis, dass sie sich sicher fühlen kann, dass alles in der vorhersehbaren Weise ablaufen wird und dabei als zuverlässig (pünktlich) anerkannt wird"[65].

Menschen mit Demenz – so Stuhlmann – greifen auf Verhaltensmuster zurück, „mit denen sie früher einmal erfolgreich waren oder bestimmte Situationen bewältigt haben. Im Altgedächtnis gespeicherte Erfahrungen von Kompetenz werden zeitversetzt auf eine Situation in der Gegenwart übertragen und zur Bewältigung eingesetzt. Im Bewusstsein bleibt ein Erleben von Kompetenz, das allerdings nur in der Zeitreise zu verstehen ist"[66].

Nach T. Kitwoods Ansatz des Dementia Care Mapping (DCM) liegt das Problem „herausfordernden Verhaltens" nicht in dem Menschen, der von der Demenz betroffen ist, sondern in der Interpretation bestimmter Verhaltensweisen durch diejenigen, die – in der Regel nicht von Demenz betroffen – die Deutungsmacht haben. Kitwood spricht in diesem Rahmen von „maligner, bösartiger Sozialpsychologie"[67], die das Fortschreiten der neurologischen Degeneration noch beschleunigt. Umgekehrt vermag eine personzentrierte Pflege, die an den Grundbedürfnissen von Menschen mit Demenz und am Erhalt ihres Personsein orientiert ist, „herausfordernden Verhaltensweisen" zum einen adäquat zu begegnen und zum anderen können aufgrund solcher Betreuung „hohe Grade relativen Wohlbefindens über den gesamten Verlauf hinweg unter Umständen eine realistische Erwartung sein"[68], so dass „herausforderndes Verhalten" seltener wird: „Es geht darum, den anderen [...] einfühlend zu verstehen und ihn/sie in der Welt seiner/ihrer Szenen zu begleiten, nicht allein zu lassen, sondern – auch im Schreien – auszuhalten, bis der Zustand sich ändert oder bis feststeht, dass ein Angebot jetzt nicht angenommen werden kann, worauf sich die Begleitperson zunächst zurückzieht."[69]

---

[64] STUHLMANN, Bindungserfahrungen, 12f.
[65] STUHLMANN, Bindungserfahrungen, 14.
[66] STUHLMANN, Bindungserfahrungen, 13.
[67] KITWOOD, Demenz, 81, u.ö.
[68] KITWOOD, Demenz, 105.
[69] MÜLLER-HERGL, Demenz, 253.

2. Demenz als ethische Herausforderung

Wichtig ist es nach beiden hier exemplarisch dargestellten Ansätzen, „herausforderndes Verhalten" als Kommunikationsversuch des Betroffenen zu verstehen, der nicht übergangen werden darf, sondern der vielleicht aus unserer Sicht unverständlich bleibt, aber für den Betroffenen einen Sinn hat, den es unsererseits – im ‚Sein in der Begegnung' – zu erschließen gilt.

Eine solche Hermeneutik erlaubt es, den Betroffenen primär als Subjekt seiner Handlungen und nicht als „Opfer" der Demenz zu verstehen. Allerdings wird das Subjekt-Sein seiner eigenen Handlungen durch die Demenz mehr und mehr beeinträchtigt. Aufgrund der zunehmenden Fähigkeit, eine hohe Anzahl von Reizen zu verarbeiten oder sich mitzuteilen, kommt es zu Überforderungen, die sich in „problematischen" Verhaltensweisen äußern. Hinzu kommen oft negative Empfindungen wie Hunger/Durst, Schmerz oder Angst, die nicht adäquat mitgeteilt werden können.[70] Dies gilt es zu berücksichtigen, um dem Anderen, der sich ja keineswegs „böswillig" „problematisch" verhält, wirklich zu begegnen.

Sicherlich können wir nicht in allen Situationen Zugang zur Erlebniswelt des Betroffenen erlangen – trotz einiger Fortschritte[71] der Forschung im nonverbalen Ausdrucksverhalten.[72] Für den Umgang mit Situationen allerdings, in denen sich der Betroffene selbst oder andere gefährdet, können aufgrund des Situationsbezuges keine objektiven Handlungsanweisungen extrapoliert werden. Hier geht es – im Rahmen der Ethik der Fürsorge – darum, die als Handlungsautonomie des Betroffenen wahrgenommenen Äußerungen im Rahmen der relationalen Autonomie in der Begegnung wahr- und ernstzunehmen; wie und in welcher Weise dies geschieht, ist von der Situation abhängig. Sicherlich sind Psychopharmaka nicht das erste Mittel, sondern die Begegnung, die Offenheit für die „Not des Anderen" und die Pflicht, einander (begrenzt) Beistand zu leisten. Auch solche Situationen/Begegnungen erschließen sich damit als Vollzug der Würde des Menschen, nämlich für Verhältnisse zu sorgen, in denen jeder Mensch würde- und ehrenvoll seine relationale Handlungsautonomie ausleben kann.

Zu einem ähnlichen Ergebnisse kommen auch Halek und Bartholomeyczik, die in ihrer Literaturarbeit mehr als 400 Literaturstellen zum heraus-

---

[70] Vgl. KRUSE, Leben mit Demenz, 8f.; vgl. DERS., Lebensqualität, 45f.
[71] Die Forschungslage zu diesem Themenkomplex ist immer noch „relativ unbefriedigend" wie auch HALEK/BARTHOLOMEYCZIK, Verstehen und Handeln, 79, feststellen.
[72] Vgl. BECKER et. al., Lebensqualität; vgl. BÖGGEMANN et. al., Zuwendung; vgl. RE, Ausdrucksverhalten; BÄR/KRUSE/RE, Situationen.

fordernden Verhalten gesichtet und schließlich 34 Arbeiten zusammengetragen und mit Blick auf die Interventionsstrategien angesichts von herausforderndem Verhalten analysiert haben: „Das Gemeinsame dieser Maßnahmen ist die Interaktion, die eine bewusste und reflektierte Beziehungsgestaltung voraussetzt. Nur so gibt es eine Chance, den Menschen mit Demenz besser zu verstehen und eine Innensicht einzunehmen, auf deren Basis das pflegerische Handeln im Sinne der Betroffenen zielgerichteter gestaltet werden kann. Für die Demenzkranke bedeutet eine gelungene Beziehungsgestaltung Sicherheit, Vertrauen und Geborgenheit, was sich wiederum im Verhalten spiegelt. Als Empfehlung für die Praxis lässt sich die Forderung einer klugen und individuellen Anwendung der [...] pflegerischen Maßnahmen formulieren."[73]

2.4.2. Zur Frage der Nahrungsverweigerung und künstlichen Ernährung

Essen und Trinken ist mehr als Nährstoffaufnahme und Ausgleich des Flüssigkeitshaushaltes zur Gewährleistung der Funktion des Körpers; es macht einen großen Teil der Lebensqualität aus und ist – in der Regel – mit Genuss und Lebensqualität konnotiert.

Problematisch wird es dort, wo Menschen mit Demenz die Nahrung verweigern. Neben somatischen Ursachen wie Bewusstseins-, Schluckstörungen oder Zahnstatus[74] ist es die psychisch-emotionale Verfassung, die sich auf das Essverhalten auswirkt. Hinzu kommt, dass „[e]ine Demenz [...] ab einem gewissen Grad die völlige Unfähigkeit aus[löst], für eine adäquate Nahrungsaufnahme zu sorgen"[75]. Gerade die Nahrungsverweigerung führt zu ethischen Schwierigkeiten, die oft nicht adäquat gelöst werden können.

Zunächst ist die Nahrungsverweigerung als Ausdruck der Handlungsautonomie des Betroffenen zu verstehen und ernst zu nehmen. Gerät der Betroffene allerdings in eine Mangel- oder Unterernährung, stellt sich die Frage nach der Fürsorge bzw. deren Grenzen.

Grundsätzlich vollzieht sich die Unterstützung beim Essen in einer Begegnung und unterliegt damit den Bedingungen/Parametern der Begegnung von Ich und Du: also der allgemeinen, ontologischen Fähigkeit des Menschen zum ‚Sein in der Begegnung' als reziprokes, die Asymmetrien reflektierend einzubeziehendes Beziehungsgeschehen, der Angewiesenheit beider sich-

---

[73] HALEK/BARTHOLOMEYCZIK, Verstehen und Handeln, 82.
[74] Vgl. MICHALKE, Pflegetheorie, 280-282.
[75] MICHALKE, Pflegetheorie, 282.

Begegnender aufeinander und der Verwirklichung von Möglichkeiten/Fähigkeiten des Menschseins in der Begegnung von Mensch und Mitmensch als Seelen ihrer Leiber. Gerade aufgrund der Folgen der Demenz gilt es, die leiblichen Signale des Gegenübers ernst zu nehmen, mit Hilfe derer er seine Bereitschaft bzw. Verweigerung der Nahrungsaufnahme ausdrückt. Prinzipiell sollten die Grenzen, die der andere setzt, gewahrt werden. „Nahrungsverweigerung als solche stellt [...] keine Indikation zur künstlichen Ernährung dar, da sie entweder auf anderem Wege zu behandeln oder Ausdruck einer autonomen Willensentscheidung ist."[76] Allerdings ist im Rahmen der hier vorgeschlagenen Ethik der Fürsorge unter Umständen gerade da, wo es um Mangel- bzw. Unterernährung geht, nach Möglichkeiten zu suchen, die die Nahrungsverweigerung des Anderen wahrnehmend „umgehen", um eine adäquate Versorgung des Betroffenen sicherzustellen. Individuelle Zuwendung ist in der Regel der Schlüssel, dies zu erreichen. Sicherlich gibt es auch immer wieder Situationen, in denen keine Lösung gefunden werden kann; zumal, wenn der Verdacht besteht, das Gegenüber möchte die Nahrungsaufnahme zum Zweck der Beendigung seines Lebens verweigern. So weist auch Michalke darauf hin, dass Pflegende im Zusammenhang der Nahrungsverweigerung „häufig in ein ethisches Dilemma [geraten], das bis heute noch nicht befriedigend gelöst wurde"[77]. Eine Pauschallösung für solche Situationen vermag auch der vorliegende Ansatz einer Ethik der Fürsorge nicht zu geben. Im Einzelfall kann, wenn das Essen-Reichen als Begegnung verstanden wird, hier eine Verbesserung erreicht werden, aber es bleiben immer Fälle, in denen keine adäquate Lösung gefunden werden kann. Oft stellt sich in solchen Situationen – und vor allem im Zusammenhang fortgeschrittener Stadien der Demenz – die Frage nach künstlicher Ernährung (enteral oder parenteral), die die Nährstoffe über eine Magen-, Dünndarmsonde oder PEG zuführt.

An der Frage nach der künstlichen Ernährung hängt eine ganze Anzahl ethischer Probleme: Neben der Frage der Anwendbarkeit einer (vorauslaufenden) Patientenverfügung in einem solchen Fall ist auch über die Sinnhaftigkeit einer solchen Behandlung nachzudenken: „[F]ür die Anwendung von lebenserhaltenden Maßnahmen wird zunehmend Rechtfertigung eingefordert, denn die Möglichkeiten der Überlebenshilfe können in die schwierigsten Leidsitua-

---

[76] SIMON, Ethische Aspekte, 225. Simon weist darauf hin, dass Zwangsernährung „grundsätzlich unzulässig ist" (ebd.).
[77] MICHALKE, Pflegetheorie, 282.

E) Demenz als ethische, wissenschaftliche und gesellschaftliche Herausforderung

tionen führen"[78]. Darüber hinaus sind Fragen, die sich im Zusammenhang eines evtl. Behandlungsabbruches ergeben, falls die Behandlung nicht anschlägt, zu bedenken.[79] Des Weiteren stellt die künstliche Ernährung im Pflegealltag eine enorme Erleichterung für das Pflegepersonal dar, wodurch deren Einsatz nicht selten favorisiert wird. Im Zuge knapperer personeller Ressourcen ist eine am individuellen Tempo des Betroffenen orientierte Nahrungsaufnahme oft nicht möglich. Aber neben diesen sozialethischen Fragen ist doch die Frage nach der Individualethik hier besonders virulent: Der Verlust an Lebensqualität, der mit der künstlichen Ernährung aufgrund des mangelnden Genusses der Mahlzeiten einhergeht, scheint im gleichen Maße größer zu sein als die Verringerung bzw. der Verlust des sozialen Kontaktes zu anderen Personen: Der Kontakt zu anderen Menschen nämlich wird durch die nicht gesehene Notwendigkeit des Essen-Anreichens[80] und durch die Fixierung[81] zur Vermeidung der Dislokation der PEG-Sonde äußerst eingeschränkt. Da Menschen, die unter einer Demenz leiden, „die Gründe für eine PEG-Ernährung und eine Fixierung nicht verstehen, sehr wohl aber die Freiheitseinschränkung durch die Fixierung wahrnehmen, bewirkt dieses einen zusätzlichen psychischen Stress für die Patienten und kann zu weiteren Unruhezuständen führen"[82].

Im Diskurs über die PEG-Ernährung von Menschen mit Demenz (im Endstadium) finden sich zwei Strömungen. Während einerseits von verschiedenen Seiten eine „Generalindikation zur künstlichen Ernährung" gefordert wird,[83] werden zunehmend Stimmen laut, die eine PEG-Ernährung bei fortgeschrittener Demenz kritisch sehen und unter bestimmten Bedingungen von einem (routinemäßigen) Einsatz eher abraten.[84] Aufgrund des hier vorgeschlagenen Paradigmas einer Ethik der Fürsorge kann es keine Standard-Lösungen geben. Vor dem Hintergrund allerdings, dass es „keine Evidenz dafür [gibt], dass eine PEG im Allgemeinen irgendeines der angestrebten Behandlungsziele

---

[78] BAUMANN-HÖLZLE, Autonomie und Freiheit, 307.
[79] Letztere Frage soll unten im Zusammenhang der Grundüberlegungen über die Sterbehilfe behandelt werden.
[80] Im Rahmen einer PEG-Ernährung kann nämlich sehr wohl orale Nahrung zur Verbesserung des Wohlbefindens beitragen.
[81] Vgl. PÜLLEN/KRAMER/SCHOLZ, Gastrostomie, 90.
[82] SYNOFZIK, PEG-Ernährung, 422. Außerdem steigt durch die Fixierung die Gefahr eines Dekubitus.
[83] Belege bei STRÄTLING/SCHMUCKER/BARTMANN, Künstliche Ernährung, A 2153.
[84] Vgl. GILLICK, Rethinking, 208; vgl. FINUCANE/CHRISTMAS/TRAVIS, Tube feeding; vgl. ferner MARCKMANN, PEG-Sondenernährung, 26;

erreicht"[85] – Strätling, Schmucker und Bartmann sprechen aufgrund der „geradezu erdrückenden (inter)nationalen Datenlage" von medizinischem Nutzen „der bestenfalls nicht belegt und in Bezug auf die meisten Konstellationen sogar als plausibel widerlegt einzustufen ist"[86] – ist hier eine genaue, individuelle Reflexion der Erwartungen und Zielvorstellungen, die mit dieser *Behandlung* verbunden sind, vorzunehmen.

Aufgrund der Datenlage muss hier der Schluss gezogen werden, dass es „keine Hinweise dafür [gibt], dass eine PEG-Ernährung bei Patienten mit fortgeschrittener Demenz die Überlebenszeit verlängert, Lebensqualität verbessert, Aspirationspneumonien verhindert, Mangelernährung mindert oder Druckulcera vorbeugt"[87]. Gerade bei der nicht stattfindenden Verbesserung der Mangelernährung ist das empirische Ergebnis kontra-intuitiv, vermutet man doch, dass die PEG-Ernährung zu einer Verbesserung nutritiver Parameter beiträgt. Allerdings kann aus der empirisch verifizierbaren Abwesenheit eines Nutzens nicht geschlossen werden, dass die PEG-Ernährung keinen Nutzen bringt. Vielmehr ist auch aufgrund dieser empirischen Datenlage auf den Einzelfall zu schauen, da „interindividuelle Unterschiede durch Mittelwerte und Kohortenanalysen in den vorliegenden Studien nicht ausreichend beachtet worden sind [...] Folglich liegt das Hauptproblem bei der Einschätzung des Nutzens darin, die individuelle Nutzensprognose einer PEG bei dem jeweiligen Demenzpatienten in seiner konkreten Situation einzuschätzen"[88].

Auch die Empirie entlastet – und dies ist ganz im Sinne des hier vorgeschlagenen Paradigmas des Seins in der Begegnung – also nicht davor, eine individuelle Situationseinschätzung hinsichtlich des Einsatzes oder Nicht-Einsatzes der PEG-Ernährung vorzunehmen.[89] In diesem Prozess, in dem unter Umständen die Fürsorge als Realisierung der Autonomie des Anderen eine wichtige Rolle spielt, ist der Begegnungsbegriff in seiner die Begegnung zentrierenden, aber über sie hinausgehenden Bedeutung stark zu machen: In der

---

[85] Synofzik, PEG-Ernährung, 427. Vgl. FINCUCANE/CHRISTMAS/KATHY, Tube feeding, 1369, die nach Durchsicht der Datenlage zu dem Schluss kommen: „We identified no direct data to support tube feeding of demented patients with eating difficulties for any of the commonly cited indications." Vgl. ferner die bei STRÄTLING/SCHMUCKER/BARTMANN, Künstliche Ernährung, zusammengestellten Studien

[86] STRÄTLING/SCHMUCKER/BARTMANN, Künstliche Ernährung, A 2153.

[87] Synofzik, PEG-Ernährung, 422; vgl. FINCUCANE/CHRISTMAS/KATHY, Tube feeding; STRÄTLING/SCHMUCKER/BARTMANN, Künstliche Ernährung (Lit).

[88] SYNOFZIK, PEG-Ernährung, 422.

[89] Vgl. RABENECK/MCCULLOUGH/WRAY, Guidelines; vgl. SYNOFZIK, PEG-Ernährung.

E) Demenz als ethische, wissenschaftliche und gesellschaftliche Herausforderung

Begegnung zwischen Ich und Du nämlich geht es – so Barth – nicht um ein *esse*, sondern um ein *existere*: „Wer Mensch sagt, sagt Geschichte [...] Als zwei Geschichten begegnen sich das ‚Ich bin' und das ‚Du bist'."[90] Damit geht die Begegnung von Ich und Du nicht in der Situation auf, sondern über sie hinaus, indem sie in einen größeren Kontext eingebunden ist: In die Geschichte des Ich, in die Geschichte des Du und in die diese Geschichte[n] konstituierende Geschichte Gottes mit den Menschen. Die individuelle Entscheidung für eine PEG-Ernährung ist in dieser Weise zu kontextualisieren. In diese Kontextualisierung gehört eine Patientenverfügung ebenso wie die Aspekte der narrativen, relationalen Identität. Fürsorge in diesem Sinne heißt, für die Geschichte und die Identität, für die Präferenzen des Anderen im Kontext der Geschichte Gottes mit den Menschen zu sorgen.

Im Rahmen einer solchen Kontextualisierung kann es sein, dass von einer PEG-Ernährung Abstand genommen wird oder dass ein Behandlungsversuch abgebrochen werden soll. Ein solches Vorgehen steht auch im Einklang mit den Grundsätzen der Bundesärztekammer zur ärztlichen Sterbebegleitung; dort heißt es, dass, wenn der „Eintritt des Todes in kurzer Zeit zu erwarten ist, so zu helfen ist, dass sie [sc. die Sterbenden, D.B.] unter menschenwürdigen Bedingungen sterben [...] Dazu gehören nicht immer Nahrungs- und Flüssigkeitszufuhr, da sie für Sterbende eine schwere Belastung darstellen können. Jedoch müssen Hunger und Durst als subjektive Empfindungen gestillt werden"[91]. In solchen Fällen, wo es explizit um Sterbende geht, ist also die Rede vom „Verhungern- und Verdursten-Lassen" – wie auch bei Nicht-Sterbenden – wenig hilfreich,[92] denn der Verzicht auf PEG-Ernährung bzw. ein Behand-

---

[90] KD III/2, 297.
[91] BUNDESÄRZTEKAMMER, Grundsätze.
[92] Vgl. STRÄTLING/SCHMUCKER/BARTMANN, Künstliche Ernährung, die aufgrund „einer inzwischen geradezu erdrückenden (inter)nationalen Datenlage" (a.a.O., A 2153) gegen eine generelle Pflicht zur künstlichen Ernährung votieren und das Argument des Verhungerns und Verdurstens hinterfragen: „Wesentliche Ursache dafür [für den generellen Einsatz künstlicher Ernährung, D.B.] ist die – psychologisch verständliche, aber medizinisch klar unzutreffende – Befürchtung, man müsse anderenfalls die Betroffenen in grausamer Weise ‚verhungern' oder gar ‚verdursten' lassen. Tatsächlich ist jedoch mit Blick auf die künstliche Ernährung inzwischen im interdisziplinär-wissenschaftlichen Schrifttum längst klar entschieden worden, dass es sich hierbei keineswegs um eine unverzichtbare ‚Basisversorgung' handelt, sondern um eine ‚Behandlungsmaßnahme'. Deren Indikation ist jedoch bei bestimmten Patienten(gruppen), zum Beispiel wenn sich diese im weit fortgeschrittenen Stadium von Demenz- oder Tumorerkrankungen oder mit hinreichender Wahrscheinlichkeit im Zustand eines irreversiblen ‚Wachkomas' befinden, regel-

lungsabbruch dieser Maßnahme bedeutet ja nicht den Verzicht von jeglicher Ernährung/Flüssigkeitszufuhr – ganz im Gegenteil verleitet gerade die enterale Ernährung dazu, vollkommen auf orale Ernährung zu verzichten. Es kommt hinzu, dass „eine Fortführung der oralen Ernährung und Verbesserung der Umgebungsumstände [...] eine nach wie vor sinnvollere – und teils sogar effektivere (!) – Alternative [ist]"[93].

Der hier vorgeschlagene Ansatz einer Ethik der Fürsorge wird bei der Frage nach der künstlichen Ernährung dafür plädieren, die orale Ernährung zu favorisieren. Das Essen-Reichen wird so verstanden als Begegnungsgeschehen, in welchem sich die Würde des Menschen als Mensch für und mit dem Mitmenschen vollzieht. In diesem Geschehen gilt es, die Äußerungen des Gegenübers – etwa Verweigerung – wahr- und ernstzunehmen. In diesem Zusammenhang ist zu bedenken, „dass Essen nicht nur ein physiologischer Vorgang ist, dass es sich in der Regel in kommunikativen Beziehungen ereignet und dass viele hirnorganisch veränderte Menschen erst essen, wenn sie eine entsprechende mitmenschliche Zuwendung erfahren."[94] Die Grenze und die Frage nach der Fürsorge stellt sich in diesem Geschehen dort, wo der Betroffene sich durch seine Nahrungsverweigerung gefährdet. Hier müssen, auch im Wissen darum, dass dies nicht immer gelingt, individuelle Wege gefunden werden. Eine PEG ist – nicht nur aufgrund der Gefahr, dass die Möglichkeiten zum ‚Sein in der Begegnung' sich verringern, sondern auch aufgrund medizinischer Überlegungen – prinzipiell individuell anzubieten, aber immer verbunden mit der Option, diese Behandlung nicht durchführen zu müssen oder abzubrechen. In solchen Fällen kommt es „landläufig" zu den am schwierigsten scheinenden ethischen Fragen nach dem Behandlungsabbruch oder der Unterlassung einer Behandlung. Gerade eine Ethik der Fürsorge, die die Autonomie des Anderen

---

mäßig kritisch zu überprüfen und dann gegebenenfalls zu unterlassen oder zurückzuziehen." (Ebd.).
Anders EIBACH, Autonomie, 48, der das Argument des Verhungern-Lassens mit in die Richtung eines „direkten Aktes gegen das Leben von Menschen" versteht (a.a.O., 48 [im Original zum Teil kursiv]). Eibach relativiert seinen Standpunkt allerdings wenige Sätze später, wenn er an dem Grundsatz festhalten möchte, „dass eine – nötigenfalls auch ‚künstliche' – Ernährung bei nicht sterbenden Menschen wenigstens immer dann geboten ist, wenn dem keine auf eindeutige Indizien beruhende klare Willensäußerung des kranken Menschen selbst entgegensteht" (a.a.O., 49 [im Original zum Teil kursiv]).
[93] Synofzik, PEG-Ernährung, 422. So auch FINUCANE/CHRISTMAS/TRAVIS, Tube feeding, 1369, die zu dem Schluss gelangen, „that a comprehensive, motivated, conscientious program of hand feedings is the proper treatmanent".
[94] EIBACH, Autonomie, 50.

garantieren und realisieren soll, stößt hier in der Praxis an ihre Grenzen; zumal dann, wenn es um die Frage der künstlichen Ernährung im nicht notwendig terminalen Stadium geht und der Betroffene diese evtl. qua Patientenverfügung abgelehnt hat.

Bevor diese Grenzen im folgenden Abschnitt im Zusammenhang einiger grundlegender Überlegungen über die Sterbehilfe angegangen werden sollen, ist mit Blick auf den Behandlungsabbruch an dieser Stelle darauf hinzuweisen, dass jegliche Behandlung als Versuch zu verstehen ist, die vorliegende *Krankheit* zu behandeln. Sollte sich dieser Versuch als erfolglos erweisen, ist er zu beenden.[95] Damit wird neben juristischen Erwägungen auch der Tatsache Rechnung getragen, dass die Medizin gegen die Krankheiten kämpft und nicht gegen den Tod. Der Tod als die des Menschen Verfügbarkeit entzogene Grenze des Lebens gehört eben zu der von Gott konstituierten Signatur geschöpflichen Daseins. Eine Behandlung angesichts dieser Grenze einzustellen, heißt also nicht, ein negatives Urteil über den Lebenswert des Betroffenen anzustellen, sondern ist mit Blick auf die Achtung der Konstitution menschlichen Lebens als eines zeitlich *begrenzten* Lebens, dessen Grenze der Tod ist, zu verstehen. Menschenwürde in diesem Kontext heißt in der Wahrnehmung der relationalen Autonomie für Verhältnisse zu sorgen, in denen jeder Mensch würde- und ehrenvoll sterben kann.[96]

2.4.3. Zur Frage nach Sterbehilfe und Sterbebegleitung

Die gegenwärtig kontrovers diskutierte Frage nach Sterbehilfe soll hier nur insofern angegangen werden, dass Impulse, die sich aus der Ethik der Fürsorge ergeben, für den Diskurs fruchtbar gemacht werden. Eine Einführung in die diffuse Terminologie der Sterbehilfe-Debatte soll an dieser Stelle ebenso wenig erfolgen wie die ausführliche Rezeption der gegenwärtig kontrovers diskutierten rechtlichen Entwürfe. Vielmehr ist an dieser Stelle nach den Implikationen der relationalen Autonomie/Fürsorge für die Sterbehilfe zu fragen.

---

[95] Die Differenzierung zwischen disponibler medizinischer Behandlung und Basisversorgung erweist sich bei näherer Betrachtung als naturalistischer Fehlschluss; vgl. Simon, Ethische Aspekte, 221ff. Denn es „ist nicht einsichtig, warum aus der ‚Natürlichkeit' der enteralen Ernährung folgen soll, dass ihre Aufrechterhaltung verpflichtend sei." (a.a.O., 222f.) Zur normativen Bewertung der künstlichen Ernährung trägt diese Differenzierung nicht bei.
[96] Vgl. JÜNGEL, Tod, 163f.

Die Frage nach der Sterbehilfe stellt sich im Bereich der Demenz zurzeit vor allem im Bereich der Geltung und Umsetzung von Patientenverfügungen. Die Problematik liegt hier vor allem darin, ob eine oftmals im (noch) nicht von einer Demenz betroffenen Zustand abgegebene Erklärung unter den Bedingungen einer Demenz anzuwenden sei – oder nicht. An dieser Stelle ist zunächst darauf zu verweisen, dass Patientenverfügungen, die das Selbstbestimmungsrecht des Betroffenen stark machen,[97] in der konkreten Umsetzung nicht aus ihrem relationalen Kontext herausgelöst werden können:[98] Denn Andere müssen darüber entscheiden, ob die in der Verfügung beschriebene Situation eingetreten ist. Selbst wenn Patientenverfügungen weiter differenziert und rechtlich abgesichert würden – worauf die Bundesregierung zurzeit hinarbeitet – können sie doch nicht unabhängig von der konkreten Anwendungssituation verstanden werden. Hier stellt sich die Frage nach der relationalen Autonomie/Fürsorge in einer Situation, in der es unter Umständen keine „unschuldige Lösung" (Bonhoeffer) gibt. Relational ist diese Situation auch deshalb, weil Andere handeln – tun oder unterlassen – sollen, um die Autonomie des Betroffenen zu garantieren oder sogar zu realisieren. Natürlich ist die in der Patientenverfügung zum Ausdruck gebrachte Selbstbestimmung des hier Noch-Nicht-Betroffenen als solche auch kritisch zu sehen. Idealiter findet die Abfassung einer Patientenverfügung in einem relationalen Kontext statt, in den nahe Angehörige, Freunde und Fachleute einzubeziehen wären, um eine breite Reflexion der Präferenzen des Lebens zu ermöglichen – und so im Anwendungsfall auf diese sich berufen zu können.[99] In dieser Weise freilich sind die wenigsten Patientenverfügungen abgefasst. Die andere Schwierigkeit besteht darin, dass in einer Patientenverfügung evtl. Präferenzen zum Ausdruck gebracht werden, die die dann Handelnden nicht teilen können oder wollen. Ganz ab-

---

[97] So weist auch Römelt darauf hin, dass „durch den Rekurs auf die Selbstbestimmung nicht alle Probleme einer moralischen und juristischen Kultur des Sterbens leichthin gelöst sind"; RÖMELT, Autonomie und Sterben, 3.
[98] Vgl. DABROCK, Leben, 56, der aufgrund einer Demenz nicht vom „Verlust", sondern von einer „Veränderung der Selbstbestimmung" spricht, die auch er in ein relational-kommunikatives Geschehen einbettet, wobei er – sehr zurecht – die leiblichen Äußerungen von Menschen mit Demenz betont. Auch aus der hier dargestellten Sicht ist der Leib als Ausdrucksraum der Seele für die Kommunikation mit Menschen mit Demenz im progredienten Verlauf der Demenz zunehmend wichtiger. Allerdings ist hier noch ein großes Forschungsdesiderat festzustellen, dessen Abbau zum besseren Verständnis der Äußerungen und des Befindens von Menschen mit Demenz beitragen kann.
[99] Vgl. SAHM, Imperfekte Autonomie, 272.

gesehen von der Frage, ob sich die Präferenzen, die in der Regel in einer (weitgehend) gesunden Verfassung abgefasst sind, in Krankheit nicht ändern.

Ver-*antwort*ung in dem im Rahmen der Arbeit dargestellten Sinne schließt immer schon die Kontextualisierung dieser Verantwortung in der Geschichte Gottes mit den Menschen als Ermöglichung dieser Verantwortung ein. Im Kontext der Geschichte Gottes mit den Menschen, in den die Präferenzen des Betroffenen einzuzeichnen sind, erschließen sich Leben und Sterben als nicht uns selber gehörend, sondern im Leben und Sterben gehören wir Gott – wie es der Heidelberger Katechismus vor dem Hintergrund von Röm 14,8 formuliert. Von hieraus ist das Selbstbestimmungsrecht des Einzelnen im Bezug auf das Sterben wie auch ein medizinischer Kampf gegen das Sterben kritisch zu sehen. Sicher sind Willensäußerungen bzgl. der Grenzen einer medizinischen Behandlung richtig und wünschenswert, allerdings dürfen sie nicht zur absoluten Norm in schwierigen Situationen werden, sondern sind relational unter Einbeziehung der genannten Kontextualisierung auszulegen und umzusetzen.[100]

Kautzky hat darauf hingewiesen, dass die ethische Beurteilung einer medizinischen Behandlung bzw. eines medizinischen Eingriffs von der Frage abhängig ist: „Was bedeutet er für den *Menschen*, und zwar nicht nur für den Menschen als eine isolierte statische Größe, oder gar nur für deren anatomisch-physiologischen Bestand, sondern für den Menschen *als eine sich in der Begegnung mit dem Mitmenschen verwirklichende Person* [...] Wenn wir das ‚Ganze' des Menschen so sehen [...] dann sieht auch das, woraufhin wir einen medizinischen Eingriff bewerten müssen, anders aus."[101] Dass es hierbei oftmals keine ‚unschuldige Lösung' gibt, gehört zur Signatur geschöpflichen Daseins und der Frage nach den Grenzen des Einander-Begrenzt-Beistand-Leistens im Rahmen der relationalen Autonomie.

Zu diesen Grenzen gehört unter Umständen auch die Bereitschaft einzusehen, dass menschliches Leben ein begrenztes Gut ist, über das wir letztlich nicht verfügen. Alles medizinisch Machbare – um jeden Preis – auch anzuwenden, ist problematisch, wird doch „für die Anwendung von lebenserhaltenden Massnahmen [...] zunehmend Rechtfertigung eingefordert, denn die Möglichkeiten der Überlebenshilfe können in die schwierigsten Leidenssituationen führen"[102].

---

[100] Vgl. BAUMANN-HÖLZLE, Autonomie, 313.
[101] KAUTZKY, Verletzung, 46 (Kursiv im Original).
[102] BAUMANN-HÖLZLE, Autonomie, 307.

Aus Sicht der hier vertretenen theologischen Anthropologie kommt hinzu, „dass über das biologische Leben nicht am Subjekt vorbei verfügt werden darf"[103]. Wert und Würde des Menschen sind nicht an dessen biologischen, naturalistischen Parametern festzumachen, sondern an der Berufung des Menschen zum Bundespartner Gottes, welche die biologischen Parameter nicht eskamotiert oder abwertet, aber diese gleichsam transzendiert. Menschsein geht also nicht im biologischen Leben auf. Gleichwohl wird auch aus theologischer Sicht das menschliche Leben als endliches betrachtet. In dieser Perspektive gehört Endlichkeit zur Signatur geschöpflichen Daseins und ist – so schwer der Verlust eines Menschen auch wiegt – von Gott gewollte, gute Grenze menschlichen Daseins. Da aus Sicht der theologischen Anthropologie die Bestimmung zum Bundespartner Gottes entscheidendes Kriterium ist, kann nicht an dieser Bestimmung vorbei, etwa das diese Bestimmung in unterschiedlichen Graden ermöglichende biologische Leben zum alleinigen Kriterium der medizinischen Intervention gemacht werden. Genauso wie aufgrund der Bestimmung zum Bundespartner Gottes die eigenmächtige Verfügungsgewalt über das menschliche Leben dem Menschen letztlich entzogen ist, fehlt ihm aus theologischer Sicht die Berechtigung, über sinnvolles und nichtsinnvolles Erfüllen der Bestimmung zum Bundespartner Gottes zu urteilen. Allerdings ist eine Lebens- und oftmals auch Leidensverlängerung gerade aus dieser Sicht mindestens problematisch. Wohlgemerkt: es geht in diesem Kontext um das Unterlassen lebensverlängernder Maßnahmen und nicht um eine bewusste, verfrühende Herbeiführung des Todes: Wo der Tod als zur Konstitution des Wesens des Menschen als von Gottes Geist konstituierte Seele seines Leibes gehörende Grenze eintritt, kann es nicht (mehr) um eine Verlängerung der biologischen Funktionen gehen.

An dieser Stelle nämlich ist der biologische Tod auch theologisch zu qualifizieren[104]: „Der Tod, der der Seele als dem Leben des Leibes ein Ende macht, ist auch das Ende des durch sie Belebten und Lebenden und also das Ende des Leibes."[105]

Ein kurzer Hinweis auf die Problematik der Kriterien zur Feststellung des Todes muss an dieser Stelle genügen. Insbesondere das Hirntod-Kriterium

---

[103] EIBACH, Recht auf Leben, 316.
[104] Vgl. zum Todesverständnis allgemein und zu den Schwierigkeiten einer solchen Qualifizierung vgl. oben, C 4.4.
[105] KD III/2, 511.

reduziert den Menschen auf ein Organ und damit implizit auf seine kognitiven Funktionen.[106]

Allerdings bedarf die Theologie an dieser Stelle der biologischen Empirie, die sie ja als solche auch nicht abwertet, wohl aber mit ihr einhergehende reduktionistische Tendenzen oder die Verabsolutierung. Für die Theologie ist der Tod des Menschen der „Ganztod"; bis dieser eingetreten ist, kommt jedem menschlichen Leben (und Sterben) aufgrund der (ewigen) Erwählung „auch in der zweifelhaftesten Gestalt" der „Charakter des Einmaligen, Einzigartigen, Unwiederholbaren, Unersetzlichen" zu.[107] Angesichts der Frage nach dem Tod und Lebensverlängerung ist aus theologischer Sicht allerdings darauf hinzuweisen, dass im „Verzicht auf Lebensverlängerung [...] die nur religiös-theologisch zu begründende Annahme des ‚Unverfügbaren' [geschieht].[108] Sie ist Motivation zum Unterlassen, während in der ‚direkten Euthanasie' das absolute Verfügenwollen über sich selbst und andere die Motivation ist"[109].

Hinter diesen Ausführungen steht die Einsicht, dass medizinische Behandlungen letztlich daran zu messen ist, „ob und inwieweit sie zur Erhaltung derjenigen psycho-physischen Bedingungen beitragen, die die Verwirklichung des Sinns des Menschseins in seinen Grundstrukturen gewährleisten"[110]. Auch hier wird es keine objektivierbare Kasuistik geben; das Verhältnis von Sein und Sollen bedarf in diesem Fall jener relationalen Kontextualisierung, die oben schon gefordert wurde.

Lebensverlängernde Maßnahmen nicht zu nutzen oder abzubrechen bedarf – trotz ethischer und rechtlicher Legitimität und der Übereinstimmung mit den Grundsätzen der Bundesärztekammer[111] – allerdings oftmals einer besonderen Rechtfertigung.[112] Dies führt so weit, dass – etwa von U. Eibach –

---

[106] Vgl. zur Frage nach dem „natürlichen Tod" BORMANN, Tod.
[107] KD III/4, 385.
[108] Ulrich Körtner weist in diesem Zusammenhang darauf hin, dass „Heil und Heilung [...] nicht strikt zu trennen, aber unbedingt zu unterscheiden [sind]. Der praktische Sinn dieser eschatologischen Einsicht besteht darin, die Medizin von allen soteriologischen Ansprüchen zu entlasten. Wie das Leben selbst, kann auch jedes Bemühen um Heilung nur fragmentarisch sein" (KÖRTNER, Therapieverzicht, 22).
[109] EIBACH, Recht auf Leben, 320 (im Original zum Teil kursiv).
[110] EIBACH, Recht auf Leben, 367.
[111] „Ein offensichtlicher Sterbevorgang soll nicht durch lebenserhaltende Therapien künstlich in die Länge gezogen werden."; BUNDESÄRZTEKAMMER, Grundsätze.
[112] Vgl. SIMON, Ethische Aspekte, 221: „Die ärztliche Verpflichtung zur Lebenserhaltung endet dort, wo eine lebenserhaltende Maßnahme nicht (mehr) indiziert oder vom Patienten nicht (mehr) gewollt ist."

gefordert wird, dass Angehörige aus „seelsorgerlichen Gründen" nicht mit der „konkrete[n] Entscheidung über einen Behandlungsverzicht oder die Fortsetzung einer Behandlung" „überforder[t]" werden sollten.[113] Sicherlich bedarf die Beteiligung an einer solchen Entscheidung der seelsorgerlichen Begleitung und sicherlich ist zu überlegen, dass es Angehörige gibt, die diese aus den unterschiedlichsten Gründen nicht treffen können, aber auf der Basis einer relationalen Autonomie sind sie prinzipiell an der Entscheidung zu beteiligen, damit diese aufgrund ihres Seins in der Begegnung mit dem Betroffenen dessen Autonomie realisieren können.

Idealiter werden solche Entscheidungen in einem größeren Rahmen (Ethikkommission) getroffen. Problematisch wird es dort, wo Patientenverfügungen bzw. die Angehörigen nicht ernst genommen oder Betroffene und Angehörige zu bestimmten Behandlungen überredet werden. Um diese, in der Praxis immer noch erstaunlich häufig auftretenden Situationen auf längere Frist zu vermeiden, wäre eine rechtliche Absicherung der Patientenverfügungen sicherlich hilfreich.

Obwohl über das Verhältnis von Kirche und Staat unten, E 4., im Zusammenhang der Demenz als gesellschaftlicher Herausforderung, noch ausführlich zu reden sein wird, ist an dieser Stelle darauf hinzuweisen, dass im Bereich der Patientenverfügung bzw. Sterbehilfe nicht jede staatlich legalisierte Möglichkeit auch genutzt werden muss. Gerade im Bereich der aktiven Sterbehilfe, die in den Niederlanden und in Belgien bereits legal ist, ist darauf zu verweisen, dass die Christen, die im Leben und im Sterben dem Herrn gehören, eine andere Perspektive haben. Es mag Grenzfälle geben, in denen die Legalisierung der aktiven Sterbehilfe extreme Leidsituationen beendet, aber auch die Statistik spricht zur Zeit gegen eine (befürchtete) Zunahme der Nutzung dieser Möglichkeit, allerdings stimmt die Tatsache, dass 2004 in der Niederlanden ein Alzheimer-Patient diese Möglichkeit nutzte, nachdenklich. Ein generelles Verbot und ein Zeigefinger auf Menschen, die diese Möglichkeit nutzen, wäre letztlich genauso unchristlich, wie eine Resignation seitens der Christen, die ihre Werte zunehmend in der Minderheitenposition vorfinden.[114]

Ebenso problematisch ist das zunehmende Fallen der Unterscheidung von aktiver und passiver Sterbehilfe. So ist die Gabe von schmerzlindernden

---

[113] EIBACH, Menschenwürde, 52.
[114] Vgl. unten, E 4., zu den Möglichkeiten einer „einladenden Ethik" (PLASGER), die Handlungsoptionen angesichts dieser Minderheitenposition aufzeigen will.

Mitteln unter Umständen lebensverkürzend (Prinzip der Doppelwirkung), aber keinesfalls als aktive Sterbehilfe zu bezeichnen; vielmehr wird oft der unscharfe Begriff „indirekte" Sterbehilfe gewählt. Schmerz- und damit Leidlinderung ist nicht als Sterbehilfe zu verstehen, sondern im Rahmen der Sterbebegleitung zu verorten.

Sterbebegleitung ist generell und grundsätzlich als der Rahmen zu bezeichnen, als *conditio sine qua non*, innerhalb dessen die eben erörterten Fragen anzugehen sind. Sterbebegleitung heißt ‚Sein in der Begegnung' mit dem Sterbenden. Sterbebegleitung hat dabei den Betroffenen wie die Angehörigen im Blick. Unterliegt sie den Bedingungen des Seins in der Begegnung, ist sie ein reziprokes Geschehen zwischen Ich und Du, das allerdings aufgrund der in der Regel in dieser Phase sehr weit fortgeschrittenen Demenz besonderen und erschwerten (kommunikativen) Bedingungen unterliegt: „Aufgrund des Abnehmens kognitiver Fähigkeiten und der schwindenden Möglichkeit, sich verbal auszudrücken, können Demenzkranke keine Rückschau mehr auf das eigene Leben halten. Eine bewusste Auseinandersetzung mit dem Sterben ist nicht mehr möglich und auch nicht das Regeln letzter Dinge. Mit dem Fehlen einer zeitlichen und räumlichen Orientierung geht das Bewusstsein für die eigene Endlichkeit zurück."[115]

Die Situation wird derzeit dadurch noch erschwert, dass konkrete, elaborierte Seelsorge-Konzepte für solche Sterbebegleitungssituationen, die über allgemeine Hinweise zur Kommunikation mit Menschen mit Demenz hinausgehen, derzeit noch nicht vorliegen.[116]

An dieser Stelle können einige Rahmenbedingungen, innerhalb derer solche Entwürfe zu entwickeln sind, genannt werden. Seelsorge mit Menschen mit Demenz unterliegt dem Paradigma des Seins in der Begegnung. Dieses ‚Sein in der Begegnung', zu dem jeder Mensch aufgrund seiner Bestimmung

---

[115] SCHNEIDER-SCHELTE, Begleitung, 147.
[116] Vgl. die Ansätze bei ROSER, Seelsorgerliche Begleitung, der Seelsorge im Rahmen der *palliative care* als „spiritual care" (a.a.O., 125) versteht; vgl. ferner SCHNEIDER-SCHELTE, Begleitung, die Kitwoods personzentrierten Pflegeansatz für die Seelsorge aufarbeitet; vgl. LUDEWIG, Seelsorgerliche Begleitung, die Aspekte der Erinnerungsarbeit für die Seelsorge fruchtbar macht; vgl. BOLLE, Gemeinsames Leben; vgl. die vom Diakonischen Werk Hamburg herausgegebenen Grundlagen zur Entwicklungen eines Konzeptes der „Seelsorgerlichen Begleitung demenziell erkrankter Menschen", welches eine breite Orientierung über die Möglichkeiten der Seelsorge bietet; vgl. das von der Bundesarbeitsgemeinschaft Hospiz herausgegebene „Mit-Gefühl. Curriculum zur Begleitung Demenzkranker in ihrer letzten Lebensphase".

zum Bundespartner Gottes als Mensch für Gott und Mensch für den Mitmenschen grundsätzlich fähig ist, ist als Vollzug der Würde des Menschen auch unter den (zunehmend) erschwerten Kommunikationsbedingungen angesichts einer Demenz möglich.[117] Allerdings bedarf es hierzu grundlegender Kenntnisse über die Kommunikationsmöglichkeiten mit Menschen mit Demenz, über die Auswirkungen und den Verlauf von Demenzen, eine gezielte Ausbildung des empathischen Vermögens sowie Kenntnisse über die Historie, in welche die individuelle Biographie einzuzeichnen ist (aufgrund der mit einer Demenz in der Regel einhergehenden Störung der zeitlichen und örtlichen Orientierung, also eines „Lebens in der Vergangenheit", wird diese zum Schlüssel zum Verständnis der „Gegenwart").

Seelsorge mit Menschen, die von einer Demenz betroffen sind, hat nicht nur diese, sondern auch deren Angehörige und Pflegende, die von der Demenz als Beziehungsgeschehen ebenso betroffen sind, im Blick. Hier gilt es, Formen der (gemeinsamen) Erinnerungskultur genauso zu entwickeln und zu etablieren wie Wege des Abschieds und des Loslassens von Erwartungen und Wünschen an den Betroffenen; etwa, wenn dieser nahe Angehörige nicht mehr erkennt.[118] Die Entwicklung (gemeinsamer) Rituale ist in diesem Zusammenhang etwa für den Beginn eines „Gesprächs" (Begrüßungsritual) wie auch für dessen Ende (Abschiedsritual) ein erprobtes und praxistaugliches Medium.

Seelsorgerliche Begegnung mit Menschen mit Demenz ist im hier erarbeiteten Sinne Sorge für die Seele eines Leibes, Sorge für den Leib einer Seele, die durch Gottes Geist konstituiert sind. Daher sind ihr die Grenzen eines Gespräches genauso wenig aufgelegt wie allgemeine gesellschaftliche Normen hinsichtlich von Berührung und Nähe – freilich in der Achtung vor den individuellen (Nähe-)Grenzen des Gegenübers. Berührung ist in diesem Zusammenhang ein wichtiges Medium, das aber keinesfalls auf alle Menschen jederzeit anzuwenden ist.

---

[117] Vgl. VAN DER KOOIJ, Demenzpflege, 62. Vgl. zur Möglichkeit der Kommunikation mit Menschen mit Demenz oben, B 4., und bes. auch D 3.3.2.1.
[118] Wobei sich in der Praxis an dieser Stelle immer wieder zeigt, dass es so etwas wie ein „Beziehungsgedächtnis" gibt: Selbst wenn nahe Angehörige augenscheinlich nicht mehr erkannt werden, kommen Menschen mit Demenz in deren Anwesenheit zur Ruhe. So z.B. lassen Frauen, die keine männlichen Pfleger akzeptieren, die Gegenwart ihres Sohnes/Mannes zu, den sie nicht mehr zu erkennen scheinen.

Seelsorgerliche Begegnung mit Menschen mit Demenz – als Vollzug der Bestimmung des Menschen, einander begrenzt Beistand zu leisten – wird dadurch entlastet und frei, dass es hierbei nicht um Stellvertretung[119], sondern um begrenzten, also menschenmöglichen Beistand geht. Dieser mag dem Seelsorger oft schmerzhaft gering erscheinen – und vermutlich ist er dies manchmal auch – und eben jener Schmerz über ein Nicht-Erreichen des Anderen führt oft auch zu kreativen menschenmöglichen Lösungen für die Herstellung des Kontaktes. Dies darf aber nicht darüber hinwegsehen lassen, dass es im Bereich des Umgangs mit Menschen mit Demenz – hoffentlich nur derzeit noch – Grenzen gibt. In meiner eigenen seelsorgerlichen Praxis mit Menschen mit Demenz hat sich mir an dieser Stelle das (gemeinsame) Gebet als diese Grenze bezeichnendes und sie gleichzeitig transzendierendes Medium erschlossen. In einer Sprache gehalten, die eng an die der Heiligen Schrift angelehnt ist, erschließen sich so Erinnerungs- und vor allem Hoffnungsräume.

Biblische Texte, Gesangbuchlieder sind ein facettenreiches Medium, um unterschiedliche Stimmungen aufzufangen und über ihre Verbalisierung hinaus zu gebrauchen (wobei in frühen Stadien der Demenz eher mit den Liedtexten gearbeitet werden kann, wohingegen in späteren Stadien die Melodie zunehmend größeres Gewicht bekommt). An dieser Stelle sind Erkenntnisse der Rezeptionsästhetik für die Seelsorge in besonderer Weise noch fruchtbar zu machen. In ihrem expliziten Bezug auf das Wort Gottes kann die Seelsorge mit Menschen mit Demenz wegweisend für eine Seelsorgelehre werden, die ihr Woher, ihren Kontext und ihr Ziel auch unter Einbeziehung neuerer psychologischer, rezeptionsästhetischer und kommunikativer Erkenntnisse stark machen will.

3. Demenz als wissenschaftliche Herausforderung

Im wissenschaftlichen Diskurs wird immer stärker erkannt, dass sich „Probleme, die sich mit dem Phänomen des Alters und Altern [...] verbinden, [...] *transdisziplinäre* Problemlagen dar[stellen], die insofern auch *transdisziplinäre* Forschungsstrategien und Forschungsorganisationen erforderlich machen"[120]. Transdisziplinarität ist im Gegensatz zur Multidisziplinarität nicht als Addition von (verschiedenen) Forschungsergebnissen zu verstehen und auch nicht als (zeitlich) begrenzte, interdisziplinäre Zusammenarbeit, „die die Disziplinen

---

[119] Vgl. zur Stellvertretung oben, C 4.3.
[120] MITTELSTRAß u.a., Wissenschaft und Altern, 697 (kursiv im Original).

lässt, wie sie sind", sondern „Transdisziplinarität verändert die disziplinäre Forschung, richtet sie nach nicht-disziplinär definierten Problemlagen aus, gibt der disziplinären Forschung neue Akzente oder sogar ein neues Profil"[121]. Mit diesem von Mittelstraß et. al. vorgeschlagenen Programm bleiben die disziplinären Kompetenzen gewahrt und bilden eine notwendige Voraussetzung transzdisziplinärer Zusammenarbeit: „[T]ransdisziplinäre Kompetenzen ersetzen nicht die disziplinären, sondern setzten diese voraus und verbinden sie forschungs- und problemorientiert miteinander."[122] Das Proprium und die Kompetenzen der beteiligten Fachwissenschaften also müssen – gerade im geisteswissenschaftlichen Bereich – *mit* ihren Begründungsstrukturen, die um des Diskurses willen nicht eskamotiert oder aufgeweicht werden dürfen, als Basis in diesen Diskurs eingebracht werden; freilich muss hierfür eine Sprache bzw. eine Didaktik gefunden werden, die die fachwissenschaftlichen Ergebnisse für den Diskurs aufarbeitet. Zu diesen Ergebnissen gehört aber auch – und dies wird gerade in der gegenwärtigen theologischen „Bio"-Ethik aus den unterschiedlichsten Gründen nicht getan – der Weg zu diesen Ergebnissen, die Begründungsstrukturen. Werden die Begründungsstrukturen nicht in den Diskurs transportiert, besteht insbesondere für die Theologie die Gefahr, dass sie ihr Proprium und damit ihre Kompetenz verliert; so macht sich eine Theologie, die auf vorschnelle Synthesen und vorschnelle Plausibilisierung setzt, mehr und mehr selbst (für den Diskurs) überflüssig.[123]

In der vorliegenden Arbeit wurde dieser Weg gegangen und damit ein mögliches Modell für transdisziplinäre Arbeit vorgelegt: „Transdisziplinarität verändert die disziplinäre Forschung, richtet sie nach nicht-disziplinär definierten Problemlagen aus, gibt der disziplinären Forschung neue Akzente"[124]. Ausgehend von einer Skizze des gegenwärtigen gesellschaftlichen Demenz-Konzeptes wurde nach einer Anthropologie gefragt, die es vermag, den Herausforderungen, die die Demenz mit sich bringt, zu begegnen. Darauf wurde mit einer theologischen Anthropologie reagiert, die gerade da, wo es im gesellschaftlichen Demenz-Konzept zu Schwierigkeiten kommt, also im Bereich von Wert und Würde einerseits und den Fragen nach der Identität andererseits, mithilfe eines Rekurses auf grundlegende anthropologische Fragen nach dem

---

[121] MITTELSTRAß u.a., Wissenschaft und Altern, 697.
[122] MITTELSTRAß u.a., Wissenschaft und Altern, 697.
[123] Vgl. PLASGER, Ethik, 148: „Der Grund der christlichen Ethik ist nicht die Kommunikabiltität, sondern die Zuwendung Gottes."
[124] MITTELSTRAß u.a., Wissenschaft und Altern, 697.

Sein des Menschen (vor Gott und mit den Mitmenschen) des Menschen Sein als ein ‚Sein in der Begegnung' versteht, um den Herausforderungen der Demenz zu begegnen. Dabei geht das vorgenommene Unterfangen nicht in seiner Grundthese, einem Verständnis des Menschen als Beziehungswesen auf, in das es dann andere anthropologische, neurowissenschaftliche und philosophische Aspekte integriert, sondern versteht sich als genuiner theologischer Ansatz der Anthropologie, der seine Perspektive auf den Menschen aufgrund der in Jesus Christus geschehenen Offenbarung entfaltet und (dann) auf die besonderen Fragen, die sich von Seiten der Demenz ergeben, fokussiert. Im Rahmen dieser Fokussierung konnte dann auf die Ergebnisse der anderen Fachwissenschaften verwiesen werden, die sich oft als in erstaunlicher Nachbarschaft befindlich erwiesen haben; an diesen Stellen fand eine Bereicherung und eine Klärung der Einsichten der theologischen Anthropologie statt. Das Proprium der theologischen Anthropologie, die Erkenntnis des (Wesens des) Menschen aufgrund des Wortes Gottes, braucht in diesem Zusammenhang allerdings nicht die Bestätigung oder gar Verifizierung durch die Nachbarschaft zu anderen Wissenschaften oder die Empirie; es ergibt sich aus dem Gegenstand der Theologie, dem Wort Gottes (in seiner dreifachen Gestalt). Allerdings ist es Aufgabe der Theologie, ihre Erkenntnisse so für den Diskurs aufzuarbeiten, dass andere Diskursteilnehmer diese nachvollziehen können, auch wenn sie deren Voraussetzungen nicht teilen.

Mit ihrem Verständnis des Menschen als Mensch für Gott und Mensch für den Mitmenschen versteht die theologische Anthropologie die (Folgen der) Demenz als Beziehungsgeschehen. Diesen Aspekt und seine Implikationen für Würde, Wert und Identität des Menschen als in Begegnung Seiendem trägt sie offensiv in den Diskurs und bereichert diesen um ihre Perspektive, um so das Ihrige zu einem integrativen Demenz-Konzept beizutragen. Die hermeneutische Bewegung theologischen Fragens angesichts der Herausforderungen der Demenz ist also eine doppelte: Ausgehend von der von außen an sie herangetragenen Frage blickt sie auf ihren Gegenstand, das Wort Gottes, und geht mit Blick auf dieses wieder nach außen, indem sie ihre Erkenntnisse für den (Transdisziplinären-)Diskurs aufarbeitet.

Dass die Demenz eine im dargestellten Sinne transdisziplinäre Herausforderung ist, wird bereits an der Vielzahl der Disziplinen deutlich, die sich ihrer annehmen. Dass die Medizin darunter die Rolle der Leitwissenschaft innehat, ist allerdings nur dort zu problematisieren, wo sie einem naturwissenschaftlichen Reduktionismus unterliegt und ihre Ergebnisse verabsolutiert.[125]

Verena Wetzstein hat in ihrer Dissertation „Diagnose Alzheimer" eine Analyse des von ihr eruierten „gegenwärtigen gesellschaftlichen Demenz-Konzeptes", welches ihrer Ansicht nach maßgeblich durch den naturwissenschaftlichen Reduktionismus der Medizin geprägt ist, als dessen Kernpunkte sie Pathologisierung, das kognitive Paradigma und die Vernachlässigung der zweiten Hälfte des Demenz-Prozesses aufweist, vorgelegt. Wetzstein sieht in ihrer Analyse ihre Grundthese bestätigt: „Durch die Monopolisierung der Demenz-Debatte durch die Medizin stehen ausschließlich medizinisch dominierte Anhaltspunkte für die Bestimmung dessen, was Alzheimer-Demenz ist und bedeutet, zur Verfügung. Grundlage des gesellschaftlichen Diskurses ist ein Demenz-Konzept, das seine Inhalte aus der Übernahme und Verallgemeinerung medizinischer Aussagen bezieht."[126] Der der Medizin als anwendungsbezogener Naturwissenschaft (methodisch notwendig) unterliegende Reduktionismus – so Wetzstein – werde in der gesellschaftlichen Übernahme medizinischer Kategorien „mittransportiert" und sei anschlussfähig für reduktionistische Personkonzeptionen, die die Würde und den Wert des Menschen an bestimmten, oft kognitiven Fähigkeiten festmachen.

Insgesamt ist an Wetzstein die Frage zu stellen, ob nicht – gerade mit Blick auf die Geschichte der Demenz – mit stärkeren Interdependenzen zwischen Medizin und Gesellschaft zu rechnen ist. Für die transzdisziplinäre Zusammenarbeit der Disziplinen und eine von ihr geforderte „integrative Demenz-Ethik" ist Wetzsteins Arbeit deshalb schwierig, weil sie „der" Medizin sozusagen als ganzer einen naturwissenschaftlichen Reduktionismus unterstellt. Sicherlich findet sich ihre Wahrnehmung in der Praxis immer wieder bestätigt, doch lässt sich der medizinische Diskurs nicht in der von ihr vorgenommenen Weise auf einen Nenner bringen. Wetzsteins Beobachtungen weisen grundsätzlich auf ein Problem der modernen Medizin als Leitwissenschaft für die Demenz hin: Einer Tendenz zum naturwissenschaftlich bedingten Reduktionismus muss sicherlich gewehrt werden. Ein Mensch, der unter einer Demenz leidet, lässt sich in der Tat nicht auf eine bestimmte Anzahl von Eiweißabbau-Produkten in seinem Gehirn reduzieren. Allerdings ist das Phänomen Demenz bzw. eine integrative Demenz-Ethik unter Abwertung neuromedizinischer Erkenntnisse ebenfalls nicht zu fassen.

---

[125] Vgl. WETZSTEIN, Diagnose Alzheimer.
[126] WETZSTEIN, Diagnose Alzheimer, 95, u.ö.

E) Demenz als ethische, wissenschaftliche und gesellschaftliche Herausforderung

Transdisziplinarität heißt in diesem Zusammenhang, dass die beteiligten Fachwissenschaften zusammenarbeiten müssen, um ihrem Gegenstand, dem Menschen (mit Demenz) gerecht zu werden. Der Respekt für das Proprium und die Kompetenzen der jeweiligen Fachwissenschaft ist *conditio sine qua non* eines Forschungssettings, in welchem im Wissen um die Notwendigkeit der verschiedenartigen Perspektiven auf den Gegenstand Mensch (mit Demenz) zusammengearbeitet werden kann.[127] Denn nur mithilfe dieser Multiperspektivität kann der Komplexität der Demenz und ihrer Auswirkungen Rechnung getragen werden. Freilich darf die Komplexität nicht einfach dahingehend simplifiziert werden, dass sie in verschiedene, nebeneinander stehende Zugänge aufgespalten wird.

Die Herausforderung besteht gerade darin, im Diskurs transdisziplinäre Forschungsstrategien zu entwickeln, deren Synergie-Effekte in den disziplinären Diskurs zurückwirken.[128] Wichtig hierbei ist „die Schaffung einer Infrastruktur, um Forschungsergebnisse zeitnah und flächendeckend zu verbreiten"[129]. Transdisziplinarität ermöglicht neben der durch die Verknüpfung verschiedener disziplinärer Ansätze verringerten Selektivität des Zugangs „auch eine Kombination von stärker grundlagenorientierter und stärker anwendungsorientierter Forschung"[130]. Hilfreich ist es an dieser Stelle, das Modell des Seins in der Begegnung auf den wissenschaftlichen Diskurs zu übertragen. Im reziproken Beziehungsgeschehen, welches die Asymmetrien – etwa durch Terminologie und Heuristik hervorgerufen – reflektiert, wird sich im gegenseitigen Klärungsprozess dem Gegenstand angenähert. Der Begegnungs-Diskurs unterliegt insofern besonderen Bedingungen, als die Offenheit der Gesprächspartner füreinander oft durch die fachwissenschaftlichen Begrenzungen erschwert ist; auch

---

[127] Vgl. zum Verhältnis theologischer und nicht-theologischer Anthropologie oben, C 3.

[128] In diesem Sinne versteht sich auch das transdisziplinär angelegte DFG-Projekt „Demenz als Herausforderung – Ein Beitrag theologischer Anthropologie und Ethik für ein integratives Demenz-Konzept", im Rahmen dessen diese Dissertation angesiedelt ist. Mittelstraß u.a. weisen in diesem Zusammenhang mit Nachdruck darauf hin, dass „gerontologische Verbundforschung" „nachdrücklicher Förderung bedarf": „Transdisziplinäre Altersforschung, die für eine große Zahl von gerontologischen Fragestellungen unerlässlich ist, zählt immer noch in nahezu allen Fachbereichen zu den Sonderfällen universitärer und außeruniversitärer Forschung [...] Transdisziplinäre Forschung ist meist auf mindestens mittelfristige stabile Kooperation von Arbeitsgruppen aus mehreren Disziplinen angewiesen." (MITTELSTRAß u.a., Wissenschaft und Altern, 711).

[129] EICKELMANN/DINAND, Aufträge an die Pflegewissenschaft, 298.

[130] MITTELSTRAß u.a., 713.

eine gemeinsame sprachliche Ebene zu finden, gestaltet sich oft als schwierig und bedarf der besonderen Geduld und Rücksicht der Gesprächspartner ebenso wie des Mutes, Fragen zu stellen und eigene Defizite zuzugeben. Das Einander-begrenzt-Beistand-Leisten spiegelt in gewisser Weise den Gewinn und die Begrenzung des transdiziplinären Unterfangens wieder. Keine Wissenschaft kann und darf die Stelle und damit das Proprium und die Kompetenz der anderen einnehmen, aber sicher vermag es die Heuristik und die Kompetenz der einen Wissenschaft der anderen in neue Denkbahnen zu verhelfen. Dem Modus des „Gerne" entspricht in diesem Modell das Proprium der Wissenschaft überhaupt: Der Erkenntnisgewinn am Gegenstand im Bewusstsein, dass dieser immer nur näherungsweise, gleichsam hypothetisch, als Grundlage weiterer Forschung zu verstehen ist. In dieser Weise hat bereits Karl Barth davor gewarnt, dass eine Wissenschaft dann aufhörte „exakt und Wissenschaft zu sein", „wenn sie ihre Spitzensätze und Hypothesen verabsolutierte, wenn sie zum Exponenten und Bestandteil einer Philosophie und Weltanschauung würde".[131]

Vor diesem Hintergrund erscheint es bedenklich (obzwar gleichwohl verständlich), „dass viele betreuende Angehörige von den Versprechungen der biomedizinischen Wissenschaft fasziniert sind und beinahe abergläubisch auf die baldige Entdeckung von Wunderheilmitteln hoffen"[132]. Diese verständliche Hoffnung birgt die Gefahr, dass Forschungsgelder in eine bestimmte Richtung kanalisiert werden und dass weniger hoffnungsträchtige, aber nicht weniger wichtige Forschungsfelder, wie die Betreuung von Menschen mit Demenz, die Frage nach deren Erleben oder die Frage der Betreuung von Angehörigen aus dem Fokus des Interesses geraten.[133] Die am Diskurs beteiligten Wissenschaf-

---

[131] KD III/2, 26.
[132] KITWOOD, Demenz, 200.
[133] Hinzu kommen Aspekte der Forschungsethik: Eine von Jim Jackson, dem *chief executive* der Schottischen Alzheimer Organisation, durchgeführte Studie mit Betroffenen und Mitarbeitern über die Bereitschaft zur Stammzellen-, Embryonen- und Tierforschung, um die Situation von Menschen mit Demenz zu verbessern, brachte folgendes Ergebnis: „The vast majority of respondents were in favour of using human embryos, spare embryos donated by couples having fertitlity treatment and material from aborted foetuses, with over 70% replying ‚Yes' across the different groups. There was less support for the use of therapeutic cloning to create a human embryo, with 43% responding ‚Yes' overall [...] The vast majority of respondents were in favour of Alzheimer Scotland funding research projects involving stem cell research [...] Overall 58% of respondents were in favour of Alzheimer Scotland funding research projects that involve animal research."(JACKSON, Consultation).

E) Demenz als ethische, wissenschaftliche und gesellschaftliche Herausforderung

ten sollten ihre Grenzen und ihre Visionen für den transdisziplinären – aber auch im unten noch zu behandelnden gesellschaftlichen Diskurs – so aufbereiten, dass ihre Perspektivität gewahrt bleibt. Sicherlich ist zur Zeit ein Impfstoff – jedenfalls prospektiv – eine berechtigt erscheinende Hoffnung, allerdings geht es auch darum, den Menschen, die *jetzt* unter Demenz leiden, und ihren Angehörigen wissenschaftlich fundierte, transdisziplinäre Hilfen anzubieten. Die Hoffnung auf einen – erst in Jahren zur breiten Anwendung zugelassenen Impfstoff – reduziert die Demenz auf neurophysiologische Aspekte und unterliegt damit eben jenem medizinischen Reduktionismus, der von Wetzstein als für das gesellschaftliche Demenz-Konzept problematisch erwiesen wurde. Hinzu kommt, dass die *medizinische Forschung* von „soteriologischen Ansprüchen" entlastet werden muss,[134] die nicht in ihren Wirklichkeitsbereich fallen.

Ein in dieser Arbeit entwickeltes relationales Verständnis von Demenz, geht nicht in Teilaspekten ihrer Forschung auf. Neben der und über die neurowissenschaftliche Therapie hinaus ist der Mensch (als Beziehungswesen) im multiperspektivischen Fokus der Forschung.

Mit letzteren Überlegungen ist schon in den Bereich der Demenz als gesellschaftlicher Herausforderung vorgedrungen worden, der aufgrund der Breite seiner Implikationen im folgenden Abschnitt behandelt werden soll.

Allerdings kann der Abschnitt „Demenz als wissenschaftliche Herausforderung" nicht abgeschlossen werden ohne einige Bemerkungen zur Forschungsethik. Das hier entwickelte Paradigma des Seins in der Begegnung ist im Bereich der Forschungsethik auf den Problemkomplex der Intervention der Forschung in das Alltagsleben von Menschen mit Demenz hin anzuwenden. So stellen auch Mittelstrass u.a. fest, dass „[j]ede empirische Humanforschung [...]

Neben der unten noch näher zu erörternden, den Menschen mit Demenz betreffenden Fragen der Forschungsethik, ist die Bereitschaft – wohl angesichts der Verzweiflung – zum sogenannten „therapeutischen" Klonen – also zum „heilenden" Klonen (!) der Euphemismus dieses Begriffes sollte an sich schon skeptisch machen – mit 45% bei den Betroffenen und immerhin noch 37% bei den Mitarbeitern der Alzheimer-Gesellschaft enorm hoch. Insgesamt 43% der Befragten beantworten die Frage: „Is it acceptable to use therapeutic cloning to create a human embryo especially for research purposes?" mit „Ja"; (ebd.).
Ohne hier in einen inhaltlichen ethischen Diskurs über das Klonen oder die Stammzellen- oder Tierforschung einzusteigen, ist einerseits darauf zu verweisen, dass angesichts der Ohnmacht gegenüber einer Demenz der Ruf nach Hilfe verständlich ist, dass aber andererseits diese „Hilfen" in sich ethische Probleme beinhalten, die zu bedenken sind.
[134] Vgl. KÖRTNER, Therapieverzicht, 22.

das Leben des erforschten Subjektes [berührt], von der Kontaktaufnahme über Beobachtung und Befragung bis hin zur womöglich invasiven körperlichen Untersuchung."[135] Somit ist auch der Wissenschaftler, der sich dem Phänomen Demenz auf einer empirischen Ebene nähert, im Modus des Seins in der Begegnung. In diesem Zusammenhang ist auf oben dargelegte „besondere Vulnerabilität" (Schwerdt) von Menschen mit Demenz hinzuweisen, die der Gefahr einer größeren Verletzbarkeit im Beziehungsgeschehen und dessen Abbruch – etwa nach Beendigung der Studien – ausgesetzt sind. Mittelstraß u.a. schlagen an dieser Stelle „extensivere[...] Nachlaufphasen"[136] vor. Aus Sicht der hier vorgelegten anthropologischen Konzeption wäre über diese Nachlaufphase hinaus das ‚Sein in der Begegnung' stark zu machen. Jede Begegnung verändert – den Forscher und sein Gegenüber (mit der zu beforschenden Eigenschaft). Im Bereich der Demenz wäre deshalb von einer Forschungsbeziehung zu sprechen, im Rahmen derer sich Menschen begegnen. Eine Demenz verlangt dabei nach besonderen Kommunikationsbedingungen und einem dem Menschen mit Demenz angepassten Forschungssetting.[137]

Im Rahmen dessen stellt sich die Frage, ob und inwieweit Menschen mit Demenz das Forschungsanliegen und dessen spezifische Methoden einsichtig gemacht werden können.[138] So ist das Erhebungsinstrument (Interview, Fragebogen etc.) so zu gestalten, dass es den Betroffenen nicht (noch mehr) verunsichert; ebenso gilt es, die Kontaktaufnahme zwischen Forscher und Betroffenem so zu gestalten, dass der Betroffene nicht „Objekt", sondern in der hier vorgestellten Weise als gleichberechtigtes, und ja auch notwendiges Gegenüber verstanden wird. Angesichts des weiterhin, vor allem im Bereich des Erlebens und der Lebensqualität von Menschen mit Demenz,[139] enormen Forschungsbedarfs ist hier an einem transdisziplinären Forschungssetting zu arbei-

---

[135] MITTELSTRAß u.a., Wissenschaft und Altern, 719.
[136] MITTELSTRAß u.a., Wissenschaft und Altern, 719.
[137] Vgl. grundlegend die Grundsätze der „Zentralen Ethikkommission" bei der Bundesärztekammer „Zum Schutz nicht-einwilligungsfähiger Personen in der medizinischen Forschung", deren Ziel es ist, „den unabdingbaren Mindestschutz der nicht-einwilligungsfähigen Personen zu benennen" (Zentrale Ethikkommission, Schutz nicht-einwilligungsfähiger Personen, A 1011). Diese Grundsätze müssen freilich in besonderer Weise auf Menschen mit Demenz appliziert werden, wie es etwa von der theologischen Anthropologie herkommend aufgrund des Paradigmas des ‚Seins in der Begegnung' im Rahmen dieser Arbeit getan wird; vgl. dazu SIEP, Forschung, 122-124.
[138] Vgl. zum (rechtlichen) Rahmen solcher Forschung Siep, Forschung, 121-124.
[139] Vgl. VAN DER KOOIJ, Demenzpflege, 72.

ten, welches den Menschen mit Demenz in seiner Würde und seiner Situation nicht zum Objekt der Forschung macht, sondern ihm als ganzen Menschen, als Seele seines Leibes, als Subjekt begegnet. Mittelstraß u.a. stellen hierzu treffend fest: „Daher ist es erforderlich, gerontologische Forschungsprojekte nicht nur einmal – meist vor Beginn – durch ein externes Gremium auf ihre ethischen Implikationen hin beurteilen zu lassen, sondern einen Weg zu finden, ethische Fragestellungen zu einem kontinuierlichen Thema interner und externer Beratung zu machen."[140]

In diesem Zusammenhang ist – insbesondere in den späteren Phasen der Demenz – die Frage nach der Einwilligungsfähigkeit der Menschen mit Demenz in die Forschung zu stellen. Menschen mit Demenz sind – wie bereits in den obigen Überlegungen zur relationalen Autonomie deutlich geworden – im Verlauf ihrer Demenz mehr und mehr darauf angewiesen, dass andere ihre Autonomie garantieren oder sogar realisieren. Idealerweise sind die Betroffenen schon im Anfangsstadium ihrer Demenz über eventuelle Forschungsprojekte zu befragen, wenn sie deren Folgen noch abschätzen können. Ist dies nicht geschehen, was in der Praxis der Regelfall ist, ist seitens der um Einwilligung bemühten Wissenschaftler eng mit den Personen zusammenzuarbeiten, die die Präferenzen des Betroffenen kennen und im Rahmen der relationalen Autonomie garantieren. Mit dem hier vertretenen Verständnis der Demenz als Beziehungsgeschehen ist einer *einmaligen, unwiderruflichen* Einwilligung – auch von Betreuungspersonen – gewehrt. Selbst wenn diese vorliegt, sind beide in den Forschungsprozess miteinzubeziehen, um die Autonomie des Betroffenen auch nach Beginn der Projektes zu garantieren. Angesichts des sich im progredienten Verlauf der Demenz immer schwieriger gestaltenden Rahmens der Begegnung und damit auch der Forschung kann es – gerade mit Blick auf die eventuell zu erhoffenden Erfolge für die Therapie, Begleitung oder die Verbesserung der Lebensqualität von Menschen mit Demenz zu Situationen kommen,[141] die ethisch als problematisch zu beurteilen sind. Grenzlinie solcher Situationen ist der Betroffene mit seinen Präferenzen als Gegenüber der Wis-

---

[140] MITTELSTRASS u.a., Wissenschaft und Altern, 719.
[141] So fehlt im Bereich der Demenz-Forschung beispielsweise die „Mikroperspektive", worauf Eickelmann und Dinand, Aufträge an die Pflegewissenschaft, hinweisen: „Es ist kaum etwas bekannt über die Lebenswelt von Menschen mit Demenz, also Bereich wie: erleben, erfahren sie ihre Krankheit, dies ersten Symptome, das unaufhaltsame Fortschreiten, was bedeutet Zeit für sie [...] welche speziellen Bedürfnisse haben diese Menschen?" (EICKELMANN/DINAND, Aufträge für die Pflegewissenschaft, 294).

senschaftler; Eingriffe, in dessen leib-seelische Integrität bedürfen prinzipiell der expliziten Zustimmung des Betroffenen selbst und sind erst aufgrund dieser von den Betreuenden zu bejahen. Liegt keine explizite, den Präferenzen des Betroffenen entsprechende Bereitschaft zu solcher Forschung vor, können auch die Betreuenden als Garanten seiner Autonomie keine andere Entscheidung treffen. Eingriffe gegen die Präferenzen und gegen die Betreuer sind als Verletzung der Persönlichkeitsrechte des Betroffenen zu verstehen und entsprechend juristisch wie moralisch zu ahnden. Hat der Betroffene seine prinzipielle oder sogar spezielle Bereitschaft geäußert – und stimmen entsprechend diejenigen zu, die seine Autonomie realisieren sollen – sind auch Eingriffe möglich, die eine Gefahr für die leib-seelische Integrität des Betroffenen bedeuten können. Allerdings sind dies Grenzsituationen, die dem oben dargestellten christologisch fundierten Paradigma von Situationen entsprechen, in denen es keine unschuldige Lösung gibt. Ist jemand freiwillig und aufgeklärt dazu willens, sich der Forschung zur Verfügung zu stellen, so ist diese Präferenz zu akzeptieren, sofern sie dem Ziel dient, die Situation für andere Menschen (mit Demenz) entscheidend zu verbessern – und das ist das Grundlegende: sofern sie breit abgesichert in einem Kontext geschieht, welcher Würde und Wert des Betroffenen sicherstellt und über das Forschungssetting hinaus im Blick hat. Und so kommt auch H. Helmchen, der die „Forschung mit nicht-einwilligungsfähigen Demenzkranken" vor dem Hintergrund der Deutschen Geschichte untersucht, zu dem Schluss: „Aus ärztlicher Sicht kann solche Forschung [mit nicht einwilligungsfähigen Patienten, D.B.] ethisch nur vertreten werden, wenn ihre Notwendigkeit nach definierten Kriterien festgestellt und definierte Schutzkriterien erfüllt sind, so besonders, dass die forschungsbedingte Instrumentalisierung des Patienten durch den Respekt vor der Würde des Patienten begrenzt wird, weiterhin die Forschung mit nicht mehr als minimalen Risiken und vernachlässigbaren Belästigungen für die teilnehmende Person verbunden ist und deren Ablehnung durch den Patienten akzeptiert wird." Allerdings sieht Helmchen „öffentlichen Diskussionsbedarf", was die sogenannte „fremdnützige", also Forschung, die dem Betroffenen nicht unmittelbar nützt, oder „nichttherapeutische" Forschung mit nicht-einwilligungsfähigen Personen betrifft, die das Risiko einer Instrumentalisierung von Menschen enthält, die sie „zum Mittel für das Wohl anderer machen"[142]. Aus Sicht der relationalen Autonomie

---

[142] SIEP, Forschung, 119; vgl. a.a.O., 117f.

4. Demenz als gesellschaftliche Herausforderung

Angesichts der zu erwartenden Verdoppelung der Anzahl der Menschen, die von einer Demenz betroffen sind, in den nächsten 20 Jahren, stellt die Demenz eine der großen Herausforderungen des 21. Jahrhunderts dar.

Aufgrund der hier vorgestellten Anthropologie ist an dieser Stelle grundlegend der Gestaltungsauftrag der Menschenwürde stark zu machen, d.h. für Verhältnisse zu sorgen, in denen Menschen mit Demenz würdevoll leben können.[143] Gerade angesichts der Tatsache, auf die Tom Kitwood mit Nachdruck hinweist, „dass Pflege relativ billig ist, wenn Personsein gründlich missachtet wird"[144] und angesichts des Kostendrucks des Gesundheitswesens, muss es darum gehen, Sorge für Menschen mit Demenz als Vollzug der Würde des Menschen zu verstehen.

Das in dieser Arbeit entwickelte relationale Verständnis von Demenz, welches Demenz als Beziehungsgeschehen versteht, erschließt eine Perspektive auf Menschen mit Demenz, die mit Blick auf das erste Kapitel dieser Arbeit als „Leerstelle" im gegenwärtigen gesellschaftlichen Demenz-Konzept zu beschreiben ist. Der Umgang mit Menschen mit Demenz verstanden als ‚Sein in der Begegnung' ist trotz der vorhandenen und zu reflektierenden Asymmetrien reziprokes Beziehungsgeschehen. Damit sind Menschen mit Demenz notwendige Gegenüber, sie sind Du eines Ich – und ich eines Du – und so an der Konstitution von Identität auch ihres Gegenübers ohne Demenz beteiligt.

Ein solches relationales Verständnis von Demenz allerdings lässt sich auf gesellschaftlicher Ebene nur dann etablieren, wenn die Demenz und ihre Begleiterscheinungen entstigmatisiert werden. In dieser Richtung werden zunehmend Stimmen – wie etwa die des Münchener Neurowissenschaftlers Hans Förstl – laut, die – wie schon Alois Alzheimer selbst – den Status der (Alzheimer-)Demenz als Krankheit *sui generis* in Frage stellen.[145] Wenn aber der Status der (Alzheimer-)Demenz als Krankheit *sui generis* sehr zurecht, wie auch die Überlegungen in dieser Arbeit zeigen, in Frage gestellt und Demenz als ein zum Altern gehörender Prozess verstanden wird, besteht seitens der Kostenträ-

---

[143] Vgl. auch KRECK, Ethik, 209.
[144] KITWOOD, Demenz, 200.
[145] Vgl. FÖRSTL, Training.

ger im Gesundheitssystem die Gefahr, die Kosten für Heimunterbringung, Medikamente und Therapien nicht mehr in dem Maße wie bisher zu übernehmen; eine weitere Gefahr ist das Abnehmen von Forschungsgeldern. Angesichts dessen gilt es, Wege in den gesellschaftlichen Diskurs zu ebnen, die die mit dem Verständnis der (Alzheimer-)Demenz als Krankheit konnotierten Stigmata und die Ausgrenzung von Menschen mit Demenz verhindern und gleichzeitig die aufgrund der steigenden Zahlen notwendigen Forschungs- und Therapiekosten weiterhin zur Verfügung stellen. Hier wird die transdisziplinäre Herausforderung durch die Demenz deutlich, die sich nicht einem Wissenschafts- oder Gesellschaftsbereich zuordnen lässt, sondern diese überschreitend verbindet. Eine Entstigmatisierung auf der soziologischen Ebene birgt die Gefahr der Reduzierung der medizinisch-pharmakologischen Forschung. Ein integratives Demenz-Konzept vermag solche Spannungen zu reflektieren und so in den gesellschaftlichen Diskurs einzubringen, dass beide Dimensionen des komplexen Phänomens nebeneinander ihre Berechtigung haben können.

Kern dieses integrativen Demenz-Konzeptes ist der *Mensch*, der unter einer Demenz leidet, in seinen Relationen zu seinem Mitmenschen. Dieser Mensch lässt sich nicht auf bestimmte neuropathologische Phänomene reduzieren, ebenso wie Demenz nicht ein Tod ist, der den Körper zurücklässt: „Es ist in absurder Weise reduktionistisch zu behaupten, wie dies einige getan haben, dass ‚schließlich alles auf das hinausläuft, was sich in individuellen Gehirnzellen abspielt'. In sehr vielen Fällen stellen wir fest, dass der Prozeß der Demenz auch die Geschichte einer tragischen Unzulänglichkeit unserer Kultur, unserer Ökonomie, unseren traditionellen Ansichten über Geschlecht, unser medizinisches System und unsere allgemeine Lebensweise ist."[146] Demenz ist nach Kitwood insofern ein komplexer Prozess, als sie „ein fortlaufendes Wechselspiel zwischen jenen der Neuropathologie per se zugehörigen als auch den sozialpsychologischen Faktoren umfasst"[147]. Versteht man Kitwoods Kritik an der malignen Sozialpsychiatrie, die sicherlich grundsätzlich berechtigt ist, hier richtig, geht es darum, dass, wie im hier dargestellten Sinne, Personsein von Menschen mit Demenz nicht an bestimmten neuropathologischen Zuständen festzumachen ist. Der Mensch *ist* gleichsam ontologisch in Beziehung, eine Demenz erschwert dieses In-Beziehung-Sein wohl zunehmend, lässt ihn aber nicht ‚sozial' oder ‚biographisch' sterben, wie es das immer noch gängige gesellschaftliche Vorurteil gegenüber der Demenz sagt. ‚Sein in der Begegnung' mit

---

[146] KITWOOD, Demenz, 68f.
[147] KITWOOD, Demenz, 80.

E) Demenz als ethische, wissenschaftliche und gesellschaftliche Herausforderung

Menschen mit Demenz ist für beide Seiten eine Bereicherung, und empirische Studien zeigen, dass die Pflege- und Betreuungspraxis maßgeblichen Einfluss auf den Verlauf einer Demenz hat. Angesichts dessen ist ein gesellschaftlicher Paradigmenwechsel im Verständnis der Demenz im Sinne einer „kulturellen Transformation" (Kitwood) auch aus Sicht der theologischen Anthropologie als Vollzug der Würde des Menschen geboten.[148] Kitwood umreißt eine neue Kultur des Umgangs mit Menschen mit Demenz, der sich auch die theologische Anthropologie hier anschließen kann, folgendermaßen: „Die neue Kultur pathologisiert Menschen mit Demenz nicht, indem sie sie nicht als Menschen mit einer abstoßenden Krankheit ansieht. Sie reduziert sie auch nicht auf die zu stark vereinfachenden Kategorien irgendeines vorgefertigten strukturellen Schemas, wie etwa die Theorie der Stadien des geistigen Verfalls. Die neue Kultur stellt die Einzigartigkeit jeder Person in den Mittelpunkt. Sie respektiert Erreichtes und ist voll Mitgefühl mit dem, was die Person jeweils erlitten hat. Sie setzt Emotionen als Quelle menschlichen Lebens wieder in ihre Bedeutung ein und freut sich daran, dass wir körperliche Wesen sind. Sie betont die Tatsache, dass unsere Existenz wesentlich sozial ist."[149]

Dafür, dass diese „neue Kultur" zur Conditio Humana gehört, sprechen nicht zuletzt auch die Einsichten aus der theologischen Anthropologie bezüglich der Bestimmung des Menschen als Mensch für den Mitmenschen. Es gehört zur geschöpflichen (!) – und nicht erst zu einer etwa moralisch höher qualifizierten oder erlernten – Konstitution des Menschen, in Beziehung zu sein. Das In-Beziehung-Sein mit Menschen mit Demenz unterliegt, sicherlich je weiter die Demenz fortgeschritten ist, zunehmenden Erschwernissen, aber Beziehung ist – freilich unter veränderten Bedingungen – bis in das Endstadium der Demenz möglich und nötig. Hierzu bedarf es der Einübung in der Demenz entsprechende Kommunikationsformen, vor allem aber angesichts des gegenwärtigen gesellschaftlichen Demenz-Konzeptes der Einsicht, dass Menschen mit Demenz keine „Hülsen", keine ihrer Identität beraubten Körper sind, sondern so wie jeder Mensch Beziehungswesen, notwendige Gegenüber

---

[148] Vgl. KLIE, Demenz, der ebenfalls von einem Paradigmenwechsel spricht: „Nun fordert aber ein ganzheitliches Verständnis von Demenz, das Demenz auch nicht als Defizit, sondern als Lebensform begreift, eine Toleranz und Akzeptanz von anders Sein und Loslassen, auch von Zivilisationsbestandteilen. Wir werden dem Menschen mit Demenz in seiner inneren Welt nicht begegnen können, wenn wir in der Semantik unserer Zivilisation gefangen bleiben." (A.a.O., 60).

[149] KITWOOD, Demenz, 193.

für die Konstitution der eigenen Identität, die ihre Identität als relationale nicht verlieren können.

Es ist an dieser Stelle gerade für den gesellschaftlichen Diskurs darauf hinzuweisen, dass Menschen mit Demenz nicht ihre Menschlichkeit und Identität verlieren, sondern bestimmte kognitive Fähigkeiten. Ein Mensch mit Demenz „behält sein Vermögen, Kontakt zu erfahren; manchmal sogar stärker als vor der Demenz"[150]; Kommunikation ist bis in das Endstadium einer Demenz möglich.[151] Ein Mensch mit Demenz bleibt so ontologisch in der Begegnung und ist für die Konstitution der Identität beider sich-Begegnender von Bedeutung.

Damit ist implizit schon Entscheidendes über den Wert von Menschen mit Demenz (für uns und unsere Gesellschaft) gesagt. Tom Kitwood hat hier Grundlegendes erkannt und eindrücklich formuliert: „Der Kontakt mit Demenz und anderen Formen schwerer kognitiver Beeinträchtigung kann und sollte (!) uns aus unseren üblichen Mustern der übertriebenen Geschäftigkeit, des Hyperkognitivismus und der Geschwätzigkeit herausführen in eine Seinsweise, in der Emotion und Gefühl viel mehr Raum gegeben wird. Demente Menschen, für die das Leben der Emotionen oft intensiv und ohne die üblichen Hemmungen verläuft, haben den Rest der Menschheit unter Umständen etwas Wichtiges zu lehren. Sie bitten uns sozusagen, den Riß im Erleben, den westliche Kultur hervorgerufen hat, zu heilen und laden uns ein, zu Aspekten unseres Seins zurückzukehren, die in evolutionärem Sinn viel älter sind, stärker mit dem Körper und seinen Funktionen in Einklang stehen und dem Leben aus dem Instinkt heraus näher sind. Die meisten von uns leben beinahe wörtlich aus dem Kopf, das heißt aus den äußeren Schichten des Neokortex heraus. Es ist psychologische und damit auch neurologische Arbeit für und mit uns zu leisten, während wir auf eine tiefere Integration und Integrität hinarbeiten."[152] Menschen mit Demenz sind also nicht (nur) hilfsbedürftige ‚Kranke', sondern sie lehren *uns* etwas über das Menschsein. Analog der Aussagen der theologischen Anthropologie über die leibseelische Konstitution des Menschen und ihrem Verhältnis zur relationalen Identität gelangt auch Kitwood zu dem Schluss, dass die Begegnung mit Menschen mit Demenz Wesentliches über das Menschsein erschließt: Der Mensch lässt sich nicht auf be-

---

[150] VAN DER KOOIJ, Demenzpflege, 62, u.ö.
[151] Vgl. zum Erhalt der Kommunikation die genannte Literatur von Kitwood; Förstl und die im Rahmen der Betreuungskonzepte genannte Literatur.
[152] KITWOOD, Demenz, 23.

stimmte kognitive Funktionen reduzieren – auch wenn das (gerade) aufgrund gesellschaftlich-kultureller Leitvorstellung so erscheint. Demenz ist insofern auch keine Sonderform des Menschseins, sondern Menschen mit Demenz leben einen Aspekt des Menschseins stärker aus als die meisten anderen Menschen, wohingegen bei ihnen der kognitive Aspekt des Menschseins mehr und mehr an Bedeutung verliert. Gesellschaftlich geht es also darum, die Aussagen einer Anthropologie in den Diskurs zu bringen, die den Menschen – und seinen Wert und seine Würde – nicht an bestimmten, empirisch aufweisbaren Funktionen festmacht. Die theologische Anthropologie begründet an dieser Stelle Wert und Würde des Menschen mit der Beziehung Gottes zu den Menschen, genauer: mit der Erwählung des Menschen in Jesus Christus. Diesen Ansatz ihrer Würdehermeneutik bringt sie in den gesellschaftlichen Diskurs ein und wird dort auf andere Würde-Konzeptionen und auch auf Ablehnung stoßen. Ihr Proprium, die Erwählung des Menschen in Jesus Christus und seine Bestimmung zum Bundesgenossen Gottes, und dessen Implikationen werden in einer zunehmend säkularen Gesellschaft nicht mehr von allen Mitgliedern geteilt. Georg Plasger hat mit seinem Paradigma der „Einladenden Ethik"[153] einen Weg vorgeschlagen, theologische Erkenntnisse in die plurale Gesellschaft hineinzutragen und trotz zunehmendem Mehrheitsverlust umzusetzen. Erkenntnisse über Wert und Würde von Menschen mit Demenz haben in breiten Schichten der Gesellschaft nicht nur einen Mehrheitsverlust, sie haben schlichtweg keine Mehrheit, die sie überhaupt verlieren könnten. Äußerungen, die dahingehen, lieber tot als dement zu sein, weisen die erschreckende Diskrepanz der gesellschaftlichen Leitvorstellungen einerseits und andererseits die Einsichten der Wissenschaften und Praktiker auf, die mit Menschen mit Demenz umgehen. Die Aufgabe ist es, diese Einsichten in die Gesellschaft zu transportieren und deren Implikationen im Diskurs umzusetzen, zumal es auch um finanzielle Interessen geht; denn eine Demenz-Betreuung, die den Menschen und ihren Angehörigen bzw. den Pflegenden gerecht wird, braucht einen höheren Personalschlüssel und ist damit kostenintensiver als etwa eine Sedierung.

Wichtiger noch als die finanziellen Aspekte ist der Respekt und die Aufwertung derer, die mit Menschen mit Demenz leben und arbeiten: Die gesellschaftliche Stigmatisierung der Menschen mit Demenz wird allzu oft auch auf ihre Pflegenden übertragen. Die Einsichten der relationalen Anthro-

---

[153] PLASGER, Ethik.

pologie allerdings erkennen Betroffene und Angehörige/Pflegende als von der Demenz als Beziehungsgeschehen gleichermaßen Betroffene. Da zur Zeit die meisten von Demenz Betroffenen zu Hause gepflegt werden,[154] brauchen pflegende Angehörige Begleitung und Unterstützung, denn deren Belastungen sind enorm: Adler et. al. kommen in ihrer Studie zu dem Schluss: „Insgesamt lässt sich bei pflegenden Angehörigen ein zum Teil erhebliches Ausmaß sozialer Isolierung, depressiver Störungen und Körperbeschwerden (v.a. Gliederschmerzen und Erschöpfungszustände) finden."[155] Aber auch die Situation in den Pflegeheimen spitzt sich durch Reduzierungen des Pflegepersonals und die vermehrte Aufnahme von Menschen mit Demenz zu.[156] Gerade angesichts dessen bedürfen Pflegende der gesellschaftlichen Anerkennung, denn „Arbeit mit Menschen mit Demenz ist eine der anspruchsvollsten Aufgaben, die diese Gesellschaft zu vergeben hat. Der Pflegende stellt sich dabei mit seiner ganzen Person zur Verfügung und eben nicht als objektivierender, rationaler, distanziert-sachlicher Experte"[157]. Demenz ist aus dieser Sicht als ein soziales Problem zu verstehen. Von der Qualität der Beziehung, vom Einlassen auf das ‚Sein in der Begegnung' hängt es ab, ob und inwiefern Menschen mit Demenz würdevoll mit Wohlbefinden leben können.

Angesichts dieser Situation gilt es, gesellschaftliche Mehrheiten zu etablieren, die für eine Verbesserung der Situation von Menschen mit Demenz und deren Pflegenden beitragen. Binnentheologisch ist dies als Vollzug der Würde des Menschen zu verstehen, gesellschaftspolitisch kann dieses Anliegen kommunitaristisch etwa auf Grundlage von Amitai Etzioni[158] angegangen werden.[159]

Der Kommunitarismus Etzionischer Prägung versteht sich als Alternative, als „dritter Weg" zwischen Liberalismus und Konservatismus. Etzioni versteht die Gesellschaft als *„Gemeinschaft von Gemeinschaften"*[160] und sieht dementsprechend die kommunitaristische Herausforderung darin, „[e]ine Gemeinschaft von Gemeinschaften zu schaffen und zu erhalten [...], denn Ge-

---

[154] Vgl. GROND, Eltern.
[155] ADLER et. al., Belastungserleben, 148.
[156] Vgl. ZIMBER/ALBRECHT/WEYERER, Beanspruchungssituation; vgl. ferner Schröder, Umgang mit Erschöpfung.
[157] MÜLLER-HERGL, Demenz, 255.
[158] ETZIONI, Verantwortungsgesellschaft.
[159] Vgl. zur Kommunitarismus-Debatte grundlegend: Reese-Schäfer, Kommunitarismus; Honneth, Kommunitarismus; vgl. zu ETZIONI, REESE-SCHÄFER, AMITAI ETZIONI.
[160] ETZIONI, Verantwortungsgesellschaft, 251 (Kursiv im Original), u.ö.

meinschaften neigen dazu, je stärker ihre Binnenbeziehungen ausgebildet sind, sich um so weniger als Teil eines Verbundes von mehreren Gemeinschaften zu betrachten und dementsprechend zu agieren".[161] Da nun aber die Frage der Verankerung universeller Werte – sei es empirisch oder normativ – gesamtgesellschaftlich nicht zu lösen scheint, besteht die soziologische Herausforderung darin, „gesellschaftliche Formationen zu entwickeln, die den bereichernden Besonderheiten autonomer Subkulturen und Gemeinschaften genügend Raum verschaffen und gleichzeitig einen Grundbestand an gemeinsamen Werten aufrechterhalten"[162]. Gegen einen moralischen Relativismus und in gewisser Weise auch über Habermas prozedurale Dialogizität hinausgehend, schlägt Etzioni Moraldialoge, sogenannte „Megaloge" vor, um Wertbegründungen herbeizuführen. Solche Megaloge „können darüber hinaus die Kraft entwickeln, bedeutsame Wandlungen in der Grundwerten einzelner Gesellschaften und Gruppen hervorzurufen, nämlich immer dann, wenn unterschiedliche Wertvorstellungen verschiedener Gesellschaften [und Gemeinschaften, D.B.] in einem gemeinsamen Handlungsraum Koordinierungsbedarf erzeugen"[163]. Georg Plasger versteht dies dahingehend, „dass sich Gemeinschaften innerhalb einer Gesellschaft in Diskurse begeben, um andere von ihren Wertvorstellungen zu überzeugen mit der Möglichkeit, dass sich in eben diesem Diskurs auch ihre eigene *Position* verändert"[164]. Plasger spricht an dieser Stelle von der Veränderung der Position, und nicht einer der Grundwerte einer Gemeinschaft, sondern diese in einem „soliden Rahmen" (Etzioni), den Etzioni etwa durch eine demokratische Verfassung gegeben sieht und den er für unhintergehbar hält.

Wenn nun aber – so Etzioni – „alles gesagt und getan ist, wenn die moralische Richtung der Gemeinschaft dennoch in tiefgreifender Weise meinem eigenen letztgültigen Willen zuwiderläuft, dann muss ich ‚Nein' sagen, aufbegehren, widerstehen, mich mit Gleichgesinnten zusammenschließen, um den Lauf der Dinge zu verändern, zum Verweigerer aus Gewissensgründen werden, friedlich demonstrieren und mich sogar an gewaltfreiem bürgerlichen Widerstand beteiligen. Kurz gesagt: Man sollte sich an die Werte halten, die man selbst als am stärksten verpflichtend empfindet, und danach streben, dass auch die Gemeinschaft sich ihnen anschließt. Aber man sollte standhaft blei-

---

[161] ETZIONI, Verantwortungsgesellschaft, 243.
[162] ETZIONI, Verantwortungsgesellschaft, 251.
[163] REESE-SCHÄFER, Etzioni, 59.
[164] PLASGER, Ethik, 140 (Hervorhebung D.B.).

ben, auch wenn die anderen die Zustimmung versagen. Die Gemeinschaft bietet eine normative Grundlage, eine festen Ausgangspunkt, eine Kultur und Tradition, ein Verbundenheitsgefühl und einen Ort für moralische Dialoge, aber sie ist nicht die letzte Instanz in moralischen Angelegenheiten"[165]. Etzioni bleibt hier an dieser Stelle des Widerstands letztlich doch als isoliertes, aber doch suchendes Subjekt der Gemeinschaft gegenübergestellt. Im Rahmen der hier vorgelegten Anthropologie ist das Subjekt gebunden an das Wort Gottes, berufen zum Bundespartner Gottes und hat damit aufgrund seiner Würde den Gestaltungsauftrag, für (gesellschaftliche) Verhältnisse zu sorgen, in denen jeder Mensch ehren- und würdevoll leben kann.

Eine theologische, und hier zunächst kirchliche Ethik also, die den Anspruch hat, ihre Werte und Einsichten über den Menschen in die Gesellschaft hineinzutragen, muss grundsätzlich differenzieren zwischen dem Anspruch, den diese Werte als solche haben, und dem Anspruch, den diese Werte als theologisch-kirchlich vermittelte haben. Denn das Ziel eines Transportes theologischer Werte in die Gesellschaft hinein muss – so Georg Plasger – „nicht die Gewinnung von Rechtssätzen sein", aber „die Kirche kann zu Erkenntnissen einladen, auch wenn das Ziel einer gesamtgesellschaftlichen oder zumindest mehrheitsfähigen Übernahme dieser Erkenntnis nicht erreicht wird"[166]. Nun ist hier sicherlich zwischen ethischen und anthropologischen Erkenntnissen – jedenfalls, was deren gesellschaftliche Rezeption und Akzeptanz betrifft, zu differenzieren. Gerade für die hier vorgeschlagene anthropologische Grundeinsicht einer ontologischen Relationalität – im Bereich der Demenz – lassen sich Gesprächspartner einladen und finden, die gemeinsam mit der theologischen Anthropologie Wege gehen können, um die Situation von Menschen mit Demenz in der Gesellschaft zu verbessern.

Adressat der hier vorgelegten theologischen Anthropologie ist dabei zunächst und grundlegend die Kirche, verstanden als diejenigen Menschen, die auf Grundlage des Wortes Gottes ihr Leben und ihr Umfeld gestalten und verantwort-lich im hier dargestellten Sinne des Wortes leben. Damit wird die Kirche als Adressat der theologischen Anthropologie und Ethik verstanden; in gleicher Weise, wie sie Adressat – und somit „Objekt" solcher Anthropologie und Ethik ist, ist sie aber auch „Subjekt" der Ethik: Die Kirche „hat die Wahrheit Gottes und seine Einladung zu bezeugen und weiterzugeben – genau das ist ihr Auftrag. Sie hat diesen Auftrag zu jeder Zeit und in jeder Situation, egal

---

[165] ETZIONI, Verantwortungsgesellschaft, 317.
[166] PLASGER, Ethik, 140.

ob sie in der Mehrheit oder Minderheit existiert"[167]. So hat sie ihre Erkenntnisse in anthropologischen und ethischen Fragen „offensiv" (Plasger) in die Gesellschaft einzutragen, denn die „Mitarbeit an der ethischen Frage schließt keine gesellschaftliche Interpretationsgemeinschaft und kein Individuum aus". In diesem Mitteilen wird es sich – gerade im Bereich der Demenz – immer wieder ergeben, dass sie dabei auf (Diskurs-)Gemeinschaften trifft, die ihrer Präferenz zustimmen, dass also „andere Gemeinschaften in der pluralen Gesellschaft gleiche Handlungen präferieren, auch wenn sie auf anderen Wegen zu diesem Ergebnis gekommen sein mögen – mit diesen Gemeinschaften dann zusammen zu arbeiten, ist sinnvoll und gut, auch wenn sie aus anderen Quellen, seien es religiöse, seien es agnostische, trinken"[168].

Mithilfe einer gesellschaftlichen Koalitionsbildung für die Belange von Menschen mit Demenz und deren (pflegenden) Angehörigen ist den Herausforderungen, die aufgrund einer steigenden Prävalenzrate der Demenz in den nächsten Jahren auf uns zukommt, zu begegnen. Dabei ist der Tatsache Rechnung zu tragen, dass nur in einer Multiperspektivität auf den Menschen (mit Demenz) in seinen vielfältigen Relationen ein adäquates Setting geschaffen werden kann, diesem – entsprechend der Bestimmung des Menschen als Mensch für den Mitmenschen – zu begegnen.

5. Fazit: Skizze eines integrativen Demenz-Konzeptes

Die (ethischen) Implikationen einer Demenz stehen – wie sich gezeigt hat – untereinander in vielfältiger Interdependenz. Aufgrund der Komplexität des Phänomens Demenz sind in allen genannten Bereichen keine „einfachen" oder aufgrund einer Kasuistik zu erreichenden Lösungen möglich.

Das in dieser Arbeit in Anschluss an Karl Barth entwickelte Paradigma des „Seins in der Begegnung" evoziert ein relationales Verständnis von Demenz und ihrer Implikationen. Dieser relationale Zugang zum Phänomen ermöglicht es, der Komplexität der Demenz und ihrer Implikationen gerecht zu werden, indem es vermag, verschiedene Zugangsweisen und Kompetenzen zu integrieren. Der Einsicht in die gleichsam ontologisch zu nennende Perspektivität der Anthropologie und damit in die Tatsache, dass sich dem Menschen nur multiperspektivisch genähert werden kann, wohnt dabei der Impetus zu transdisziplinärer Zusammenarbeit bereits inne. Die gerade beginnenden Schritte zur

---

[167] PLASGER, Ethik, 147.
[168] PLASGER, Ethik, 147.

5. Fazit: Skizze eines integrativen Demenz-Konzeptes

Vernetzung von Wissenschaftlern und Praktikern zur Verbesserung der Situation von Menschen mit Demenz und ihren Angehörigen bzw. Pflegenden müssen in einer Weise fortgeführt werden, die den gemeinsamen Diskurs ebenso bereichert, wie sie auf die fachwissenschaftliche Beschäftigung zurückwirkt.

Zentrum dieses Bemühens ist der Mensch mit Demenz in seinen Relationen. Proprium der theologischen Anthropologie innerhalb dieses Bemühens ist es, ihr Wissen um relationale Konstitution des Menschen als Mensch *für* Gott und Mensch *für* den Menschen in den Diskurs – den wissenschaftlichen wie den gesellschaftlichen – einzubringen und zu einer wirklichen *Begegnung* mit Menschen mit Demenz einzuladen. Eben dies zu unternehmen, versteht sie als den Vollzug der Würde des Menschen, der als Bundespartner Gottes den Gestaltungsauftrag hat, für Verhältnisse zu sorgen, in denen jeder Mensch – und somit auch Menschen mit Demenz – würde- und ehrenvoll leben können. Mit diesem Auftrag und seiner spezifischen Begründungsstruktur sucht sie nach Gesprächs- und Koalitionspartnern mit dem Ziel, die Situation von Menschen mit Demenz zu verbessern. In diesem breiten Diskurs geht es nicht um vorschnelle Synthesen, die gerade in ethischen Fragen oft nicht möglich sind, sondern um langfristige Koalitionen, die das gesellschaftliche Bild von Demenz weg von der defizitorientierten Sichtweise hin zu einer ganzheitlichen Wahrnehmung von Menschen mit Demenz ermöglichen.

Ein wichtiger Schritt auf diesem Wege ist die Relativierung der Pathologisierung der Demenz und ihrer Folgen und damit die Einsicht, dass die Demenz nicht nur in medizinisch-neurologischen Kategorien zu verstehen ist. Ein Verständnis von Demenz, welches diese – jedenfalls die senile Form – im weitesten Sinne als Alterungsprozess versteht, ebnet den Weg hin zu einer breiteren und offeneren Beschäftigung mit dem noch immer Stigmatisierung und Ausgrenzung hervorrufenden Thema. Eine solche ist die entscheidende Voraussetzung, den gesellschaftlichen Herausforderungen – von der Prävalenzrate bis hin zur Frage der Sterbehilfe und Patientenverfügung – in einer Weise zu begegnen, die nicht von Angst und Scham geprägt ist, sondern von einer grundlegenden Einsicht in die Würde und den Wert von Menschen mit Demenz für uns selbst und unsere Gesellschaft. Von diesem Standpunkt aus nämlich kann der Blick auf die objektiven und vermeintlichen Defizite von Menschen mit Demenz gelegt werden und an Strategien gearbeitet werden, mit diesen menschlich-begegnend umzugehen. Die Demenz und ihre Folgen sollen dabei keineswegs schöngeredet werden, das würde den Schmerz und die Ohnmacht von Betreuenden wie Betroffenen in verletzender Weise übergehen und nicht ernst nehmen, aber es soll ein Bewusstsein dafür geschaffen werden, dass

E) Demenz als ethische, wissenschaftliche und gesellschaftliche Herausforderung

die Begegnung mit Menschen mit Demenz möglich und wertvoll ist und dass bei adäquater Betreuung und Versorgung über lange Zeit auch mit Demenz ein Leben mit Wohlbefinden möglich ist. Die theologische Anthropologie trägt hierzu ihr Verständnis vom Menschen als Seele seines Leibes bei, der aufgrund eben dieser Konstitution dazu geschaffen ist, dem Anderen – auch wenn dieser eine Demenz hat – zu begegnen. Aufgrund seiner Bestimmung zum Mitmensch-Sein unterliegt ihm dabei die besondere Verantwortung, für Bedingungen (Kommunikationsformen, Milieu, empathische Kongruenz) zu sorgen, in denen diese Begegnung so stattfinden kann, dass sie trotz der mit der Demenz einhergehenden Asymmetrien reziprokes Beziehungsgeschehen ist. Zu solcher Begegnung muss sich der Mensch nicht erst „aufschwingen", sondern er hat die Grundanlagen dazu schöpfungsmäßig-ontologisch; freilich muss er diese mehr und mehr verfeinern, aber die Begegnung mit Menschen mit Demenz erfordert in diesem Sinne keine Spezialisten, sondern Menschen als Seelen ihrer Leiber, die dem Anderen im Barthschen Sinne „gerne" begegnen.

F) ZUSAMMENFASSENDE THESEN

1. (Alzheimer-)Demenzen und ihre Folgen bedürfen als *den Menschen* betreffendes Phänomen eines multiperspektivischen (und trans-disziplinären) Zugangs.

2. Aus der Perspektive der theologischen Anthropologie erschließen sich (Alzheimer-)Demenz und ihre Folgen als *Beziehungsgeschehen* (Schockenhoff/Wetzstein), welches *den Menschen* in seiner ontologischen Relationalität beeinflusst.

2.1. Die ontologische Relationalität des Menschen wird durch eine Demenz nicht zerstört; allerdings erschweren sich die Möglichkeiten des Menschen mit Demenz, diese zu entfalten – und so auch die Möglichkeiten derer, die mit dem Betroffenen in Beziehung sind.
2.2. Aufgrund dieser Erschwernis unterliegt das In-Beziehung-Sein mit Menschen mit (Alzheimer-)Demenz besonderen Bedingungen, die es reflektierend in die Beziehung/Begegnung und deren Rahmenbedingungen einzubringen gilt.
2.3. Als Beziehungsgeschehen betrifft die (Alzheimer-)Demenz den Betroffen ebenso wie seine Angehörigen bzw. die Pflegenden.

3. Proprium der theologischen Anthropologie ist das Verständnis des Menschen im Lichte des Wortes Gottes, dieses erschließt das Sein des Menschen als „Mensch *für* Gott *und* Mensch *für* den Mitmenschen" (Barth), also als ontologisch relational; die theologische Anthropologie versteht den Menschen also grundlegend als in Verhältnissen lebend und durch diese konstituiert.

3.1. Aussagen über den Menschen sind aus Sicht der theologischen Anthropologie durch das Wort Gottes – wie es in Jesus Christus offenbart ist – vermittelte Aussagen.
3.2. Jesus Christus als der wahre Mensch erweist sich als Quelle der Aussagen der theologischen Anthropologie (Barth).
3.2.1. Mit Blick auf Jesus Christus erweist sich die *Bestimmung* des Menschen als „Mensch *für* Gott *und* Mensch *für* den Mitmenschen" (Barth); in dieser doppelten Dimension der Relationalität ist das Sein des Menschen zu beschreiben.
3.2.2. Die geschöpfliche Konstitution als von Gottes Geist konstituierte, endliche Seele seines Leibes entspricht dieser Bestimmung.
3.3. Aufgrund der konstitutiven Zusammengehörigkeit von Sein *und* Aufgabe bedingen sich Anthropologie und Ethik wechselseitig: Reflektiert die theologische Anthropologie des Menschen Sein in seinen grund-legenden Relationen – als

F) Zusammenfassende Thesen

Mensch für Gott und Mensch für den Mitmenschen –, so reflektiert die theologische Ethik auf Grundlage dessen ethische Bedingungen und Implikationen dieser Relationen, Möglichkeiten (der Verbesserung) zum Sein in diesen Relationen und Möglichkeiten, ihre Einsichten in den ethischen Diskurs einzubringen.

4. Das Wissen über die ontologische Relationalität des Menschen (mit Demenz) begegnet einem gesellschaftlichen Demenz-Konzept, welches in der Gefahr steht, kognitive Fähigkeiten des Menschseins einseitig zu verabsolutieren und die aus der ontologischen Relationalität sich ergebenden Einsichten in das Wesen des Menschen zugunsten jener zu vernachlässigen, was zu einer Ausgrenzung und Stigmatisierung von Menschen mit Demenz führt.

4.1. Vor diesem Hintergrund ist eine Pathologisierung der Alzheimer-Demenz kritisch zu hinterfragen; es scheint eine Interdependenz zwischen gesellschaftlichem und medizinischem Demenz-Konzept in Hinsicht auf den Verlust kognitiver Fähigkeiten vorzuliegen.
4.2. Aufgrund der impliziten oder expliziten kognitiven Zuspitzung erscheinen Wert und Würde von Menschen mit Demenz im gesellschaftlichen Diskurs fraglich, weil diese bestimmte (kognitivistisch zu nennende) Erwartungen und Zuschreibungen nicht mehr erfüllen (können), was zu einer Stigmatisierung und Ausgrenzung führt.
4.3. Dieser Tendenz einer reduktionistischen Anthropologie korrelieren philosophische Strömungen, wie etwa der Präferenzutilitarismus, die Würde, Wert und Lebensschutz von Personen an bestimmten kognitiven Fähigkeiten festmachen.
4.4. Angesichts dieser Tendenzen und einer steigenden Zahl von Menschen, die unter einer Demenz leiden, ist hier dringender Handlungsbedarf geboten.

5. Die theologische Anthropologie weiß aufgrund der Explikation der ontologischen Relationalität um Würde, Wert und Identität von Menschen mit Demenz, die das empirisch Vorfindliche übersteigen.

5.1. Wert und Würde kommt dem Menschen aus Sicht der theologischen Anthropologie von Gott zu – als „Reflex der Ehre Gottes" (Barth).
5.2. Identität kommt dem Menschen aus Sicht der theologischen Anthropologie von Gott zu; und zwar aus der Begegnung Gottes mit den Menschen, in der Gottes Geist den Menschen als Seele seines Leibes so konstituiert, dass dieser seiner Bestimmung entsprechend leben kann.

6. Als Gestaltungsauftrag gehört es zum Vollzug der Würde des Menschen, für Verhältnisse zu sorgen, in denen jeder Mensch (und so auch Menschen mit De-

F) Zusammenfassende Thesen

menz) würde- und ehrenvoll leben kann, indem er seine Identität (relational) entfalten kann; dies geschieht mit Blick auf die in Jesus Christus bereits verwirklichten Möglichkeiten des Menschseins.

7. Identität erschließt sich so als reziprokes Geschehen, welches sich in der Begegnung von Mensch und Mensch, von Ich und Du, konstituiert.

7.1. Diesem Modus der Konstitution der relationalen Identität unterliegen auch Menschen mit Demenz.
7.2. Als Vollzug der Würde des Menschen gilt es hier, für Bedingungen zu sorgen, in denen auch Menschen mit Demenz ihre Identität erhalten, entwickeln und entfalten können.

8. „Sein in der Begegnung" (Barth) ist der Rahmen, innerhalb dessen sich Würde und Identität konstituieren; zu diesem Sein in der Begegnung ist der Mensch aufgrund seiner geschöpflichen Konstitution als Seele seines Leibes in der Lage.

8.1. Angesichts der Folgen einer Demenz sind die Bedingungen des Seins in der Begegnung erschwert, aber nicht unmöglich.
8.2. Jeder Mensch ist aufgrund seiner (geschöpflichen) Konstitution als von Gott konstituierte Seele seines Leibes dazu in der Lage, Menschen mit Demenz zu begegnen; diese grundsätzliche Fähigkeit kann freilich durch Ausbildung und Erfahrung noch verfeinert werden.
8.3. Sein in der Begegnung als reziprokes Beziehungsgeschehen, welches die Asymmetrien zwischen Menschen reflektierend einbezieht, ist auch mit Menschen mit Demenz möglich und für die Konstitution der Identität von Betroffenen und nicht-Betroffenen essentiell notwendig.
8.4. Menschen mit Demenz sind in diesem Sinne notwendige Gegenüber und nicht hilfsbedürftige Kranke, sie können Entscheidendes zur Identität auch von Nicht-Betroffenen beitragen (Kitwood).

9. Dem Sein in der Begegnung mit seinen grundlegenden Einsichten in die Reziprozität (je)des Beziehungsgeschehens entspricht ein relationales Verständnis/Konzept von Autonomie (und Fürsorge).

9.1. Als relationale Autonomie ist diese eingebunden in den relationalen Kontext des Seins in der Begegnung des Menschen als Mensch *für* Gott und Mensch *für* den Mitmenschen.
9.2. Fürsorge garantiert im Rahmen der relationalen Autonomie die Autonomie des Anderen – oder realisiert diese sogar.

F) Zusammenfassende Thesen

9.3. Fürsorge als Vollzug der relationalen Autonomie entspricht der Bestimmung des Menschen als Mensch für den Mitmenschen und unter-liegt dabei der Grenze des „einander-begrenzt-Beistand-Leistens"; Situationen, in denen es im Bereich der relationalen Autonomie keine „unschuldigen Lösungen" (Bonhoeffer) gibt, bedürfen – mit Blick auf Jesus Christus – der Kontextualisierung des Menschen als Mensch *für* Gott.

10. Mit ihren Einsichten, die sie für den Diskurs unter Wahrung der „semantischen Differenz" (Habermas) aufzuarbeiten hat, treten theologische Anthropologie und Ethik in den gesellschaftlichen und wissenschaftlichen Diskurs.
10.1. Als „Einladende Ethik" (Plasger) sucht sie im gesellschaftlichen (und wissenschaftlichen) Diskurs nach Koalitions- und Gesprächspartnern, um ihre Einsichten zur Verbesserung der Situation von Menschen mit Demenz und deren Angehörigen einzubringen.
10.2. Dabei wahrt sie die Einsicht – und wirbt für diese – , dass den Herausforderungen, die durch die (Alzheimer-)Demenz gegeben sind, nur transdisziplinär zu begegnen ist. (Mittelstrass et. al.).
10.2.1. Transdisziplinär heißt dabei, dass die Kompetenzen und Einsichten der jeweiligen Disziplin gewahrt bleiben.
10.2.2. Die transdizsiplinäre Zusammenarbeit allerdings übersteigt diese Kompetenzen und Einsichten, indem sie diese wahr- und aufnehmend nach Möglichkeiten der Zusammenarbeit sucht.

11. Mit ihrer an Jesus Christus gewonnenen Einsicht in das relationale Sein des Menschen hat die Theologie eine eigene Perspektive auf den Menschen; diese Perspektive erschließt Phänomene des Menschlichen – wie sie in allen Humanwissenschaften vorkommen – als „Symptome des Menschseins" (Barth). Damit hat die Theologie in ihrer und über ihre eigene Perspektive hinaus eine integrative Funktion; diese nimmt sie wahr, um dafür zu sorgen, dass Menschen (mit und ohne Demenz) nicht an deren empirisch (nicht) aufweisbaren Fähigkeiten oder an gesellschaftlich-kulturellem Leitbild bewertet werden, sondern in ihrem Sein als Beziehungswesen wahrgenommen, geschützt und gefördert werden.

G) LITERATUR- UND ABKÜRZUNGSVERZEICHNIS

1. Häufig verwendete Abkürzungen

AD	Alzheimer's disease (in englischer bzw. amerikanischer Literatur) Alzheimer-Demenz (in deutscher Literatur, hier häufig ohne das Implikat Krankheit)
ADI	Alzheimer's Disease International = Dachverband der Alzheimer-Gesellschaften
AT	Das Alte Testament der Heiligen Schrift
DSM-III	*American Psychiatric Association* (Hg.), Diagnostic and Statistical Manual of Mental Disorders (DSM-III), Washington 1980.
DSM-IV	*American Psychiatric Association* (Hg.), Diagnostic and Statistical Manual of Mental Disorders (DSM-IV), Washington 1994.
ICD-10	*Weltgesundheitsorganisation* (Hg.), Internationale Klassifikation psychischer Störungen. ICD-10 Kapitel V (F). Klinisch-diagnostische Leitlinien, 5., durchges. u. ergänzte Aufl., Bern 2005.
KD	*Barth, K.*, Die Kirchliche Dogmatik. I/1-IV/4, Zürich 1932-1967.
NT	Das Neue Testament der Heiligen Schrift

2. Literaturverzeichnis

In der Arbeit werden die bibliographischen Angaben mithilfe von Kurztiteln erschlossen. Diese sind *kursiv* gekennzeichnet.

Da in der Arbeit medizinische, pflegewissenschaftliche, gerontologische, pädagogische, philosophische und theologische Literatur verwendet wird, werden – um den interdisziplinären Zugang zu erleichtern – die jeweiligen Reihen, Lexika- und Zeitschriftentitel, in denen Publikationen erschienen sind, jeweils ausgeschrieben.

ALZHEIMER'S DISEASE INTERNATIONAL (Hg.), *Statistics*, Online-Ressource, verfügbar unter: http://www.alz.co.uk/research/statistics.html (Abrufdatum 25.04.07)

ADLER, C. ET. AL., *Belastungserleben* pflegender Angehöriger von Demenzpatienten, in: Zeitschrift für Gerontologie und Geriatrie 29 (1996), 143-149

ALGASE, D.L. ET. AL., *Need-driven* dementia-compromised *behavior.* An alternative view of disruptive behavior, in: American Journal of Alzheimer's Disease and Other Dementias 11 (1996), 10-19

ALZHEIMER, A., Über eine eigenartige *Erkrankung* der Hirnrinde, in: Allgemeine Zeitschrift für Psychiatrie und Psychisch-Gerichtliche Medizin 64 (1907), 146-148 [wieder abgedruckt in: MAURER, K./ IHL, R./ FRÖLICH, L., *Alzheimer.* Grundlagen, Diagnostik, Therapie, Berlin u.a. 1993, 99-103]

ALZHEIMER, A., Über einen eigenartigen schweren *Erkrankungsprozeß* der Hirnrinde, in: Neurologisches Centralblatt 25 (1906), 1134

ALZHEIMER, A., Über eigenartige *Krankheitsfälle* des späten Alters, in: Zeitschrift für die gesamte Neurologie und Psychiatrie 4 (1911), 356-385

ARZBERGER, K., Über die *Ursprünge und Entwicklungsbedingungen* der Leistungsgesellschaft, in: HONDRICH, K.O. u.a. (Hg.), Krise der Leistungsgesellschaft? Empirische Analysen zum Engagement in Arbeit, Familie und Politik, Opladen 1988, 23-49

ASSEL, H., „...für uns zur Sünde gemacht ..." (2 Kor 5,21). *Christologie und Anthropologie* als Kreuzestheologie bei Hans Joachim Iwand, in: Evangelische Theologie 60 (2000), 192-210

ASSMANN, J., *Religion und* kulturelles *Gedächtnis.* Zehn Studien, München 2000.

BÄR, M./ KRUSE, A./ RE, S., Emotional bedeutsame *Situationen* im Alltag demenzkranker Heimbewohner, in: Zeitschrift für Gerontologie und Geriatrie 36 (2003), 454-462

BACH, U., Ohne die *Schwächsten* ist die Kirche nicht ganz. Bausteine einer Theologie nach Hadamar, Neukirchen-Vluyn 2006

BAHNEN, A., *Todesstachel.* Walter Jens und Hans Küng streiten für aktive Sterbehilfe, in: FAZ, Nr. 101, vom 02.05.01, 61

BAIER, B./ ROMERO, B., *Rehabilitationsprogramme* und psychoedukative Ansätze für Demenzkranke und betreuende Angehörige, in: FÖRSTL, H. (Hg.), Demenzen in Theorie und Praxis, Berlin u.a. 2001, 385-404

BALLENGER, J.F., Beyond the Characteristic *Plaques and Tangles.* Mid-Twentieth Century U.S. Psychiatry and the Fight Against Senility, in: WHITEHOUSE, P.J./ MAURER, K./ BALLENGER, J.F. (Hg.), Concepts of Alzheimer Disease. Biological, Clinical, and Cultural Perspectives, Baltimore 2000, 83-103

BARTH, K., *Christengemeinde* und Bürgergemeinde (Theologische Studien, Heft 20), Zürich 1946

BARTH, K., *Evangelium und Gesetz* (Theologische Existenz heute, Neue Folge, Heft 50), München 1956 [= Theologische Existenz heute, 32, München 1935]

BARTH, K., Die *Kirchliche Dogmatik. I/1-IV/4,* Zürich 1932-1967

BARTH, K., Das christliche *Leben*. Die Kirchliche Dogmatik IV/4, Fragmente aus dem Nachlaß. Vorlesungen 1959-1961, Gesamtausgabe II. Akademische Werke. 1959-1961, hrsgg. v. DREWES, H.-A./ JÜNGEL, E., Zürich 1976

BARTH, K., *Nein*! Antwort an Emil Brunner (Theologische Existenz heute, Heft 14), München 1934

BARTH, K., Der *Römerbrief*, 12. unveränderter Abdruck der neuen Bearbeitung von 1922, Zürich 1978

BAUMANN-HÖLZLE, R., *Autonomie und Freiheit* in der Medizin-Ethik. Immanuel Kant und Karl Barth, Freiburg im Breisgau/ München 1999

BEAUCHAMP, T.L./ CHILDRESS, J.F., *Principles* of Biomedical Ethics, New York u.a. 1979, 1994[5]

BECK, U., *Risikogesellschaft*. Auf dem Weg in eine andere Moderne (edition suhrkamp 1365), Frankfurt a.M. 1986

BECK, U./ BECK-GERNSHEIM, E., Nicht *Autonomie*, sondern Bastelbiographie. Anmerkungen zur Individualisierungsdiskussion am Beispiel des Aufsatzes von Günter Burkhart, in: Zeitschrift für Soziologie 22 (1993), 178-187.

BECK, U./ BECK-GERNSHEIM, E., Individualisierung in modernen Gesellschaften – Perspektiven und Kontroversen einer subjektorientierten Soziologie, in: DERS./ DIES. (Hg.), *Riskante Freiheiten*. Individualisierung in modernen Gesellschaften (edition suhrkamp 1816, NF. 816), Frankfurt a.M. 1994, 10-39

BECK, U./ BECK-GERNSHEIM, E. (Hg.), *Riskante Freiheiten*. Individualisierung in modernen Gesellschaften (edition suhrkamp 1816, NF. 816), Frankfurt a.M. 1994

BECK, U./ VOSSENKUHL, W./ RAUTERT, T. (Hg.), eigenes *Leben*. Ausflüge in die unbekannte Gesellschaft, in der wir leben, München 1995

BECKER, D., Karl *Barth und* Martin *Buber* – Denker in dialogischer Nachbarschaft? Zur Bedeutung Martin Bubers für die Anthropologie Karl Barths (Forschungen zur systematischen und ökumenischen Theologie, Bd. 51), Göttingen 1986

BECKER, S. et. al., Heidelberger Instrument zur Erfassung von *Lebensqualität* bei Demenz (H.I.L.D.E.). Dimensionen von Lebensqualität und deren Operationalisierung, in: Zeitschrift für Gerontologie und Geriatrie 38 (2005), 108-121

BEINTKER, E./ KAHLENBERG, W. (Hg.), Werke des *Galenos*, Bd. II: Galenos' Gesundheitslehre Buch 4-6, Stuttgart 1941

BEYER, G., Zu Hause in einer fremden *Welt*? Studie zum Wirklichkeitserleben eines dementen alten Menschen im Heim: eine Interpretation verschiedener Sichtweisen, in: Pflege 15 (2002), 122-130

BICKEL, H., *Dementia syndrome and Alzheimer disease*: an assessment of morbidity and annual incidence in Germany, in: Gesundheitswesen 62 (2002), 211-218

BICKEL, H., Deskriptive *Epidemiologie* der Demenzen, in: HELMCHEN, H. u.a. (Hg.), Psychiatrie der Gegenwart, Bd. 4: Psychische Störungen bei somatischen Krankheiten, Berlin u.a., 1999[4], 33-52

BICKEL, H., *Epidemiologie und Gesundheitsökonomie*, in: WALLESCH, H.-W./ FÖRSTL, H. (Hg.), Demenzen (Referenz-Reihe Neurologie), Stuttgart 2005, 1-15

BICKEL, H., *Epidemiologie psychischer Störungen im Alter*, in: FÖRSTL, H. (Hg.), Lehrbuch der Gerontopsychiatrie und –psychotherapie. Grundlagen – Klinik – Therapie, Stuttgart, 2. erw. u. aktualisierte Aufl. 2003, 11-26

BLEIDICK, U. u.a., Einführung in die *Behindertenpädagogik* I. Allgemeine Theorie der Behindertenpädagogik, Stuttgart/Berlin/Köln, 6. überarb. Aufl.1998

BLESSED, G./ TOMLINSON, B.E., Senile plaques and intellectual deterioration in old age, in: World Psychiatric Association Symposium: Psychiatric Disorders in the Aged, Manchester 1965, 310-321

BMFSFJ, *Vierter Bericht zur Lage der älteren Generation* in der Bundesrepublik Deutschland. Risiken, Lebensqualität und Versorgung Hochaltriger – unter besonderer Berücksichtigung demenzieller Erkrankungen und Stellungnahme der Bundesregierung, Berlin 2002

BÖGGEMANN ET.AL., Individuelle *Zuwendung* kann kein zufälliges Beiwerk sein. Ergebnisse einer Interventionsstudie zur Pflege dementer Menschen, in: Pflegezeitschrift 6 (2006), 366-369

BOETHIUS, *Liber Contra Eutychen* ... persona est naturae rationabilis individua substantia

BOLLE, G.-F., Komm mal mit. *Gemeinsames Leben* – seelsorgerliche Begleitung, in: DIES. (Hg.), Komm mal mit ... Demenz als theologische und kirchliche Herausforderung (Glaubenszeugnisse unserer Zeit 5), Knesebeck 2006, 85-91

BONHOEFFER, D., Ethik, zusammengest. u. hrsgg. v. Bethge, E., München 1981[9]

BOORSE, C., *Health* as a theoretical concept, in: Philosophy of Science 44 (1977), 542-573

BOORSE, C., On the *Distinction* between *Disease and Illness*, in: Philosophy and Public Affairs 5 (1975), 49-68

BORMANN, F.-J., Ein natürlicher *Tod* – was ist das? Ethische Überlegungen zur aktiven Sterbehilfe, in: Zeitschrift für medizinische Ethik 48 (2002), 29-38

BOSK, C.L., *Health and Disease* II. Sociological Perspectives, in: POST, S.G. (Hg.), Encyclopedia of Bioethics. Third Edition, Vol. 2: D-H, New York u.a. 2004, 1065-1069

BRAAK, H./ BRAAK, E., *Frequency* of stages of Alzheimer-related lesions in different age categories, in: Neurobiology of Aging 18 (1997), 351-357

BRAUN, K., *Menschenwürde* und Biomedizin. Zum philosophischen Diskurs der Bioethik (Campus Forschung 802), Frankfurt a.M. 2000

BRINKSCHMIDT, E., Martin *Buber und* Karl *Barth*. Theologie zwischen Dialogik und Dialektik, Neukirchen-Vluyn, 2000

BROCK, D.W., *Justice* and the severely demented elderly, in: The Journal of Medicine and Philosophy 13 (1988), 73-99

BUBER, M., *Antwort*, in: SCHLIPP, P.A./ FRIEDMAN, M. (Hg.), Martin Buber (Philosophen des 20. Jahrhunderts), Stuttgart 1963, 589-639

BUBER, M., Elemente des Zwischenmenschlichen, in: DERS., Das dialogische Prinzip, Heidelberg 1997[8], 269-298

BUBER, M., *Ich und Du* (reclam 9342), Stuttgart 1995

BUBER, M., *Nachwort*. Zur Geschichte des dialogischen Prinzips, in: DERS., Das dialogische Prinzip, Heidelberg 1997[8], 299-320

BUBER, M., Das dialogische *Prinzip*, Heidelberg 1997[8]

BUBER, M., *Zwiesprache*, in: DERS., Das dialogische Prinzip, Heidelberg 1997[8], 137-196

BUSCH, E., Karl Barths *Lebenslauf*. Nach seinen Briefen und autobiographischen Texten, München 1978[3]

BUSCH, E., Die große *Leidenschaft*. Einführung in die Theologie Karl Barths, Gütersloh 1998

BÜHL, A., Die *virtuelle Gesellschaft* des 21. Jahrhunderts. Sozialer Wandel im digitalen Zeitalter, Wiesbaden 2000[2]

BUNDESARBEITSGEMEINSCHAFT HOSPIZ E.V. (Hg.), *Mit-Gefühlt*. Curriculum zur Begleitung Demenzkranker in ihrer letzten Lebensphase, Wuppertal 2004

BUNDESÄRZTEKAMMER, *Grundsätze* der Bundesärztekammer zur ärztlichen Sterbebegleitung, Online-Ressource, verfügbar unter: http://www.bundesaerztekammer.de/page.asp?his=0.6.5048.5049 (ABRUFDATUM 17.07.07)

CICERO, *Cato* der Ältere über das Greisenalter, hrsgg. v. REUSNER, E. (reclam 803), Stuttgart 1981

CICERO, Vom pflichtgemäßen *Handeln*. De officiis, übers., eingel. u. erläutert v. ATZERT, K., München 1972

DABROCK, P., Lebenswertes *Leben*. Wie mit Patientenverfügungen von dementen Menschen umgegangen werden sollte, in: Zeitzeichen 4 (2007), 54-57

DANTINE, W., *Der Welt-Bezug* des Glaubens. Überlegungen zum Verhältnis von Geschichte und Gesetz im Denken Karl Barths, in: DERS./ LÜTHI, K. (Hg.), Theologie zwischen gestern und morgen. Interpretationen und Anfragen zum Werk Karl Barths, München 1968, 261-301

DANTINE, W./ LÜTHI, K., *Einleitung*, in: DERS./ DERS. (Hg.), Theologie zwischen gestern und morgen. Interpretationen und Anfragen zum Werk Karl Barths, München 1968, 7-11

DEDDO, G.W., Karl Barth's *Theology of Relations*. Trinitarian, Christological, and Human: Towards an Ethic of Family (Issues in Systematic Theology, Vol. 4), New York 1999

DIAKONISCHES WERK HAMBURG (HG.), *Seelsorgliche Begleitung* demenziell erkrankter Menschen. Grundlagen zur Entwicklung eines Konzeptes und Beispiele aus der Praxis, Hamburg 2004

DIEHL, J./ FÖRSTL, H./ KURZ, A., *Alzheimer-Krankheit*. Symptomatik, Diagnose, Therapie, in: Zeitschrift für medizinische Ethik 51 (2005), 3-12

DILLMANN, R.J.M., Epistemological *Lessons from History*, in: WHITEHOUSE, P.J./ MAURER, K./ BALLENGER, J.F. (Hg.), Concepts of Alzheimer Disease. Biological, Clinical, and Cultural Perspectives, Baltimore 2000, 129-157

DUBIEL, H., Art.: *Identität*, Ich-Identität, in: RITTER, J./ GRÜNDER, K. (Hg.), Historisches Wörterbuch der Philosophie, Bd. 4, I-K, Darmstadt 1976, 148-151

EBACH, J., *Bild* Gottes und Schrecken der Tiere. Zur Anthropologie der priesterlichen Urgeschichte, in: DERS., Ursprung und Ziel. Erinnerte Zukunft und erhoffte Vergangenheit. Biblische Exegesen – Reflexionen – Geschichten, Neukirchen-Vluyn 1986, 16-47

EIBACH, U., *Autonomie*, Menschenwürde und Lebensschutz in der Geriatrie und Psychiatrie (Ethik in der Praxis/Practical Ethics. Kontroversen/Controversies, Bd. 23), Münster 2005

EIBACH, U., *Menschenwürde* an den Grenzen des Lebens. Einführung in Fragen der Bioethik aus christlicher Sicht, Neukirchen-Vluyn 2000

EIBACH, U., *Recht auf Leben* – Recht auf Sterben. Anthropologische Grundlegung einer medizinischen Ethik, Wuppertal 1977[2]

EICHHOLZ, G., Die *Theologie* des Paulus im Umriss, Neukirchen-Vluyn 1983[4]

EICKELMANN, H.-J./ DINAND, C., Demenz: *Aufträge an die Pflegewissenschaft*, in: TACKENBERG, P./ ABT-ZEGELIN, A. (Hg.), Demenz und Pflege. Eine interdisziplinäre Betrachtung, Frankfurt a.M. 2004[4], 293-299

ENGELHARDT, T.H./ WILDES, K.W., *Health and Disease* IV. Philosophical Perspectives, in: POST, S.G. (Hg.), Encyclopedia of Bioethics. Third Edition, Vol. 2: D-H, New York u.a. 2004, 1075-1081

ENGELHARDT, D. V., *Health and Disease* I. History of Concepts, in: POST, S.G. (Hg.), Encyclopedia of Bioethics. Third Edition, Vol. 2: D-H, New York u.a. 2004, 1057-1064

ERIKSON, E.H., *Wachstum* und Krisen der gesunden Persönlichkeit, in: DERS., Identität und Lebenszyklus. Drei Aufsätze, übers. v. HÜGEL, K. (suhrkamp taschenbuch wissenschaft 16), Frankfurt a.M., 1980[6], 55-122

ETZIONI, A., Die *Verantwortungsgesellschaft*. Individualismus und Moral in der heutigen Demokratie, übers. v. MÜNZ, C., Berlin 1999

FANGMEIER, J., *Erziehung* in Zeugenschaft. Karl Barth und die Pädagogik (Basler Studien zur historischen und systematischen Theologie, Bd. 5), Zürich 1964

FAßLER, M., *Informations- und Mediengesellschaft*, in: KNEER, G./ NASSEHI, A./ SCHROER, M. (Hg.), Soziologische Gesellschaftsbegriffe. Konzepte moderner Zeitdiagnosen (UTB 1961), München 2000[2], 332-360

FEIL, N., *Validation*. Ein Weg zum Verständnis verwirrter alter Menschen, übers. v. MARENZELLER, A., bearb. v. DE KLERK-RUBIN, V. (Reinhardts Gerontologische Reihe, Bd. 16), München/Basel 2002[7]

FINUCANE, T.E./ CHRISTMAS, C./ TRAVIS, K., *Tube feeding* in patients with advanced dementia: a review of the evidence, in: Jama 282 (1999), 1365-1370

FISCHER, J., Leben aus dem *Geist*. Zur Grundlegung christlicher Ethik, Zürich 1994

FISCHER, J., Zum ethischen *Status* von Mensch und Tier. Anmerkungen zu Peter Singer, in: DERS., Handlungsfelder angewandter Ethik. Eine theologische Orientierung, Stuttgart/ Berlin/ Köln 1998, 106-116

FISCHER, J., *Wahrnehmung* als Proprium und Aufgabe christlicher Ethik, in: DERS., Glaube als Erkenntnis. Zum Wahrnehmungscharakter des christlichen Glaubens (Beiträge zur evangelischen Theologie. Theologische Abhandlungen, Bd. 105), München 1989

FISCHER, P./ ASSEM-HILGER, E., *Delir/Verwirrtheitszustand*, in: FÖRSTL, H. (Hg.), Lehrbuch der Gerontopsychiatrie und –psychotherapie. Grundlagen – Klinik – Therapie, Stuttgart, 2. erw. u. aktualisierte Aufl. 2003, 394-408

FOLSOM, J., *Reality Orientation* for the Elderly Mental Patient, in: Journal of Geriatric Psychiatry 1 (1986), 291-307

FÖRSTL, H. (Hg.), *Antidementiva*, München 2003

FÖRSTL, H., *Contributions* of German Neuroscience, in: WHITEHOUSE, P.J./ MAURER, K./ BALLENGER, J.F. (Hg.), Concepts of Alzheimer Disease. Biological, Clinical, and Cultural Perspectives, Baltimore 2000, 72-82

FÖRSTL, H. (Hg.), *Lehrbuch der Gerontopsychiatrie* und –psychotherapie. Grundlagen – Klinik – Therapie, Stuttgart, 2. erw. u. aktualisierte Aufl. 2003

FÖRSTL, H., Training gegen das Vergessen, *Interview* in: Die Zeit Nr. 39, vom 21.09.2006

FÖRSTL, H./ LEVY, R., On certain peculiar *diseases of old age*, in: History of Psychiatry 2 (1991), 71-101

FÖRSTL, H./ BURNS, A./ ZERFASS, R., *Alzheimer-Demenz*: Diagnose, Symptome und Verlauf, in: FÖRSTL, H. (Hg.), Lehrbuch der Gerontopsychiatrie und –psychotherapie. Grundlagen – Klinik – Therapie, Stuttgart, 2. erw. u. aktualisierte Aufl. 2003, 324-345

FÖRSTL, H,/ MAELICKE, A./ WEICHEL, C., *Demenz*. Taschenatlas spezial, Stuttgart 2005

FÖRSTL, H. u.a, *Alzheimer-Demenz*, in: DERS. (Hg.), Demenzen in Theorie und Praxis, Berlin u.a., 2001, 43-61

FRAAS, H.-J., Glaube und *Identität*. Grundlegung einer Didaktik religiöser Lernprozesse, Göttingen 1983

FREIDSON, E., Der *Ärztestand*. Berufs- und wissenschaftssoziologische Durchleuchtung einer Profession, übers. v. NUFFER, H., Stuttgart 1979

FREY, C., *Arbeitsbuch* Anthropologie. Christliche Lehre vom Menschen und humanwissenschaftliche Forschung, Stuttgart 1979

FREY, C., Die *Zeit des Menschen*. Zur theologischen Anthropologie, in: Evangelische Kommentare 14 (1981), 76-79

FRIEDMANN, E.H., *Christologie* und Anthropologie. Methode und Bedeutung der Lehre vom Menschen in der Theologie Karl Barths (Münsterschwarzacher Studien, Bd. 19), Münsterschwarzach 1972

FRIEDMANN, M., Die *Grundlagen* von Martin Bubers Ethik, in: SCHLIPP, P.A./ DERS. (Hg.), Martin Buber (Philosophen des 20. Jahrhunderts), Stuttgart 1963, 153-179

FRIES, H., *Hoffnung* angesichts des Todes. Das Todesproblem bei Karl Barth und in der zeitgenössischen Theologie des deutschen Sprachraums (Beiträge zur ökumenischen Theologie, Bd. 14), München/Paderborn/Wien 1977

FUHRMANN, I. U.A. (Hg.), *Abschied vom Ich* – Stationen der Alzheimer-Krankheit. Orientierungshilfen, hrsgg. v. d. Alzheimer-Gesellschaft Berlin e.V., vollst. überarb. Neuaufl., Freiburg im Breisgau 2000

FUHRMANN, M., Art.: *Person* I. Von der Antike bis zum Mittelalter, in: RITTER, J./ GRÜNDER, K. (Hg.), Historisches Wörterbuch der Philosophie, Bd. 7: P-Q, Basel 1989, 269-283

GADAMER, H.G., Die *Unsterblichkeitsbeweise* in Platons ‚Phaidon' [1973], in: ders., Gesammelte Werke, Bd. 6: Griechische Philosophie II, Tübingen 1985, 187-200

Gellerstedt, N., Zur Kenntnis der Hirnveränderungen bei der normalen Altersinvolution, in: Upsala Läkareförenings Förhandlingar 38 (1933), 193-408. (Titel prüfen)

GILLICK, M.R., *Rethinking* the role of tube feeding in patients with advanced dementia, in: New England Journal of Medicine 342 (2000), 206-210

GLOEGE, G., Zur *Prädestinationslehre* Karl Barths. Fragmentarische Überlegungen über den Ansatz ihrer Neufassung, in: Kerygma und Dogma 2 (1956), 193-255

GOFFMAN, E., *Stigma*. Über Techniken der Bewältigung beschädigter Identität (suhrkamp taschenbuch wissenschaft, Bd. 140), Frankfurt a.M. 1975

GOLLWITZER, H., Von der *Stellvertretung* Gottes. Christlicher Glaube in der Erfahrung der Verborgenheit Gottes. Zum Gespräch mit Dorothee Sölle, München 1968

GOUD, J.F., Emmanuel *Levinas und* Karl *Barth*. Ein religionsphilosophischer und ethischer Vergleich (Abhandlungen zur Philosophie, Psychologie und Pädagogik, Bd. 234), übers. v. GELLINEK, K., Bonn/ Berlin 1992 [= Levinas en Barth – En godsdienstwijsgerige en ethische vergelijking, Amsterdam 1984]

GRIMM, J./ GRIMM, W., Deutsches Wörterbuch, Bd. 3: E-Forsche, Leipzig 1862, Nachdruck München 1991

GROND, E., Wenn *Eltern* wieder zu Kindern werden, in: TACKENBERG, P./ ABT-ZEGELIN, A. (Hg.), Demenz und Pflege. Eine interdisziplinäre Betrachtung, Frankfurt a.M. 2004[4], 40-53

GUNZELMANN, T./ OSWALD, W.D., *Gerontologische Diagnostik* und Assessment (Grundriss Gerontologie, Bd. 15), Stuttgart 2005

GUSTAFSON, L./ BRUN, A., Frontotemporale Demenzen, in: FÖRSTL, H. (Hg.), Lehrbuch der Gerontopsychiatrie und –psychotherapie. Grundlagen – Klinik – Therapie, Stuttgart, 2. erw. u. aktualisierte Aufl. 2003, 360-371

GUTZMANN, H./ ZANK, S., *Demenzielle Erkrankungen*. Medizinische und psychosoziale Interventionen (Grundriss Gerontologie, Bd. 17), Stuttgart 2005

HABERMAS, J., *Erkenntnis* und Interesse. Mit einem neuen Nachwort (suhrkamp taschenbuch wissenschaft 1), Frankfurt a.M. 1973

2. Literaturverzeichnis

HABERMAS, J., *Individuierung durch Vergesellschaftung*, in: BECK, U./ BECK-GERNSHEIM, E. (Hg.), Riskante Freiheiten. Individualisierung in modernen Gesellschaften (edition suhrkamp 1816, NF. 816), Frankfurt a.M. 1994, 437-446

HABERMAS, J., *Thesen* zur Theorie der Sozialisation. Stichworte und Literatur zur Vorlesung im Sommer-Semester 1968 [Vorlesungs-Manuskript]

HÄRLE, W., *Sein und Gnade*. Die Ontologie in Karl Barths Kirchlicher Dogmatik (Theologische Bibliothek, Bd. 27), Berlin/ New York 1975

HAFSTAD, K., *Wort und Geschichte*. Das Geschichtsverständnis Karl Barths (Beiträge zur evangelischen Theologie. Theologische Abhandlungen, Bd. 98), übers. v. HARBSMEIER, D., München 1985 [= Ord og historie, Oslo 1981]

HALEK, M./ BARTHOLOMEYCZIK, S., *Verstehen und Handeln*. Forschungsergebnisse zur Pflege von Menschen mit Demenz und herausforderndem Verhalten (Wittener Schriften), Hannover 2006

HALLER, J.F./ KURZ, A. (Hg.), *Weißbuch Demenz*. Versorgungssituation relevanter Demenzerkrankungen in Deutschland, Stuttgart 2002

HARRIS, J., Der *Wert* des Lebens. Eine Einführung in die medizinische Ethik (Edition Philosophie), herausgegeben von WOLF, U., übers. v. JABER, D., Berlin 1995 [= The Value of Life. An introduction to medical ethics, London/New York 1985

HAUCKE, K., *Plessner* zur Einführung, Hamburg 2000

HEDINGER, U., Der *Freiheitsbegriff* in der Kirchlichen Dogmatik Karl Barths (Studien zur Dogmengeschichte und systematischen Theologie, Bd. 14), Zürich/Stuttgart 1962

HEGEL, G.W.F., Vorlesungen über die *Geschichte der Philosophie* I, in: G.W.F. HEGEL, Werke in zwanzig Bänden, auf der Grundlage der Werke von 1832-1845 neu edierte Ausgabe, Redaktion Moldenhauer, E. u. Michel, K. M. (Theorie-Werkausgabe), Bd. 18, Frankfurt a.M. 1971

HEIDLER, F., *Ganztod* oder nachtodliche Existenz, in: Theologische Beiträge 16 (1985), 169-175

HELMCHEN, H., *Forschung* mit nicht-einwilligungsfähigen Demenzkranken. Ein aktuelles Problem im Lichte der deutschen Geschichte, in: Jahrbuch für Wissenschaft und Ethik 4 (1999), 127-142

HELMCHEN, H. u.a. (Hg.), *Psychiatrie* der Gegenwart, Bd. 4: Psychische Störungen bei somatischen Krankheiten, Berlin u.a., 1999[4]

HERMS, E., Art.: *Würde* des Menschen, in: BETZ, H. D. u.a. (Hg.), Religion in Geschichte und Gegenwart, Band 8: T-Z, vierte, völlig neu bearb. Aufl., Tübingen 2005, 1736-1739

DEN HERTOG, G., Die Dekalogauslegung im Heidelberger Katechismus – ein Beitrag zur ethischen *Urteilsbildung* in der Gegenwart?, in: FREUDENBERG, M./ PLASGER, G. (Hg.), Erinnerung und Erneuerung. Vorträge der fünften Emder Tagung zur Geschichte des reformierten Protestantismus (Emder Beiträge zum reformierten Protestantismus, Bd. 10), Wuppertal 2007, 55-70

HEUN, R./ KÖLSCH, H., *Neurobiologie und Molekulargenetik* der Demenzen, in: WALLESCH, C.-W./ FÖRSTL, H. (Hg.), Demenzen (Referenz-Reihe Neurologie), Stuttgart 2005, 16-27

HOCK, C./ MÜLLER-SPAHN, F., *Risikofaktoren* der Alzheimer-Krankheit, in: HELMCHEN, H. u.a. (Hg.), Psychiatrie der Gegenwart, Bd. 4: Psychische Störungen bei somatischen Krankheiten, Berlin u.a., 1999[4], 105-115

HOFFMANN, E., Methexis und Metaxy bei Platon, in: DERS., Drei Schriften zur griechischen Philosophie, Heidelberg 1964, 29-51

HONDRICH, K.O. u.a., *Krise* der Leistungsgesellschaft? Empirische Analysen zum Engagement in Arbeit, Familie und Politik, Opladen 1988

HONECKER, M., *Dimensionen* der Diskussion um Peter Singer, in: Jahrbuch für Wissenschaft und Ethik 4 (1999), 93-113

HONECKER, M., Art.: Leistung/*Leistungsgesellschaft*, in: KORFF, W./ BECK, L./ MIKAT, P. (Hg.), Lexikon der Bioethik, Bd. 2: G-Pa, Gütersloh 2000, 604-608

HONNETH, A. (Hg.), *Kommunitarismus*. Eine Debatte über die moralischen Grundlagen moderner Gesellschaft, Frankfurt a.M./ New York 1994[2]

HONNEFELDER, L., Der *Begriff* der Person in der aktuellen ethischen Debatte, in: RAGER, G./ HOLDEREGGER, A. (Hg.), Bewusstsein und Person. Neurobiologie, Philosophie und Theologie im Gespräch (Studien zur Theologischen Ethik 83), Freiburg im Breisgau 2000, 53-69 [dieser Aufsatz findet sich ein wenig abgeändert als DERS., Streit um die Person in der Ethik, in: Philosophisches Jahrbuch 100 (1993), 246-265, wieder]

HORNUNG, E., *Altägyptische Dichtung*. Ausgewählt, übers. u. erläutert v. HORNUNG, E. (reclam 9381), Stuttgart 1996

HUBER, W., Art.: *Menschenrechte/Menschenwürde*, in: KRAUSE, G. u.a. (Hg.), Theologische Realenzyklopädie, Bd. 22: Malaysia - Minne, Berlin/New York 1992, 577-602

HUBER, W./ TÖDT, H.E., *Menschenrechte*, Perspektiven einer menschlichen Welt, Stuttgart 1977

HÜTTER, R., Evangelische *Ethik* als kirchliches Zeugnis. Interpretationen zu Schlüsselfragen theologischer Ethik in der Gegenwart (Evangelium und Ethik, Bd. 1), Neukirchen-Vluyn 1993

HUH, J., Die *Wirklichkeit* des Menschen: Ein Vergleich zwischen einer immanent- und einer transzendent-religiösen Anthropologie, Bochum, Univ., Diss., 2004

IWAND, H.J., *Christologie*. Eine Einführung in ihre Probleme (Vorlesung, Bonn 1953/54), in: Nachgelassene Werke, Neue Folge, Bd. 2: Christologie. Die Umkehrung des Menschen zur Menschlichkeit, hrsgg. v. d. Hans-Iwand-Stiftung, Gütersloh 1999, 15-229

IWAND, H.J., Menschwerdung Gottes. *Christologie I* (Vorlesung, Bonn 1958/59), in: Nachgelassene Werke, Neue Folge, Bd. 2: Christologie. Die Umkehrung des Menschen zur Menschlichkeit, hrsgg. v. d. Hans-Iwand-Stiftung, Gütersloh 1999, 231-289

IWAND, H.J., Tod und Auferstehung. *Christologie II* (Vorlesung, Bonn 1959), in: Nachgelassene Werke, Neue Folge, Bd. 2: Christologie. Die Umkehrung des Menschen zur Menschlichkeit, hrsgg. v. d. Hans-Iwand-Stiftung, Gütersloh 1999, 291-433

JACKSON, J., Stem Cell Research & Animal Research *Consultation*, per E-Mail am 13.04.2007 zur Verfügung gestelltes Skript, zu erhalten unter: JJackson@Alzscot.org

JASPERS, K., *Allgemeine Psychopathologie*, Berlin/Heidelberg/New York 1973[9]

JECKER, N.S./ REICH, W.T., Art. Care III. Contemporary *Ethics of Care*, in: REICH, W.T. (Hg.), Encyclopedia of Bioethics, Bd. 1, Revised Edition, New York 2004[3], 367-374

JENS, W./ KÜNG, H., *Menschenwürdig sterben*. Ein Plädoyer für Selbstverantwortung. Mit Beiträgen von Dietrich Niethammer und Albin Esser, München 1995[2]

JÜNGEL, E., Der Gott entsprechende *Mensch*. Bemerkungen zur Gottebenbildlichkeit des Menschen als Grundfigur theologischer Anthropologie, in: DERS., Entsprechungen: Gott – Wahrheit – Mensch. Theologische Erörterungen (Beiträge zur evangelischen Theologie. Theologische Abhandlungen, Bd. 88), München 1980, 290-317

JÜNGEL, E., *Gottes Sein* ist im Werden. Verantwortliche Rede vom Sein Gottes bei Karl Barth. Eine Paraphrase, 3., um einen Anhang erw. Aufl., Tübingen 1976

JÜNGEL, E., Die *Möglichkeit* theologischer Anthropologie auf dem Grunde der Analogie. Eine Untersuchung zum Analogieverständnis Karl Barths [1962], in: DERS., Barth-Studien, Gütersloh/Köln 1982, 210-232

JÜNGEL, E., Gott als *Geheimnis* der Welt. Zur Begründung der Theologie des Gekreuzigten im Streit zwischen Theismus und Atheismus, Tübingen 1982[4]

JÜNGEL, E., *Tod* (Themen der Theologie, Bd. 8), Stuttgart 1971

JUVENAL, *Satiren*. Lateinisch-Deutsch, hrsgg., übers. u. m. Anm. vers. v. ADAMIETZ, J. (Sammlung Tusculum), München 1993

KÄMPF, H., Helmuth *Plessner*. Eine Einführung, Düsseldorf 2001

KÄSEMANN, E., *Anliegen* und Eigenart der paulinischen Abendmahlslehre, in: DERS., Exegetische Versuche und Besinnungen, Erster Band, Göttingen 1960[2], 11-34 [= Evangelische Theologie 7 (1947/1948), 263-283]

KANT, I., *Grundlegung* zur Metaphysik der Sitten (1785), in: Kants Werke. Akademie-Textausgabe, Bd. IV: Kritik der reinen Vernunft (1. Aufl. 1781), Prolegomena, Grundlegung zur Metaphysik der Sitten, Metaphysische Anfangsgründe, Berlin 1968, 385-463

KANT, I., *Metaphysik* der Sitten (1797), in: Kants Werke. Akademie-Textausgabe, Bd. VI: Die Religion innerhalb der Grenzen der bloßen Vernunft, Die Metaphysik der Sitten, Berlin 1968, 203-493

KAPPES, U., Durch Christus befreites *Leben*. Theologische Untersuchungen des Glaubensverständnisses bei Karl Barth und Rudolf Bultmann, Berlin 1978

KARENBERG, A./ FÖRSTL, H., *Geschichte* der Demenzen und der Antidementiva, in: FÖRSTL, H. (Hg.), Antidementiva, München 2003, 5-52

KATZMAN, R./ BICK, K.L., The *Rediscovery* of Alzheimer Disease During the 1960s and 1970s, in: WHITEHOUSE, P.J./ MAURER, K./ BALLENGER, J.F. (Hg.), Concepts of Alzheimer Disease. Biological, Clinical, and Cultural Perspectives, Baltimore 2000, 104-114

KAUTZKY, R., Die *Verletzung* der körperlichen Integrität in der Sicht ärztlicher Ethik, in: Arzt und Christ 11 (1965), 32-51

KITTEL, G., Art.: F. Der übertragene Gebrauch von „*Bild*" im NT, in: DERS. (Hg.), Theologisches Wörterbuch zum Neuen Testament, Bd. II, Stuttgart 1957 (ND 1935), 393-396

KITWOOD, T., *Demenz*. Der person-zentrierte Umgang mit verwirrten Menschen, Bern 2005[4] [= Dementia reconsiderd, Buckingham 1997]

KITWOOD, T., The *Dialectics* of Demetia: With Particular Reference to Alzheimer's Disease, in: Ageing and Society 10 (1990), 177-196

KITWOOD, T./ BREDIN, K., Towards a *Theory* of Dementia Care: Personhood and Well-being, in: Ageing and Society 12 (1992), 269-287

KLIE, T., *Demenz* – Ethische Aspekte, in: TACKENBERG, P./ ABT-ZEGELIN, A. (Hg.), Demenz und Pflege. Eine interdisziplinäre Betrachtung, Frankfurt a.M. 2004[4], 54-61

KNEER, G./ NASSEHI, A./ SCHROER, M. (Hg.), Soziologische Gesellschaftsbegriffe. Konzepte moderner Zeitdiagnosen (UTB 1961), München 2000[2]

KÖBERLE, A., Stirbt die *Seele* im Tod mit?, in: DERS., Der Universalismus der christlichen Botschaft. Gesammelte Aufsätze und Vorträge, Darmstadt 1978, 55-69

KÖRTNER, U.H.J., *Therapieverzicht* am Lebensende? Ethische Fragen des medizinisch assistierten Sterbens, in: Zeitschrift für medizinische Ethik 48 (2002), 15-28

KOOIJ, C. V. D., *Demenzpflege*: Herausforderung an Pflegewissen und Pflegewissenschaft, in: TACKENBERG, P./ ABT-ZEGELIN, A. (Hg.), Demenz und Pflege. Eine interdisziplinäre Betrachtung, Frankfurt a.M. 2004[4], 62-76

KRAEPELIN, E., Psychiatrie. Ein Lehrbuch für Studierende und Ärzte, Bd. II: Klinische Psychiatrie. 1. Teil, achte, vollst. umgearb. Ausg., Leipzig 1910

KRAPPMANN, L., Soziologische *Dimensionen der Identität*. Strukturelle Bedingungen für die Teilnahme an Interaktionsprozessen (Texte und Dokumente zur Bildungsforschung), Stuttgart 1973[3]

KRECK, W., Grundfragen christlicher *Ethik* (Einführung in die evangelische Theologie 5), München 1975

KRECK, W., *Grundentscheidungen* in Karl Barths Dogmatik. Zur Diskussion seines Verständnisses von Offenbarung und Erwählung (Neukirchener Studienbücher, Bd. 11), Neukirchen-Vluyn 1978

KRÖTKE, W., *Gott und Mensch* als ‚Partner'. Zur Bedeutung einer zentralen Kategorie in Karl Barths Kirchlicher Dogmatik, in: Zeitschrift für Theologie und Kirche,

2. Literaturverzeichnis

Beiheft 6: Zur Theologie Karl Barths. Beiträge aus Anlaß seines 100. Geburtstags, Tübingen 1986, 158-175

KRÖTKE, W., Sünde und Nichtiges bei Karl Barth (Neukirchener Beiträge zur Systematischen Theologie, Bd. 3), 2. durchgeseh. u. erw. Aufl., Neukirchen-Vluyn 1983

KRUSE, A., Gemeinsam für ein besseres *Leben mit Demenz*; Online-Ressource, verfügbar unter:
http://www.boschstiftung.de/content/language1/downloads/Vortrag_Kruse_neu.pdf (Abrufdatum: 12.03.2007)

KRUSE, A., *Lebensqualität* demenzkranker Menschen, in: Zeitschrift für medizinische Ethik 51 (2005), 41-57

KURZ, A. u.a., Das *Erscheinungsbild* der Alzheimer-Krankheit im täglichen Leben, in: Nervenarzt 62 (1991), 277-282

LANZERATH, D., *Krankheit* und ärztliches Handeln. Zur Funktion des Krankheitsbegriffes in der medizinischen Ethik (Praktische Philosophie, Bd. 66), München 2000

LANZERATH, D./ HONNEFELDER, L., Krankheitsbegriff und ärztliche Anwendung, in: DÜWELL, M./ MIETH, D. (HG.), Ethik in der Humangenetik. Die neueren Entwicklungen der genetischen Frühdiagnostik aus ethischer Perspektive, Tübingen/Basel 1998, 51-77

LESCH, W., Religiöse *Ethik*, in: PIEPER, A. (Hg.), Geschichte der neueren Ethik, Bd. 2: Gegenwart (UTB 1702), Tübingen/Basel 1992, 1-28

LEVINAS, E., *Martin Buber* und die Erkenntnistheorien, in: SCHLIPP, P. A./ FRIEDMAN, M. (Hg.), Martin Buber (Philosophen des 20. Jahrhunderts), Stuttgart 1963, 119-134

LEVINAS, E., *Sprache und Nähe*, in: DERS., Die Spur des Anderen. Untersuchungen zur Phänomenologie und Sozialphilosophie, HRSGG. V. KREWANI, W.N., Freiburg i. Br./ München 1998, 260-294

LEVINAS, E., *Die Spur des Anderen*, in: DERS., Die Spur des Anderen. Untersuchungen zur Phänomenologie und Sozialphilosophie, HRSGG. V. KREWANI, W.N., Freiburg i. Br./ München 1998, 209- 235

LIENEMANN, W., Das *Wohl* des Anderen. Zur Kritik der utilitaristischen Ethik bei Peter Singer, in: GERMANN, H.U. u.a. (Hg.), Das Ethos der Liberalität, Festschrift H. Ringeling zum 65. Geburtstag (Studien zur theologischen Ethik 54), Freiburg i.Br. 1994, 231-253

LINDEN, M.E./ COURTNEY, D., The Human Life Cycle And Its Interruptions. A Psychologic Hypothesis. Studies In Gerontologic Human Relations I, in: The American Journal of Psychiatry 109 (1953), 906-915

LOCKE, J., *Versuch* über den menschlichen Verstand. In vier Büchern, Bd. I: Buch I und II (Philosophische Bibliothek, Bd. 75), 4., durchges. Aufl., Hamburg 1981

LUDEWIG, C., *Seelsorgerliche Begleitung* dementiell erkrankter Menschen in diakonischen Pflegeeinrichtungen, in: BOLLE, G.-F. (Hg.), Komm mal mit ... Demenz als theologische und kirchliche Herausforderung (Glaubenszeugnisse unsere Zeit 5), Knesebeck 2006, 92-99

LUTZ-BACHMANN, M., „Natur" und „Person" in den *Opuscula Sacra* des A. M. S. Boethius, in: Theologie und Philosophie 58 (1983), 48-70

MACKENZIE, C./ STOLJAR, N., Introduction: *Autonomy Refigured*, in: DIES./ DIES. (Hg.), Relational Autonomy. Feminist Perspectives on Autonomy, Agency, and the Social Self, New York/ Oxford 2000, 3-31

MAGAI, C. ET. AL., Controlled Clinical Trial of Sertraline in the Treatment of Depression in Nursing Home Patients With Late-Stage Alzheimer's Disease, in: American Journal of Geriatric Psychiatry 8 (2000), 66-74

MAGAI, C. ET. AL., Emotional Expression During Mid- to Late-Stage Dementia, in: International Psychogeriatrics 8 (1996), 383-395.

MARCKMANN, G., *PEG-Sondenernährung*: Ethische Grundlagen der Entscheidungsfindung, in: Ärzteblatt Baden-Württemberg 62 (2007), 23-27

MAURER, K./ MAURER, U., *Alzheimer*. Das Leben eines Arztes und die Karriere einer Krankheit, München 1998, ungekürzte Taschenbuchausgabe 2002

MAURER, K./ IHL, R./ FRÖLICH, L., *Alzheimer*. Grundlagen, Diagnostik, Therapie, Berlin u.a. 1993

MAURER, K./ VOLK, S./ GERBALDO, H., Auguste D.: Alzheimer's *First Case*, in: WHITEHOUSE, P.J./ MAURER, K./ BALLENGER, J.F. (Hg.), Concepts of Alzheimer Disease. Biological, Clinical, and Cultural Perspectives, Baltimore 2000, 5-29

MEAD, G.H., *Geist, Identität und Gesellschaft*. Aus der Sicht des Sozialbehaviorismus, hsrgg. u. eingeleitet v. MORRIS, C. W., übers. v. PACHER, U., Frankfurt a.M. 1968 [= Mind, Self and Society. From the standpoint of a social behaviorist, Chicago 1934]

MCCLELLAND, D., The *Achieving Society*, New York 1976

MICHALKE, C., Altenpflege konkret. *Pflegetheorie* und –praxis, München 2001

MILL, J.S., Über die *Freiheit*, übers. v. LEMKE, B., hrsgg. v. SCHLENKE, M. (reclam 3491), Stuttgart 2006

MISKOTTE, K.H., Über Karl Barths *Kirchliche Dogmatik*. Kleine Präludien und Phantasien, übers. v. STOEVESANDT, H. (Theologische Existenz heute, Neue Folge, Heft 89), München 1961

MITTELSTRAß, J. u.a., *Wissenschaft und Altern*, in: BALTES, P.B./ MITTELSTRAß, J. (Hg.), Zukunft des Alterns und gesellschaftliche Entwicklung (Akademie der Wissenschaften zu Berlin, Forschungsbericht 5), Berlin/ New York 1992, 695-720

MÖLLER, H.-J./ GRAEBER, M.B., *Johann F.* The Historical Relevance of the Case for the Concept of Alzheimer Disease, in: WHITEHOUSE, P.J./ MAURER, K./ BALLENGER, J.F. (Hg.), Concepts of Alzheimer Disease. Biological, Clinical, and Cultural Perspectives, Baltimore 2000, 30-46

MOLTMANN, J., Der *gekreuzigte Gott*. Das Kreuz Christi als Grund und Kritik christlicher Theologie, München 1976³

MOLTMANN, J., *Mensch* (Themen der Theologie, Bd. 11), Stuttgart 1971

MÜLLER, W. E., Evangelische *Ethik* (Einführung Theologie), Darmstadt 2001

MÜLLER, W.E./ FÖRSTL, H., Pharmakologische und nichtmedikamentöse Behandlungsansätze der Demenz, in: HELMCHEN, H. u.a. (Hg.), Psychiatrie der Gegenwart, Bd. 4: Psychische Störungen bei somatischen Krankheiten, Berlin u.a., 1999[4], 53-70

MÜLLER-HERGL, C., Demenz zwischen Angst und Wohlbefinden: Positive Personenarbeit und das Verfahren des Dementia Care Mapping, in: TACKENBERG, P./ ABT-ZEGELIN, A. (Hg.), Demenz und Pflege. Eine interdisziplinäre Betrachtung, Frankfurt a.M. 2004[4], 248-262

NIKLEWSKI, G./ BALDWIN, B., *Depressive Erkrankungen*, in: FÖRSTL, H. (Hg.), Lehrbuch der Gerontopsychiatrie und –psychotherapie. Grundlagen – Klinik – Therapie, Stuttgart, 2. erw. u. aktualisierte Aufl. 2003, 436-448

OBLAU, G., *Gotteszeit* und Menschenzeit. Eschatologie in der Kirchlichen Dogmatik von Karl Barth (Neukirchener Beiträge zur Systematischen Theologie 6), Neukirchen-Vlyun 1988

OTT, A. u.a., *Incidence and risk of dementia*. The Rotterdam Study, in: American Journal of Epidemiology 147 (1998), 574-580

PANNENBERG, W., *Anthropologie* in theologischer Perspektive, Göttingen 1983

PANNENBERG, W., Art.: *Person*, in: GALLING, K. (Hg.), Die Religion in Geschichte und Gegenwart. Handwörterbuch für Theologie und Religionswissenschaft, Bd. 5: P-Se, 3., völlig neu bearb. Aufl., Tübingen 1961, 230-235

PANNENBERG, W., Was ist der *Mensch?*, Die Anthropologie der Gegenwart im Lichte der Theologie (Kleine Vandenhoeck-Reihe 1139), Göttingen 1995[8]

PARFIT, D., Personale *Identität*, in: QUANTE, M. (Hg.), Personale Identität (Probleme der Philosophie. Texte aus der neueren Diskussion [UTB 2082]), Paderborn 1999, 71-99

PARSONS, T., *Health and Disease* III: A Sociological and Action Perspective, in: REICH, W.T. (Hg.), Encyclopedia of Bioethics, Vol. 1: Abortion to Medical, New York/London 1978, 590-599

PASCAL, B., Über die *Religion* und über einige andere Gegenstände, übertragen u. hrsgg. v. WASMUTH, E., Heidelberg 1972[7](= Neudruck der 5., vollst. neu bearb. u. textlich erweiterten Aufl. v. 1954)

PIEPER, A., Art.: *Autonomie*, in: KORFF, W./ BECK, L./ MIKAT, P. (Hg.), Lexikon der Bioethik, Bd. 1: A-F, Gütersloh 2000, 289-293

PFAFFEROTT, G., Art.: *Leistung*/Leistungsfähigkeit. 3. Philosophisch, in: KORFF, W./ BECK, L./ MIKAT, P. (Hg.), Lexikon der Bioethik, Bd. 2: G-Pa, Gütersloh 2000, 601-604

PLASGER, G., Die relative *Autorität* des Bekenntnisses bei Karl Barth, Neukirchen-Vluyn 2000

PLASGER, G., Einladende *Ethik*, in: Kerygma und Dogma 51 (2005), 126-156

PLASGER, G., Wer ist der *Mensch*? Zur Argumentation in der gegenwärtigen evangelisch-theologischen Bioethik, in: reformierte akzente 7 (2003), 63-81
PLASGER, G./ FREUDENBERG, M. (Hg.), Reformierte *Bekenntnischriften*. Eine Auswahl von den Anfängen bis zur Gegenwart, Göttingen 2005
PLATON, Die *Gesetze*, hrsgg. u. eingel. v. GIGON, O. (Bibliothek der Alten Welt, Bd. MCMLXXIV), Zürich/München 1974
PLATON, *Phaidon*, übers. v. SCHLEIERMACHER, F. (reclam 918), Stuttgart 1987
PLATON, *Politeia*, in: GRASSI E. (Hg.), Sämtliche Werke, Bd. 3, übers. v. SCHLEIERMACHER, F. (Rowohlts Klassiker der Literatur und der Wissenschaft), Hamburg 1958, 67-310
PLATON, *Protagoras*, in: GRASSI E. (Hg.), Sämtliche Werke, Bd. 1, übers. v. SCHLEIERMACHER, F. (Rowohlts Klassiker der Literatur und der Wissenschaft), Hamburg 1957, 49-96
PLESSNER, H., Gesammelte Schriften, Bd. IV. Die *Stufen* des Organischen und der Mensch. Einleitung in die philosophische Anthropologie, herausgg. v. DUX, G./ MARQUARD, O./ STRÖKER, S., Frankfurt a.M. 1981
PÖHLMANN, H.G., *Analogia* entis oder Analogia fidei? Die Frage der Analogie bei Karl Barth (Forschungen zur systematischen und ökumenischen Theologie, Bd. 16), Göttingen 1965
POLLEN, D.A., The History of the *Genetics* of Alzheimer Disease, in: WHITEHOUSE, P.J./ MAURER, K./ BALLENGER, J.F. (Hg.), Concepts of Alzheimer Disease. Biological, Clinical, and Cultural Perspectives, Baltimore 2000
POST, S.G., The *Concept* of Alzheimer Disease in a Hypercognitive Society, in: WHITEHOUSE, P.J./ MAURER, K./ BALLENGER, J.F. (Hg.), Concepts of Alzheimer Disease. Biological, Clinical, and Cultural Perspectives, Baltimore 2000, 245-256
POST, S.G., The *Moral Challenge* of Alzheimer Disease. Ethical Issues from Diagnosis to Dying, Baltimore/Maryland, 2002[2]
PRICE, D.J., Karl Barth's *Anthropology* in Light of Modern Thought, Grand Rapids (Michigan)/Cambridge 2002
PÜLLEN, R./ KRAMER, H.-J./ SCHOLZ, R., Anlage einer perkutanen endoskopischen *Gastrostomie* zur Ernährung bei einer dementen Patientin, in: Zeitschrift für medizinische Ethik 48 (2002), 88-96
QUANTE, M., *Personale Identität* als Problem der analytischen Metaphysik. Eine Einleitung, in: DERS. (Hg.), Personale Identität (Probleme der Philosophie. Texte aus der neueren Diskussion [UTB 2082]), Paderborn 1999, 9-29
RAABE, H., *Dementia Care Mapping*: Beobachten, Verstehen, Verändern, in: ProAlter 3 (2002), 7-11
RABENECK, L./ MCCULLOUGH, L.B., WRAY, N.P., Ethically justified, clinically comprehensive *guidelines* for percutaneos endoscopic gastrostomy tube placement, in: The Lancet 349 (1997), 496-498

VON RAD, G., Art.: D. Die *Gottesebenbildlichkeit* im AT, in: KITTEL, G. (Hg.), Theologisches Wörterbuch zum Neuen Testament, Bd. II, Stuttgart 1957 (ND 1935), 387-390

RAGER, G./ HOLDEREGGER, A. (Hg.), *Bewusstsein* und Person. Neurobiologie, Philosophie und Theologie im Gespräch (Studien zur Theologischen Ethik 83), Freiburg im Breisgau 2000

RANSMAYR, G./ MCKEITH, I., *Demenzen mit Lewy-Körperchen* und andere neurodegenerative Basalganglienerkrankungen, in: FÖRSTL, H. (Hg.), Lehrbuch der Gerontopsychiatrie und –psychotherapie. Grundlagen – Klinik – Therapie, Stuttgart, 2. erw. u. aktualisierte Aufl. 2003, 372-384

RE, S., Emotionales *Ausdrucksverhalten* bei schweren demenziellen Erkrankungen, in: Zeitschrift für Gerontologie und Geriatrie 36 (2003), 447-453

REESE-SCHÄFER, W., *Amitai Etzioni* zur Einführung, Hamburg 2001

REESE-SCHÄFER, W., Was ist *Kommunitarismus*?, Frankfurt a.M./ New York, 2001[3]

REISCHIES, F.M., Leichte kognitive Störung, in: FÖRSTL, H. (Hg.), Lehrbuch der Gerontopsychiatrie und –psychotherapie. Grundlagen – Klinik – Therapie, Stuttgart, 2. erw. u. aktualisierte Aufl. 2003, 312-323

RICŒUR, P., *Wege der Anerkennung*. Erkennen, Wiedererkennen, Erkanntsein, übers. v. BOKELMANN, U. u. HEBER-SCHÄRER, B., Frankfurt a. M. 2006

RIFKIN, J., Das *Ende der Arbeit* und ihre Zukunft, Frankfurt a.M. 1996[2]

ROTHSCHILD, D./ SHARP, M. L., The Origin of Senile Psychoses. Neuropathologic Factors and Factors of a More Personal Nature, in: Diseases of the Nervous System 2 (1941), 49-54

RÖMELT, J., *Autonomie und Sterben*. Reicht eine Ethik der Selbstbestimmung zur Humanisierung des Todes?, in: Zeitschrift für medizinische Ethik 48 (2002), 3-14

ROMERO, B., *Selbst-Erhaltungs-Therapie* (SET): Betreuungsprinzipien, psychotherapeutische Interventionen und Bewahren des Selbstwissens bei Alzheimer Kranken, in: WEIS, S./ WEBER G. (Hg.), Handbuch Morbus Alzheimer. Neurologie, Diagnose und Therapie, Weinheim 1997, 1209-1251

ROMERO, B., *Nichtmedikamentöse Therapie*, in: WALLESCH, C.-W./ FÖRSTL, H., Demenzen (Referenz-Reihe Neurologie), Stuttgart/New York 2005, 291-302

ROSER, T., *Seelsorgliche Begleitung* von sterbenden Demenzkranken und ihren Angehörigen im klinischen Kontext von palliative care, in: ALDEBERT, H. (Hg.), Demenz verändert. Hintergründe erfassen – Deutungen finden – Leben gestalten, Schenefeld 2006, 111-128

SABAT, S.R., The *Experience* of Alzheimer's Disease. Life through a tangled veil, Oxford/Malden (MA) 2001

SABAT, S.R., Some *Potential Benefits* of Creating Research *Partnerships* with People with Alzheimer's Disease, in: Research Policy and Planning 21 (2003), 5-12

SABAT, S.R., *Surviving manifestations* of selfhood in Alzheimer's disease. A case study, in: dementia 1 (2002), 25-36

SABAT, S.R./ HARRÉ, R., The *Construction* and Deconstruction of Self in Alzheimer's Disease, in: Ageing and Society 12 (1992), 443-461

SABAT, S.R./ NAPOLITANO, L./ FATH, H., *Barriers* to the construction of a valued social identity: A case study of Alzheimer's disease, in: American Journal of Alzheimer's Disease and Other Dementias 19 (2004), 177-185

SACHWEH, S., *„Noch ein Löffelchen?"* Effektive Kommunikation in der Altenpflege, Bern 2002

SAHM, S., *Imperfekte Autonomie* und die Grenzen des Instruments Patientenverfügung, in: Zeitschrift für medizinische Ethik 51 (2005), 265-275

Sandbrick, R./ Beyreuther, K., *Molekulargenetik und Molekularbiologie* der Alzheimer-Krankheit, in: HELMCHEN, H. u.a. (Hg.), Psychiatrie der Gegenwart, Bd. 4: Psychische Störungen bei somatischen Krankheiten, Berlin u.a., 1999[4], 117-165

SCHÄFER, D./ KARENBERG, A., *Alter*, Krankheit und Demenz. Historische Anmerkungen zu einem aktuellen Thema, in: Zeitschrift für medizinische Ethik 51 (2005), 13-25

SCHARDIEN, S., *Menschenwürde*. Zur Geschichte und theologischen Deutung eines umstrittenen Konzeptes, in: DABROCK, P./ DIES./ KLINNERT, L., Menschenwürde und Lebensschutz. Herausforderungen theologischer Bioethik, Gütersloh 2004, 57- 116

SCHAUB, R.T./ FREYBERGER, H.J., *Diagnostik und Klassifikation* von Demenzen, in: WALLESCH, C.-W./ FÖRSTL, H., Demenzen (Referenz-Reihe Neurologie), Stuttgart/New York 2005, 59-81

SCHLAPKOHL, C., Art.: *Identität* III. Dogmatisch, in: BETZ, H.D. u.a. (Hg.), Religion in Geschichte und Gegenwart, Bd. 4: I-K, vierte, völlig neu bearb. Aufl., Tübingen 2001, 22f

SCHLAPKOHL, C., *Persona* est naturae rationabilis individua substantia. Boethius und die Debatte über den Personbegriff (Marburger Theologische Studien 56), Marburg 1999

SCHLIE, F., Die *Vielfalt der Leistungsbegriffe*, in: HONDRICH, K.O. u.a. (Hg.), Krise der Leistungsgesellschaft? Empirische Analysen zum Engagement in Arbeit, Familie und Politik, Opladen 1988, 50-67

SCHMIDTKE, K./ HÜLL, M., *Alzheimer-Demenz*, in: WALLESCH, C.-W./ FÖRSTL, H., Demenzen (Referenz-Reihe Neurologie), Stuttgart/New York 2005, 152-175

SCHNEIDER-SCHELTE, H., *Begleitung* Demenzkranker in der letzten Lebensphase, in: BOLLE, G.-F. (Hg.), Komm mal mit ... Demenz als theologische und kirchliche Herausforderung (Glaubenszeugnisse unserer Zeit 5), Knesebeck 2006, 145-152

SCHOCKENHOFF, E./ WETZSTEIN, V., Relationale *Anthropologie* – Ethische Herausforderungen bei der Betreuung von dementen Menschen, in: Zeitschrift für Gerontologie und Geriatrie 38 (2005), 262-267

SCHOTTROFF, W., „*Gedenken*" im Alten Orient und im Alten Testament. Die Wurzel zakar im semitischen Sprachkreis, Neukirchen-Vluyn 1964

SCHRÖDER, B., Vom *Umgang mit Erschöpfung* in der Pflege Dementer, in: Pflege aktuell 11/99, 588-590

SCHROER, M., Individualisierte *Gesellschaft*, in: KNEER, G./ NASSEHI, A./ DERS. (Hg.), Soziologische Gesellschaftsbegriffe. Konzepte moderner Zeitdiagnosen (UTB 1961), München 2000², 157-183

SCHÜTT, H.-P., Art.: *Person* III. Neuzeit, in: RITTER, J./ GRÜNDER, K. (Hg.), Historisches Wörterbuch der Philosophie, Bd. 7: P-Q, Basel 1989, 300-322

SCHULZE, G., Die *Erlebnisgesellschaft*. Kultursoziologie der Gegenwart, Frankfurt a.M./ New York 1993

SCHWARTLÄNDER, J., Art.: *Menschenwürde/Personwürde*, in: KORFF, W./ BECK, L./ MIKAT, P. (Hg.), Lexikon der Bioethik, Bd. 2: G-Pa, Gütersloh 2000, 683-688

SCHWERDT, R., Eine *Ethik* für die Altenpflege. Ein transdisziplinärer Versuch aus der Auseinandersetzung mit Peter Singer, Hans Jonas und Martin Buber, hrsgg. v. d. Robert Bosch Stiftung (Reihe Pflegewissenschaft), Bern 1998

SCHWERDT, R., *Lernen der Pflege* von Menschen mit Demenz, in: Zeitschrift für medizinische Ethik 51 (2005), 59-76

SHORTER, E., *Geschichte* der Psychiatrie, Berlin 1999 [= A History of Psychiatry. From Era of the Asylum to the Age of Prozac, New York 1999]

SIEP, L., Ethische Aspekte der *Forschung* mit nicht-einwilligungsfähigen Personen, in: Jahrbuch für Wissenschaft und Ethik 4 (1999), 127-142

SIMON, A., *Ethische Aspekte* der künstlichen Ernährung bei nichteinwilligungsfähigen Patienten, in: Ethik in der Medizin 16 (2004) 217-228

SINGER, P., Praktische *Ethik* (reclam 8033), übers. v. BISCHOFF, O., WOLF, J.-C. u. KLOSE, D., 2., revidierte u. erw. Aufl., Stuttgart 1994 [= Practical Ethics, Cambridge 1979, 1993²]

SÖLLE, D., *Leiden* (Themen der Theologie, Ergänzungsband), Stuttgart 1973

SÖLLE, D., *Stellvertretung*. Ein Kapitel Theologie nach dem ‚Tode Gottes', Stuttgart/ Berlin 1965

SPAEMANN, R., *Personen*. Versuche über den Unterschied zwischen ‚etwas' und ‚jemand', Stuttgart 1996

STATISTISCHES BUNDESAMT (Hg.), *Bevölkerung Deutschlands* bis 2050. 11. koordinierte Bevölkerungsvorausberechnung, Wiesbaden 2006

STATISTISCHES BUNDESAMT (Hg.), *Pressemitteilung* vom 7. November 2006: „Im Jahr 2050 doppelt so viele 60-jährige wie Neugeborene"; Online-
Ressource, verfügbar unter:
http://www.destatis.de/presse/deutsch/pm2006/p4640022.htm (Abrufdatum 18.04.07)

STEGMAIER, W., *Levinas*, Freiburg im Breisgau 2002

STEIGLEDER, K., Die *Begründung* des moralischen Sollens. Studien zur Möglichkeit einer normativen Ethik (Ethik in den Wissenschaften, Bd. 3), Tübingen 1992

STEIGLEDER, K., Bioethik als Singular und als Plural – Die Theorie von H. Tristram Engelhardt, Jr., in: Düwell, M./ ders. (Hg.), Bioethik – Eine Einführung, Frankfurt a.M. 2003, 72-87

STEIGLEDER, K., Die *Unterscheidung* zwischen Menschen und Personen. Zur Debatte in der Medizinethik, in: Jahrbuch für Wissenschaft und Ethik 8 (2003), 95-115

STEINER, U., ART.: *Menschenrechte* I. Zum Begriff, in: Betz, H.D. (Hg.), Religion in Geschichte und Gegenwart, Bd. 5: L-M, vierte, völlig neu bearb. Aufl., Tübingen 2002, 1088f

STEINER, U., Art.: *Menschenrechte* III. Ethisch, in: Betz, H.D. (Hg.), Religion in Geschichte und Gegenwart, Bd. 5: L-M, vierte, völlig neu bearb. Aufl., Tübingen 2002, 1094f

STRAUSS, A., *Spiegel und Masken*. Die Suche nach Identität, Frankfurt a.M. 1968 [= Mirrors and Masks. The Search for Identity, Glencoe (IL) 1959]

STRÄTLING, M./ SCHMUCKER, P./ BARTMANN, F.-J., *Künstliche Ernährung*: Gut gemeint ist nicht immer gut gemacht, in: Deutsches Ärzteblatt 102 (2005), A 2153f

STUHLMANN, W., Frühe *Bindungserfahrung* und Demenz, in: Geriatrie Journal 8 (2006), 9-16

STUHLMANN, W., *Demenz* – Wie man Bindung und Biographie einsetzt (Reinhardts Gerontologische Reihe, Bd. 33), München 2004

STOCK, K., *Anthropologie* der Verheißung. Karl Barths Lehre vom Menschen als dogmatisches Problem (Beiträge zur evangelischen Theologie. Theologische Abhandlungen, Bd. 86), München 1980

STOCK, K., Die *Funktion* anthropologischen Wissens in theologischem Denken – am Beispiel Karl Barths, in: Evangelische Theologie 34 [Neue Folge 29] (1974), 523-538

SYNOFZIK, M., *PEG-Ernährung* bei fortgeschrittener Demenz: Eine evidenzgestützte ethische Analyse, in: Der Nervenarzt 78 (2007), 418-428

TERRY, R.D., The Fine *Structure* of Neurofibrillary Tangles in Alzheimer's Disease, in: Journal of Neuropathology and Experimental Neurology 22 (1963), 629-642

THAL, D.R./ BRAAK, H., Postmortale *Diagnosestellung* bei Morbus Alzheimer. Stadiengliederungen der kennzeichnenden Hirnveränderungen, in: Der Pathologe (26) 2005, 201-213

THAL, D.R./DEL TRECIDI, K./ BRAAK, H., *Neurodegeneration* in Normal Brain Aging and Disease, in: Science of Aging Knowledge Environment 23 (2004), pe26 = Online-Ressource, verfügbar unter: http://sageke. sciencemag.org/ cgi/content/full/2004/23/pe 26 (Abrufdatum 03.08.07)

THEIßEN, G., Urchristliche *Wundergeschichten*. Ein Beitrag zur formgeschichtlichen Erforschung der synoptischen Evangelien (Studien zum Neuen Testament, Bd. 8), Gütersloh 1974

THEIßEN, G./ MERZ, A., Der historische *Jesus*. Ein Lehrbuch, Göttingen 2001[3]

THIEDE, W. (Hg.), *Über den Tod hinaus*. Perspektiven und Fragen (Evangelische Zentralstelle für Weltanschauungsfragen-Texte 156), Berlin 2001

THIELICKE, H., Theologische *Ethik*, Bd. *II/1*: Mensch und Welt, Tübingen, 2. durchges. Aufl. 1959

TILLICH, P., Systematische *Theologie*, Bd. *I*, 3., v. Verf. überarb. Aufl., Stuttgart 1956

TOOLEY, M., *Abtreibung* und Kindstötung, in: LEIST, A. (Hg.), Moralische Probleme bei Abtreibung, künstlicher Befruchtung, Euthanasie und Selbstmord (Suhrkamp-Taschenbuch Wissenschaft 846), Frankfurt a. M. 1990, 157-195 [= Abortion and Infanticide, Oxford 1983]

TRILLING, A. u.a., *Erinnerungen* pflegen. Unterstützung und Entlastung für Pflegende und Menschen mit Demenz, Hannover 2001

VOLLENWEIDER, S., Der Menschgewordene als *Ebenbild Gottes*. Zum frühchristlichen Verständnis der Imago Dei, in: MATHYS, H.-P., Ebenbild Gottes – Herrscher über die Welt. Studien zu Würde und Auftrag des Menschen, Neukirchen 1998, 123-146

WACHTENDORF, T., Die *Würde* des Menschen. Ontologischer Anspruch, praktische Verwendung und lebensweltliche Notwendigkeit, Marburg 2004

WÄCHTERSHÄUSER, A., *Konzepte* für die Betreuung dementer Menschen. Theoretische Modelle und ihre Umsetzung in der Praxis am Beispiel von Altenheimen in Marburg, Diplomarbeit Erziehungswissenschaften, Marburg 2002, Online Ressource unter http://www.we-serve-you.de/anne

WALLESCH, C.-W./ FÖRSTL, H., *Demenzen* (Referenz-Reihe Neurologie), Stuttgart/New York 2005

WEHR, G., Martin *Buber* (rowohlts monographien), Reinbeck bei Hamburg 1968

WEINDL, A., „Parkinson Plus" / Lewy-Körper-Demenz, Chorea Huntington und andere *Demenzen* bei Basalganglienerkrankungen, in: FÖRSTL, H. (Hg.), Demenzen in Theorie und Praxis, Berlin u.a. 2001, 83-107

WELKER, M., Der Vorgang *Autonomie*. Philosophische Beiträge zur Einsicht in theologischer Rezeption und Kritik, Neukirchen-Vluyn 1975

WELSCH, J., Arbeiten in der *Informationsgesellschaft*. Studie für den Arbeitskreis „Arbeit – Betrieb – Politik" der Friedrich-Ebert-Stiftung, Bonn 1997

WETZ, F.J., Die *Würde* des Menschen ist antastbar. Eine Provokation, Stuttgart 1998

WETZSTEIN, V., *Diagnose Alzheimer*. Grundlagen einer Ethik der Demenz (Kultur der Medizin. Geschichte – Theorie – Ethik, Bd. 16), Frankfurt a.M. 2005

WEINRICH, M., Die *Bedeutung* Martin Bubers für Theologie und Kirche. Denker, Erzähler, Sprecher und Gesprächspartner, in: Licharz, W./ Schmidt, H. (Hg.), Martin Buber (1878-1965). Internationales Symposium zum 20. Todestag (Arnoldshainer Texte, Bd. 58), Bd. 2: Vom Erkennen zum Tun des Gerechten, Frankfurt a.M. 1989, 241-271

WEINRICH, M., *Grenzgänger*. Martin Bubers Anstöße zum Weitergehen (Abhandlungen zum christlich-jüdischen Dialog, Bd. 17), München 1987

WEINRICH, M., *Kontingenz* und Vernunft im utopischen Realismus Martin Bubers. Bedeutung und Wirkungsgeschichte seiner Philosophie und Theologie, in: Neue Zeitschrift für Systematische Theologie und Religionsphilosophie 22 (1980), 63-81

WHITEHOUSE, P.J./ MAURER, K./ BALLENGER, J.F. (Hg.), *Concepts* of Alzheimer Disease. Biological, Clinical, and Cultural Perspectives, Baltimore 2000

WIESING, U., *Gene*, Krankheit und Moral, in: DÜWELL, M./ MIETH, D., Ethik in der Humangenetik. Die neueren Entwicklungen der genetischen Frühdiagnostik aus ethischer Perspektive, Tübingen/Basel 1998, 78-87

WOLFF, H.W., *Anthropologie* des Alten Testaments, München 1973

YERUSHALMI, Y.H., *Zachor*: Erinnere Dich! Jüdische Geschichte und jüdisches Gedächtnis, Berlin 1996

YOUNG, A., *Health and Disease* III. Anthropological Perspectives, in: POST, S.G. (Hg.), Encyclopedia of Bioethics. Third Edition, Vol. 2: D-H, New York u.a. 2004, 1070-1075

ZENGER, E., *Gottes Bogen* in den Wolken. Untersuchungen zu Komposition und Theologie der priesterschriftlichen Urgeschichte (Stuttgarter Bibelstudien 112), Stuttgart 1987²

ZENTRALE ETHIKKOMMISSION BEI DER BUNDESÄRZTEKAMMER, Stellungnahme. Zum *Schutz nicht-einwilligungsfähiger Personen* in der medizinischen Forschung, in: Deutsches Ärzteblatt 94 (1997), A-1011f

ZIMBER, A./ ALBRECHT, A./ WEYERER, S., Die *Beanspruchungssituation* in der stationären Altenpflege, in: Pflege aktuell 5/2000, 272-275

ZIMMER, R./ FÖRSTL, H., *Depression und Dissoziation*: Ganser und andere, in: Förstl, H. (Hg.), Demenzen in Theorie und Praxis, Berlin u.a. 2001, 191-196

ZIMMERLI, W., Grundriß der alttestamentlichen *Theologie* (Theologische Wissenschaft, Bd. 3,1), Stuttgart / Berlin / Köln ⁷1999